毛泽东的故事

MaoZedong's Story

贾章旺 著

中国文史出版社

图书在版编目（CIP）数据

毛泽东的故事 / 贾章旺著. —北京：中国文史出版社，2013.8（2019.7 重印）
ISBN 978-7-5034-3755-7

Ⅰ. ①毛… Ⅱ. ①贾… Ⅲ. ①毛泽东（1893～1976）—生平事迹 Ⅳ. ①A752

中国版本图书馆 CIP 数据核字（2019）第 212294 号

责任编辑：李晓薇

出版发行：中国文史出版社
社　　址：北京市海淀区西八里庄路 69 号　　邮编：100142
电　　话：010－81136606　81136602　81136603（发行部）
传　　真：010－81136655
印　　装：北京温林源印刷有限公司　　邮编：102445
经　　销：全国新华书店
开　　本：889mm × 1194mm　1/16
印　　张：30.25
版　　次：2013 年 1 月北京第 1 版
印　　次：2024 年 5 月第 7 次印刷
定　　价：78.00 元

前言

今年，是中国共产党成立九十周年。想到，当时中国共产党成立时才50多人，28年后就夺取了政权。又经过两个三十余年的奋斗，使中华民族洗刷了百年耻辱，重新站了起来，屹立于世界之林。说明，只有社会主义才能救中国，只有共产党才能救中国。用马克思主义理论武装起来的中国共产党人和中国人民，沿着这样一条必胜的道路前进，将会走向更加辉煌的未来。

值此建党九十周年之际，我将过去的《毛泽东从韶山到中南海》一书进行了整理，抽取三分之一与毛泽东紧密相关的内容，舍去三分之二的枝枝蔓蔓，组成130篇故事，可能会显得更加紧凑，读来脉络会更加清晰。短时期内也可以单独读其一篇，会自成一体。

时间匆促，水平不够，文中定会有诸多不足之处，敬请亲爱的读者不吝赐教。

贾章旺

2011年9月9日

目　　录

1. 生日

毛泽东，字润之，他分别用过咏芝、子任、杨子任、二十八画生、石三、李得胜等名、字、号。

1893 年 12 月 26 日（农历清光绪十九年癸巳十一月十九日）太阳升起时分出生于湖南省湘潭县韶山冲上屋场。

相传 4000 多年前虞舜帝南巡时曾在此休息，并在其中的一座山峰上演奏过韶乐，因此而得名。在这个南国风光的山冲里，住着毛、李、钟、周、邹、彭、庞等多姓人家，内中姓毛的居多。

韶山毛氏的始祖为周文王之子伯郑，封地在河南省原阳境内。毛国被灭后，伯郑的后代以国为姓，即为毛姓。毛氏后裔的一支多番迁徙。

公元 14 世纪中叶的元朝末年，农民起义风起云涌之际，江西省吉州府龙城县（今江西省吉水县），有一个叫毛太华的青年农民，扔掉手中的锄头，拿起长矛，投奔朱元璋的队伍。朱元璋建立明朝政权后，毛太华以百夫长的下级军官身份，随同大将傅友德、蓝玉远征云南澜沧卫，并被留下治镇。他也像许多战友们一样，娶了一位当地“蛮”女为妻，并先后生了 8 个儿子。后来，毛太华老了，请求告老还乡。1380 年（明洪武十三年），他偕妻子和长子毛清一、四子毛清四内迁。由于他戍边多年，立有军功，被朝廷分配到湖南省湘乡县城北门外的绯紫桥居住，分得田产几十亩。数年后毛清一和毛清四举家迁移到了湘潭县的七都七甲，开种韶山的铁陂、乌塘、东塘等处，计田 400 亩。500 年过去了，至毛泽东已是第 20 代了。

毛泽东的父亲毛贻昌，字顺生，号良弼，生于 1870 年 10 月 15 日

（清同治九年九月二十一日），是独生子，上过两年学，认识一些汉字，懂些算术。17 岁开始理家。因为负债被迫外出在湘军里当了几年兵，长了不少见识，也积累了一些银钱。毛顺生精明能干，肯劳动，会节俭，又善于经营，他把家中节余下来的稻谷加工成白米，挑到附近的银田寺赶集出卖，再用碾碎的米糠喂猪出售。这样，他逐渐积攒了一笔钱，赎回了父亲毛翼臣典当出去的田产。

毛泽东的母亲文七妹（文素勤），1867 年 2 月 12 日（清同治六年正月初八）出生于距韶山冲二十余里的湘乡县四都唐家托（后改为棠佳阁）的一个小康农民家庭。文家祖坟在韶山，每年清明节要到韶山扫墓，为了有个落脚的地方，文七妹的父亲文芝仪就将自己的女儿许给韶山毛家。文七妹 13 岁时同毛顺生订婚，18 岁成亲。先生下两个儿子，均夭亡，生下第三个儿子毛泽东后，格外疼爱。

2. 幼年

毛泽东的外婆家唐家托的后山，有个龙潭坳，坳内有清泉水流出，四季不竭。坳口处矗立一块大石头，石上建有小庙，人称观音庙，远近闻名。毛泽东出生不久，外婆和母亲就把他抱到观音庙叩拜神灵，并寄名为石头。因毛泽东排行第三，人家就叫他“石三”。

毛泽东有他父亲那样健壮的身体，但那圆圆的脸庞、宽宽的前额、和善而充满智慧的眼睛则像他母亲。有一年的新春佳节，刚满 4 岁的毛泽东穿上一身新衣服，戴着一顶红色的棉风帽到外婆家去做客。村里有一位白胡子阿公，喜欢和小孩子逗乐。这天，他看见许多小孩在禾坪上玩耍，老阿公装作很严厉的样子，板着脸，翘起胡子，对这群小孩子说：“你们为什么要在这里玩耍？不准乱跑，要不我就割你们的耳朵。”小朋友们都吓跑了，只有毛泽东未动。老阿公奇怪了，忙问他：“你为什么不跑？割耳朵很疼的呀！”毛泽东反问道：“老阿公，你为什么要割我的耳朵呢？”老阿公还是不笑：“我喜欢呀！”毛泽东学着妈妈的口气说：“一个人要讲道理。老阿公你有道理，我的耳朵就让你割；你要没有道理，我就要割掉你的胡子。”说着，他笑眯眯地望着老阿公，并且主动解开风帽的扣子，把耳朵露在外面。老阿公亲热地把这个逗人喜欢的孩子搂在怀里，连声称赞。

3. 童年

毛泽东的父亲毛顺生成了一个富农后，就用大部分时间做生意。家中雇了一个长工，并让妻子和孩子都下地。因此，毛泽东从6岁起就开始学习田间劳动：插秧时，他提着小畚箕送秧苗；中耕时，他学习拔掉田里的杂草；割禾时，他跟在后面捡稻穗。还有一件主要的劳动，就是放牛。

在韶山冲，流传着毛泽东童年时代的几则故事：

上屋场附近有十几个小伙伴，每人放一头牛，有时大家一贪玩，不是让牛跑到田里吃了禾苗和蔬菜，就是把牛拴起来让牛饿肚子。7岁的放牛娃毛泽东就将小朋友分成三组：一组放牛；一组到近边坡上割草（带回去让牛夜里吃）；一组到稍远的山里采野果。完后，毛泽东把大家采回来的野果和茅草公平地分给每一个小朋友。这样，大家玩得既快活，又放好了牛。

一年秋天晒谷时，天突然下起了大雨。毛顺生一家也在晒谷坪上抢收稻谷，花了很大的工夫，才把稻谷收了起来，但有一些稻谷已经被水冲走了。雨停了，毛泽东水淋淋地从别处跑来，父亲问他哪里去了，毛泽东回答说帮邻居收谷去了。父亲听后十分生气："自己的谷子流到沟里去了，你倒好，帮人家去收！"说着扬手就要打他。毛泽东站住不动，理直气壮地说："人家是佃了别人的田，冲走一点也了不得。我们是自己的，比人家的又多，冲走一点也不要紧。"父亲冒火了："你说不要紧，你还吃饭不吃饭？"毛泽东说："好，我一顿少吃一口，总可以了吧！"父亲还在生气，母亲出来劝解，父亲才不作声了。

一天，父亲让毛泽东和弟弟去地里拾豆。弟弟调皮，选豆子长得稀的地方拾，拾起来容易些，面积也宽些。毛泽东却选了一块豆子长得很密实的地方，老老实实地一颗一颗地拾。这样，时间用得多些，而拾的面积却较小。父亲来了，随便一看，竟称赞弟弟而责备哥哥。毛泽东拿篮子里的豆子数量给父亲看，父亲不说话了。

4. 早年读书生活

从 1902 年春天起，9 岁的毛泽东开始在韶山南岸私塾读书。他先读《三字经》，继读《幼学琼林》《论语》《孟子》《诗经》等。1904 年秋天，他到韶山关公桥私塾读书。自 1905 年春天，又到韶山桥头湾、钟家湾读书。1906 年秋天，毛泽东转到韶山井湾里私塾读书。阅读了《春秋公羊传》《左传》等经史书籍，并开始研习书法。

毛泽东不满私塾的陈规陋习和死板的教学方法。一次，先生要外出，临行前规定学生要在屋里背书，不准出去。先生刚走，毛泽东就背着书包爬到屋后山上去了。他一边背书，一边摘毛栗子，书背熟了，毛栗子也摘了一书包。回到私塾，给每个同学一份，同时也孝敬先生一份。先生回来，不领情，斥责道："谁叫你到处乱跑?"毛泽东说："闷在屋里头昏脑涨，死背硬读也是空的。""放肆!"先生毛宇居脸涨得通红。毛泽东说："那你叫我背书好了。"毛宇居知道背书是难不倒这个学生的，便心生一计，来到院子中央，指着天井说："我要你赞井。"毛泽东围着天井转了两圈，便赞了出来："天井四四方，周围是高墙。清清见卵石，小鱼囿中央。只喝井里水，永远养不长。"同学们听了都拍手叫好，先生很尴尬，但学生的才思敏捷，也令他钦佩。先生态度粗暴，常打学生。因此，毛泽东在10岁时曾逃过学，但又不敢回家，于是就朝县城方向跑，以为县城就在一个山谷里。这样，乱跑了3天，离家才8里路，只是兜了几个圈子，后来被家里人找到。回来后，先生的态度温和了一些，他的抗议收到了效果。毛泽东虽熟读经书，但并不喜欢它们。他最爱看的是中国的旧小说，尤其是关于造反的故事。尽管先生严加防范，毛泽东还是看了《精忠传》《水浒传》《隋唐演义》《三国演义》和《西游记》。他常在课堂上读这些书，先生走来过时就用一本经书遮住，他的大多数同学也是这样做的。许多故事，他们都几乎背得出，而且反复讨论多次。他们喜欢这些故事，常常互相讲述，甚至比村里的老人知道的还要多些。这些书是在容易接受知识的年龄里读的，因而，对少年毛泽东的影响是很大的。

5. 关心同学

毛泽东读私塾时，由于离家较远，他和许多同学一样常带午饭。一天，细心的毛泽东发现一位同学在大家吃午饭时独自跑到外面去拾柴，好像是有意避开同学们。后来毛泽东了解到，这位同学因家里穷，无饭可带，只好饿着肚子上学。毛泽东就把自己带来的饭菜分给这位同学。放学后，他放下书包就到厨房里弄饭再填饱肚子。母亲开始以为午饭带得太少，第二天就换个大碗给他带饭。可是儿子放学后，还是到厨房狼吞虎咽地弄饭吃。母亲很奇怪，就问孩子："怎么你去读书了，反倒吃下这么多饭?"毛泽东就把真实情况告诉了母亲。母亲不仅没有责怪他，还很高兴地说："孩子，你这样做是对的。"从此，母亲让毛泽东每天带两碗米饭。

6. 跟父亲讲道理

毛泽东刚识几个字，父亲就让他记账。毛顺生就像一个严格的监工，不让孩子们闲着，且性情暴躁，常打他们。在生活上对他们也很吝啬，不让吃蛋和肉。用毛泽东的话说，他们家分为两"党"：一党是他父亲，是执政党；反对党由毛泽东、母亲和弟弟组成，有时雇工也包括在内。不过，母亲主张用间接打击的政策，凡明显的感情流露或公开反抗执政党的企图，她都反对，说这不是中国人的做法。

13 岁时，毛泽东发现了一个同他父亲辩论的有效办法——引经据典反驳他。父亲爱责备毛泽东不孝和懒惰，毛泽东就用经书上的长者必须仁慈的话来回敬，说年纪大的应该比年纪小的多干活，并宣称："等我到你那样的年纪，会比你勤快得多。"

毛泽东 13 岁时，有一次，父亲请了许多客人到家里，他和父亲当着客人的面争论起来。父亲骂他懒而无用，激怒了他，他顶撞了父亲，离开了家，母亲追来，竭力劝他回去，父亲也赶了来，一边骂一边命令他回去。毛泽东跑到池塘边，恫吓说，如果父亲再走近一步，他就要跳下去。这样，双方都提出了条件，父亲坚持让毛泽东磕头认错，毛泽东表示父亲如答应不打他可以跪下一条腿。事情就这样结束了。从此，毛泽东认识到：温顺驯服，父亲反而打骂得厉害；如公开反抗，保卫自己的权利，父亲就会软下来。

7. 半耕半读

1906 年秋天，13 岁的毛泽东结束了 4 年多私塾生活。到 1909 年夏天他在家停学 3 年，开始整天在地里帮长工干活。他白天做一个全劳力的活，晚上还要替父亲记账。尽管这样，毛泽东还是继续读书，如饥似渴地阅读能够找到的一切书籍（经书除外）。韶山地区的书读完了，他就到外地去借。包括和尚的经书他也借来读。深夜里读书时，为不使父亲看见灯光（父亲不要他浪费灯油），毛泽东就将窗户遮住。

毛泽东继续读中国的旧小说和故事，有一天，他忽然想到，这些小说里怎么没有种田的农民，所有的人物都是武将、文官、书生，从来没有一个农民做主人公。他纳闷了两年，直到 15 岁那年才弄清楚：小说里的主要人物都是土地的占有者，而那些写书的文人，也多半没有做过田间农活，对种田的人也不喜欢。他希望，将来有一天能够出现专门写工人和农民的书，把做工和种田的人写成英雄豪杰。本地小学来了一个“激进派”教师李漱清，曾在外地游学几年，他反对神佛，劝人们把庙宇改成学堂。大家对他议论纷纷，但毛泽东很钦佩他，赞成他的主张。李漱清家住毛泽东家以北四、五里处，毛泽东经常趋前请教。从他那里第一次听到维新救国的道理，读了不少维新变法的书刊。

8. 恢复学业

1909 年春夏，毛泽东读了《盛世危言》，非常喜欢。作者郑观应，1842 年 7 月出生于广东省香山县。其家乡离澳门只有几十里路。澳门昔日为香山县辖，不少乡人来往两地，或到澳门定居。1893 年，《盛世危言》的初版本在澳门完成，1907 年在澳门编辑《盛世危言后编》。作者以为中国之所以弱，在于缺乏西洋的器械——铁路、电话、电报、轮船；同时还提倡从政治上进行改良，主张设议会，制宪法，实行“君民共主”；办报纸，开学堂，提高民众文化。读《盛世危言》激起了毛泽东要恢复学业的愿望。1909 年下半年，他征得父亲同意，到一个失业的法科学生家里读了半年书，读了《汉书》《通鉴纲目》等古籍。

1910 年初，毛泽东又到东茅塘面山楼毛麓钟老先生那里读书。毛麓钟是毛泽东的堂叔，名毛贻训，学名绍芳，字麓钟，号云阁，又号韶山小隐人，生于清同治五年（1866 年）十月二十四日，家住韶山冲东茅塘屋场，是韶山毛家的饱学之士，年轻时到过外地（先游幕江南，继走武岭），曾参加蔡锷领导的云南讨袁护国军，在蔡锷所属将领何海清部下担任文书，后引疾而归。毛麓钟的道德文章名噪一时，但因家道贫寒，又没有靠山，做不了官，就从外面回到家乡。1909 年，毛麓钟受维新思想影响，在东茅塘面山楼开办中西合璧式的私塾，接收韶山冲一些文化程度较高的青年入学。毛泽东听说过毛先生的人品学问，知道他不仅熟悉经史，而且喜爱诗词，经请示父亲后，就到他门下进修。毛先生只收十几个学生，他虽然崇拜孔夫子，但因在长沙住了几年，接受了一些自由思想，因此和别的老先生不同，在给学生讲书时，总是轻言轻语，从不疾言厉色，大声呵斥。毛泽东除跟老先生学习先秦诸子、骈文散文外，还在唐诗宋词上狠下功夫，并且继续阅读那些议论时务的新书，早起晚睡，手不释卷。在学生当中，毛麓钟对毛泽东十分赞赏，认定这个学生极有发展前途。一有闲暇，毛先生便把自己在外的经历和见闻告诉毛泽东，要他热爱名山大川，胸怀广阔，读万卷书，行万里路。毛先生还悉心给毛泽东点读《史记》、《纲鉴类纂》（明·王世贞著）和《日知录》（清·顾炎武著）等，并常给毛泽东开“小灶”。毛泽东在此翻阅了许多时论、新书和族人的诗词作品。

9. 为穷人鸣不平

1910 年 4 月，湖南发生了一件事情，深深地影响了毛泽东。一天，在他读书的学堂外面，学生们看到许多贩卖豆子的人从长沙回来，学生们问他们为什么要离开长沙，他们说长沙城里闹了大乱子了——1909 年夏秋之间，长江发了大水，洞庭湖周围遭了重灾，有些地方颗粒无收，灾民达百万人，涌进长沙的就有 4 万多人，不久连长沙城里的 30 万平民也被一步步拖到可怕的饥饿线上。而这时，一些外国商船却把一袋袋白米运到汉口和上海去卖高价，湖南巡抚岑春煊和一些文武官员也在里面搭上了股份。长沙的一些学者兼劣绅也囤积了好几万担稻谷，等着米价上涨。元宵节后，一升白米只要 26 文钱，而到了农历二月末，就陡涨到 80 文。一个月时间，长沙城饿死了好几百人。农历三月初，南门外有一家靠挑水为生的姓黄的穷人，卖了几天水，攒了 80 文铜钱，叫妻子去买一升米，想让一家大小饱饱地喝一顿稀粥。妻子到了米店，老板数数铜钱，发现里面有几个不通用的，就拒绝量米。她只好去向邻居借了几文凑足 80 文再到米店。谁知这一眨眼工夫，米价涨到85文，老板说少一文也不行，只买半升也不给。黄家女人向老板哀求，老板很不耐烦，把写着米价的木牌子翻了过来——“米已售完”，接着就喊伙计关门板。黄家女人气急了，带着满腔悲愤跳进了湘江。丈夫听到这个消息，拉着两个孩子也跳进了湘江。这个悲剧迅速震动了长沙城，激起了几十万民众的同情和悲愤。年轻人要替屈死的穷兄弟申冤，想砸开米店的大门，抓住那个老板，巡警赶来，要把人群驱散，人们不肯走开。清兵见赶不开，轰不散，就把人群包围起来，开枪射击，当场打死十几个逃荒的灾民，还抓走了5个泥瓦匠。逃荒的灾民和城里的工匠派出代表找巡抚请愿，要求：释放泥瓦匠，开仓平粜，救济灾民。岑春煊在酒楼门口，打着饱嗝，一条也不答应，反把代表臭骂一顿。灾民们气愤到了极点，包围了抚台衙门。岑春煊下令调来一营清兵，对准饥民射击，又有几十个无辜的灾民和工匠倒在血泊之中。官逼民反。人们举行了群众大会，并且组织了一次游行示威，他们攻打抚台衙门，砍断了旗杆，赶走了抚台。后来，一个叫庄赓良的布政使骑马出来，对百姓们说，官府要采取措施帮助他们。这个姓庄的说话显然是有诚意的，可是皇上不喜欢他，责他同“暴民”勾结，把他革职。来了一个新抚台，马上下令逮捕闹事的领袖，其中许多人被斩首示众，他们的头被挂在旗杆上，作为对今后“叛逆”的警告。这件事在学堂里讨论了许多天，大多数同学都同情“造反”的，但他们仅仅是从旁观者的立场出发，还不懂这同他们的生活有什么关系。毛泽东忘不掉这件事，他觉得那些造反的人是同自己家里人一样的老百姓，对于他们受到的冤屈，他深感不平。

10. 考入湘乡东山学堂

1910年农历七月，毛泽东将近17岁，他第一次要离开家乡，到50里以外的地方去。临行前，他写了一首诗夹在父亲每天必看的账簿里："孩儿立志出乡关，学不成名誓不还。埋骨何须桑梓地，人生无处不青山。"这首诗是根据日本明治维新时期著名的政治活动家、军人西乡隆盛（1877—1927）青年时的诗修改而成。原诗是："男儿立志出乡关，学不成名死不还。埋骨何须桑梓地，人生无处不青山。"

毛泽东启程这天，毛顺生带着一家人——文氏、泽民、泽覃和菊妹子，把毛泽东送到塘岸上。湘乡县城的东门叫望春门，望春门外有一溜很长的石阶梯，沿着阶梯下去，就是涟水河的渡口，河那边就是东岸坪，著名的东山学堂就在那里。这所学堂的前身是1895年（光绪二十一年十二月）设立的东山精舍，它是仿湖北自强学堂成法，分设算学、格致、方言、商务四斋。1906年（光绪三十二年）改精舍为学堂。这是湘乡县也是湖南省最早设立的一座洋学堂。毛泽东挑着行李来到学堂门口，只见黑漆漆的大门顶上悬着一块红漆金字牌匾——"东山书院"。大门旁边挂着一块新制的黑底红字牌子："湘乡县公立高等小学堂"。看门的见毛泽东一副土包子模样，又听说是湘潭县人，不准毛泽东进校门。毛泽东就闯了进去，看门的又把他拖了出来。正吵得不可开交，堂长（校长）李元甫先生走了出来，他查明缘由后说："好吧，我们的考期已过。不过，你确有真才实学，也可考虑录取。"随即出了《言志》的题目，要毛泽东作文。毛泽东立即动手，奋笔疾书，约一顿饭的工夫就交了答卷。李元甫先生看完卷，忙把学堂各位先生都请来，高兴地对大家说："我们东山学堂今天发现了一个人才。”说着就大声念起毛泽东的作文。先生们听了都赞不绝口，多数主张马上录取，怎奈他不是湘乡县人，于是又引起争论。原来是县上对东山学堂有可观的补贴，不愿让外县人沾光。先生们争论了半夜，堂长李元甫气愤地直敲桌子：“中国学生可以到外国留学，湘潭人反而不能到湘乡来读书，真是海内奇闻。”最后决定破格录取毛泽东，把他编在戊班。

11. 学识渐长

在东山学堂里，毛泽东第一次听说两年前发生的事：光绪皇帝和慈禧太后已相继去世，新皇帝为宣统（溥仪）。他认为皇帝像大多数官吏那样诚实、善良和聪明，不过需要康有为帮助他变法罢了。

中国古代的帝王尧、舜、禹、秦皇、汉武的事迹让毛泽东向往，他读了许多关于他们的书。国文教员贺岚岗见毛泽东对历史有兴趣，买了一部《了凡纲鉴》送给他。

在此期间，毛泽东学习了一些外国的历史和地理。在一篇讲述美国革命的文章里，他第一次听到美国这个国家。里面的一句话“华盛顿经过八年苦战，始获胜利，遂建国家”，给他留下深刻的印象。在一部叫作《世界豪杰传》的书里，他读到了拿破仑、叶卡捷琳娜女皇、彼得大帝、惠灵顿、格莱斯顿、卢梭、孟德斯鸠和林肯。读过这些书后，他曾对同学说：“中国也要有这样的人物，我们应该讲求富国强兵之道，才不致蹈越南、朝鲜、印度的覆辙；每个国民都要努力，明末清初的爱国主义者顾炎武说得好，天下兴亡，匹夫有责。”他特为自己取了一个“子任”的别名。

毛泽东在这里曾读过《大同书》、《饮冰室文集》、《日知录》、《史记》、八股文和唐诗。这个学校每个星期日的上午都要由教员出题目，由学生写一篇文章，毛泽东写的《救国图存论》《宋襄公论》等文章被老师赞扬为“似黄河之水，一泻千里”，批阅给全校同学传观。

毛泽东在东山小学读了半年书。

12. 湘乡驻省中学

长沙是湖南省省会，离韶山冲 120 里，自 1904 年辟为通商口岸。毛泽东听说这个城市很大，有不少学堂，非常向往。东山小学堂长李元甫，国文教员谭咏春、贺岚岗看到毛泽东成绩优良，而且胸有大志，严于律己，年龄也不小了，就商量介绍毛泽东到长沙去读“驻省湘乡中学”。

1911 年春天，毛泽东征得家里的同意，由韶山步行到湘潭县城，然后挤乘湘江的小火轮到长沙。毛泽东是第一次来到大城市，这里的景象使他极其兴奋，但他担心不让他入学。自从湘乡县出了曾国藩这个大官僚后，带出了一批文官武将、富商豪绅，不少人家在长沙置了小公馆，就在湘乡会馆里办了一所中学，来教育他们的子弟，同时也从湘乡县的东山学堂推荐一些毕业生到这里来，只要他们的家长是湘乡县的士绅就收，成绩好坏在其次，不过外县人是不收的。毛泽东带来了东山学堂几位先生的亲笔信，又填了湘乡籍贯，就十分顺利地被录取了。在驻省湘乡中学，毛泽东第一次看到报纸——《民立报》。这份清末资产阶级革命派的报纸，1910 年 10 月 11 日在上海创刊，于右任、宋教仁等主编。该报激烈抨击清政府，报道各地资产阶级民主革命运动。1913 年 9 月 4 日停刊。毛泽东从报上看到了一个叫黄兴的长沙人，1902 年赴日留学，1904 年 2 月和陈天华、宋教仁在长沙组织华兴会，任会长，策划长沙起义未成。1905 年孙中山、黄兴等人在日本建立同盟会，全称为“中国革命同盟会”。

1911年（农历辛亥年）9月中旬，在同盟会帮助下的革命团体文学社和共进会在湖北武昌召开联席会议，组成统一的武装起义机构。推举文学社社长蒋翊武为总指挥，同盟会会员、共进会军务部长孙武为参谋长，并制订了起义的具体计划。10月9日，孙武在汉口俄租界赶制炸弹，不慎被炸伤，秘密机关遭破坏。蒋翊武等决定当天夜里12时起义，计划未实现。当晚，起义指挥部遭破坏，蒋翊武出逃，一些领导人被杀。10日，湖广总督瑞澂下令按名册大肆搜捕革命党人。当天夜里，武昌城内各标、营新军中革命党人被迫自动起事，起义士兵占领了军械库，合力攻占了总督署。11日早晨，武昌已被起义士兵掌握，建立了湖北军政府，强推新军协统黎元洪为都督，两天内起义军又攻占了汉口和汉阳。接着，湖北其他地区和湖南、江西、陕西、山西、云南、贵州、江苏、浙江、广西、安徽、广东、福建、山东、四川先后宣布独立，一个多月内，革命军占领了十六七个省。

辛亥革命爆发后，湖南宣布了戒严令，政局迅速改观。有一天，一个革命党人得到校长的允许，到湘乡中学作了一次激动人心的讲演，当场有七八个同学站了起来，支持他的主张，强烈抨击清廷，号召大家行动起来，建立民国，会上人人都聚精会神地听着，会场里鸦雀无声。

13. 半年列兵

听完讲演四五天后，毛泽东准备参加黎元洪的革命军。他决定同其他几位朋友到汉口去。听说汉口的街道很湿，必须穿雨鞋，毛泽东就到驻扎在城外军队里的一个朋友那里去借鞋。辛亥革命的起义军沿着粤汉路前进，10月22日逼近长沙。革命军攻打的两座城门，其中一座未遇抵抗；

由起义军将领焦达峰率部攻打的另一座稍遇反抗，经晓以民族大义后，守军即投向革命。同时，城里面也发生起义，各个城门都被工人攻占了。毛泽东站在一个高地上看到衙门上升起了一面白色的旗帜，上面写着一个“汉”字。当毛泽东回到学校时，发现学校已由起义军队守卫了。第二天，湖南成立了“中华民国军政府湖南都督府”，起义军的两名首领焦达峰和陈作新被推举为都督和副都督。焦达峰、陈作新的政权只维持了10天，咨议局议长谭延闿勾结新军中的一个营长在11月1日发动兵变，杀死了焦达峰和陈作新，谭延闿自任湖南都督。

此时，有许多学生投军，一支学生军已经组织起来。毛泽东不喜欢这支学生军，认为它的成分复杂，他决定参加正规军，为完成革命而努力（清帝还未退位）。既然革命军已经到了长沙，他就不必去武汉了，于是就在湖南参了军，他所在的部队是湖南新军第25混成协第50标第一营左队。他参军后，每月军饷7元钱，每月用去伙食费2元，还得花钱买水，剩下的钱他都用在订报纸上，百读不厌。当时鼓吹革命的报刊中有《湘江日报》，里面讨论到社会主义。他是第一次听说这个名词，于是，他就同其他同学和士兵讨论社会主义。后来，他读了江亢虎写的一些关于社会主义及其原理的小册子，就热情写信给几个同班同学讨论社会主义。

在毛泽东当兵的这个班里，有一个湖南矿工和一个铁匠，毛泽东非常喜欢他们。他和排长及大多数士兵交上了朋友，因为他能写，有些书本知识，能帮助他们写信或诸类事情，因而很受士兵们敬佩。

1912年1月1日，孙中山在南京宣告中华民国成立。临时政府成立后虽然颁布了一系列有利于民主政治和资本主义发展的政策法令，但承认清政府与帝国主义各国签订的不平等条约和帝国主义攫取的种种特权。

清内阁总理袁世凯（1911年，在帝国主义的支持下，袁世凯任内阁总理大臣）统兵南下镇压革命。他一方面以武力胁迫南方革命派让权，一方面挟制清帝退位，并于1912年3月在北京就任中华民国临时大总统。

1912年4月5日，中华民国临时政府迁往北京。南北统一了，南京政府解散了。毛泽东以为革命已经结束，便退出了军队，决定仍回到书本上去。他一共当了半年列兵。

14. 湖南省立第一中学

毛泽东退伍后，开始注意报纸上的广告（那时候许多学校通过报纸招生），但他并没有一定的标准来判断学校的优劣，对自己究竟想做什么也没有明确主见。一则警察学堂的广告引起了他的注意，于是去报名投考。在考试以前，他看到一所制造肥皂的学校的广告，不收学费，供给膳宿，还给些津贴，这则广告很吸引人，鼓舞人说制造肥皂对社会大有好处，可富国利民。于是，他又改变了投考警校的念头，决定去做一个肥皂制造家，他在这里又交了1元钱的报名费。这时，他有一个朋友成了法政学校的学生，他劝毛泽东进法政学堂，毛泽东也读了这所学堂的娓娓动听的广告：在3年内教完全部法律课程，并且保证期满之后可以做法官。毛泽东写信给家里，把广告上的诺言记述了一遍，把将来当法官的光明前景描述了一番，要求寄学费来，然后在这里也交了1元钱的报名费，等候父母的回音。这时他又看到一则商业学堂的广告，一位朋友告诉他，国家现在正处于经济战争之中，当前最需要的人才是能够建设国家的经济学家，这个议论又打动了他，他又向这所商业中学付了1元钱的报名费，并参加考试被录取了。但他还继续注意广告，有一天，他读到一则把一所公立高级商业学校说得天花乱坠的广告，这是政府办的，开设很多课程，而且又听说教员都是非常有才能的人，毛泽东又决定最好在那里上学，做一个商业专家，又付了1元钱的报名费，并把他的决定告诉父亲。老人家听了很高兴，因为他了解经商的好处。毛泽东进了这所学校，可只待了一个月。因为他发现这所学校大多数课程都用英语讲授，他和其他学生一样，不懂英语，学校也没有专教英语的老师，这种情况使他感到讨厌，月底就退学了，继续留心报纸上的广告。下一个尝试上学的地方是湖南全县高等中学校（省立第一中学），他花了1元钱报了名，参加了入学考试，发榜时名列第一。入学后，他发现这个学校很大，有许多学生，有一个叫符定一的国文教员对他帮助很大。符定一借给他一部有乾隆御批的《御批通鉴辑览》，这部史书上至东周，下迄五代十国，叙时1362年，蕴含着15个朝代的兴衰过程及成败原因。毛泽东对北宋文学家司马光历时19年编撰的《资治通鉴》爱不释手。1912年6月，在这所中学里，毛泽东写了《商鞅徙木立信论》的作文。文中联系现实提出：要取信于民，开发民智，必须以法治国。国文教员批道："实切社会立论，目光如炬，落墨大方，……有法律知识，具哲理思想，借题发挥，纯之唱叹之笔出之。……历观生作，练成一色文字，自是伟大之器，再加功候，吾不如其所至。"

后来，毛泽东还是不喜欢第一中学：课程有限，且校规也使人反感。自读了《御批通鉴辑览》以后，他得出结论，不如自学更好，于是在校6个月就退学了。

15. 半年自学

1912年秋，毛泽东制订了一个自学计划，每天到定王台湖南省立图书馆去读书。对自学计划，他非常认真地执行，持之以恒。他寄居在新安巷湘乡会馆，每天早晨图书馆一开门他就进去，中午饭只买两块米糕，天天等图书馆关门时才出来，在这里度过了半年时间，他认为很有价值。他学习了世界地理和世界历史（他在那里第一次看到一幅世界地图，怀着很大的兴趣研究它）；读了许多书：亚当·斯密的《原富》、达尔文的《物种起源》和约翰·穆勒的一部关于伦理学的书《名学》，还有卢梭的著作、斯宾塞的《逻辑》和孟德斯鸠写的一本关于法律的书。他在认真研读俄、美、英、法等国历史、地理的同时，也阅读诗歌、小说和古希腊的故事。凡是从外文译成中文的名著，他几乎读遍了。毛泽东后来回忆说："我学习生活中最有收获的时期是在湖南图书馆自学的半年，……我贪婪地读，拼命地读，正像牛闯进了人家的菜园，尝到了菜的味道，就拼命地吃个不停一样。"

这段时间，毛泽东住的湘乡会馆里住了许多士兵，都是些"退伍"或被遣散的湘乡人。他们没有工作，也没有什么钱，住在会馆里的学生和士兵总是吵架。一天晚上，他们之间爆发武斗，士兵袭击了学生，要杀死他们。毛泽东躲到厕所里，直到斗殴结束后才出来。

16. 湖南第一师范学校

毛泽东已经没有了钱，家里也不肯供养他——除非他进学校读书才寄钱给他。同时，他在湘乡会馆里也住不下去了。他认真地考虑自己的"前途"，后得出结论：最适宜教书。他又开始留意广告了。湖南师范学校一则动听的广告引起了他的注意，他津津有味地读着广告上的优点：不收学费，膳宿费低廉。有两位朋友也鼓励他投考。毛泽东征得家里人同意，并为自己和两位朋友写了 3 篇作文（当时他还不知道为朋友代笔是不道德的行为），结果 3 个人都被录取了。这样，他在 1913 年 3 月，以第一名的成绩成了湖南省立第四师范学校（位于长沙城里水风井）的学生。1914 年 2

月，第四师范学校和第一师范学校合并，毛泽东和300多名同学，还有杨昌济、黎锦熙（历史教员）、袁仲谦（国文教员）等几位先生，转到长沙南门外书院坪的湖南省立第一师范学校，他成为第8班的学生（一年级共有第6、7、8、9、10五个班级）。

湖南省立第一师范，原属城南书院（南宋张南轩讲学的地方）的旧址，是一所公费培养小学教师的著名学校。学校坐东朝西，前面是奔流的湘江，背后是树木葱郁的妙高峰，旁（左）边是沟通南北的粤汉铁路，对岸是巍峨雄伟的岳麓山（内有岳麓书院，南宋时朱熹曾在此讲学）。每逢集会，湖南第一师范的同学们高唱校歌："衡山西，岳麓东，城南讲学峙其中。人可铸，金可熔，丽泽绍高风。多材自昔夸熊封。男儿努力，蔚为万夫雄。"

当时的师范教育是5年制，但第四师范是春季始业，第一师范是秋季始业。因此，毛泽东自1913年春天考进第四师范，到1918年暑假从第一师范毕业，一共读了5年半书。

17. 恩师杨昌济

杨昌济，出生于1871年4月21日，世居在长沙县清泰乡的板仓（由长沙市小吴门出城，过浏阳河，东行120里）。1898年进入岳麓书院读书，积极参加谭嗣同等在湖南组织的维新改良活动。1903年留学日本，先后入东京弘文学院、东京高等师范学校学习，1909年去到苏格兰，主攻哲学、伦理学和心理学，获文学学士学位，随后又在德国考察了9个月。在国外花了9年时间，悉心研究教育和哲学，形成了进步的伦理思想和讲究实践的人生观，并有志将所学运用于中国的社会改造。武昌起义的枪声，使身居国外的杨先生深受鼓舞，十分怀念自己的祖国，遂改名为杨怀中。1912年他回国时，南京临时政府已让位于袁世凯控制的北京临时政府。杨先生面对疮痍满目的祖国，毅然决定回到故乡湖南。友人劝他，湖南已为立宪派头子谭延闿所控制，不如留在大城市工作好。杨先生坚定地回答："我不入地狱，谁入地狱？"到了长沙，已经登上都督宝座的谭延闿想罗致他当教育司长，被他严词拒绝。相反，他却接受了湖南省立第四师范学校的聘请，甘当一名教员，家居长沙落星田。一些贪图名利的人看不起他，甚至讽刺他。为了表达他的志向，回应社会上这些人的攻击，他写了一副对联自勉："强避桃源作太古，欲栽大木拄长天"，决心用毕生的精力培养一批改造社会的中坚。杨昌济老师在一师讲修身课时，要求学生"高尚其理想"（立一理想，此后一言一动皆期合此理想），鼓励学生们要"奋斗"，"有朝气"，"有独立心"，能"立定脚跟"，而办事又要"精细"，"小不谨，大事败矣"。对学问，他认为要"贯通今古，融合中西"，而自己要有分析的批判的精神。杨先生虽然是一个唯心主义者，但却是一个道德高尚的人，他对自己教授的伦理学有着强烈的信仰，鼓励学生立志做有益于社会的正大光明的人。

在杨昌济先生的影响下，毛泽东读了由德国哲学家、伦理学家费里德里奇·泡尔生编著、蔡元培翻译的《伦理学原理》。在这部10万字的书页上，毛泽东写了12100字的读书笔记，并写了一篇题为《心之力》的文章。毛泽东亦自称是一位唯心主义者，杨昌济亦以唯心主义观点，高度评价了他这篇文章，给了毛泽东100分。自接触始，杨昌济对毛泽东即有深刻印象。1915年4月5日，他在《达化斋日记》中写道："毛生泽东，言其所居之地，为湘潭与湘乡连界之地，仅隔一山，而两地之语言各异。其地在高山之中，聚族而居，人多务农，易于致富，富则往湘乡买田。风俗淳朴，烟赌甚稀。渠之父先亦务农，现业转贩，其弟亦务农，其外家为湘乡人，亦农家也。而资质俊秀若此，殊为难得。余因以农家多出异材，引曾涤生、梁任公之例以勉之。毛生曾务农两年，民国反正时又曾当兵半年，亦有趣味之履历也。”

经杨昌济介绍，毛泽东利用假期曾两次入岳麓书院寄读。明清之际的著名学者王夫之就是湖南衡阳人，早年就学于岳麓书院，晚年因隐居在石船山，世称船山先生。他著述宏富，在学术上能独树一帜，富于批判精神。他崇尚实学，主张“理依于气”，强调“行”在认识过程的作用，开一代风气之先。在这种风气熏陶下，湖南学人大多关心世事，热衷于投身政治活动，涌现出一大批有影响的政治家、军事家、思想家和革命家。鸦片战争前后，湖南有贺长龄、陶澍、魏源一批人，在学术上和政治上都倡导变革。在维新运动中，出现了谭嗣同、唐才常、熊希龄等变法志士。辛亥革命时期，黄兴、蔡锷、陈天华、宋教仁、禹之谟等更走在前列。这一批又一批的人物，绝大多数曾就读于岳麓书院。以曾国藩为代表的清末“中兴将相”集团，包括胡林翼、左宗棠、罗泽南、曾国荃等，也都曾受教于岳麓或城南书院。曾国藩镇压太平天国时打着“保卫名教”的旗号，同时又严格地整军治政，他还是早期洋务活动的代表人物，影响很大。1916 年，在岳麓书院办学的一位校长，把出自班固《汉书·河间王传》的“实事求是”4 个字写成硕大的横匾挂在讲堂正门。这块匾额给毛泽东留下了很深的印象。

毛泽东还经常到杨昌济老师的好友刘人熙创办的船山学社听课。同时，毛泽东还细读了《曾文正公家书》和《曾文正公日记》。他在“讲堂录”里抄写了好些曾国藩的话，如：“涤生日记，言士要转移世风，当重两义：曰厚曰实。厚者勿忌人；实则不说大话，不好虚名，不行架空之事，不谈过高之理。”

1916 年暑假，毛泽东步行到长沙县东乡板仓杨昌济家访问。同杨昌济讨论学术问题和社会问题，浏览杨昌济的藏书，特别是新书和报刊。毛泽东从与杨昌济的谈话中得知，离板仓 40 多里的高桥塘冲，有一位留学日本的体育运动的爱好者和倡导者柳午亭（柳直荀的父亲），毛泽东便专程前去访问。毛泽东称赞柳午亭在体育研究和实践上有较高的造诣，许多地方值得效法。

18. 良师诸多

毛泽东很推崇徐特立老师"不动笔墨不读书"的学习方法。他不只是读前人的书，而且要经过认真思考和消化，把自己的心得和看法写下来，其中包括对书中同意或不同意的地方。他当时有许多种笔记本，包括听课的、自学的、摘抄的、随感的和日记等。

国文教员袁仲谦（袁吉六），湖南保靖县人，清末进士，学生送他绰号"袁大胡子"。袁仲谦写一手好字，做一手好古文。开始他嘲笑毛泽东的作文，说他是新闻记者的手笔，他看不起毛泽东视为楷模的梁启超，认为他半通不通。于是，毛泽东只得改变文风。他买了一部《昌黎先生文集》，钻研韩愈的文章，学会了古文文体。

毛泽东与黎锦熙建立了深厚的师生关系。1915 年 9 月 6 日，毛泽东写信给好友萧子升，介绍近期同黎锦熙交谈治学情况，介绍自己的学习方法：读一篇而及于全书，并加以详细研究，使国学常识罗于胸中。信中并推崇曾国藩的读书方法：演绎法，察其曲以知其全，执其微以会其通；中心统辖法，守其中而得大，施于内而遍于外。1915 年 9 月，黎锦熙应聘到北京教育部的教科书编纂处任特约编纂员。11 月 9 日，毛泽东致信黎锦熙，劝他不要在袁世凯政府里做官，切望黎锦熙"急归无恋"。信中还说自己"性不好束缚。终见此非读书之地，意志不自由，程度太低，俦侣太恶，有用之身，宝贵之时日，逐渐催落，以衰以逝，心中实大悲伤"，很想离去，“就良图，立远志”。1916年12月9日，毛泽东致信黎锦熙，说去年11月9日信中劝黎锦熙不要在袁世凯政府做官的意见不当，黎的任职不过是编书，仍是书生事业，并不是做官。信中强调体育的重要性，说古称智、仁、勇为三达德，现今的教育学者进而提出德、智、体三言，认识到“心身可以并完”。毛泽东说自己的身体不强，近因运动之故，受益颇多，“至弱之人可以进于至强”。1917年8月23日，毛泽东致黎锦熙长信：今日变法，俱从枝节入手，如议会、宪法、总统、内阁、军事、实业、教育，一切皆枝节也；当今之世，宜有大气量人，从哲学、伦理学入手，改造哲学，改造伦理学，根本上变换全国之思想；此如大纛一张，万夫走集，雷电一震，阴曀皆开，则沛乎不可御矣！彼时天下皆为圣贤，而无凡愚，可尽毁一切世法，呼太和之气而吸清海之波；思想道德必真必实，东方思想虽然有之许多不切于实际生活，但西方思想亦未必尽是，几多之部分，亦应与东方思想同时改造；毕业之后，自思读书为上，教书、办事为下，很久以来就想办私塾，取古代讲学与现今学校二者的长处，暂只以三年为期，课程则以略通国学大要为准，达此即须出洋求学，乃求西学大要，归仍返于私塾生活，继续深造。

19. 第一师范读书生活

湖南第一师范学校有很多校规，令毛泽东赞成的极少。例如，他反对把自然科学列为必修课，因为他想专修社会科学。他的自然科学的分数很差，尤其是讨厌一门静物写生课，有一次上图画课，他画了一条直线，上面加了一个半圆，题名曰：“半壁见海日”（李白诗）。又一次，图画课考试，他画了一个椭圆形就算了事，说这是个蛋，结果只得了40分。幸亏他的社会科学各科得到的分数都很高，才扯平了其他课程的低分数。

在学校的课程中，毛泽东把重点放在修身、哲学、国文、历史和地理等几门上。在这所学校里，毛泽东刻苦读书，认真思索，他曾在“讲堂录”中写道：“闭门求学，其学无用。欲从天下国家万事万物而学之，则汗漫九垓，遍游四宇尚已。”1915年6月25日，毛泽东致信湘生：“从前拿错主意，为学无头绪，而于学堂科学，尤厌其繁碎。今闻于师友，且齿已长，而识稍进。于是决定为学之道，先博而后约，先中而后西，先普通而后专门”；康有为“四十岁以前，学遍中国学问；四十年以后，又吸收西国学问之精华”；梁启超“先业词章，后治各科”；“盖文学为百学之原，吾前言诗赋无用，实失言也。……来日之中国，艰难百倍于昔，非有奇杰不足言救济，……屠沽贾衒之中，必有非常之人，……人非圣贤，不能孑然有所成就，亲师而外，取友为急”。

1915年8月，毛泽东致信好友萧子升，信中抄录了自己近来写的一篇日记，题为《自讼》：“……吾观于子，一伎粗伸，即欲献于人也；一善未达，即欲号于众也。招朋引类，耸袂轩眉。无静澹之容，有浮嚣之气。姝姝自悦，曾不知耻，虽强其外，实干其中。名利不毁，耆欲日深；道听途说，搅神丧日，而自以为欣。日学牡丹之所为，将无实之可望……”

毛泽东总是在天色微明时就起身，晚上熄灯后还借外面一点微弱的灯光苦读，从不肯浪费半点时间，而且持之以恒。从先秦诸子到明清时代思想家的著作，从二十四史到司马光的《资治通鉴》，从《昭明文选》到《韩昌黎全集》，从顾祖禹的《读史方舆纪要》到本省的县志，他都认真研读。1916年2月29日，他在给好友及同学萧子升的信中开列了77种古代经、史、子、集的著作，说“苟有志于学问，此实为必读而不可缺”。中国传统文化中的优秀部分，包括人格修养和智慧，对青年毛泽东都影响很大。

毛泽东生活简朴在全校是出了名的，他的衣服穿得褪了色、破了洞也舍不得扔掉，经过缝缝补补还继续穿。他盖的土布套被，棉絮又旧又硬。“身无半文，心忧天下”，这是第一师范同学对毛泽东的赞誉。毛泽东5年多中，总共只用了160元钱，这笔钱中大约有三分之一用在订报纸上，并常常在报摊买书、买杂志。第一师范订了上海和长沙的两份报纸，人多，报纸少，毛泽东就自己订了一份。当时正值国内连年军阀混战，日本帝国主义对中国的侵略一天天加紧，国际上正是第一次世界大战打得很激烈的年代。毛泽东认真地读报纸后，就给同学们讲解这些时事：奥国的太子怎样在塞尔维亚被杀死，德国威廉第二怎样出兵，德俄、德法、德英如何宣战，凡尔登如何难攻，英法如何联盟，美国如何参战发财，日本如何趁火打劫，等等。读完报后，他把从报上所见到的地理名称用英文一个个都写到白纸条上，然后对着地图看。这样一则学了英文，再则把世界各国所有的城市、港口、海洋、江河、山岳的名称都能记熟。他说，报纸是活的历史，读它可以增长许多知识。

这时，陈独秀主编的《新青年》给毛泽东以很大影响。毛泽东非常钦佩胡适及陈独秀的文章，他已经把梁启超和康有为丢掉了。后来他回忆说，这个时期他是自由主义、民主改良主义、空想社会主义思想的大杂烩，但是反对军阀和帝国主义是明确无疑的。通过这个杂志，毛泽东很快接触到知识界的主流。

20. 益友

1915年3月，与毛泽东过从甚密的易咏畦同学不幸逝世。易咏畦，又名易昌陶，湖南衡阳人，与毛泽东同属第八班，品学兼优，是毛泽东的挚友，病逝于家中。学友会为易君举行了追悼会。毛泽东为之写了挽联和挽诗，挽联是：

胡虏多反复，千里度龙山，腥秽待湔，独令我来何济世；生死安足论，百年会有役，奇花初茁，特因君去尚非时！

挽诗全文是：

去去思君深，思君君不来。愁杀芳年友，悲叹有余哀。
衡阳雁声彻，湘滨春溜回。感物念所欢，踯躅南城隈。
城隈草萋萋，涔泪侵双题。采采余孤景，日落衡云西。
方期沆瀣游，零落匪所思。永诀从今始，午夜惊鸣鸡。
鸣鸡一声唱，汗漫东皋上。冉冉望君来，握手珠眶涨。
关山蹇骥足，飞飙拂灵帐。我怀郁如焚，放歌倚列嶂。
列嶂青且蒨，愿言试长剑。东海有岛夷，北山尽仇怨。
涤荡谁氏子？安得辞浮贱！子期竟早亡，牙琴从此绝。
琴绝最伤情，朱华春不荣。后来有千日，谁与共平生？
望灵荐杯酒，惨淡看铭旌。惆怅中何寄，江天水一泓。

易咏畦病逝后，由校长张干、学监王季范、教员杨昌济发起，于1915年5月23日召开全校追悼会。随后将师生致送的挽诗、挽联256副编印成册，题名《易君咏畦追悼录》，其中收录了毛泽东这副挽联和这首挽诗。1915年6月25日，毛泽东将此首挽诗抄录在致湘生的信中（其中有4个字与原诗不同）。1990年7月，这首挽诗随信发表于湖南出版社的《毛泽东早期文稿》。这首五言长诗，通过对挚友早凋的悲悼，联想到国家民族的深重灾难。

21. 反对帝国主义

1911年，辛亥革命爆发时，外蒙的少数封建王公与活佛，在沙皇俄国的策动下趁机叛离，宣布“独立”。1913年袁世凯掌握中央政权以后，承认了沙俄与外蒙傀儡集团所签订的《俄蒙协约》，1915年又在恰克图与沙俄签订了《中俄蒙协定》，使外蒙完全落入沙俄怀抱。在侵略外蒙的同时，沙俄还出兵我国西北边疆，霸占了唐努乌梁海地区达17万平方公里的土地，同时又把侵略魔爪伸向我国黑龙江省呼伦贝尔地区和新疆的阿尔泰地区。

1914年7月，爆发了第一次世界大战，欧洲成了炮火纷飞的战场。帝国主义列强分成了两大阵营——以德奥为首的同盟国集团和以英法俄等国为首的协约国集团，互相厮杀，暂时无暇东顾。日本帝国主义认为这是推行其“大陆政策”的绝好时期，遂宣布加入协约国集团，以对德、奥宣战为借口，突然出兵攻占中国青岛及胶济铁路沿线一带城市，攫取了德国在山东所侵占的全部权益。1915年1月18日，日本首相大限得寸进尺，由驻华公使日置益向中国袁世凯政府提出21条要求。这21条分成5号，前4号包括：把德国在我国山东掠夺的权利全部转让给日本，还要增加新的权利；日本要求在中国东北的南部、内蒙古东部拥有土地租借权、所有权、工商业经营权、建筑铁路和开采矿山的独占权；汉冶萍公司改为中日合办；中国沿海港湾和岛屿概不让与第三国等。第5号要求聘请日本人为中国政府各方面的顾问，攫取统治中国的政治、财政、警察、军事大权，并夺取湖北、江西和广东之间的铁路建筑权等。5月7日，又向中国提出最后通牒，限48小时答复。袁世凯要做皇帝，想取得日本的支持，5月9

日，除对第 5 号“容日后协商”外，对于前 4 号竟全部承认了。消息在报纸上披露以后，全国人民无比愤怒，各大中城市纷纷举行抗议，湖南第一师范的师生，将国内外知名人士反对卖国条约的言论，编成一本小册子，取名为《明耻篇》，由石润山先生编著，并为之作序，自己凑钱印了出来。毛泽东读了以后，在封面上写下了：“五月七日，民国奇耻。何以报仇，在我学子。”

1916 年，由于袁世凯急于称帝，对沙俄的强盗行径听之任之。日本帝国主义更与沙俄狼狈为奸，协同瓜分满蒙。同年 7 月 25 日，毛泽东在给萧子升的信中对此进行了猛烈的抨击。他指出：“此约业已成立。两国各尊重在满蒙之权利外，俄让长春滨江间铁路及松花江航权，而且助俄以枪械弹药战争之物。今所明布者犹轻，其重且要者，密之不令见人也。”与此同时，报端又披露了日本内阁行将改组的消息，大限重信为炮制《二十一条》的罪魁，国人或冀其下野以后，日本对华政策可望转趋缓和。毛泽东不以为然，他给萧子升的信中写道：“大隈阁有动摇之说，然无论何人执政，其对我政策不易。思之思之，日人诚我国劲敌！感以纵横万里而屈于三岛，民数号四万万，而对此三千万者为之奴，满蒙去而北边动，胡马骎骎入中原。况山东已失，开济之路已为攫去，则入河南矣。二十年内，无一战不足以图存，而国人犹沉酣未觉，注意东事少。愚意吾侪无他事可做，欲完自身以保子孙，只有磨砺以待日本。”

22. 野蛮其体魄

毛泽东在一师读书，非常热心于体育锻炼，他和一些志同道合的同学提出“文明其精神，野蛮其体魄”的口号。春风吹来时，就高声叫嚷，叫作“风浴”；遇见下雨，就脱掉衬衣让雨淋，称之为“雨浴”；烈日当空，脱掉衬衣，谓之“日光浴”；在已经下霜的日子，还露天睡觉；甚至到了11月份，还去寒冷的江里游泳；寒假中，他们徒步穿野越林，爬山绕城，渡江过河。

1917年4月1日，毛泽东第一篇公开发表的文章《体育之研究》在《新青年》第3卷第2号上出现（署名“二十八画生”），他写道：“体者，为知识之载而为道德之寓也；体育于吾人实占第一之位置，体强壮而后学问道德之进修勇而收效远；近人有言曰，文明其精神，野蛮其体魄，此言是也；意志也者，因人生事业之先驱也；运动而有恒，第一能生兴味，第二能生快乐。”毛泽东在日记中写道：“与天奋斗，其乐无穷！与地奋斗，其乐无穷！与人奋斗，其乐无穷！”

23. 社会活动

第一师范曾经有过“技能会”“自进会”等组织，1915年改为“学友会”，宗旨是：砥砺道德，增进学识，养成职业，锻炼身体，联络感情。学校开行政或教育会议时，必定有学友会的代表参加。学校行政管理机关的一切措施、决定，都要得到学友会的同意。学生群众有要求时，通过学友会向校方提出。从1915年起毛泽东被推选为在学友会内做文牍工作，负责起草报告、造具表册和会议速记。自1915年11月开始，至1917年10月，毛泽东连任4届。1917年下学期到1918年上学期毛泽东在学友会中做总务（总干事）兼教育研究部部长（共15个部）。他在同学们中提倡学术研究和体格锻炼。他们举办成绩展览会、自由演讲辩论会、各种专门问题学术研究以及聘请名人讲演，还购置、分发各种进步杂志，举办全校运动会，组织游泳活动，还组织学生常备队，夜晚巡逻学校等。

长沙南门外第一师范附近，有造币厂、黑铅炼厂、电灯公司等工厂和铁路工人聚居地。为了帮助工人学习文化知识，同时在工人中传播革命思想，毛泽东于1917年11月，以第一师范学校学友会教育研究部的名义在校内办了一所工人夜校。毛泽东注意体恤工人的具体困难，注意改进教学的方法，他还利用课余时间，在夜校给工人讲历史课，他的讲解语言生动，深入浅出，深受工人欢迎。第一师范设立了一种检查学生学业和操行的办法，叫作“人物互选”。选举内容包括三项：德育——敦品（如敦廉耻、尚气节、慎交游、摒外诱）、自治（如守秩序、重礼节、慎言笑）、克己、服务；智育——才具（如应变有方、办事精细）、言语（长于演讲、论辩应对）、文学（长于国文辞章）、科学、美学；体育——胆识（如冒险进取、警备非常）、卫生、体操、竞技。据第一师范校志载，1917年6月全校11个班、400多名学生参加了“人物互选”，结果有34名同学当选，其中得票最多的是毛泽东，特别是在言语和胆识两个方面，唯独毛泽东一人当选。在第一师范的最后一年，同学们在人品、胆识和文学方面把毛泽东作为学校的楷模。有的同学称毛泽东为“奇才”，还有人称他为“智囊”。

24. 武装保护学校

袁世凯死后，黎元洪当了大总统，冯国璋为副总统。1917年7月1日，张勋拥宣统皇帝复辟，黎元洪逃入日本使馆。11天后，张勋复辟失败，黎元洪发通电，推冯国璋为大总统，段祺瑞得到日本的帮助，做了国务总理。1917年7月，孙中山从上海到广州，海军总司令程璧光表示愿意追随孙中山，8月25日在广东成立军政府，孙中山为大元帅，唐继尧（云南）、陆荣廷（广西）为元帅。在西南6省竖起“护法”的旗帜。段祺瑞为夺取湖南，1917年9月派陆军次长傅良佐到湖南做督军。孙中山亦派程潜自广东进入湖南零陵地区，桂军谭浩明（护法军）也率部入湘。在这种你来我去、兵马不停的环境中，长沙城自然是不安全的，学校的校舍常有军队占领。1917年11月，北洋军队王汝贤、范国璋部被孙中山的南军打败，由南向长沙撤退，省城及四乡秩序大乱。第一师范因在南门外铁路边，溃军经过这里，免不了占房屋，行抢劫。这时，一部北军已退到离第一师范只有20里路的猴子石地方，正在徘徊不定。毛泽东已经了解到溃军不敢直接进长沙城是因为不清楚城里的虚实，于是他挺身而出，以学友会总务的名义把“学生志愿军”和同学中的体育运动员组织起来，并联络附近的警察分所，利用他们的二十几支真枪带头。毛泽东将同学们分成三队，他自带一支南路军由妙高峰下去，穿过铁路，迂回到北洋军的正面，准备阻击敌人。沿途一些被同学们发动起来的农民和工人夜校的学员拿着木棒、铜锣、大鼓也陆续加入队伍。其他两队同学迅速包抄了敌人的后路和东路。黄昏时分，离溃军距离不远时，毛泽东命令警察放一排子枪，学生们就鸣放鞭炮，霎时间，写有“桂”“湘”“粤”字的灯笼一下点燃，漫山遍野，一片灯火。又找了两个零陵的同学装扮成广西军队的口气，用桂林话向溃军大喊：“傅良佐逃走了，桂军已进了城，你们快缴枪吧！”“投降不杀，缴枪发钱，放你们回家！”这支溃军只有百把条枪，是前天早晨被南兵从株洲赶出来的，想和他们的师部会合，一路上走走停停，又饥饿，又疲劳，又惊慌。他们打出白旗（用刺刀挑起一件白衬衣）投降，毛泽东派人同他们交涉，喝令他们放下武器，全体后退几十步。同学们过来收拾枪支搬进校舍去，当晚溃军就在学校前坪露宿。第二天早上，学校向商会借得现银，给溃军每人分发4元，予以遣散。这样，不仅保住了一师校舍，长沙城也免受骚扰，学校师生们都说：“毛泽东浑身是胆！”

25. 游学

有一天，毛泽东从报纸上读到两个中学生旅行全国的故事，给毛泽东以很大的鼓舞，他想效法他们，可是没有钱，于是，毛泽东想先在湖南试一试。1917 年暑假（7 月中旬—8 月 16 日），毛泽东邀同伴萧瑜从长沙动身，身上不带一个钱，采取送对联、“打秋风”的谋生方法，徒步游历了长沙县、宁乡县、安化县、益阳县、沅江县的不少乡镇，行程 900 余里。所到之处，受到友善的欢迎和款待，结交了农民、船工、财主、县长、老翰林、劝学所所长、寺庙方丈各色人等，写了许多笔记，获得许多风土人情的新鲜知识。

26. 创办“新民学会”

1915 年 9 月，毛泽东以“二十八画生”的化名（繁体字“毛泽东”是 28 画）在长沙一家报纸上登了一个广告，邀请有志于爱国工作的青年，同他联系，指明要结交能随时为国捐躯、刻苦耐劳、意志坚定的青年。他从这则广告中得到回答的有罗章龙和李立三。经过长期访求和多方通信联系，毛泽东以第一师范学校的进步学生为基础，逐渐在他的周围团结了一批同学。这是一批态度严肃的人，他们不屑于身边的琐事，没有时间谈情说爱，因为他们认为时局危急，求知的需要迫切，不允许他们去谈论女人和私人问题。他和他的同学只谈大事——人的天性、人类社会、中国、世界、宇宙。1915 年 9 月 27 日，毛泽东致信萧子升：“近以友不博则见不广，少年学问寡成，壮岁事功难立，乃发内宣，所以效嘤鸣而求友声，至今数日，应者尚寡，兹附上一纸，贵校有贤者，可为介绍。”

1917 年 9 月 16 日，毛泽东与同学张昆弟等到湘潭昭山游览，夜宿昭山寺。交谈中，毛泽东认为：人生不能单以解决衣食住为满足；吾辈必想一最容易之方法，以解决经济问题，而后求遂吾人之理想之世界主义；人之心力与体力合行一事，事未有难成者。

1918 年春天，毛泽东同蔡和森沿洞庭湖南岸和东岸，经湘阴、岳阳、平江、浏阳几县，游历了半个月，了解社会情况，路上详细商谈组织新民学会问题。

1918 年 4 月 14 日，星期日，经过两年多的酝酿后，在岳麓山下刘家台子（后叫周家台子）的蔡和森家里，成立了“新民学会”，此名取自四书（《大学》《中庸》《论语》《孟子》）之一《大学》中“大学之道，……在于亲（新）民”，意为鼓励人们革除自己身上的旧习，提高品德修养。新民学会初成立时共有 21 名成员，至 1921 年中国共产党成立时，新民学会发展到 66 名成员（包括在法国勤工俭学中发展的人数）。会章规定，入会条件是：诚恳、纯洁、奋斗、服从真理；学会的宗旨是：革新学术、砥砺品行、改良人心风俗；新民学会宗旨后来发展为：联络感情、砥砺品行、革新学术、改造社会；最后发展为：改造中国与世界。还规定会员必须遵守以下纪律：①不虚伪；②不懒惰；③不浪费；④不赌博；⑤不狎妓。会议选举总干事为萧子升。萧子升出国后，会务由毛泽东主持。中国共产党成立后，新民学会即停止了活动。

27. 第一次到北京

1918 年 5 月，杨昌济接受北京大学的聘请，离开长沙赴北京大学执教，出任哲学（伦理学）教授。同年 6 月，毛泽东从湖南第一师范毕业。从此，他结束了“6 年孔夫子，7 年洋学堂”的学生时代。

杨昌济给毛泽东、蔡和森写信谈起到法国去“勤于做工，俭以求学”，并希望他们在长沙把勤工俭学运动搞起来，送青年到法国去。信中特别提到：希望润之立即到北京去，帮助推动这项运动。新民学会讨论了这封信，决定派代表到京进行筹备。6 月 23 日，蔡和森受命赴京与各方面联系。毛泽东决定不去法国，他想和何叔衡、陈昌留在长沙，把注意力放在国内，发展新民学会组织。

8 月间，蔡和森从北京写了几封信，希望毛泽东速来北京，并强调这是杨先生的意思。蔡和森希望毛泽东帮助他处理去法国的准备工作，杨昌济也牵挂着毛泽东的前程，希望他早日来京，下半年就可以进北京大学深造。

8 月 15 日，毛泽东向朋友借了钱，同罗学瓒、萧子升、张昆弟、罗章龙、李维汉、陈赞周等一行 25 人北上。他们先是步行——沿着洞庭湖环行，再坐船到武汉，后乘火车。火车行至河南境内，因黄河涨水，大水冲断了铁路，火车在漯河站停下来，旅客们步行到大石桥。毛泽东利用这个机会同伙伴们一起到偃师县农村进行考察、访问。

19 日，毛泽东等来到北京。到北京后，湖南青年分别暂住在位于虎坊桥和珠市口附近胡同的湖南会馆和长沙、湘潭、浏阳的会馆里，毛泽东住在位于烂缦胡同 35 号的湘乡会馆里。毛泽东很快见到了杨昌济先生。

杨昌济向毛泽东谈起湖南在皖系军阀张敬尧的野蛮统治下，青年学生一不能读书，二不能做事。他谈到，北京还算好一点，段祺瑞中央政府虽说十分昏庸，但还有些顾忌，因此学者们还可以做些事情，像蔡元培、李大钊、吴玉章、陈独秀、胡适这些知名人士还在讲学，像《新青年》这样的进步杂志还可以出版。他希望毛泽东要么到法国去，要么就留在北京大学读几年书。毛泽东委婉地对杨先生说：目前赴法勤工俭学的青年以湖南、四川两省为最多，湖南已经到京50多人，正要来的还不是少数，连43岁的教育家徐特立、年过半百的女教师葛健豪（蔡畅、蔡和森的母亲）也都报了名，如何将这些人安排好，使他们学成归国是一项很繁重的工作。因此，毛泽东表示：目前不能上大学，也不能去法国。1918年10月，在毛泽东、蔡和森的努力下，湖南青年办了4个留法预备班。预备班要办1年，主要学习法语，也学些机械制图。

根据毛泽东的要求，需在北京找个工作，一方面继续协助勤工俭学事宜，一方面在职求学。于是，杨昌济就把毛泽东介绍给北京大学图书馆主任李大钊教授。1918年北大图书馆购置的2万多册外文书籍中，有相当一部分是介绍各种社会主义思潮和俄国十月革命的。李大钊让毛泽东做图书馆助理员的工作，每月薪水8块钱。其工作是管理“日报阅览室”（第三阅览室），及时将订阅的全国各地的报纸夹上去，月底送去装订。有时还要做些杂务，如为图书馆主任李大钊的办公室整理书刊报纸等。毛泽东的工作中有一项是登记来图书馆读报人的姓名。在那些来阅览的人当中有一些新文化运动的头面人物，如傅斯年、罗家伦等，这些人使他很感兴趣。毛泽东很想和他们攀谈政治和文化问题，但是，一方面是毛泽东的职位低，人家看不起；另一方面是这些大人物们确实都很忙。

毛泽东不灰心，他参加了哲学会和新闻学会，为的是能够在北大旁听。在新闻学会里，他遇到一些人，如陈公博、谭平山、邵飘萍（对毛泽东影响很大），他还遇到了张国焘、康白情、段锡朋。由于校长蔡元培主张“循自由思想原则，取兼容并包主义”，这时，北京大学的思想是十分活跃的，也可以说是十分混乱的：有着各式各样的主义，也就有各式各样的代表人物。毛泽东对政治的兴趣持续增长，思想也越来越激进，但是还有些混乱，正在找寻出路。

在此期间，毛泽东开始与杨教授家看门的老头住在一起（旧鼓楼大街豆腐池胡同 9 号），后来搬到景山东街三眼井吉安东夹道 7 号。这是一处破旧的小院，毛泽东和罗学瓒等 8 人就挤在这里一间长不到 1 丈、宽不到 8 尺的东配房里。大家睡到炕上的时候，挤得几乎透不过气来，每逢要翻身，得先同两旁的人打招呼。

28. 关关雎鸠

在北京，有一件事对毛泽东产生了重大影响，他开始恋爱了。他又见到了杨昌济老师的女儿杨开慧。杨先生有一儿一女，儿子杨开智为长，女儿杨开慧出生于 1901 年 11 月 6 日，号霞，字云锦。父亲期望她在阳光的照耀下，生命如灿烂的云霞，美丽而火红。她在故乡板仓度过了童年时代。7 岁时，父亲从国外来信，让她读书。山冲里过去从来不让女孩读书，在争取下，杨开慧等入杨公庙长沙县第四十初级小学读书，学校破例为杨开慧等 7 个女孩单开一个班。后入隐储学校、衡粹女校、县立第一女子高小等处继续求学。1913 年她随父亲搬到长沙城，先后随父亲住在落星田、仰天湖、黄泥段和天鹅塘等处。在父亲的指导下，她在家自修英文，并阅读了许多东西方新文化的书籍。在长沙的时候，杨昌济曾高兴地对家人说：我在第一师范看到了两个最好的学生，一个是毛泽东，一个是蔡和森，他们将来定能成为国家的栋梁！毛泽东和蔡和森、陈昌、张昆弟、罗学瓒等几位好友常于假日里去杨昌济家。他们或谈治学、做人之道，或纵论天下事、探求救国救民的真理，常常一谈就是一整天。少年时代的杨开慧，娴静端庄，聪明好学。她深深地被毛泽东和大家欢快热烈的谈话所吸引，往往放下手中的功课，成了一名宁静而热心的“旁听生”。日子长了，杨开慧便同毛泽东等一道讨论：青年为什么要求学？怎样求学？立什么样的志，怎样立志？国家这样贫弱，民众这样贫困，青年应当怎么办？在讨论中，毛泽东的胆略使杨开慧深受感染，他的抱负使杨开慧深深地倾慕和向往。毛泽东常和学友到湘江江心橘子洲头和西岸的岳麓山，或登山竞走，或江边漫步，或日夜泛舟，或在墓地寺院风餐露宿，以练身励志，杨开慧经常与之同往。毛泽东常年坚持冷水浴，她也效法。父亲非常赞赏她这种毅力。她在作文中表达了自己的抱负：“要救国，就要锻炼强健的身体。”杨昌济收到了北京大学的聘请，携家北上。17 岁的杨开慧也随家去了北京，在家里自修，跟爸爸学习国文和英文。毛泽东又见到了杨开慧，他们相爱了。因此虽然生活条件艰苦，但是古都的美、爱情的美对于毛泽东是一种丰富多彩、生动有趣的补偿。

29. 从北京到上海

1919 年 3 月 12 日，毛泽东闻悉母亲生病。于是，他从北京动身回湖南。其间，先送留法勤工俭学的同学去上海，但他只有到天津的车票，幸亏一位同学借了他 10 元钱，他才能购买到浦口的车票。在前往南京的途中，他下车登临了泰山，又去了曲阜，到达浦口时又不名一文了，尤其糟糕的是，他仅有的一双鞋被贼偷去了。但他又碰上了好运气：在火车站外，他遇见了从湖南来的一个老朋友——李中。李中是毛泽东在长沙一师的同学，毕业后去上海，在一家古董玩器商店帮工。这期间，他经常为店主到浦口、南京去收购古董玩器。碰上毛泽东，他慷慨解囊，借钱给毛泽东买了一双鞋，还买了一张到上海的车票。就这样，毛泽东顺利地到了上海。毛泽东了解到留法的朋友已经募集到了大批款项，他协助把同学们送到法国去，但他自己决定不去法国。他说："我觉得我们要有人到国外去，看些新东西，学些新道理，研究些有用的学问，拿回来改造我们的国家。同时也要有人留在本国，研究本国问题。我觉得关于自己的国家，我所知道的还太少，假使我把时间花在本国，则对本国更为有利。"

后来在1920年3月14日，毛泽东给周世钊写长信：我觉得求学实在没有必要在什么地方的理，中国出过洋的总不下几万乃至几十万，好的实在很少，因此我想暂不出国去，暂时在国内研究各种学问的纲要。吾人如果要在现今的世界里稍微尽一点力，当然脱不开中国这个地盘，关于这地盘内的情形，不可不加以实地的调查及研究。老实说，现在我于种种主义、种种学说，都还没有一个比较明了的概念，想从译本所作的报章杂志，将中外古今的学说得其精华，使它们各构成一个明了的概念。我不是绝对反对留学的人，而且是一个主张大留学政策的人。俄国是世界第一个文明国，我想两三年后，我们组织一个游俄队。要在长沙办自修大学，在这个大学里实行共产的生活。

毛泽东的母亲1919年4月到长沙治病，同时留法的旅费也要几百元。这些因素对毛泽东决定是否出国留学也有影响。他送朋友们上轮船后，得到一些钱做路费，起程回长沙。

30. 以笔为枪

1919年4月6日，毛泽东由上海回到长沙，为母亲亲侍汤药。为解决生活问题和便于工作，毛泽东住到长沙修业小学，教历史课。

1919年北京爆发五四爱国运动，同日消息传到湖南。毛泽东即同新民学会、各校学生骨干、新闻界、教育界的代表人物进行联系，交换看法，提出在湖南开展爱国运动的具体意见。5月7日，长沙各校的学生举行国耻纪念游行，游行队伍被湖南军阀张敬尧派军警强行解散。5月中旬，北京学生联合会派邓中夏回到湖南联络，介绍北京学生运动情况，商讨恢复和改组原湖南学生联合会的问题。5月23日，毛泽东约蒋竹如、陈书农、张国基等到第一师范后山草坪，商谈与北京学生采取一致行动问题。连日来，毛泽东到商业专门学校、明德中学等校进行活动，向学生骨干提出：1. 反帝爱国方向要明确，力争山东主权完整，反对政府卖国政策；2. 要有统一组织，使力量集中；3. 要准备对付张敬尧的压迫。5月28日，新的湖南学生联合会成立，彭璜任会长。6月3日，长沙的第一师范、湘雅医学院、商业专门学校等20个学校的学生举行总罢课，罢课风潮随之遍及全省。

湖南学生联合会创办了一个刊物——《湘江评论》，这是一个小型的4开4版的报纸，毛泽东任主笔。这份刊物对于推动全国革命形势的发展和广大青年的进步，特别是对华南的学生运动产生了很大影响。任弼时就是在此时受影响而开始革命活动的。《湘江评论》由于文风新颖，笔锋尖锐犀利，文章通俗易懂，内容远见卓识，获得了广大读者的热烈欢迎。1919年7月14日，它的创刊号印刷2000份，当天即销售一空，又加印

2000份，不到3天又一抢而光。以后各期均印5000份，这在当时刊物的发行量中是相当可观的。胡适在《每周评论》第36期上，曾专门撰写介绍文章说："《湘江评论》的长处是在议论的一方面，《湘江评论》第二、三、四期的《民众大联合》（由毛泽东撰写）一篇文章，眼光远大，议论也很痛快，确是现今的一篇重要文字。还有'湘江大事述评'一栏，记载湖南的新运动，使我们发生无限乐观。武人统治之下，能产生出我们这样一个好兄弟，真是我们意外的喜欢。"许多人指出，《湘江评论》的"魄力充足""议论精湛""内容完备"，是全国"最有分量、见解最深刻"的刊物。成都的《星期日》周刊、北京的《又新日报》、上海的《时事新报》以及《新青年》《晨报副刊》等报刊分别转载、摘载、推荐《民众大联合》一文。但是，《湘江评论》存在的历史极为短暂，自1919年7月14日创刊号问世起，共出5期（还有7月21日与第二期同时出版的《临时增刊》第一号）。第五期印完后未来得及发行，就在1919年8月中旬被湖南军阀张敬尧查封了。

湖南军阀张敬尧查封《湘江评论》后，毛泽东和学联的工作人员搬到岳麓山湖南大学筹备处住下。在毛泽东的影响和帮助下，湘雅医学专门学校的《新湖南》、周南女校的《女界钟》和修业小学的《小学生》等刊物继续出版。周刊《新湖南》从第7号开始由毛泽东主持编辑，此刊的宗旨是：批评社会，改造思想，介绍学术，讨论问题。此刊的大部分文章是毛泽东写的。1919年9月中旬，湖南原学生联合会的骨干在商业专门学校酝酿驱逐张敬尧的问题。毛泽东指出：北洋军阀内讧是驱张的大好时机，湖南要做主力。会议安排：1. 尽可能策动教员和新闻界人士支援学生驱张；2. 指派彭璜和商专代表李凤池等去上海，联络省外驱张力量；3. 积极恢复学联。

1919年10月22日，毛泽东同湖南教育界1272人联名发出公启，揭露张敬尧派其私党操纵改选并控制省教育会的内幕，反对张敬尧摧残教育事业。11月8日至10日，长沙《大公报》连续刊登特别启事：“本报忝约毛润之先生为馆外撰述员。”11月中旬，新民学会在长沙周南女校召开修改会章和改选大会。会议选举何叔衡、李思安任正、副执行委员长，陶毅、周世钊、毛泽东、周敦祥、魏璧、陈书农、唐耀章、蒋竹如为评议员。不久，《新湖南》也被张敬尧查封了。毛泽东就在长沙《大公报》等报纸上发表文章。长沙一个叫赵五贞的女学生因不满父母逼嫁一家有钱人在花轿中自杀。1919年11月18日到28日，毛泽东在《大公报》《女界钟》上连写了9篇文章，评论此事，抨击封建婚姻制度，引起各报讨论。

31. 秋雨韶山洒泪多

1919年10月5日，毛泽东的母亲病故。毛泽东的二弟毛泽民说：母亲在临终时还呼唤着他们的名字。毛泽东心似刀绞，泪如泉涌，母亲才53岁，不想一场小病，竟夺走了她的生命。他守在母亲灵前，对着暗淡的油灯，回想起童年的件件往事，慈母的形象时时浮于脑际。10月8日，在悲痛中的毛泽东，挥笔写出了《祭母文》：

呜呼吾母，遽然而死。寿五十三，生有七子。七子余三，即东民覃。其他不育，二女二男。育吾兄弟，艰辛备历。摧折作磨，因此遘疾。中间万万，皆伤心史，不忍卒书，待徐温吐。今则欲言，只有两端。一则盛德，一则恨偏。吾母高风，首推博爱。远近亲疏，一皆覆载。恺恻慈祥，感动庶汇。爱力所及，原本真诚。不作诳言，不存欺心。整饬成性，一丝不诡。手泽所经，皆有条理。头脑精细，擘理分清；事无遗算，物无遁形。洁净之风，传遍戚里；不染一尘，身心表里。五德荦荦，乃其大端。合其人格，如在上焉。恨偏所在，三纲之末。有志未伸，有求不获。精神痛苦，以此为卓。天乎人欤，倾地一角。次则儿辈，育之成行。如果未熟，介在青黄。病时揽手，酸心结肠。但呼儿辈，各务为良。又次所怀，好亲至爱。或属素恩，或多劳瘁。大小亲疏，均待报赉。总兹所述，盛德所辉。必秉悃忱，则效不违。致于所恨，必补遗缺。念兹在兹，此心不越。养育深恩，春晖朝霭。报之何时，精禽大海。呜呼吾母，母终未死。躯壳虽隳，灵则万古。有生一日，皆报恩时；有生一日，皆伴亲时。今也言长，时则苦短，惟挈大端，置其粗浅。此时家奠，尽此一觞。后有言陈，与日俱长。尚飨。

毛泽东还作泣母灵联两副：

疾革尚呼儿无限关怀万端遗恨皆须补，
长生新学佛不能住世一掬慈容何处寻。

春风南岸留晖远，
秋雨韶山洒泪多。

过了“头七”，毛泽东才忍着悲哀，含着泪水，与二弟泽民分别，带着小弟泽覃回到长沙。不久毛泽东给他的同学、好友邹蕴真写信说，世界上共有三种人：损人利己的人，利己而不损人的人，可以损己而利人的人。他说他母亲正是最后一种人。

母亲病逝后仅 100 天，毛泽东的父亲毛顺生也因患伤寒于 1920 年 1 月 23 日去世，享年 50 岁。毛泽东因在北京积极参加“驱张”活动，未能回家奔丧。

1920年1月17日凌晨，毛泽东的恩师杨昌济先生因病不幸去世。据萧子升回忆：早在长沙时，杨昌济就用一只特制的大盆，里面装满凉水，天天早晨都要泡在里面洗冷水浴。到北平后，他仍继续坚持，杨昌济说："人必须每天做一件艰苦的事来磨炼自己的意志。冷水不仅磨炼意志，还能增强体质。"萧子升断定在滴水成冰的北平，冬天洗冷水浴是杨先生早逝的原因之一。杨昌济即使躺在病床上也根本没有想到死，他曾对前来看望的友人说，自信可以活100岁，并且准备5年之后，全家移居巴黎，准备学习和研究法、德两国的文字。临终前他还在与友人谈话，说"吾意正畅"，说罢便溘然长逝，时年49岁。临终前，杨先生写信给友人，时任广州军政府秘书长的章士钊说："吾郑重语君，毛泽东、蔡和森乃海内人才，前程远大，君不言救国则已，救国必先重二子。"李肖聃在《北京大学日刊》上发表的文章中说：杨昌济"在长沙5年，弟子著录以千百计，尤心赏毛泽东、蔡林彬"。

毛泽东与杨开慧、杨开智一起守灵。

亲人相继去世，悲哀笼罩在毛泽东的心头。

32. 驱张运动

1920年1月28日，湖南公民、教职员、学生三个代表团数十人，自上午12时开始，分3路向国务院驻地出发，后来，又转赴国务院总理靳云鹏的棉花胡同私宅。为要求撤销张敬尧向北京政府最后一次请愿。毛泽东以湖南公民代表团团长的身份参加。毛泽东等6人被推举为交涉代表。靳云鹏派副官长接见，承诺明日国务会议将湖南问题提出。2月5日，旅京湖南学会成立，毛泽东被选为编纂干事，每星期日上午开学术研究会，下午请中外名人讲演。

1920年3月25日，由毛泽东领衔，湖南三个代表团共45人，向全国发出快邮通电，声讨“旅京湘事维持会”，是被张敬尧收买的政客组织，重申湖南人民以驱张除奸为职的志向。快邮代电于4月1日发表在上海的《民国日报》。此时，直皖两系的军阀利害冲突日趋激烈，吴佩孚通电全国控告张敬尧，湘军湘人联合驱张，张敬尧已经陷入四面楚歌之中。1920年4月1日，“湖南改造促成会”在上海成立，这是一个寻求如何改造和建设湖南的群众性政治团体，由新民学会会员发起，旅沪的一些新闻界、教育界人士组成。4月上旬，毛泽东邀集湖南代表在景山东街中老胡同商讨结束在京驱张问题。会议决定，除留少数人在京外，其他代表分赴武汉、上海、广东及回湘继续驱张。

毛泽东第二次往来北京期间，读了许多关于俄国情况的书。他热心地搜寻能找到的为数不多的用中文写的共产主义书籍。其中有三本书铭刻在他的心里，使他建立起了马克思主义的信仰。这三本书是:《共产党宣言》，由陈望道翻译，这是用中文出版的第一本马克思主义的书;《阶级斗争》，考茨基著;《社会主义史》，柯卡普著。毛泽东说:“我一旦接受了马克思主义是对历史的正确解释以后，我对马克思主义的信仰就没有动摇过。……到了一九二〇年夏天，在理论上，而且在某种程度的行动上，我已成为一个马克思主义者了，而且从此我也认为自己是一个马克思主义者了。”

1920年4月11日，毛泽东离开北京去上海。目的是同彭璜率领的驱张代表团会合，商讨下一步的行动计划；同时第二批赴法勤工俭学的会员也将要从上海启程，可以乘便送行。

北洋军阀内部直系、皖系、奉系之间争斗十分激烈，皖系段祺瑞政府摇摇欲坠，直系曹锟有取而代之的架势，奉系张作霖愿意站在直系一边。曹锟为了攫取北京政权，就将心腹大将吴佩孚从湖南撤回北京。吴佩孚和湘军将领早有默契，吴佩孚自1920年5月5日起开始自衡阳撤退，他退一步，湘军就进一步。皖系督军张敬尧的军队，既不敢和吴佩孚作战长沙，也抵挡不住湘军快速北上。1920年6月11日，这位作恶多端的张大帅放了一把火，烧毁了自己住了两年的镇湘楼和荷花池的军火库，夹带着30万元银洋，匆匆忙忙地逃出了长沙。

6月12日，湘军前锋进入长沙。6月14日，湘军第一师师长赵恒惕抵达长沙。6月17日，湘军总司令谭延闿到长沙，自封为湖南督军兼省长。为笼络人心，他们打起了“湘人治湘”和“施行民治”的旗帜。

1920年6月9日、11日、18日，毛泽东连续在上海《时事新报》上发表文章——《湘人为人格而战》《湖南人再进一步》《湖南人民的自决》。文章说：湖南驱张运动将要完结，湖南人应该更进一步，努力为废督运动。文章提出中国民治的总建设，要先由一省一省的人民各自解决，合起来便可得到全国的总解决。文章说：社会的腐朽，民族的颓败，非有绝大努力，给他个连根拔起，不足以言摧陷廓清，这样的责任，乃全国人民的责任，不是少数官僚政客武人的责任；湖南的事，应由全体湖南人民自决者。赞助自决之，湖南人之友；障碍此自决者，湖南人之仇。

6月23日，毛泽东以湖南改造促成会的名义复信湘籍老同盟会会员、上海报人曾毅。毛泽东在信中说：中国20年内没有实现“自治之总建设”的希望，在此期间，湖南应实行自决自治，自办教育，自兴产业，自筑铁路、汽车站，充分发挥湖南人之精神，造一种湖南文明于湖南领域以内。信中并向打着“湘事湘人自治”旗号的新政府提出了要求：洗脱其丘八气、官僚气、绅士气，废督裁兵，钱不浪用，教育力图普及，3000万人都有言论、出版、集会、结社之自由。6月28日，此信以《湖南改造促成会复曾毅书》为题全文发表于上海《申报》。

33. 工读生活

1920年5月，毛泽东应彭璜之约，与湖南一师的同学张文亮等一起在上海试验工读生活。他们在附近租了几间房子，共同做工，共同读书，有饭同吃，有衣同穿。1个月后，彭璜写信给湖南友人说：觉得这种工读生活，却也不容易办到，上海工读互助团不能说不失败。

1920年6月7日，毛泽东致信黎锦熙："我一生恨极了学校，所以我决定不再进学校，自由研究，只要有规律，有方法，未必全不可能。外国语真是一张门户，不可不将它打通，现在每天读一点英语，要是能够有恒，总可稍有所得。我对于学问，……想用辐射线的办法，门门涉猎一下。颇觉常识不具，难语专攻，集拢常识，加以条贯，便容易到达深湛。对于文字学、言语学和佛学，我都想研究，我近来功课，英文、哲学、报，只这三科；旅京湖南学会，是一种混合的团体，很不容易共事；我觉得具体、鲜明、热烈，在人类社会中无论是一种运动，或是一宗学说，都要有这三个条件，无之便是附庸、因袭、改良派，不是大国、创造、革命派；我太富感情，中了慷慨的弊病，脑子不能入静，工夫难得持久，我易被感情驱使，总难厉行规则的生活。"

在上海，毛泽东第二次见到了陈独秀。毛泽东说：陈独秀对他的影响也许超过其他任何人。毛泽东去上海拜访陈独秀，想争取他支持湖南学生的斗争。他们还讨论了组织"改造湖南联盟"的计划。

6月，毛泽东为组织革命活动以及一部分同志去欧洲勤工俭学，急需一笔数额较大的款项，毛泽东在上海找章士钊帮忙。章士钊当即发动社会各界名流捐款，热情相助，共筹集了两万银圆，全部交给了毛泽东。

7月初，从上海返湘途中，毛泽东在武昌停留了一个星期，在利群书社和正在翻译考茨基《阶级斗争》一书的恽代英接触交谈，并与恽代英商谈在长沙开办“文化书社”问题。

34. 列宁帮助建立中国共产党

1919年3月，列宁在莫斯科创建第三国际——共产国际，改变了第二国际在民族问题上的机会主义立场，把各被压迫民族的解放斗争当作世界无产阶级革命的重要组成部分而加以援助。

1919年7月25日，苏俄政府第一次发表对华宣言：“……宣言废止一切中俄及其昔日之联盟国所秘密条约……将俄皇政府自行掠取或与日本及联盟国共同侵夺者，概行交还中国人民……愿将中国中东铁路及租让之一切矿产、森林、金产及其他各种产业，由俄皇政府……侵占得来一概无条件归还中国，毫不索偿……放弃庚子赔款之俄国部分……废弃一切特别权利，及在中国境内之俄国贸易区。”“如中国人民愿取得自由，一若俄国人民之有今日，并愿免蹈使中国成为第二朝鲜或印度之……命运，则愿其了解，足以作为其在为国家自由而奋斗中之联盟与兄弟者，舍俄国工人农民及其赤军而莫属。”

共产国际成立后不久，就陆续派员来中国联系。起初，以苏俄政府外交工作人员和华俄通讯社的代表身份来华，由于中国反动政府的阻挠，他们的活动没有取得显著的成效。1920年春，共产国际成立了远东局，负责联络中国、日本、朝鲜等国。1920年远东局获悉中国爆发了五四运动的消息，引起了列宁和共产国际对东方革命的关注。共产国际派远东局负责人魏金斯基（中文名字吴庭康或伍庭康）来华联系。列宁给魏金斯基的任务主要有三项：①同中国社会主义团体联系，组织正式的中国共产党和青年团；②指导中国的工人运动，成立各种工会；③物色一些进步分子到莫斯科东方大学学习。魏金斯基是个年仅27岁的青年，1918年才开始从事革命活动，对中国的情况也基本上不了解。但他为人谦虚、作风民主，对中国党关怀备至，大家都很尊敬他。同他一起来的还有他的夫人库兹涅佐娃，秘书马迈也夫、马迈也娃，翻译杨明斋（俄籍华人、俄共产党员）。1920年3月，魏金斯基来到北京后，经北京大学俄籍教授柏烈伟介绍，会见了北京大学图书馆馆长李大钊。李大钊热情接待魏金斯基（其公开身份是记者）一行，邀请进步人士和他们多次座谈。举行欢迎会、演讲会，深入交谈了解十月革命后的苏俄及列宁领导下的布尔什维克党的情况。最后请魏金斯基在北大红楼图书馆里再次会谈了建党问题。魏金斯基根据苏俄的革命经验和他来到中国的见闻，认为组织中国共产党，加入共产国际，是中国革命的当务之急，并认为中国已经具备了建立共产党的条件。4月，李大钊介绍苏联客人去上海会见陈独秀，商谈建党问题。1920年5月，陈独秀等人在共产国际代表的帮助下，在上海建立了“马克思主义研究会”。8月左右，由陈独秀、李达、李汉俊、俞秀松、陈望道、沈玄庐、杨明斋、施存统（时在日本）等人发起建立党组织。关于党的名称，是叫“社会党”还是叫“共产党”，陈独秀拿不定主意，他写信向李大钊征求意见。李大钊根据马克思、恩格斯最初建立无产阶级政党的名称，明确答复：就叫共产党！后来加入的成员有邵力子、沈雁冰、李启汉、沈泽民、林伯渠、李中、袁振英等。陈独秀为书记。魏金斯基和杨明斋还在上海帮助建立社会主义青年团，书记为俞秀松。在上海团组织的带动下，北京、广州、长沙、武汉、济南等地也建立了社会主义青年团。

1920年10月，继上海共产党小组成立后，李大钊、张申府、张国焘在北京大学李大钊办公室正式成立北京共产主义小组。11月7日，创办了《劳动者》周刊。1921年1月，北京共产主义小组举行会议，正式定名为“中国共产党北京支部”，一致推选李大钊为书记，张国焘负责组织，罗章龙负责宣传。李大钊亲赴郑州，派人到天津、唐山、济南等地指导工人运动和帮助建立革命组织。

1920年秋，武汉共产主义小组（武汉共产主义研究小组）成立。参加成员有董必武、陈潭秋、包惠僧、郑凯卿、张国恩。大家推举包惠僧为书记，陈潭秋负责组织工作。

陈独秀在上海致函山东的新文化运动主将、五四运动中的活跃人物王乐平，约他在山东组织共产党。王乐平虽说是进步的开明人士，却不愿加入共产党，更不愿出面组织山东共产党。他把此事转交给了他的远亲、同乡王尽美。王尽美于1920年9月在济南创建山东马克思学说研究会，成员有山东省立第一中学的学生邓恩铭和育英中学的国文教师王翔千等人。同时，李大钊从北京派人找王尽美、邓恩铭、王翔千等商议在山东建立共产党。1921年初，济南共产主义小组秘密成立。主要成员有王尽美、邓恩铭、王翔千、庄龙甲等，王尽美任书记。主要活动是：宣传马克思主义，组织先进青年，成立工会。

1920年12月，陈独秀抵达广州，在他的主持下成立了共产党组织，主要成员有：陈独秀、谭平山、陈公博、谭植棠等。书记先由陈独秀担任，后来改为谭平山。陈公博负责组织，谭植棠负责宣传。留学日本的上海共产主义小组成员施存统、周佛海于1920年成立了旅日共产主义小组。

北京共产主义小组成员、北京大学讲师张申府随北京大学校长蔡元培到法国，被吴稚晖聘为里昂大学中国学院逻辑学教授。在此期间，他发展刘清扬加入中共。他们两人于1921年2月发展旅法的周恩来加入中共，接着上海共产主义小组又去了两名成员：赵世炎、陈公培。他们五人成立了一个小组。

1921年5月，中国党派张太雷参加共产国际远东局书记处工作。同年6月，张太雷参加共产国际第三次代表大会。与欧洲各国相比，中国党是特别受重视的。像英国、法国、意大利等国的社会党中的左翼，都有数万名党员，但他们必须按照共产国际的规定，驱逐社会党中的修正主义者出党、更换党名“共产党”才能加入共产国际。中国共产党还未成立，也不是共产国际的成员，却参加了共产国际大会。

35. 长沙共产主义青年团

1920 年 7 月 7 日，毛泽东从上海回到长沙，先住在楚怡小学校。9 月，毛泽东应湖南省教育会长兼第一师范学校校长易培基的聘请，任第一师范附属小学的主事，同时兼作第一师范校友会的会长。不久又破例被聘请为第一师范二十二班的级任兼国语教员。

毛泽东一面当教员，一面继续在新民学会的活动。反动军阀张敬尧被驱逐后，黑暗的军阀统治依然是换汤不换药，人民仍旧处于水深火热之中。新民学会这时的纲领是要争取湖南“独立”，实行自治。他们对北京的北洋政府深恶痛绝，认为只要湖南和北京脱离关系，就可以迅速地现代化。1920 年 11 月 23 日，接替张敬尧的谭延闿又被军阀赵恒惕赶出湖南，25 日，赵恒惕任湘军总司令，后又兼任湖南省长。新民学会领导组织了一次对省议会的冲击。因大多数议员都是军阀指派的地主豪绅，冲击省议会吓坏了统治者。赵恒惕背叛了他的主张，凶暴地压制这一民主要求。因此新民学会又把斗争矛头指向赵恒惕。1920 年 11 月 7 日是俄国十月革命胜利 3 周年，新民学会组织了示威游行。

1920 年 10 月，毛泽东在湖南建立中国社会主义青年团，并兼任团书记。“新民学会”的许多会员都加入了青年团，同时还吸收了许多工人参加（到中共“一大”以前，发展到 38 人）。

杨开慧成为第一批青年团员之一。

1920 年冬天，毛泽东和杨开慧结婚。杨师母向振熙从板仓乡下给开慧写信，说她完全赞成这一门婚事，而且告诉她：父亲生前也是早已同意了的。结婚那天，杨开慧不坐花轿，没备嫁妆，也没有媒妁之言，她带着一个书包，来到湖南第一师范教员宿舍——妙高峰下的青山祠，仅同陈昌的爱人毛秉琴等，办了一席 6 块银圆的晚餐，招待了何叔衡、陈昌、方维夏、谢觉哉、彭璜、王季范等几位挚友。

1921 年春，毛泽东回到韶山，把送到别人家做童养媳的菊妹子（毛泽建）接回家中。

36. 湖南建立共产主义小组

1920 年 9 月 9 日，由社会各界捐资协助，毛泽东等人出面创办的文化书社（谭延闿为“文化书社”亲笔题字）在长沙市潮宗街 56 号正式开业。毛泽东任文化书社的特别交涉员。书社经理易礼容，书社特聘李大钊、陈独秀、恽代英等为“信用介绍”。书架上的书刊有《共产党宣言》、《马克思资本论入门》、《社会主义史》、《新俄罗斯之研究》、《劳动政府与中国》、《向导》、《新青年》、《少年中国》、《语丝》、《劳动界》、《新教育》、《时事新报》副刊、《晨报小说》等。文化书社在长沙第一师范、楚怡、修业等学校等 7 处设立了小卖部。1920 年冬天，先后在浏阳、平江、宝庆（邵阳）、衡阳、宁乡、武冈、溆浦等地设立了分社。半年多时间，先后与全国 60 家书报社和文化团体建立了密切的联系。销售书籍达 160 多种，杂志 40 余种，日报繁多。据《文化书社社务报告》第二期统计，其中售出 200 册以上的书有《马克思资本论入门》等，售出 1000 本以上的刊物有《劳动界》《新青年》等。根据毛泽东提议，书社规定凡来书社贩运小册子卖给劳动界的，一律照进价转售，不赚分文。书社成为毛泽东参加建党活动的一个重要联络点，许多革命同志经常在这里开会，毛泽东与北京、上海等地革命同志及留法勤工俭学的新民学会会员来往信件也都由文化书社收转。

在创办文化书社的同时，毛泽东发起建立湖南俄罗斯研究会，成员来自教育、新闻界的进步人士。以第一师范的校友和学生为多，毛泽东被选为书记干事。有一批青年，经毛泽东介绍到上海外国语学校学习俄文，然后克服重重困难到达俄国（任弼时、萧劲光就是其中的两个）。

毛泽东、何叔衡、彭璜等人还发起“湖南改造促成会”，接办《通俗报》。1920年9月至10月，毛泽东在湖南《大公报》上发表文章11篇，彭璜发表2篇。

毛泽东受陈独秀的委托，以新民学会的骨干为核心，于1920年11月，在湖南正式成立共产主义小组，成员有毛泽东、何叔衡、肖铮、彭璜、陈子博、贺民范等。

毛泽东注重从思想上建党。1920年11月25日，他在致罗章龙的信中说：“不可徒然做人的聚集，感情的结合，要变为主义的结合才好。”1921年1月28日，毛泽东在写给彭璜的信中说：“我觉得吾人唯有主义之争，而无私人之争，主义之争，出于不得不争，所争者主义，非私人也。私人之争，世亦多有，则大概是可以相让的。”

长沙共产主义小组注重组织与活动的严密，不张扬，不暴露，不轻易地以小组名义散发宣言、传单和主办的刊物。小组内没有无政府主义者和变节者。毛泽东经过深思熟虑，于1920年12月给萧子升、蔡和森及在法诸友写了一封长信，次年1月21日又写信给蔡和森。两封信都明确表示赞同“俄式的方法”，反对“温和革命”，尖锐指出：“共产党人非取政权……安能握得教育权？”毛泽东认为蔡和森的见解“见地极当，我没有一个字不赞成。党一层陈仲甫先生等已在进行组织。出版物一层上海出的‘共产党’，你处谅可得到，颇不愧‘旗帜鲜明’四字……唯物史观是吾党哲学的根据”。

1921年元旦，长沙新民学会学员在文化书社址举行年会。毛泽东在会上发言说：“社会政策，是补苴罅漏的政策，不成办法。社会民主主义，借议会为改造工具，但事实上议会的立法总是保护有产阶级的。无政府主义否认权力，这种主义恐怕永世都做不到。温和方法的共产主义，如罗素所主张的极端的自由，放任资本家，亦是永世做不到的；激进方法的共产主义，即所谓劳农主义，用阶级专政的方法，是可以预计效果的，故最宜采用。”

毛泽东重办湖南第一师范工人夜校，向工人进行马克思主义基本知识的教育，并在一师附小创办一所补习学校，招收失学工人子弟入学。毛泽东和共产主义小组的其他成员还深入到工人中去，先后在纺织、铁路、造币、印刷、泥木、搬运等行业了解工人劳动、生活的情况，向工人宣传马克思主义，促进马克思主义与工人运动的结合。1921年“五一”节，长沙织造、铁业、泥土等行业工人和学生数万人，举行游行示威大会。通过宣传教育，长沙的产业工人和手工业工人逐渐组织起来。

1921年3月14日，毛泽东、何叔衡、贺民范等28人发起组织“中韩互助社”，支持朝鲜人民争取民族独立的斗争。

37. 参加中国共产党成立大会

1921年春，魏金斯基回国向共产国际报告中国建党情况，而后留在共产国际远东书记处任秘书工作。1921年6月，共产国际派驻中国代表马林到北京会见李大钊，商谈召开党的代表大会，正式成立中国共产党的问题，并研究中国同志与苏俄驻北京代表建立联系事宜。李大钊欣然赞同共产国际的意见，委派邓中夏陪同马林去上海。因为陈独秀由上海去广州，出任广东省政府教育委员会委员长，马林与上海共产党小组代理书记李达和李汉俊等商谈，决定召开中国共产党第一次全国代表大会。李达和李汉俊写信给广州的陈独秀，请他回上海主持大会，并通知广州、北京、济南、长沙、武汉和日本的中共党组织，要求各派两名代表到上海出席大会。旅欧小组离国内较远，没通知他们回国。

1921 年 6 月 29 日，毛泽东、何叔衡作为湖南共产主义组织的代表离开长沙，从武汉乘船，7 月 4 日到达上海，参加中国共产党第一次全国代表大会，住博文女校。出席会议的有 12 名代表：毛泽东（28 岁）、何叔衡（42 岁）、董必武（35 岁）、陈潭秋（25 岁）、王尽美（23 岁）、邓恩铭（20 岁）、李达（29 岁）、李汉俊（31 岁）、张国焘（24 岁）、刘仁静（19 岁）、陈公博（31 岁）、周佛海（24 岁），代表全国 53 名党员（党员成分除武汉、山东等地有个别党员是工人之外，其余都是知识分子）。除 12 名正式代表外，还有 1 名非正式代表包惠僧。包惠僧原为武汉支部委员，被临时中央留在上海，先受临时中央李汉俊委派，作为“信使”前往广州同陈独秀联系工作。6 月从广州回到上海，作为在临时中央工作唯一没有社会职业的人员也参加了一大会议。中国共产党的两个创始人陈独秀和李大钊都没有出席党一大。

1921 年 7 月 23 日晚 8 点，在上海法租界贝勒路树德里 3 号（国民党统治时期改称望志路 106 号，解放后改称兴业路 76 号）李汉俊寓所的客堂里，中国共产党第一次代表大会正式开幕。共产国际代表马林和共产国际远东书记处代表尼柯尔斯基参加会议。会议临时推选张国焘为大会主席，毛泽东和周佛海做记录。

几天后，代表们分两批由上海乘火车前往嘉兴。在嘉兴张家弄鸳湖旅馆落脚，雇了一个中号船，稍事休息后代表们离开旅馆去南湖，以打麻将牌为掩护，继续开会。

会议认为，现在党员人数很少，决定不组织正式的中央，并暂不必根据党纲规定设立人数较多的中央执行委员会，只选出三个委员，分担书记、组织、宣传等工作。选举采取无记名投票方式，顺利选出陈独秀、李达、张国焘三人组成临时中央局，并决定：陈独秀为中央局书记，李达为中央局宣传部主任，张国焘为中央局组织部主任。候补委员为周佛海、李汉俊、刘仁静。

会议通过了中国共产党的第一个纲领，全文如下：

一、我们的党定名为“中国共产党”。

二、我们党的纲领如下：

（1）革命军队必须与无产阶级一起推翻资本家阶级的政权，必须援助工人阶级，直到社会阶级区分消除的时候。

（2）直到阶级斗争结束为止，即直到社会的阶级区分消灭时为止，承认无产阶级专政。

（3）消灭资本家私有制，没收机器、土地、厂房和半成品等生产资料。

（4）联合第三国际。

三、我们党承认苏维埃管理制度，要把工人、农民和士兵组织起来，并以社会革命为自己政策的主要目的。中国共产党彻底断绝与资产阶级的黄色知识分子及其类似的其他党派的任何联系。

四、凡承认本党党纲和政策，并愿成为忠实的党员者，经党员一人介绍，不分性别，不分国籍，都可以接收为党员，成为我们的同志。但是在加入我们的队伍以前，必须与那些与我们的纲领背道而驰的党派和集团断绝一切联系。

五、接收新党员的手续如下：被介绍人必须接受其所在的地方委员会的考察，考察期限至少为两个月。考察期满后，经大多数党员同意，始得成为党员。如果该地区有执行委员会，必须经执行委员会批准。

六、在党处于地下状态时，党的重要主张和党员身份应保守秘密。

七、每个地方，凡是有党员五人以上的，必须成立委员会。

八、委员会的党员经以前所在地的书记介绍，可以转到另一个地方委员会。

九、凡是党员不超过十人的地方委员会，应设书记一人；超过十人的应设财务委员、组织委员和宣传委员各一人；超过三十人的，应由委员会的成员中选出一个执行委员会。关于执行委员会的规定，下面将要说到。

十、工人、农民、士兵和学生等地方组织的人数很多时，可以派他们到其他地区去工作，但是一定要受当地执行委员会最严格的监督。

十一、(遗漏)。

十二、地方执行委员会的财政、活动和政策，必须受中央执行委员会的监督。

十三、委员会所管辖的党员超过五百人或同一地区有五个委员会时，必须成立执行委员会。全国代表会议应委派十人参加该执行委员会，如果这些要求不能实现，必须成立临时中央执行委员会。关于执行委员会的工作和组织，下面将要更加详细地阐述。

十四、党员如果不是由于法律的迫使和没有得到党的特别允许，不得担任政府的委员或国会议员。士兵、警察和职员不在此列。

十五、这个纲领经三分之二全国代表大会代表同意，始得修改。

38. 创办自修大学

1921年8月中旬，毛泽东与何叔衡在船山学社董事会总理仇鳌和社长贺民范的支持下，利用船山学社社址和经费，创办了湖南自修大学。贺民范为校长，毛泽东为指导主任。毛泽东起草了《湖南自修大学创立宣言》，宣言说：自修大学为一种平民主义的大学，校外学生凡有志向学均可入学，打破学术秘密；自修大学的学生可以到学校里研究，也可以在自己家里研究，也可以在各种店铺里、团体里和公事的机关里研究；自修大学的学习内容和方法，主要是自己看书，自己思索，共同讨论，共同研究，辅之以教师指导；学生不但修学，还要有向上的意思，养成健全的人格，湔涤不良的习惯，为革新社会做准备。夏明翰就是经何叔衡介绍参加了自修大学，并经何叔衡、毛泽东介绍入了党。湖南自修大学的创办，在社会上引起了强烈的反响。《新教育》《教育新刊》《新时代》等杂志发表了评论。蔡元培不仅为自修大学题了词，还撰写《湖南自修大学介绍与说明》一文，他说："吾实觉得他们自修大学的组织，可以为各省的模范。内部的组织法，当然可以随地变通；他们的主义，实在是颠扑不破的。"

39. 建党初始

1921年10月10日，中国共产党湖南支部在长沙城郊协操坪旁的一个小树丛里成立，参加人员有：毛泽东、何叔衡、彭平平、陈子博、易礼容，毛泽东任支部书记。在小吴门外的清水塘22号租赁了一所房子，作为党的秘密机关。杨开慧初期担任机关的机要和交通联络工作。1921年冬天，毛泽东辞去第一师范22班的国文教员这一公职，集中精力从事革命活动。中共湖南支部建立后，慎重地吸收学生和工人中的先进分子入党，先在湖南自修大学、湖南第一师范学校、岳云中学、甲种工业学校等发展了一批党员。在长沙第一纱厂、电灯公司、长沙的粤汉铁路工人中以及泥木、缝纫、印刷等行业的工人中也发展了党员。

1921年10月中旬，毛泽东与夏明翰溯湘江而上，到衡阳湖南第三师范学校研究发展党员、成立党的组织问题，吸收蒋先云等人入党。

10月22日，毛泽东同何叔衡、陈昌等出席湖南第一师范同学会常年大会，并欢送夏曦代表中共湖南支部赴俄参加共产国际在莫斯科召开的远东各国共产党及民族革命团体第一次代表大会。毛泽东在会上发表演说：学校是要有主义的，要为主义而进行。同月，毛泽东出席了湖南第一师范马克思主义学术研究会，作关于剩余价值的讲演。

1921年11月，中共中央局发出关于建立与发展党、团、工会组织及宣传工作决议的通告，要求：上海、北京、广州、武汉、长沙区，在本年内至迟在明年7月之前，都能发展党员到30人，成立区执行委员会；在劳动运动方面，须以全力组织全国铁道工会，上海、北京、武汉、长沙、广州等地的同志，都要尽力执行这一计划。

12月中旬，共产国际代表马林由上海前往桂林与孙中山会谈，路过长沙，会见中共党员毛泽东、易礼容及湖南劳工领导人黄爱、庞人铨等人，马林介绍了俄国革命的情况。12月25日，中共湖南支部根据中共中央关于太平洋会议（又称华盛顿会议）宣传文件精神，通过湖南劳工会和湖南省学生联合会，发动长沙工人及各界群众近万人，举行游行大会，反对美、英、法、日等帝国主义国家召开损害中国主权的太平洋会议。大会主席黄爱，总指挥庞人铨。

12月中旬，安源路矿一部分工人致信中国劳动组合书记部，请求派人到安源帮助并指导一切。中国劳动组合书记部当即派毛泽东、李立三、宋友生、张理全4人到安源。毛泽东深入矿井工棚了解工人的痛苦和受压迫的情形，以交朋友的方式与工人谈心。毛泽东派李立三在安源创办工人补习学校，建立社会主义青年团的支部。12月底，毛泽东邀劳动领导人黄爱、庞人铨到清水塘交谈。1922年1月17日，黄、庞二人被赵恒惕下令残忍杀害。

1922年1月，毛泽东派蒋先云去安源协助李立三组织与发动工人运动。2月，中共安源支部成立，李立三任书记。随后，中共湖南第一师范学校支部、湖南自修大学支部、衡阳湖南第三师范学校支部等相继成立，统归中共湖南支部领导。3月，毛泽东到达上海，出席追悼黄爱、庞人铨大会。4月中旬，毛泽东回到长沙。

1922年4月底，毛泽东同夏曦及负责全省工运工作的彭平之由长沙到常宁水口山，了解铅锌矿工人情况。随后，毛泽东又到衡阳省立第三师范了解建党建团情况，并在三师作关于社会主义的学术讲演，指出：要改造社会必须有一种正确的远大理想，并且为这种理想而奋斗，这个理想就是社会主义。毛泽东还在三师召开的骨干和党团员会上作报告，要求湘南学联担负起对水口山的宣传工作，不要放松深入各界的宣传。5月1日，毛泽东参加衡阳湘南学联举办的纪念会，并作讲演，随后成立了中国社会主义青年团衡阳地方执行委员会。毛泽东撰写的文章《更宜注意的问题》，在“五一”劳动节发表在长沙《大公报》上，文章揭露赵恒惕公布的省宪法“全民政治”的欺骗性。文章强调要注意劳工的三件事：生存权、劳动权和劳动全收权。毛泽东说：工人做的东西应该完全归工人自己，这就是劳动全收权，劳动全收权自然是共产主义实行以后的事，但也不要太忽略了，因为世界上已经有了一个大潮流；劳工的三权问题自然会引起大家的注意，俄罗斯的资产阶级、贵族阶级就是个榜样，他们现在已经是悔之不及了！5月3日，毛泽东自衡阳回长沙。1922年5月，毛泽东同李立三、杨开慧到安源检查工作，发展组织。途经醴陵，毛泽东参观醴陵师范讲习所，向全体师生发表关于阶级斗争的3个小时的演讲。毛泽东参加安源工人俱乐部干部会，同夜校工人谈话，访问工人家庭，强调工人要加强团结，壮大组织。毛泽东还告诫党员要注意防止暴露党的组织。毛泽东在安源小住后返回长沙。

1922年5月，中共湘区执行委员会成立。毛泽东任书记，何叔衡、易礼容、李立三等为委员，区委机关仍设在长沙清水塘22号。这时湘区党员已经发展到30多人。1922年夏初，毛泽东同长沙新河车站铁路工人程地广去岳州，了解铁路工人的情况。6月17日，毛泽东在长沙主持召开中国社会主义青年团长沙执行委员会改组大会。大会选出长沙执行委员会委员3人，毛泽东为书记。

1922年8月23日，在中共湘区执行委员会的组织领导下，长沙织造工人要求资方按照1919年工价折合洋银发放工资，遭到资方拒绝。于是1500余名织造工人举行罢工，罢工得到长沙土木等各业工人的支持。罢工历经1个多月，最后取得了胜利。

安源路矿当局勾结地方政府，下令封闭工人俱乐部，激起工人的义愤；同时工人又要求增加工资，改善待遇。工人因此提出罢工问题。9月初，毛泽东再次到安源，同蒋先云、朱少连研究当前情况，认为罢工时机已经成熟。毛泽东要求做好各种具体准备，迅速将大多数的工人组织起来，争取各方面的同情与支持，并写信让正在醴陵的李立三立即赶回安源。后毛泽东由安源回到长沙。9月5日，长沙土木工会召开成立大会，大会通过了由毛泽东起草的《长沙土木工会章程》。

9月9日，毛泽东同岳州工人俱乐部秘书郭亮和徐家棚站工人俱乐部林育南领导粤汉铁路武汉、长沙段3000多名工人罢工，要求当局撤换虐待工人的工头和提高工资。其中，毛泽东直接领导长沙、新河两车站的罢工斗争。罢工坚持近20天，在京汉铁路和其他各地工人团体的支援下，9月25日，吴佩孚等被迫接受工人提出的条件，罢工胜利结束。

9月9日，李立三赶到安源。根据中国劳动组合书记部的命令，经湘区委研究确定，再派刘少奇去安源参加领导安源路矿的工人运动。9月11日，刘少奇到达安源。罢工前夕，毛泽东从长沙致信李立三等：罢工胜利的条件，首先要靠工人群众有坚固的团结和坚强的斗志，同时必须取得社会舆论的同情和支持；因此，必须知道哀兵必胜的道理，提出哀而动人的口号。安源党组织提出“从前是牛马，现在要做人”的口号。会议决定了成立罢工指挥部、李立三为罢工总指挥、刘少奇为工人俱乐部全权代表、组织工会等17项条件。罢工期间，中国劳动组合书记部湖南分部致电萍乡安源路矿的工友表示竭力援助。9月18日，工人俱乐部的代表、路矿两局代表会同地方商会和绅士调停人，对工人提出的条件磋商，同意工人提出的条件，三方签订协议。罢工取得胜利，工人游行庆祝。安源工人俱乐部会员由700人迅速发展到17000多人，俱乐部改组，选举李立三为总主任，朱少连为路局主任，刘少奇为窿外主任。

9月29日，中共湘区区委领导长沙缝纫工人600余人，为增加工资、改善工作条件举行罢工。10月4日，在长沙泥木工会等工团的支援下，罢工取得胜利。

10月初，毛泽东在清水塘同泥木工会主任任树德等研究泥木工人罢工问题，认为罢工的时机已经成熟。10月5日，泥木工会委员会召集会议，赞同毛泽东的意见。10月6日，长沙泥木工人全体罢工。《大公报》全文发表由毛泽东起草的泥木工人罢工宣言。10月22日，长沙县署贴出布告，禁止请愿。有人担心再次发生黄、庞事件。毛泽东连夜找任树德等工人代表谈话，说明现在形势已大不相同，工人有了组织，有社会各界的支持；这次与赵恒惕关系也不大。10月23日，长沙2000多名泥木工人在任树德、易礼容的带领下，举行游行示威请愿大会。毛泽东参加并指挥游行。毛泽东穿一件对襟衣服，走在工人中间，领着工人喊口号。24日，泥木工人代表同湖南省政务厅厅长吴景鸿谈判3小时，厅长答应泥、木两行各写一呈文，说明要求增加工资、营业自由的理由。毛泽东记录下谈话内容，写成呈文交省长赵恒惕。25日，毛泽东与任树德等12名代表到政务厅催批呈文，获得批准。

10月8日，在湖南省教育会坪，毛泽东主持长沙人力车工会成立大会，到会800余人，毛泽东发表演说。会后参加者手持“劳工神圣”“打破资本主义”等标语口号举行游行示威。工会成立之前，毛泽东曾到工人夜校讲课，并派罗学瓒去做工作。10月8日，中共湘区区委领导长沙500余名理发工人为争取营业自由、增加工资等举行罢工游行。10月10日，湖南学生联合会组织长沙市“双十节”游行请愿大会。有40多个学校和团体25000人参加，向省议会和省政府要求实现言论、出版、集会、结社自由。

11月1日，毛泽东在长沙新河主持召开粤汉铁路总工会成立大会，被选举为主席，并代表中国劳动组合部书记部湖南分部发表演说。

11月5日，湖南全省各工团召开第二次代表会议，正式成立全省工团联合会，下辖15个工会。会议通过会章，选举毛泽东任工团联合会总干事。

11月21日，毛泽东出席湖南劳工会成立二周年纪念大会。毛泽东在大会上讲话说：经济问题不解决，则社会上一切问题俱不能解决。

11月，水口山铅锌工人到安源俱乐部见李立三、刘少奇，要求派人到水口山领导成立工人俱乐部。经毛泽东同意，安源党组织派蒋先云、谢怀德等4人帮助工作。11月27日，水口山3000多名工人召开俱乐部成立大会。11月30日，工人俱乐部向矿局提出增加工资等要求。12月5日，工人俱乐部发出罢工宣言，水口山3000多名工人全体罢工。中国劳动组合书记部湖南分部通电全国，请各工会团体支援。12月27日，矿局答应工人提出增加工资、实行8小时工作制、承认工人俱乐部的地位等要求。罢工胜利，毛泽东从长沙派校长和教员来这里创办工人俱乐部学校。由于近来劳资纠纷增多，政府破坏罢工事件不断发生，工人的愤慨和恐慌日益增加。毛泽东认为有与各级行政官厅交涉的必要。为此，毛泽东以湖南省工团联合会总干事的身份，率领粤汉铁路、泥木、理发、铅印活版等 11 个工会的代表郭亮、任树德、罗学瓒等 20 余人于 1922 年 12 月 11 日会见长沙知事周瀛干、省警察厅长石成金，12 日会见省政务厅长，13 日会见省长赵恒惕，就 10 个问题与他们进行交涉，并基本得到解决。

1923 年 2 月 1 日，京汉铁路总工会在郑州召开成立大会，被军警强行解散。2 月 4 日，京汉铁路全路工人举行总同盟罢工。2 月 7 日，吴佩孚调集军警对汉口江岸、郑州、长辛店等罢工工人进行血腥镇压，造成震惊中外的“二七”惨案。惨案发生后，湖南全省工团联合会的领导小组，号召粤汉铁路全体工人举行罢工，援助京汉路委员会，发动募捐援助，通电全国，声讨吴佩孚。同时，“二七”惨案后，毛泽东对安源工人的指导意见是：要以弯弓待发的姿态等待，看形势发展再决定是否罢工。安源只举行了游行示威，在斗争条件方面也只提出不高的经济要求，并很快被矿局所接受。安源的工人运动没有受到损失，反而有所发展。

1923 年 1 月，中共中央决定派李维汉担任中共湘区执行委员会书记，毛泽东将调中央工作。2 月上半月，毛泽东要李维汉先回家过春节，而后再接任工作。4 月 10 日，毛泽东与李达创办的湖南自修大学校刊《新时代》创刊号出版。毛泽东在《新时代》创刊号发表《外力、军阀与革命》的文章：国内目前存在三种势力——革命的民主派、非革命的民主派、反动派。革命的民主派主体是国民党，新兴的共产派是和国民党合作的；非革命的民主派，包括研究系、新兴的知识阶级派和新兴的商人派；反动派的范围最广，包括直、奉、皖三派。今后中国政治的形势将成为以下情况：一方是最急进的共产派和缓进的研究系、知识派、商人派都为了推动共同敌人和国民党合作，成为一个大的民主派；一方就是反动的军阀派。

中国政治的结局是民主派战胜军阀派，但目前及最近之将来一个时期内，中国必仍然是军阀的天下，一是由于国际资本帝国主义对中国的侵略，而反动政治完全霸占中国对帝国主义最为有利；二是由于中国的社会经济最有利于军阀的统治。这个时期内是外力和军阀勾结为恶，是一种极反动极混乱的政治的；但是政治越反动越混乱的结果，必然要激起全国国民的革命观念，国民组织能力也会一天进步一天，这是和平统一的来源，是革命的生母，是民主独立的圣药，大家不可不知道。同月，毛泽东同蒋先云再到安源，在工人俱乐部开干部会，朱少连、任弼时、陆沉、袁达时、刘少奇、李立三等人参加。毛泽东在会上讲了苏联的情况和国内军阀的情况，还到工人夜校讲演，随后返回长沙。4 月，中共中央决定调李立三到武汉工作，中共湘区区委决定由刘少奇接任李立三的工作。

4 月，毛泽东离长沙到上海中共中央工作，行前向李维汉移交工作。毛泽东把领导工人运动、农民运动和社会主义青年团的具体工作分别交给郭亮、夏曦等。在清水塘湘区委召开的两次会议上，毛泽东向李维汉介绍了全区的工作情况和组织情况。在介绍经验时，他强调两点：1. 利用赵恒惕政府省宪法的民主条文进行斗争；2. 用接近群众的方法，如在工人中办夜校、读书班，在学生中办刊物或组织社团，从中发现和培养积极分子，并逐步扩大成为建立工会、学生会的核心。毛泽东还陪同李维汉到从事上层统战工作的李六如家里，一起交谈湖南上层人物的情况。

40. 毁家纾难

毛泽东的父母相继去世后，毛泽东的大弟弟毛泽民便挑起了家庭重担，学会了勤俭持家的本领。1921 年春，毛泽东回到故乡，对毛泽民说：

“我和你嫂子都投入了革命事业，泽覃和泽建也决定跟我去。古话说：一人犯法满门抄斩。你们留在家里也是不可能的了，只有革命这条路可走。当然，你还可以走另一条路，或宣布与我脱离兄弟关系，或躲避他乡，但我相信你不会走那条路的。”毛泽东说：“我们出去之后，房子可以让给人家住，田地可以给人家种，我们欠人家的钱一次还清，人家欠我们的一笔勾销。”

在哥哥的开导下，毛泽民懂得了“国乱民不安生”的道理，他决心舍去家庭，跟着哥哥出来干革命。毛泽民到长沙后，首先在毛泽东任主事的第一师范附小搞校务，负责管理全校师生的伙食。他的理财特长在这里初露锋芒。他为改善师生伙食，不辞劳苦，经常到外地采购廉价的肉食、蔬菜，还发动大家种菜、养猪，以增加收入，减少开支。学生的膳杂费，学校原来规定每学期一次交清，许多穷学生往往因此而辍学。毛泽民和主事商量后，改为分期交纳，减轻了学生的负担，受到欢迎。1922 年秋天，毛泽民转到湖南自修大学任庶务，同时还兼任省学联的庶务，办自修大学的经费每月只有 400 元，毛泽民处处精打细算，为数不多的经费使用得当。1922 年 10 月，长沙笔业工会成立，毛泽民担任工会秘书。10 月中旬，笔业工人要求增加工资，改善待遇，遭到省、县当局和资方蛮横无理的拒绝，工会决定罢工。在罢工期间，毛泽民根据中共湘区区委的指示，发动工人互助互济，妥善地解决了工人的生活，使罢工得到了胜利。

1922 年冬天，毛泽民加入了中国共产党。同年底，受中共湘区委员会的指派，到江西安源路矿从事工人运动。为方便工人的生活，防止中间盘剥，安源路矿工人俱乐部于 1923 年 3 月创办工人消费合作社，毛泽民是该社的负责人之一。他常到工人群众中进行调查，根据群众的需要，派人或亲自去长沙、汉口等地购货。合作社出售的物品比私商便宜三分之一到二分之一，工人们深感合作社是为工人谋利益的，纷纷要求加入，并主动向合作社捐款，踊跃到合作社购货。后成立合作总社，毛泽民出任总经理。合作社不仅打击了投机商人和封建把头，维护了工人利益，还为党筹集了一笔活动经费，积累了开发工运和开办工人消费合作社的经验。

41. 参加中共第三次代表大会

1923年6月12日至20日，中国共产党在广东东山恤孤院后街31号一所两层小楼里举行了第三次全国代表大会。毛泽东同朱少连作为湘区党组织的代表出席大会。陈独秀主持了大会，并代表上届中央委员会做工作报告。陈独秀在中共三大上总结二大以来中央和各地区工作时说："只有湖南的同志可以说工作得很好。"

大会的主要议程是研讨关于同孙中山领导的国民党合作、建立统一战线问题。1922年8月杭州西湖会议后，中共党内公开反对加入国民党的主张不复多见了，但在怎样同国民党合作和应该如何在国民党内为国民革命运动而工作的问题上，仍然存在严重分歧。共产国际代表马林主张"一切工作归国民党"，他说："只要孙中山能接受反帝国主义的口号，什么东西都可以归给国民党。"他坚持全体共产党没有例外地都要加入国民党，并在国民党内积极工作。他指责："一切低估国民党和夸大工人阶级力量的说法，都是左倾的空谈。"陈独秀等赞成马林的主张，同意全体中共党员加入国民党，集中势力于国民党，从事国民革命的工作。

大多数代表拥护共产国际的决议，赞成共产党员以个人身份参加国民党，把国民党改造成为工人、农民、小资产阶级和民族资产阶级的革命联盟，但同时保持共产党的独立性。大会讨论了共产党员加入国民党的三个目的：①改组国民党为左盟的政党；②在中国共产党不能公开活动的地方，扩大国民党；③把优秀的国民党员吸收到我们党内来。大会最后通过了《关于国民运动及国民党问题的决议案》。会议决定全体共产党员以个人名义加入国民党。

在中共三大上，毛泽东有过多次发言，主要内容是：①阐述中共在坚持独立自主原则下建立统一战线的重要性（他还利用大会休息期间，找到廖仲恺、谭延闿等国民党上层人士商讨国共合作问题）；②在会上作《湖南工农运动报告》，指出湖南工人数量很少，国民党员和共产党员更少，可是满山遍野都是农民，中国国民党在广东有基础，无非是有些农民组织的军队，如中共也注重农民运动，把农民发动起来，也不难形成类似广东的局面。参加这次大会的张国焘回忆说：毛泽东在会上提出农民问题这个新问题，是他“对于中共极大的贡献”。

大会推举毛泽东负责《农民问题议决案》的起草工作。但是陈独秀认为解决土地问题会影响国民革命，删去了草案中关于解决土地问题的意见。

大会选出了党的领导机构——第三届中央执行委员会，委员 9 人：陈独秀、李大钊、蔡和森、毛泽东、王荷波、罗章龙、项英、谭平山、瞿秋白，候补委员 5 人：李汉俊、徐梅坤、邓中夏、邓培、张连光。

中共三大以后，毛泽东同陈独秀、李大钊、蔡和森、向警予等留在广州工作。6 月 25 日，陈独秀、李大钊、蔡和森、毛泽东、谭平山以国民党的身份致信孙中山，建议国民党在上海或广州建立强有力的执行委员会。信中希望孙中山不要轻信南方诸省的军阀，希望孙中山离开广州到上海，建立一支解决问题的国民革命的军队。

7 月 1 日，毛泽东在广州的中共中央理论刊物《前锋》月刊创刊号发表《省宪下之湖南》一文。文章详细分析了湖南政界及教育界各种势力斗争和消长变化情况；“工人的运动，大引起社会之注目”，有组织的新式工人团体 23 个，约 3 万人；罢工 10 次，胜利及半胜利 9 次；罢工时间均在去年 8 月到 12 月。

7月下旬，毛泽东离广州去上海。8月5日，毛泽东等人代表中共中央出席上海地委兼区委第6次会议，进行指导。

8月15日，毛泽东在《向导》周报第36期发表《省宪经与赵恒惕》一文，历数湖南省长赵恒惕两年来戴省宪假面具与人民为敌的罪行。

8月29日，毛泽东在《向导》周报第38期发表《英国人与梁如浩》与《纸烟税》的短文。前篇文章揭露北京政府督办梁如浩丧权辱国同英国人签订“续租”“永租”威海卫草约行径。后文就北京政府屈从英、美两国的压力取消浙江等省的纸烟税一事，文章说：“洋大人打一个屁都是香气，洋大人要拿棉花去，阁议就把禁棉出口令取消；洋大人要送纸烟来，阁议就电令各省停止征收纸烟税；再请四万万同胞想一想，‘中国政府是洋大人的账房先生’这句话到底对不对？”

9月上旬，中共中央机关由广州迁往上海，中央局设在闸北区三曾里。毛泽东同蔡和森、向警予、罗章龙等驻中央局机关。

9月16日，毛泽东遵照中共中央决定并受国民党本部总务部副部长林伯渠的委托，回到长沙，在湖南筹建国民党。10月初，国民党长沙支部成立。

1923年11月24—25日，中共中央在上海召开三届一中全会，中央局作报告。会议强调，在国民党内的共产党员，一切政治的言论行动，须受本党之指挥，须努力站在国民党的中心地位。会议决定：①扩大国民党组织，凡有国民党组织的地方，如广东、上海、四川、山东，我党团员一并加入，无国民党组织的地方为之创设；②矫正国民党的政治观点，促其做反帝国主义的宣传和行动；③党团员在国民党内要努力站在中心地位，受我党指挥；④用国民党名义组织和参加各种人民团体；⑤在农村中建立和扩大国民党的组织。

在三届一中全会上，讨论了委员分工，选举出5人中央局：陈独秀、毛泽东、罗章龙、蔡和森、谭平山（会后不久，王荷波代替谭平山任中央局委员，主管工人运动)，陈独秀为委员长，主持中央局和中央执行委员会的会议；毛泽东为秘书，负责党内外通信及开会记录并管理党内文件，党的一切函件须有委员长和秘书签字；罗章龙为会计，职责是在中央督察下管理党的财政、行政，并对各区、各地及党的一切机关之财政、行政负责；蔡和森负责党的机关刊物《向导》。

1923 年 12 月 25 日，中国共产党中央委员会发出第 13 号通告：国民党明年正月在广州召集全国大会，我党在此次国民党全国大会代表中，希望每省至少当选 1 人，此同志必须政治头脑清晰且有口才者，方能在大会中纠正国民党的错误观念；各省代表过沪时，我们的同志再集合议决一致的主张。

42. 参加中国国民党第一次全国代表大会

1924 年 1 月 20 日至 30 日，中国国民党第一次全国代表大会在广州国立高等师范学校召开，其中 25 日下午至 27 日下午为悼念列宁逝世而休会。出席开幕式的代表 165 人。孙中山以国民党总理的身份担任大会主席，他在开幕词中指出：这次大会要做两件事，第一件是改组国民党；第二件是用政党的力量去改造国家。

参加会议的共产党代表除孙中山指定的陈独秀（未出席）、于树德、李大钊、谭平山外，还有各地推选的代表等 20 余名共产党人。

孙中山指定林森、汪精卫、谢持、胡汉民、李大钊 5 人组成大会主席团。主席团的任务是：以备孙中山有事不能出席主持会议时由主席团推举 1 人，代表孙中山主席。大会通过了《中国国民党第一次全国代表大会宣言》。《宣言》是孙中山委托苏联顾问鲍罗廷起草，由廖仲恺翻译成中文，经孙中山审定，提请大会讨论通过。

会议还通过了《中国国民党章程》等重要议案。经过这次大会，孙中山确定了“联俄、联共、扶助农工”的三大政策，把三民主义重新解释为反帝反军阀的新三民主义纲领，使这次会议具有了重大的历史意义，也使孙中山开始了他一生中最伟大的转变。孙中山说：20年以来，党员总是阻挠我革命，总是丢掉民生主义，跟随我的人很多，但总是想打他自己的生意，真正跟我来革命的，不足20个，今日还要阻挠我容纳革命的青年！

孙中山说：你们老党员已经堕落了，不革命了，你们反对共产党员加入，是含有想做党阀意味，想要包办革命，老实不客气说，都只想发财做官，数十年革命尚未成功，就是受了你们的累；民族主义，你们只晓得打倒满清；民权主义，你们只晓得议会政治，其余便不知道；至于民生主义，更是全然不懂得，我们的民生主义，就是共产主义，不过与马克思的观察稍有不同罢了。

共产党人李大钊也驳斥了国民党右派的谬论，指出：“我们加入本党，是几经研究再四慎而始加入的，不是糊里糊涂混进来的，是想为国民革命运动而有所贡献于本党，不是为个人的私利，与夫团体的取巧而有所攘窃于本党的。土耳其的共产党人加入土耳其的国民党，于土耳其国民党不但无损而有益。美国共产党人加入美国劳动党，于美之劳动党不但无损而有益。英国共产党人加入英国劳动党，于英之劳动党亦是不但无损而有益。那么我们加入本党，虽不敢说必能有多大的贡献，其为无损而有益，亦宜与土美英的先例一样。………本党总理孙先生亦曾允许我们仍跨第三国际在中国的组织，所以我们来参加本党而兼跨固有的党籍，是光明正大的行为，不是阴谋鬼祟的举动。”

在会上，毛泽东被选为国民党章程审查委员。大会在讨论“比例选举制为本党政纲之一”案时，提案人黄季陆说：“比例选举制可以打破现在选举的流弊。”毛泽东发言反对这种选举制，他说：“现时比例选举制系少数党所运动出来的结果，本党为革命党，凡利于革命的可采用，有害于革命的即应摈弃，比例制有害于革命党，因少数人当选即有力量可以破坏革命事业，是予少数派以机会也，本席根本反对本案，以为不能讨论，不能表决。”黄季陆进行辩解，毛泽东进一步指出：“比例选举制虽为社会党所赞成，但当其未成功时固是如此，若成功后即不尽然，此制很有害于革命之本身，盖以自由给以反对党，革命事业便十分危险。”

大会在讨论国民党章程、组织国民政府、设立研究会等问题时，毛泽东也发表了重要意见。

毛泽东在大会上的表现，受到孙中山和一些国民党人士的赏识和注意。1月30日上午，选举中央执行委员和候补委员时，孙中山亲自拟了一个候选人名单，交付大会表决，其中就有毛泽东。

1月30日大会闭幕，选出新的领导机构。孙中山继续被推举为党的总理，选出中央执行委员25人，候补委员共17人。毛泽东等7名共产党员当选为候补委员。

1月31日—2月6日，孙中山主持召开了国民党一届一中全会，根据《中国国民党章程》的规定，推举廖仲恺、戴季陶、谭平山为中央执行委员会常务委员处理日常事务，并设立1处（秘书），8部（组织、宣传、青年、妇女、工人、农民、军事、调查），组成中央党部。为便于就近指挥各地的党务，国民党一届一中全会决定在上海、北京、汉口、哈尔滨、四川五地建立中央执行委员会执行部，作为党的派出机构，由中央执行委员分别前往组织。

1924年5月10—15日，中国共产党在上海召开中共中央执行委员会会议。会议作出《共产党在国民党内的工作问题决议案》《工会问题决议案》《党内组织和宣传教育问题决议案》等。会议总结了国共合作5个月以来的经验，提出国民党有左派和右派两派力量。会议指出，要以种种方法于思想和组织上巩固孙中山一派的左翼，强调在国民党中的工作以宣传为主，会议提出党的组织工作的重要性，说明产业工人是我们党的基础。会议决定设立中央机关报编辑委员会，在工农部内设立工会运动委员会。会议决定，毛泽东兼任中央组织部部长，罗章龙兼任中央宣传部部长，王荷波任中央工农部部长，向警予任中央妇女部部长。

1924年6月初，杨开慧和母亲向振熙带着两个孩子从长沙到上海。杨开慧除担负家务外，还帮助毛泽东整理材料、誊写文稿等，并经常到小沙渡工人夜校去讲课。

1924年6月18日，国民党中央监察委员邓泽如、张继、谢持写信给孙中山和国民党中央执行委员会，弹劾共产党：共产党员及社会主义青年团员加入国民党，于国民党生存发展有重大妨害，主张绝对不宜党中有党。

7月21日，中共中央局委员长陈独秀、秘书毛泽东联名发出中共中央第15号通告，分析了国民党右派反共排共的严峻形势，指出：他们以和缓列强及军阀对于国民党的压迫，此时国民党只极少数领袖如孙中山、廖仲恺等尚未和我们分离之决心，然亦决不愿得罪于右派分子；我们为图革命势力联合计，决不愿分离的言论与事实出于我方，须尽我们的力量忍耐与之合作；但是对于反革命的右倾政策，不可隐忍不加以纠正。为此通告提出反对国民党右派的5项具体措施，特别提出：努力获得或维持指挥工人农民学生市民各团体的实权在我们手里，以巩固我们在国民党左翼的力量。

7月，毛泽东由于同国民党上海执行部负责人经常发生分歧，辞去组织部秘书的职务，只领导文书科工作，推荐中共党员张廷灏任组织部秘书。

1924年11月13日，孙中山应冯玉祥、段祺瑞、张作霖共商国是之邀请，偕夫人宋庆龄离开广州北上和谈。途经上海时，毛泽东以国民党上海执行部秘书处文书科主任的名义领衔，同组织部秘书张廷灏、干事罗章龙、宣传部秘书恽代英等14人，联名致信孙中山，反映上海执行部的经费自8月起即未能照发，近来内部更无负责之人，一切事务几乎停滞，要求派员解决。

毛泽东积极从事国民党的改组工作，是基于对国共合作必要性和必然性的正确认识。1925年11月21日，毛泽东在填写《少年中国学会改组委员会调查表》时写道："本人信仰共产主义，主张无产阶级的社会革命。惟目前的内外压迫非一阶级之力所能推翻，主张用无产阶级、小资产阶级及中产阶级左翼合作的国民革命，实行中国国民党之三民主义，以打倒帝国主义，打倒军阀，打倒买办、地主阶级（即与帝国主义、军阀有密切关系之中国大资产阶级及中产阶级右翼），实现无产阶级、小资产阶级及中产阶级左翼的联合统治，即革命民众的统治。"

后来，毛泽东在《国民党右派分离的原因及其对于革命前途的影响》一文中又说：中华革命党改成中国国民党时，又加入一批中产阶级的非革命派，而且此时有一部分代表买办阶级的分子混了进来，他们站在党的支配地位，孙先生及少数革命领袖仍不能革命，乃于去年1月毅然召集第一次党的全国大会，明白决定拥护工农阶级的利益，从工农阶级中扩张国民党的组织，并且容纳共产派分子入党。

43. 回乡闹革命

国民党上海执行部的右翼国民党人叶楚伧、戴季陶等人视国民党内的共产党人为异己。他们最恨的是毛泽东，因为毛泽东遇事不肯迁就，极力反对他们的右派活动，成为他们推行反动政策的最大障碍。叶楚伧想尽办法要把毛泽东赶走。毛泽东既在国民党内任职，又是中共中央局的委员秘书，公务繁重，终因身体不支，于1924年12月患病。经中共中央同意，年底，毛泽东偕杨开慧等回湖南养病。毛泽东走后，叶楚伧十分高兴，特宴请上海执行部的成员，以志庆祝。

1925年1月中旬，毛泽东同杨开慧携毛岸英、毛岸青到长沙板仓岳母家过春节。2月6日，毛泽东同杨开慧携毛岸英、毛岸青到韶山。回韶山后，毛泽东一边养病一边做些社会调查。到朋友、同学、亲戚和左邻右舍农家走访，或邀请亲友到韶山南岸家中谈家常。其间，来往较多的有从安源煤矿回来的共产党员毛福轩、贫苦知识分子毛新枚、汤家湾的小学同学钟志申、李氏族校和庞氏族校的李耿侯、庞叔侃及湘乡外婆家的人。毛泽东还访问了韶山一带的知名人士，如毛简臣、李漱清、开明士绅庞坦直等。3月，毛泽东以毛福轩、毛新枚、钟志申、庞叔侃、李耿侯等为骨干组织秘密农民协会，并通过他们发展会员。

4月，毛泽东通过杨开慧、李耿侯等发动进步教师，利用原来的公立学校、族校、祠堂等，在韶山一带创办农民夜校。夜校除教农民识字、学珠算外，还讲三民主义和国内外大事。毛泽东经常去夜校察看。夜校学员大都成为秘密农民协会的骨干力量。到7月间，农民夜校发展到20多所。

5月，毛泽东到安化县会晤安化县青年团特支书记姚炳南、安化县第一高小教员共产党员陈昌，并与共产党员、青年团员卢天放、刘肇经、张文毅座谈。毛泽东在安化停留了一星期左右。

上海五卅运动爆发后，长沙2万多工人、学生集会，成立雪耻会，随后湘潭、衡阳、衡山等40余县和矿区成立了雪耻会。毛泽东同毛福轩、钟志申等以“打倒列强，洗雪国耻”为口号，以秘密农民协会为核心，在韶山一带成立了20多个乡雪耻会，作为公开的群众性革命组织，开展反帝斗争。

经过几个月的培养和了解，6月中旬，毛泽东同毛福轩介绍毛新枚、李耿侯、钟志申、庞叔侃等加入中国共产党。在毛泽东的家中举行秘密的入党仪式，并成立中共韶山支部，委派毛福轩为支部书记。以“庞德甫”作为党支部的代号，还在银田寺开办了一家书店，作为韶山党支部的秘密联络机关。到年底，韶山、银田一带发展党员近百人，毛泽东还在韶山秘密发展共产主义青年团，建立团的组织。

1925年7月初，毛泽东在韶山成立国民党第7区党部，他担任常委委员，郭运泉、周啸泉、李耿侯、钟志申分别负责组织和宣传工作。7月5日，毛泽东在李氏祠堂主持召开国民党区党部会议，湘区青年团委派韶山工作的贺尔康参加了会议。会议讨论了三项问题：党务、反对帝国主义、乡村教育。7月10日，湘潭西二区上七都在郭氏祠堂召开雪耻会成立大会，到会代表六七十人，自动前来观看的有三四百人。毛泽东在会上讲话，他讲述了帝国主义侵略中国的历史，五卅惨案和长沙、湘潭等地的反帝爱国运动情况，号召大家团结起来，反对英、日帝国主义。讲话后，毛泽东同许多围拢来的农民、教师交谈。自此韶山成立讲演队，散发传单，还派出纠察队设卡检查，禁售洋货。7月12日、13日，毛泽东同贺尔康、钟志申在汤氏祠、汤家湾召开国民党第四区分部成立会。7月30日，韶山西二区在公私学校和郭氏祠堂召开教育会员大会，改组掌管行政的教委会及掌管经济的学委会，到会40人。会前，毛泽东曾多次召集共产党员、部分国民党员、农协和雪耻会骨干秘密开会，研讨夺取区教育权问题。会员大会根据会前掌握的材料，揭露了上七都团防局长成胥生的亲信阻挠教师进行爱国宣传、不准办夜校及贪污学款、克扣教师薪水的行为，利用赵恒惕的教育法，改组了两会。庞叔侃、李耿侯等被选为两会执行委员。十多个公立和私立学校校长都由进步教师担任。

本年韶山一带遭受大旱，正值青黄不接时节，地主乘机囤积居奇，高抬谷价。8月，毛泽东召集党支部和农协骨干开会，决定发动农民，迫使地主开仓平粜谷米。毛泽东派钟志申、庞叔侃同成胥生交涉。成胥生不肯，且把谷子偷运到银田镇，准备运往湘潭等地高价出售。毛泽东要毛福轩、毛新枚等率领数百农民携带锄头、扁担、箩筐，夜奔银田镇，阻止谷米出境。成胥生见人多势众，被迫将谷子平价卖给农民。在此期间，韶山永义亭、瓦子坪、如意亭等地都出现了平粜斗争，均取得胜利。

8月28日，湖南省长赵恒惕得到成胥生关于毛泽东组织农民进行粮食平粜运动的密报，电令湘潭团防局派兵逮捕毛泽东。在湘潭县城里工作的银田镇人郭麓宾看到了赵恒惕的电令，即派当炊事员的侄子郭士奎连夜赶了90里路到韶山给毛泽东去送信。当日，毛泽东在韶山党组织和群众的帮助下，离开韶山去长沙。

8月底，毛泽东在长沙向中共湘区委员会的同志交换意见，建议湘区委多派同志前往广州学习，多派优秀同志到各县秘密组织农民协会和发展国民党组织。在长沙期间，毛泽东还先后到省工团联合会、文化书社会见共产党员郭亮等。此间，作《沁园春·长沙》。9月上旬，毛泽东同准备到广州农民运动讲习所第5期学习的庞叔侃、周振岳由长沙动身赴广州。同去的还有毛泽东的小弟毛泽覃。路经衡阳、资兴、耒阳、郴州、宜章等地，到广东韶关转乘火车到广州。9月中旬，毛泽东到广州后，身体极度虚弱，住东山医院进行短期疗养。

这是毛泽东第三次去广州，这次待的时间最长，前后一年多。

毛泽东经长沙去广州后，杨开慧为了做完毛泽东在韶山未完成的工作，也为掩护毛泽东，决定暂时留在韶山。当晚，团防局长成胥生探听到杨开慧还留在韶山，发誓要把她抓到手，向赵恒惕请功。杨开慧为了躲避敌人的追捕，带着两个孩子东奔西走。当她得知毛泽东安全抵达广州后，才和母亲、两个孩子于1925年12月经长沙到了广州。毛泽东把家安在广州市东山庙前西街38号，这是一座简陋的两层小楼，大门对着街道，萧楚女住楼下，毛泽东家住楼上，《政治周报》的通讯社就设在这里。

44. 国民党代理宣传部长

1925 年 10 月，毛泽东出席了国民党广东省第一次代表大会，被选为大会宣言起草委员会委员，起草了《中国国民党广东第一次全省代表大会宣言》，并为大会《会场月刊》撰写了《发刊词》。

在 1925 年 10 月 5 日，国民党召开第 111 次中央执行委员会会议，会上，国民党中央常务委员、国民党政府主席汪精卫以政府事繁，难以兼顾宣传部长职务为由，向会议提出请毛泽东代理宣传部长，会上没有出现不同意见。会议要求毛泽东立刻到宣传部主持一切。10 月 6 日，《广州民国日报》公布了这一消息。

11 月下旬，毛泽东出席了国民党中央执行委员、监察委员及各部部长联席会议，报告了《中国国民党之反奉战争宣传大纲》，会议通过了他的报告。

12 月 3 日，在广州出版的《国民新闻》上毛泽东发表了《中央宣传部对反奉宣传之通告》。

12 月 5 日，毛泽东（以子任为笔名）主编的《政治周报》第 1 期出版，毛泽东写了《政治周报》发刊理由一文："'向反革命派宣传反攻，以打破反革命派宣传'，便是政治周报的责任。政治周报对外不公开，所以通信地址就设在毛泽东的寓所。政治周报由中央宣传部主持，每期 4 万份。"

1926 年 1 月，毛泽东出席了在广州召开的国民党第二次全国代表大会。会上，毛泽东作了《宣传报告》，全面总结了两年来宣传工作的成绩和缺点，强调宣传工作的重要意义，并积极起草宣传问题的议案。听了毛泽东的报告，中共四川地委书记杨闇公在日记中写道：这个报告较其他“有系统些……能把具体的事实指得出来，并对每个时期所施的宣传口号，也恰中客观的需要”。经过毛泽东的努力，大会通过了《宣传问题决议案》《党报决议案》和《宣传报告决议案》。这次大会对其他工作一般都是一个决议案，唯宣传工作通过了3个决议案，这是国民党“二大”的成就之一。这些决议案详细具体地规定了今后的宣传方针、政策和任务，使各地党部宣传部做到有章可循，并要求各地有一定文字水平的党员都要参与宣传工作，要将宣传普遍于全国各地。会上，毛泽东再次当选为候补中央执行委员。

2月5日，国民党中央执行委员会常务委员会第二次会议，正式批准毛泽东为国民党中央宣传部代理部长。毛泽东从2月5日至6月7日在代理宣传部长期间，出席了18次国民党中央执行委员会常务委员会会议，对宣传工作提出许多重要提案。

毛泽东上任不久，西山会议派就此攻击汪精卫“赤化”。他们无视毛泽东在家乡搞农民运动这一工作，说毛泽东长期请假不工作，反对这一任命，借此反对共产党人在国民党内担任重要工作。

毛泽东在接任宣传部时，宣传部所管辖的范围仅有广东一省，与其他省市党部的宣传部间均无联系。为扩大宣传范围，扩大国民党的影响，他采取了两条措施：一是通过报纸刊物、交通工具向各省市宣传部部署工作；二是坚决要求他们定期向宣传部报告工作，并接受领导。到1926年5月，全国向中央宣传部报告工作的达到12个，中宣部收发文件千余份。

毛泽东从调查研究入手，重新制订宣传计划，有总计划，还有分门别类的专门计划，如图书宣传计划、民众宣传计划、党内发书计划、编纂计划等。这些计划制订得很具体，方针也明确，反对笼统的无针对性的宣传，注意党内宣传与党外宣传有别，工人、农民、学生、商人、士兵有别，民众文化的高低层次有别，广东根据地与军阀统治的地方有别。为了实现这些计划，毛泽东领导宣传部人员开展大量的调查研究，如在调查中发现宣传部不供给下级党部宣传品的问题，明令要求将所有的宣传物品及时发到每一位党员手中。他们事先详细调查海内外各级党部及团体数目，在这个基础上拟订切实可行的发放宣传品计划。为使宣传工作做到心中有数，他们调查国内外中文日报及各种中外文定期刊物，就连儿童歌曲也属调查范围。有的工作人员不了解，毛泽东作了耐心解释，他说："无论哪一种报纸或书籍，只要它有销路，我们就应该注意。为什么这一种书有人看？看这一种书的是些什么人？这些书在社会上将发生什么影响？只有这样才能对全国的宣传动向了如指掌，才能了解读者的心理，宣传工作才能掌握主动权。"毛泽东自己注意看报，不出几个星期，他就把全国的报纸摸得烂熟：哪一种是革命的，哪一种是中间派，哪一种是反动的，掌握得清清楚楚。他睡前醒后看报，吃饭时看报，上厕所看报，坐车看报，他说，我每天要看几十种报。毛泽东通过报纸了解信息和各种情况，这也是他调查研究的一个重要方法。

当时国民党中央所管辖的范围，只有广东一省，其他省份均在各大小军阀手中，国民党的宣传品也只能在广东一省散发。全国国民不能及时了解国民革命的意义及广东革命根据地的真相。与此同时京津沪等地的反革命宣传十分猖獗，千方百计地对广东进行造谣、污蔑和中伤，说广东"共产共妻"，是"赤色帝国主义"，等等。为改变这一情况，毛泽东于1925年11月向国民党提出在上海设立交通局的设想，他认为上海交通方便，如果搞得好，国民党的宣传品就可通过上海发往北方及长江一带各省国民党部，军阀孙传芳虽然派人把持了上海邮政总局，专门扣压从广州寄出的书报杂志，但可以通过往来于广州与上海、香港的轮船由海员工会会员秘密带到上海，转交上海交通局，然后再由交通局加工翻印转发各地。国民党中央认为这个意见可行，就批准了毛泽东在上海建立交通局的计划。随后，毛泽东便积极活动，很快在上海办起了交通局，由共产党人恽代英管理（后是沈雁冰），办事人员几乎全是共产党人。宣传工作的局面立刻得到改善，大批宣传品源源不断地被送往长江及北方各省。仅1926年2月至5月，三个半月内就发送宣传品41种、22万多件。

毛泽东接手宣传部时，偌大一个宣传部连一个图书室也没有，他上任后，宣传部广泛搜集报纸、书刊，书店买不到，就到旧书摊上去买。到1926年5月，图书室已初具规模：有国内日报124种、国外中文报21种、外文报5种，周报及小刊物12种、中文书289种、英文书3种，此外还搜集了画报、壁报、中文杂志和外文杂志。在军阀割据、交通不便、文化不发达、环境又极其恶劣的情况下，在短短的时间内，能搜集到这么多东西是很难能可贵的。

毛泽东在任职的7个月内，写文章近30篇，发表了一些重要的理论和政治评论文章：《中国社会各阶级的分析》《上海民国时报反动的原因及国民党中央对该报的处置》《北京右派会议与帝国主义》《右派的最大本领》《中国农民中各阶级的分析及其对于革命的态度》《国民党右派分离的原因及其对于革命的影响》等。他以很大的精力考察研究农民问题，提出了十分精辟的见解，如，中国革命就是农民革命的思想，地主阶级是中国一切反动的源泉等，这些当时很少有人论及。

《中国社会各阶级的分析》最早发表于1925年12月11日出版的《革命》半月刊（国民革命军第二军主办）第4期上。第二次发表于1926年2月1日出版的《中国农民》第2期。第三次发表于1926年3月13日出版的《中国青年》第5集第116、117期。1927年4月1日，中共汕头地方党和共青团组织主持创办的汕头市书店，再版了此文的单行本。毛泽东在此文中提出，中国有两个问题，一个是贫乏，一个是失业。他把大资产阶级分成四种人：第一种是“买办阶级”——与外资有密切关系之银行家（如陆宗舆、陈廉伯等）、商业家（如唐绍仪、何东等）、工业家（如张謇、盛恩颐等）；第二种是“大地主”——如陈恭受等；第三种是“官僚”——如孙宝琪、颜惠庆等；第四种是“军阀”——如张作霖、曹锟等。毛泽东还把中国各阶级的人数作了详细统计：大资产阶级100万人、中产阶级400万人、小资产阶级1.5亿人、半无产阶级2亿人、无产阶级4500万人。

毛泽东还注意发挥地方的积极性，力争地方多办报。毛泽东想，多一份国民党的报纸，就多一块国民党的宣传阵地；多一份中立的报纸，就少一个攻击国民党的言论机关。他向国民党中央建议：凡有国民党组织的省份，就应有自己的言论机关。有条件的省份，如党员人数多，又有人力和财力，可争取办一份报纸作为党的喉舌；没有条件的省份，可用津贴当地报纸的办法。他说，这种方法，所费不多，但收效甚大。国民党中央认为这一建议切实可行，予以批准。于是毛泽东促使有条件的湖北省党部办起《楚光日报》，湖南办起《湖南民报》、上海方面接管了国民党通讯社，九江的《江声日报》领取了津贴，杭州《晨报》也提出了申请。

编书也是毛泽东十分重视的工作之一。对于国共两党联合起来进行国民革命，究竟为什么要革命，怎么革命，一些中下层党员不太明确，即使上层一些人物也急需一些书刊资料进行参考。过去的宣传部虽然编纂了一些刊物，但涉及的面很窄，数量也少，远远不能满足需要。毛泽东向国民党中央建议，由宣传部领导编纂一套国民革命丛书，先编印民众最需要、最急迫的书，然后再编印其他。这套丛书计划出5辑60册，每月出版12册，5个月出齐。主要向人们介绍中国及国际的政治经济、历史和民众运动的情况。中国方面的有中国近百年史略、帝国主义侵略中国史、中国国民党史、“二七”惨案、五卅运动、中国农民问题等。国际方面的有巴黎公社、德国大革命的意义、世界的农民运动等；还有苏俄研究，如俄罗斯社会革命小史、苏维埃制度、红军、苏俄的外交等；也有孙文研究、马克思主义的历史方法、马克思论东方革命的理论著作；还有论及妇女、犹太人、黑人等问题的。丛书涉及的面很广，内容也很丰富。为实现这一规模宏大的宣传计划，毛泽东提出了一套改革过去宣传部的编纂办法——“本部两年来编纂宣传刊物成绩不甚多，原因在于设置固定人员编纂”。提出，由宣传部审定题目，实行征稿法。同时，根据上海为知识界聚集之地的特点，在上海设立征稿处，委托沈雁冰为驻沪编纂干事。毛泽东提出，党内无价发行，党外以最低廉的价格推行全国。他还说，特此辑60册所拟题目有人撰写后，再接编辑6—10辑。遗憾的是，毛泽东在被迫辞去代理宣传部长职务后，未能实现这一计划。

西山会议派破坏国共合作，公开打出分裂的旗帜，人民群众迷惑不解，帝国主义拍手称快。对这一严重危害国民革命前途的重大事件，毛泽东在《政治周报》《广州民国日报》《中国青年》等报刊上连续发表文章，揭露右派行径是违背历史发展的，背叛孙中山亲手制定的三大政策，同帝国主义的立场是一致的。毛泽东还将广东、上海、北京等地党部及个人反对西山会议的文电汇总起来，在《政治周报》上连载，冠以标题，加写按语，表明各行、各业、各界人士的政治态度，从而将反对右派的气氛推向高潮，增强民众革命的信心。

45. 第六届农民运动讲习所所长

在国共合作的基础上，为适应革命形势的发展需要，培养农民运动干部，从1924年7月至1926年9月，由共产党人主持、以国民党的名义在广州举办了6期农民运动讲习所——全称为“中国国民党农民运动讲习所”。彭湃等共产党人在这里起决定性作用。

国民党一大后，共产党员林伯渠担任国民党中央农民部第一任部长，彭湃为秘书。1924年4月，林伯渠因赴武汉办理党务，辞去部长职务。

而后，农民部长一职相继更换，但彭湃一直担任秘书，部务基本由彭湃主持。彭湃有在海丰从事农民运动的经验，毛泽东曾高度评价和赞扬彭湃领导海丰农民运动，他说：陈炯明的故乡——历来土豪劣绅、贪官污吏猬集的海丰县，自从有了5万户、25万户的县农民协会，便比广东任何县都清明——县知事不敢为恶，征收官吏也不敢额外刮钱，全县没有土匪，土豪劣绅鱼肉人民的事几乎绝迹。彭湃积极主动地向国民党中央党部提议，在革命的策源地中心——广州举办一间农民运动讲习所。1924年6月30日，国民党中央执行委员会第39次会议通过决议："组织农民运动讲习所，以一个月为讲习期间，讲习完毕后，选充为农民运动特派员。"会后，彭湃就肩负着培养农民运动干部的重任。

第一届农讲所于1924年7月3日开学，8月21日毕业，主任为共产党员彭湃。在此期间，廖仲恺作了《农民运动所当注意之点》的讲演，孙中山参加毕业典礼，并作了《耕者有其田》的重要报告；

第二届于1924年8月21日开学，11月1日毕业，主任罗绮园（共产党员）；

第三届于1925年1月1日开学，4月3日毕业，主任阮啸仙（共产党员）；

第四届于1925年5月1日开学，9月1日毕业，主任谭植棠（共产党员）；

第五届于1925年9月14日开学，12月8日毕业，主任为彭湃。

第六届于1926年5月3日正式开学，至9月11日毕业，毛泽东担任所长，并亲自讲授中国农民问题、农村教育、地理3门课程和《中国社会各阶级的分析》这篇著作。把前五届的主任制改为所长制，所址亦由广州市东皋大道1号迁到广州番禺学宫（最早在广州越秀南路53号）。

农讲所历时2年零2个月，培养干部近800名。

1926年2月1日，国民党中央常务委员会召开第一次会议，毛泽东列席会议。会议决定继续开办农民运动讲习所，设立农民运动委员会。同日，国民党中央农民部发出第1号通告，宣布农民运动委员会成立。委员有林伯渠（主席）、陈公博、毛泽东、甘乃光、宋子文、谭植棠、萧楚女、阮啸仙、罗绮园。

3月19日，国民党召开第13次中央常委会，会议讨论了农民运动讲习所问题，批准毛泽东继任农民运动讲习所所长。4月10日，国民党中央农民部指派毛泽东、林伯渠、高语罕、罗绮园、阮啸仙、谭植棠组成第六届农民运动讲习所考试委员会，对20个省区选送的学生进行复试。在口试时，毛泽东还向学生询问各地乡村情况及农民生活状况等。

1926年5月3日，第六届农民运动讲习所举行开学典礼，由国民党中央农民部长林伯渠主持，所长毛泽东报告农民运动讲习所筹备经过和招生情形。参加开学典礼的有国民党中央政治委员会主席谭延闿，青年部长甘乃光，妇女部长何香凝，广东大学校长褚民谊、文科学长郭沫若，国民大学校长陈其瑗，广东全省农民代表大会代表彭湃，共产党员彭述之等。这一届农讲所的学生327人（毕业318人），来自20个省区，萧楚女为教务主任，高语罕为政治训练主任，于5月15日正式开课。毛泽东主持拟定租率、田赋、地主来源、主佃关系、抗租减租、农村组织状况、农民观念、民歌等36个项目，引导学生调查，并要学生把家乡的情况按调查项目填写，仅收集的民歌就几千首。6月初，毛泽东为农讲所讲授中国农民问题，共授课23小时。6月3日、8日、25日，毛泽东为农讲所讲授农村教育问题并指出，农村教育是现在社会很大的问题，今后的教育要适合于农民的需要，适合于农民经济的发展，并使农民得到解放。毛泽东还在农民运动讲习所讲授地理课，讲述学习地理与革命工作的关系，要求学生除对全国性的地理概况有所了解外，主要对本省的山川形势、人情风俗习惯，以及地理上给予政治的影响等，都要了解。6月23日，毛泽东同农讲所的全体学生一起参加广州沙基惨案1周年纪念大会。全市各界群众游行时，忽然狂风大作，暴雨骤降，毛泽东率领全体学生走在最前列，高呼口号，冒雨行进。7月，毛泽东带领农讲所50名学生到韶关地区实习一个星期，参观并考察农民运动情况。8月中旬，毛泽东又组织农讲所全体学生到海丰实习两个星期。8月14日，毛泽东以农讲所所长的身份应邀参加在广州中山大礼堂举行的中华农学会第9届年会开幕大会并致辞：诸位顶要紧的不要忘记百分之八十以上的农民，农民是农业的根本，也就是中国的根本，诸位参观最好到乡下去，到民间去，直接去指导农民，根本救治农业；现在农村经济非常枯涩，农民非常困难，广东农民问题，是诸位开会的一个问题。8月17日，毛泽东应邀参加国民党广东省农民协会执行委员会扩大会议开幕典礼，并发表演说。8月20日至9月中旬，毛泽东应邀为国民党广东省农委办的调查员训练班讲课，讲授共产国际、苏俄、土地问题。

1926年9月1日，毛泽东为《农民问题丛刊》撰写了序言——《国民革命与农民运动》，指出：

> 农民问题乃国民革命的中心问题，农民不起来参加并拥护国民革命，国民革命不会成功；农民运动不赶快地做起来，农民问题不会解决；农民问题不在现在的革命运动中得到相当的解决，农民不会拥护这个革命。

他还指出：

> 要有大批的同志，立刻下了决心，去做那组织农民的浩大的工作。要立刻下了决心，把农民问题开始研究起来。要立刻下了决心，向党里要到命令，跑到你熟悉的或不熟悉的乡村中间去，夏天晒着酷热的太阳，冬天冒着严寒的风雪，挽着农民的手，问他们痛苦些什么，问

他们要些什么。从他们的痛苦与需要中，引导他们组织起来，引导他们向土豪劣绅争斗，引导他们与城市的工人、学生、中小商人合作建立起联合战线，引导他们参与反帝国主义反军阀的国民革命运动。

9月3日，毛泽东到黄埔军校讲演。9月11日，毛泽东在第六届农民运动讲习所毕业典礼上作总结报告。

9月，《农民问题丛刊》开始陆续出版，毛泽东主持了这套丛刊的编印工作，原计划出版52种，因条件所限出版了26种。主要介绍中国农村的政治、经济和各阶级的情况，各地特别是广东农民运动的经验、中国国民党的农民政策以及苏俄和其他国家的农民运动。

10月25日，国民党中央各省区联席会议讨论国民党最近的政纲草案。在讨论农民问题时，会议否决了湖南等省代表提出的“解散摧残农会之民团或团防局”一案。毛泽东支持湖南代表，要求将其作一议案另行提出讨论。10月28日，联席会议讨论由甘乃光、毛泽东等30余人提出的《关于民团问题决议草案》：旧有之民团、团防局或保卫局等组织，事实上多属土豪劣绅及不法地主之武力，此等武力常为帝国主义军阀及反动派所利用，破坏农民运动，摇动本党及国民政府之基础，于党及政府之前途危险实甚；凡摧残农民之民团、团防局或保卫团，政府须解散并惩治之。该草案被会议通过。

46.“中山舰”事件

国民党右翼组织“孙文主义学会”骨干分子，海军学校副校长欧阳格，想充任海军局长及中山舰长，1926年3月初赶跑了他的堂兄海军局长兼中山舰长欧阳琳。但国民政府任命李之龙为海军政治部主任兼代海军局长、参谋厅长和中山舰长。欧阳格不甘心，企图劫夺中山舰开往北方。3月14日，李之龙向国民政府报告，并请国民政府任命章臣桐为中山舰代理舰长，还请第二师调派二班士兵驻舰防范。

3月18日，从上海开往黄埔的定安商轮遭抢劫请求保护，黄埔军校交通股股长兼驻省办事处主任，欧阳格的侄子欧阳钟矫“奉蒋校长面谕”，要李之龙派得力军舰开赴黄埔“受蒋校长调遣”。李之龙外出回来后见到作战科长留在他家的函件，连夜派中山舰升火前往。3月19日上午9时，中山舰开赴黄埔后，代理舰长章臣桐赴军校请示任务，黄埔军校教育长邓演达和校长办公厅均未闻知有调舰之事。当中山舰奉令开回广州时，阴谋分子散布谣言：中山舰无故升火游弋，往来黄埔、广州间，显然是共产党要倒蒋，推翻国民政府。蒋介石说：“有人说季山嘉阴谋，是日待我由省城乘船回黄埔途中，想劫我到中山舰上，逼迫我去海参崴。”于是蒋介石和虎门要塞司令陈肇英及陈立夫、王柏龄、欧阳格等人立刻移驻造币厂，召集秘密会议至3月20日凌晨4时。随即，蒋介石到第一军经理处下达命令：①宣布广州戒严；②任命欧阳格为海军舰队司令，命其派兵逮捕李之龙，占领中山舰；③派刘峙部600余人，由黄埔乘舰至东堤于拂晓登陆，包围省港罢工委员会，收缴工人纠察队枪支，包围并搜查苏联顾问团住所及海军局、航空局、参谋团、制弹厂等机关单位，解除苏联顾问团卫队武装。欧阳格奉令后，即调派第二十师王柏龄的军队驰至文德楼李之龙住宅，将李之龙“自床上拥起”，逮至二十师留守处，旋将李之龙蒙眼塞口秘密解至第一军经理处审问。后又由陈肇英将李之龙捆绑押到造币厂交第六团特务连监押。当日6时欧阳格占领中山舰后，又发令通请各舰长及各舰党代表至中山舰集会。10时许，欧阳格宣布奉政府令，扣留各舰长及党代表，间有加上锁铐者。蒋介石闻欧阳格已占领了中山舰，即往造币厂北校场“训诫”第二师将士，并由缪斌当场将第二师各级党代表和政治工作人员多人扣留。周恩来闻讯，赶到造币厂质问蒋介石，其随从卫队也被缴了械。海军顾问嘉烈闻讯，赶到中山舰，欲上船，被欧阳格拒绝，并遭监视。与此同时，蒋介石还派兵赴黄埔监视邓演达及军校进步师生。欧阳格也派飞鹰、自由、江北三舰，舶长江口外，缉拿安北、平南，并检查其他中国兵舰。张静江对蒋介石的“临机应变之状”，称之为“天才”。3 月 28 日，“西山会议派”在上海召开所谓“第二次全国代表大会”，发表致蒋介石电，夸奖蒋介石“以迅速手段，戡定叛乱，忠勇明敏，功在党国”。

“中山舰事件”是蒋介石勾结右派，向共产党进攻，向革命示威的信号。国民革命军的第二军军长谭延闿、第四军军长李济深、第六军军长程潜都对蒋介石不满，第三军军长朱培德、第五军军长李福林也不满，大家都想和蒋介石干一下。蒋介石自知羽翼未丰，除第一军外，其余各军并不完全支持他，此时他还不敢公开和中国共产党决裂，也不敢公开反苏。3 月 22 日，蒋介石在对黄埔军校官佐学生的讲话中说：李之龙“即使他真正有罪，也只是他一人的问题，不能牵涉到团体的身上”。他一面要求共产党员撤出黄埔军校和军队，驱逐苏联顾问，一面又向苏联使馆参议表示这是对个别人的问题，不是对苏问题。

3 月 22 日，国民党中央召开政治委员会，在蒋介石的压力下作出令苏联顾问季山嘉等回家，撤出第二师各级党代表，查办不轨军官的决议。汪精卫对此表示完全尊重，但第二天又以迁地就医为名请长假避匿不出。3 月 23 日，蒋介石向军事委员会自请处分，并释放了被扣押的政治工作人员。

事件发生后，毛泽东主张给蒋介石以坚决回击，他说，我们对蒋介石要强硬，我们示弱，他就得寸进尺；我们强硬，他就缩回去。毛泽东向中共两广区委书记陈延年和代理苏联军事顾问团长季山嘉建议说：我们应当动员所有在广州的国民党中央执监委员秘密到肇庆集中，驻防肇庆的是叶挺独立团，中央执监委员到了肇庆之后，就开会通电讨蒋，指责他违反党纪国法，必须严办，削其兵权，开除其党籍。毛泽东分析说，就广州一隅而言，蒋介石的武力占优势，然而就两广而言，蒋介石这点兵力就居于劣势。毛泽东的建议遭到季山嘉的反对，他们从纯粹的军事观点看问题，认为真要打仗，独立团不能坚持一个星期。陈延年先是站在毛泽东一边，季山嘉一反对，陈延年也犹豫起来。毛泽东再三跟他们辩论，没有效果，最后决定请示党中央，毛泽东的意见被陈独秀为首的党中央所否决。陈独秀派张国焘和蒋介石谈判，完全依照蒋介石的意图，中国共产党撤出第一军中的全部共产党员，并于4月15日宣布取消共产党人组织"中国青年军人联合会"，同时亦宣布取消"孙文主义学会"。

毛泽东、周恩来建议从黄埔军校和第一军中退出的250多名共产党员参加到其他军中去，建立叶挺独立团式的革命军队。陈独秀拒绝了这一主张，这个计划未能完全实行。

47.《湖南农民运动考察报告》

1926年12月中旬，中共中央在汉口召开特别会议，会议中心是讨论国民党的问题。出席会议的有陈独秀、瞿秋白、毛泽东、李维汉等人，共产国际代表鲍罗庭、魏金斯基参加了会议。陈独秀于12月13日在会上作《政治报告》，是这次会议的主要内容。另外还通过了7个议决案:《关于政治报告议决案》《关于国民党右派问题议决案》《关于湘鄂赣三省农民运动议决案》《关于湘鄂赣三省党务议决案》《关于湘鄂赣三省国民党工作议决案》《政治问题议决案》《关于职工运动议决案》。

陈独秀在报告中提出，自北伐军攻下南昌、九江之后国共关系发生了许多新的变化，出现了破裂危机。因此他要求会议着重讨论一下国共关系问题。他分析国共关系面临破裂的危机，认为原因有四：一、江西战胜后，军事势力有离民众而往右走之倾向；二、工农运动之发展，使资产阶级恐惧；三、帝国主义改用新的分裂政策；四、我们的失策。他说："以上四个危险倾向汇合起来，随时随地都会使联合战线破裂。"其中"国民党之右倾和我们党中之左稚病是主要的"。他还列举了所谓党内"左稚病"的六种现象。

陈独秀在报告中，提出了七条解决危机的办法。第一条，也是主要的一条是"防止党外的右倾，同时反对党内的左倾，以巩固赤的联合战线"，另外 6 条分别是：督促国民党及国民政府实行"武力和民众结合"的口号；维持国民党军事首领势力之均衡；扩大民主主义宣传；一切群众组织和运动尽可能地和国民党合作，……使左派领袖获得群众，竭力援助左派达到第三次全国代表大会的胜利；扶助左派建立以汪精卫为领袖的文人派政府；确定我们对于中小商人的政策。

陈独秀在会议上一再批评"农民运动过火"，一再强调农民运动要由国民党出面领导。

毛泽东在会上讲了话，赞成要土改。但由于陈独秀的反对，这个问题未予讨论。

1926 年 11 月上旬，中共中央决定，由毛泽东、彭湃、阮啸仙、易礼容、陆沉、萧人鹄和青年团 1 人共 7 人组成中央农民运动委员会，毛泽东为书记，以委员 1 人常驻中央，另在汉口设办事处，就便指导湘、鄂、赣、川的农运工作。

在毛泽东的主持下，中央农委拟订《目前农运计划》，提出"在目前状况之下，农运发展应取集中的原则。全国除粤省外，应集中在湘、鄂、赣、豫四省发展，次则陕西、四川、广西、福建、安徽、江苏、浙江七省亦应以相当的力量去做。……各地农运切实与国民党左派合作，并促成国民党中央农民部在武汉设立办事处”，在武昌开办农民运动讲习所。11月15日，中共中央政治局通过这一计划。

1926年11月下旬，毛泽东离开上海经南昌赴武汉。11月26日晚上，毛泽东在南昌会晤国民革命军第六军党代表林伯渠，商谈在武昌开办湘、鄂、赣3省农民运动讲习所问题。11月27日，毛泽东在林伯渠的陪同下访问第二军代理军长鲁涤平和该军副党代表李富春，寻求支持。29日，江西临时政治委员会作出决议：江西选派150名学员送武昌农民运动讲习所学习，并负担经费12000元。11月底，毛泽东到达武汉，在汉口建立中共中央农委办事处，同国民党湖北省党部筹商举办湘、鄂、赣3省农民运动讲习所问题。

12月3日，湖南全省第一次农民代表大会电请毛泽东到湖南对大会进行指导。在中共中央汉口特别会议上，湖南区委书记李维汉为土地问题与陈独秀发生了争论。毛泽东感到自己对农民要求土地及有关问题还不甚了解，经他要求，会后被中共中央派到湖南去担任农民运动视察员。

12月17日，毛泽东由汉口到长沙，参加湖南会议，并准备考察湖南农民运动情况。12月20日，毛泽东出席湖南全省第一次工人代表和第一次农民代表联合举行的欢迎大会。毛泽东在欢迎会上作《工农商学联合的问题》演说：国民革命的中心问题就是农民问题，一切都要靠农民问题的解决；我们现在还不是打倒地主的时候，我们要让他一步，在国民革命中是打倒帝国主义、军阀、土豪劣绅，减少租额，减少利息，增加雇农工资的时候。12月27日，毛泽东以国民党中央候补执行委员身份出席湖南全省工、农代表大会联合举行的闭幕会，在会上作关于革命联合战线问题的演说。28日，毛泽东出席国民党长沙市党部第二次代表大会闭幕式并讲话。

1926年12月28日，长沙《大公报》报道：中央党部执行委员毛泽东拟于日内分赴湖南宁乡、新化、衡山、衡阳、湘潭、醴陵、宝庆、攸县、武冈、新宁等十余县巡视党务状况，湖南省部决定派戴述人偕往，并请毛泽东将湖南方面所要调查的6项内容会同考察。

1927年1月4日，毛泽东从长沙启程到湖南农村考察农民运动。湖南这时已发生很大的变化。北伐军经过湖南后，农民协会在农村各地占了统治地位。4—9日，毛泽东先后在湘潭县的县城、银田、韶山一带考察。韶山已经成了农民的天下，韶山人在毛震公祠举行了盛大欢迎会。会后，农民协会的领导们宴请毛泽东，毛泽东的弟媳王淑兰作为妇女界的负责人，也来陪同。入席时，韶山的头面人物请毛泽东坐首席，毛泽东笑着推辞了，说："过去妇女进祠堂吃酒，被视为犯族规，轻则打屁股、赔礼，重则沉潭丧命。今天农民运动起来了，妇女也翻身了，我看咱们不妨再犯一次族规，让妇女坐首席，怎么样？"毛泽东的提议获得了一片叫好声。毛泽东又微笑着说："来，淑兰，你是韶山妇女们的头，你就带个头。"王淑兰高兴地说："既然毛委员哥哥说得这样有道理，我又怕犯什么族规呢？"于是就大大方方地坐在了首席。妇女不仅进祠堂还吃了酒，而且坐首席，在韶山是破天荒的第一次。毛泽东说，我们的革命还才开始，我的所爱、所交的朋友都是穿草鞋的人。要彻底消灭封建地主劣绅，打倒军阀，赶走帝国主义，还得三四十年，革命不成功，我毛润之也不回韶山来了。

1月9—14日，毛泽东在湘乡县考察，先在外祖家同两位舅父、几位表兄弟和一些老农20余人座谈。又到县城，了解到湘乡禁赌、禁鸦片搞得很好。1月15—23日，毛泽东到衡山县考察。在白果召开农协干部座谈会，赞扬岳北农民敢于在赵恒惕的胞衣盘里闹革命。1月24日，毛泽东回到长沙，将3县的调查情况向中共湖南区委负责人作详细报告，随后在党校、团校各作了一次报告，还在长沙郊区做了一些考察。1月27日到2月3日，到醴陵县考察。2月4日回到长沙，在长沙郊区邀请农协负责人进行座谈。2月5日考察结束，行程700公里。因时间关系，原计划的几个县没有去成。

1927 年 2 月 12 日，毛泽东由长沙回到武昌。2 月下旬，杨开慧带领毛岸英、毛岸青和保姆陈玉英到达武昌，住在都府堤 41 号。

2 月 16 日，毛泽东向党中央报告，认为湖南农民对于土地的要求，已经不是宣传的问题，而是立即要实行的问题了。

1927 年 3 月 5 日到 4 月 3 日，《湖南农民运动考察报告》全文在中共湖南区委机关刊物《战士》周报连载。3 月间，中共中央机关刊物《向导》、汉口《民国日报》的《中央副刊》发表其中的前两章。3 月 28 日，《湖南民报》开始连载。毛泽东预示到：

> 很短的时间内，将有几万万农民从中国中部、南部和北部各省起来，其势如暴风骤雨，迅猛异常，无论什么大的力量都将压抑不住。他们将冲决一切束缚他们的罗网，朝着解放的路上迅跑，一切帝国主义、军阀、贪官污吏、土豪劣绅，都将被他们葬入坟墓。湖南农会会员 200 万人，能直接领导的群众达 1000 万，差不多占了湖南农民的一半。

1927 年 4 月，汉口长江书店以《湖南农民革命（一）》为书名出版单行本，瞿秋白为之作序。瞿秋白在序言里说："中国农民要的是政权和土地。……中国革命家都要代表三万万九千万农民说话做事，到前线去奋斗，毛泽东不过开始罢了。中国的革命者个个都应该读一读毛泽东这本书，和读彭湃的《海丰农民运动》一样。"

毛泽东的这篇报告，引起了共产国际的注意。1927 年 5 月 27 日和 6 月 12 日，共产国际执委会机关刊物《共产国际》先后用俄文和英文翻译发表了《湖南农民运动考察报告》。这是毛泽东第一篇被介绍到国外的文章。英文版的编者按说："在迄今为止的介绍中国农村状况的英文版刊物中，这篇报道最为清晰。”当时任共产国际执委会主席团委员的布哈林在执委会第八次扩大会全会上也说：“我想有些同志大概已经读过我们的一位鼓动员记述在湖南省内旅行的报告了”，这篇《报告》“文字精练，耐人寻味”。

48. 白色恐怖

1927 年 4 月 4 日下午 1 时半，国民党中央农民运动讲习所在武汉举行开学典礼。国民党中央党部、国民政府及团体代表、国际工人代表团 100 余人出席。会议由邓演达主持，周以栗报告农讲所成立经过，谭平山代表国民党中央党部、国民政府演说，法国代表理越、英国代表汤姆、美国代表白劳得相继演说。这一期学员来自 17 个省，共 800 人。同日，在武昌医院，杨开慧生下了第三个男孩毛岸龙。

1927 年 4 月 27 日至 5 月 9 日，毛泽东出席在武昌高等师范第一附属小学召开的中共第五次全国代表大会，正式会议在汉口济生三马路黄陂同乡会馆举行，出席代表 80 多人，代表全国近 6 万名党员。陈独秀主持会议，尽管蒋介石已发动反革命政变，但陈独秀依旧主张对武汉的国民党妥协退让。毛泽东要求迅速加强农民斗争的主张，陈独秀拒绝提交大会考虑。对于湖南的农民运动，陈独秀不满意，认为湖南的将领都是农民的剥削者，指责毛泽东刺激了上层阶级的利益，把事情“搞糟了”。中央的意见是为了能继续北伐，愿意对国民党妥协。

大会选出中央委员 31 人，候补中央委员 14 人；中央监察委员会委员 7 人，候补监察委员 3 人。接着，举行了第五届中央委员会第一次全体会议，选出中央政治局委员 7 人：陈独秀、蔡和森、李维汉、瞿秋白、张国焘、谭平山、李立三；中央政治局候补委员3人：苏兆征、周恩来、张太雷；中央政治局常委：陈独秀、蔡和森、张国焘。中央委员会总书记陈独秀。刘少奇当选为中央委员，毛泽东为候补中央委员中的第一名。

国民党的白色恐怖，加上共产党主要领导的妥协退让，使毛泽东心情郁闷，登黄鹤楼归来，他写道：

茫茫九派流中国，沉沉一线穿南北。烟雨莽苍苍，龟蛇锁大江。黄鹤知何去？剩有游人处。把酒酹滔滔，心潮逐浪高！

1927年4月15日至5月18日，共产国际召开第八次执委会，要求中国共产党在坚持土地革命的同时，坚持同武汉国民党的联合战线，并认为："武汉政府是国民党左派政府，它还不是无产阶级各农民的专政，但是它已走上了这种专政的道路。……共产国际执委会极其坚决地反对退出国民党的要求，或那种实质上退出国民党的立场。现在又有人提出'暂时不要退出国民党'的口号，这同提出退出国民党的口号一样愚蠢。"

5月17日，武汉国民革命军独立第十四师师长夏斗寅，乘北伐军主力正在河南与奉军作战、武汉空虚之际，在宜昌叛变，直抵距武汉20公里的纸坊，企图攻占武汉。武汉卫戍司令叶挺率领武汉警卫团和武汉军事政治学校的学生，前去拒敌，19日打垮了夏斗寅1个师的兵力，保卫了革命心脏武汉。

5月21日，驻长沙的国民革命军第三十军（军长何键）独立第三十三团团长许克祥，在何键的策划下，在长沙解除工农武装，释放全部在押的土豪劣绅，枪杀了100名共产党员和革命群众。"21日"的电报代日韵目为"马"字，故称"马日事变"。此后20多天里，被杀害的革命群众达1万人。

湖南农民协会迅速组织10万农民武装，包围长沙。陈独秀急忙派人到湖南，命令农民停止武装斗争，强迫武装农民解散，大涨了反革命气焰。长沙的共产党组织被迫转入地下。

鉴于中共湖南党组织遭受严重破坏，毛泽东向中央请求到湖南工作。1927 年 6 月 24 日，中共中央政治局常委会第 31 次会议决定：组织新的湖南省委，由毛泽东等 17 人组成。毛泽东、何资深、夏明翰、李植、林蔚为常委，毛泽东任书记。毛泽东随即赴湖南长沙，从事恢复党的组织关系。毛泽东在谈话中指出，“马日事变”是“上海事变”的继续，对不能合作的反动的国民党分子要严加处置，强调各县的武装一律迅速集中，要用枪杆子对付枪杆子，不要再徘徊观望。7 月初，毛泽东由长沙返回武汉。

49.“枪杆子里面出政权”

据不完全统计，从 1927 年“四一二”反革命政变到 1928 年上半年，牺牲在反革命屠刀下的共产党人和革命群众达 33.7 万人。共产党员由 6 万人降到 1 万人左右，共产党组织遭到极大的破坏，被迫转入地下。革命群众团体被捣毁、被查封，工会、农会几乎被摧残一空，在地主、资产阶级的反攻倒算下，工农群众不仅散失了在大革命时期所争得的一切政治和经济权利，而且受到比旧军阀统治时期更加残酷的剥削和压迫。全国的革命形势转入低潮。

中共中央决定于 1927 年 7 月 28 日召开紧急中央全会，但白色恐怖严重，交通不便，使通知到会者无法到会，有些也无法通知，直到 8 月 7 日，到会的中央委员仍不足一半。在这种情况下，便只有召集在武汉的中央委员、监察委员、共青团中央委员及湖北、湖南、上海的负责人开会，会议性质是中央紧急会议。会场设置在汉口市三教街41号，因环境险恶，中央内部交通花了三天三夜将与会者一个一个地带进会场，会议一进一出前后用了6天时间。参加会议的正式代表21人，其中中央委员10人，候补中央委员3人，中央监察委员2人，共青团代表3人，湖北、湖南、军委代表各1人。计有，中央委员：瞿秋白、李维汉、张太雷、邓中夏、任弼时（团中央书记）、苏兆征、顾顺章、罗亦农、陈乔年、蔡和森；候补中央委员：毛泽东、陆沉、李振瀛；中央监委：杨匏安、王荷波；共青团代表：李子芬、杨善南、陆定一；湖南代表：彭公达；湖北代表：郑超麟；军委代表：王一飞。工作人员邓小平。共产国际代表罗明纳兹、纽曼、洛蜀莫娃。"八七"会议未通知陈独秀参加，其他未参加会议的中央委员，或因到南昌参加起义，或不在武汉，或已牺牲。会议由李维汉（罗迈）主持，首先由7月23日抵达汉口的共产国际新派来的全权代表罗明纳兹作《关于党的过去错误及新的路线》的报告。瞿秋白作为临时中央政治局常务委员会推定的报告人作了《关于将来工作方针的报告》，他指出，我们的策略是开展独立的工农阶级斗争，并提出三条具体方针：①要与资产阶级争夺领导权；②要由下而上地争取群众；③要在革命暴动中组织临时的革命政府。

大家就共产国际的报告进行了热烈的讨论。发言的有毛泽东、邓中夏、蔡和森、罗亦农、任弼时、李子芬、彭公达、瞿秋白等。他们集中揭发批判了陈独秀等人在统一战线中的投降主义，并热烈讨论农民土地问题和武装斗争问题。

毛泽东在会上作了多次发言，他着重讲了四个问题：第一是国民党问题，他批评以陈独秀为首的党中央加入国民党不是去做主人，而是做客人，毛泽东说：当时大家的根本观念都以为国民党是人家的，不知他是一所空房子，等人去住，其后像新姑娘上花轿一样勉强挪到此空房子去了，但始终无当此房子主人的决心，这是一大错误；第二是关于农民问题；第三是军事问题，他指出，从前我们骂中山专做军事运动，我们则恰恰相反，不做军事运动专做民众运动，蒋介石、唐生智等都是拿枪杆子起家的，而我们都不重视，须知政权是由枪杆子中取得的；第四是组织问题，以后上级机关应尽心听下级的报告。

会议在共产国际代表的帮助下，总结大革命失败的经验教训，坚决批判以陈独秀为代表的右倾投降主义错误，确定了实行土行改革和武装反抗国民党反动派的总方针。

“八七”会议通过了《告全党党员书》《中国共产党的政治任务与策略决议案》《最近农民斗争的决议案》等文件。指出：“土地问题是中国资产阶级民权革命的中心问题……共产党现时最主要的任务是有系统的有计划的尽可能的在广大区域中准备农民的总暴动，利用今年秋收时期农村中阶级斗争剧变的关键。应当在极短期间调最积极的、坚强的、革命性稳定的、有斗争经验的同志，尽量分配到各主要的省份作农民暴动的组织者。”

根据以上决议提出《湘鄂赣粤四省秋收暴动大纲》，明确规定秋收起义的战略是：以农会为中心，号召一切接近农民的社会力量实行暴动，夺取乡村政权，在可能时应夺取县政权，发动广大工农群众组织革命委员会，向反革命势力进攻；实行抗租抗税，肃清土豪劣绅及一切反革命派，没收其财产，组织土地委员会，决定土地分配。

“八七”会议决定在上述四省发动秋收起义是因为这四省受革命影响最深，革命的主观力量最强。暴动选择在秋收季节，因为此时是农村中阶级斗争激烈的关头。这时提出抗租抗税的口号，动员农民起来向地主豪绅和反动政权发动进攻，最能得到广大群众的拥护和支持。

大会最后选举新的临时中央局，由共产国际代表提出政治局候选人名单，正式委员 7 人：张国焘、瞿秋白、苏兆征、李维汉、任弼时、罗亦农、邓中夏；候补委员 7 人：李立三、周恩来、彭湃、张太雷、顾顺章、向忠发、蔡和森。讨论中，蔡和森、李维汉、陆沉等主张让毛泽东加入政治局，蔡和森、李维汉还提出取消自己，毛泽东则以将参加秋收起义为由，不同意加入政治局。最后，共产国际代表提议付诸表决，表决前决定增加政治局正式委员 2 名。表决结果，正式委员：苏兆征、向忠发、瞿秋白、罗亦农、顾顺章、王荷波、李维汉、彭湃、任弼时，候补委员：邓中夏、毛泽东、周恩来、彭公达、张太雷、张国焘、李立三。

8 月 9 日，由瞿秋白主持召开临时中央政治局第一次会议，选举瞿秋白、苏兆征、李维汉为临时中央政治局常委。决定由瞿秋白兼管农委、宣传部并任党报总编辑，苏兆征兼管工委，李维汉兼管组织部和秘书厅。瞿秋白实际负责全局工作。会议决定，蔡和森、王荷波到北方组成新的北方局，以王荷波为书记，蔡和森为秘书，管理顺直、山西、满洲、内蒙古、山东等省的工作；张太雷、张国焘、周恩来、彭湃、恽代英、陈权、黄平组成南方局，张国焘为书记，张太雷为广东省委书记；邓中夏负责上海党的工作；毛泽东、彭公达负责湖南省委改组工作，彭公达任省委书记。9 月下旬党中央机关迁往上海。

50. 准备秋收起义

早在 1927 年 6 月中旬，毛泽东在武汉会见湖南工会、农协干部时就鼓励他们回湖南“山区的上山，滨湖的上船，拿起武器准备战斗”。

1927 年 6 月 24 日，根据毛泽东的要求，经中共中央政治局常委会议决定，毛泽东回湖南任临时省委书记。毛泽东冒着白色恐怖在湘潭、衡山、长沙等地调查，对湖南工农武装去向作出了多种安排。毛泽东提出，新省委成立后，对军事分三类进行：一是对于已经暴露之义勇队自卫军，如浏阳、醴陵、平江、岳阳、湘潭、湘乡、宁乡、益阳等地农军上山；二是尚在灰色或潜伏状态中的工农武装仍应保持合法的团防、挨户团的名称，待到起义时，再打出自己的旗帜；三是力量弱小、组织又不甚健全的工农武装，则可把枪支埋于土内，人员分散隐蔽或投入贺龙、叶挺部，或潜入国民党军队、反动团防、挨户团内，设法制造兵变，夺取枪支。毛泽东还提出，各县党、工会、农协都应集中人力、财力进行秘密的军事训练；在湘潭、长沙、醴陵、平江、岳阳、宁乡等地农村迅速发展党员，准备武装起义。毛泽东数十次地通告各地党组织认真执行，而且派了许多人下去督促。郭亮被派往浏阳，主张当地的工农义勇军到浏阳与江西边界当“大王”；夏明翰被派往安源，并设法将所有矿兵改工人，排队长、保卫科长找灰色同志充当；平江派毛简青任县委书记，把平江工人纠察队和农民自卫军合编，由余贲民率领开往离县城百余里的幕阜山区整训；宁乡农军撤到沩山后，于6月29日发动沩山起义；宜章、郴州、资兴农军派陈东日、武文元去指导，先后撤至汝城县，与汝城农军及广东惠、潮、梅农军联络；罗学瓒去小槐山；贺尔康多次下乡传达省委部署和毛泽东的指导意见。

7月初，毛泽东回到武汉参加中共中央常委扩大会议。7月4日，他在会上针对陈独秀提出的国民革命招兵时，农民协会会员和自卫武装可以加入的观点，提出“共产党不保存武力，将来一到事变，我们即无办法”。在会上，蔡和森也主张农民自卫军上山和速在乡村发展党员。

7月中旬，毛泽东在武汉着手为中共中央起草《中共湖南省委关于湘南运动大纲》，多次给长沙的湖南省委成员写信，催促所需详细军事报告。月底，大纲拟就，指出：湘南特别运动以汝城县为中心，由此中心进而占领桂东、宜章、郴县等四五县，成一政治形势，组织一政府模样的革命指挥机关，实行土地革命，与长沙之唐（生智）政府对抗，与湘西反唐部队联络，造成革命力量之中心，以达推翻唐政府之目的；欲达到这一目的，必须注重军事，建议请中央命令彭湃同志勿将现在汝城之粤军他调，浏、平军千人立即由郭亮率领赴汝城，江西革命军调一团人来汝城，以革命军一团作中坚，在湘南发动起义。8月1日，大纲经中央通过，寄回湖南。中共中央临时常委会决定以毛泽东为书记组织湖南特委。

7月中旬，中共中央紧急疏散、撤离和隐蔽党在武汉的各级党组织和党员。中央派毛泽东去四川。毛泽东请求仍和湖南工作。同时，中共中央确定实行土地改革和组织民众武装起义的新政策，着手制定湘、鄂、粤、赣四省秋收起义的计划。7月20日，中共中央、中央农民部发出《目前农民运动总策略》，指出：中国革命已进入一个新阶段——土地革命阶段；实行土地革命，必须夺取政权，建立农民的革命政权，并以革命的武装保障其胜利。

7月23日，中共湖南省委致信毛泽东并中共中央，盼望毛泽东回湖南工作。随后，中共中央复信湖南省委：湖南省委负责人已经常委会议重新审查，决定以易礼容为书记，省委地点以湘阴为宜。此间，毛泽东一直留在武汉，指导湖南省委的工作，并受中央的委托研究湖南军事形势，筹划湖南秋收起义。

8月3日，中共临时中央常委会决定毛泽东不去湖南，仍留武汉担负原任工作。"八七"会议开完后，中央临时政治局分工之前，瞿秋白向毛泽东征求意见，要他到上海中央机关去工作。毛泽东回答：我不愿跟你们去住高楼大厦，我要上山结交绿林朋友。8月9日，毛泽东出席中共中央临时政治局第一次会议。在讨论湖南秋收暴动时毛泽东发言说：湖南省委和共产国际赴长沙巡视员提出的"由湘南组织一师与南昌军力共同取粤"的计划"是很错误的，大家不应只看到一个广东，湖南也是很重要的，湖南民众组织比广东还要广大，所缺的是武装，现已适值暴动时期，更需要武装"。他说："前不久我起草经常委通过的一个计划，要在湘南形成一个师的武装，占据五六县，形成一政治基础，发展全省的土地革命，纵然失败也不用去广东而应上山。"会议上，罗明纳兹提出，应改组湖南省委，派一得力同志去，提议毛泽东去湖南贯彻“八七”会议精神。会议决定，由毛泽东、彭公达回湖南传达“八七”会议精神，并全权负责改组湖南省委，指定彭公达为新省委书记。

51. 挥手从兹去

8月初，杨开慧让孙嫂带着毛岸青先回湖南故乡板仓。

8月12日，毛泽东以中央特派员的身份从武汉秘密回长沙，毛泽东和杨开慧等人离开武汉时，杨开慧和毛泽东都化了装。出发时，杨开慧和母亲、岸英、岸龙先走，毛泽东和另外几个人结伴同行。毛泽东到长沙后，住在杨昌济的长沙故居“板仓杨寓”。同湖南省委书记易礼容进行了简要的交谈。8月13日，毛泽东到板仓，在杨开慧家里，邀请5位农民、1位篾匠和1位小学教师开了两天调查会，了解到当地农民要求全盘解决土地问题的想法。

8月16日，由彭公达主持改组了湖南省委，毛泽东为省委委员。8月17日，毛泽东由杨开慧陪同从板仓回到长沙城里“板仓杨寓”。调查的另一个结果是了解到国民党军队残酷镇压工农运动后，群众对他们的看法已完全改变了。他在给中央的信中说:“国民党旗子已成军阀的旗子，只有共产党旗子才是人民的旗子。这一点我在鄂时还不大觉得，到湖南来这几天，看见唐生智的省党部是那样，而人民对之则是这样，便可以断定国民党的旗子真不能打了。”这些新的认识，都是他在实地调查中获得的。后来，杨开慧获悉敌人正派大批军警到处搜查中共湖南省委机关，便向毛泽东建议改变住处。于是他们从望麓园搬到北门外福寿桥附近的八角门楼，离长沙市郊的省委驻地沈家大屋很近。

1927年8月18日，改组后的湖南省委在长沙市郊沈家大屋召开第一次省委会议。苏联驻长沙领事、共产国际代表马也尔参加了会议。毛泽东带着调查中取得的第一手材料，以中央特派员的身份，对会议讨论的几个主要问题，他都发表了重要意见。毛泽东说：湖南的秋收起义要解决农民土地问题，但发动起义，单靠农民的力量不够，必须有军事的帮助；暴动的发展是要夺取政权，要夺取政权，没有兵力的拥卫也是自欺；我们党从前的错误就是忽略了军事，现在应以60%的精力注意军事运动，实行在枪杆上夺取政权、建设政权。毛泽东还说：要取得农民的拥护，就必须没收一切地主的土地，分配给缺少土地的农民；没收的办法由我们党制定一个土地政纲，由农民协会或革命委员会执行，对于被没收了土地的地主分子，须应适当地安置，给以生活出路；要废除反动政府对农民的苛捐杂税，由革命政权征收适量的农业税。毛泽东明确指出，这次起义的目的是要建立工农民主政府；主张这次起义应当和国民党划清界限，旗帜鲜明地以中国共产党的名义号召群众；因为国民党这块招牌已经无用，国民党已变成军阀，已经臭了。关于起义的区域，会议争论得比较激烈，大多数人主张根据党中央决定的方针，在全省范围内发动起义。提出将全境划分为湘东、湘南、湘西和西南4个地区，分别以长沙、衡阳、常德和宝庆等处为中心，同时组织暴动。毛泽东反对这种不顾主客观条件，分散使用力量的轻敌盲动倾向，力主缩小范围，集中力量。在湘东、赣西地区发动秋收起义。

8月19日，中共湖南省委将湖南秋收暴动以长沙暴动为起点的计划，报告中共中央。同日，毛泽东又征询了由湘潭韶山来省城的5位农民的意见，经过同他们的商谈，拟出土地纲领数条，包括“没收一切土地”等。

8月20日，毛泽东以湖南省委的名义写信给中共中央，拥护共产国际关于在中国立即实行工农兵苏维埃的意见；以后不应再打国民党的旗子了，应高高打出共产党的旗子，国民党的旗子已经成军阀的旗子；这一点我在那时还不大觉得到，到湖南几天便可以断定国民党的旗子真不能打了，再打必会再失败。信里并将“土地纲领”草案录上，提供中央讨论。还报告了他对一些重大政策问题的不同意见。“八七”会议虽然正确地确定了实行土地革命和武装反抗国民党反动派的总方针，但是如何根据实际情况来实行这个总方针，还有许多未解决的问题，党对处理这些新问题又十分缺乏经验。能够在这样一系列重大政策问题上，如此旗帜鲜明而又切合实际地提出和中共中央以至共产国际代表不同的意见，确实充分显示出毛泽东的过人胆识和求实精神。难怪瞿秋白在9月28日的一次政治局常委会上说：“我党有独立意见的要算泽东。”

中共中央收到湖南省委的秋收暴动计划和毛泽东的信件后，在8月22日召开常委会研究。在讨论中，有常委指名批评毛泽东的“枪杆子中夺得政权”的论断和中央不同，说中央才是“纯粹信任群众力量，以军事力量为帮助”。湖南省委的秋收暴动计划未被批准。23日，中共中央给湖南省委复信，虽然在原则上表示以长沙为暴动起点的计划是对的，但又批评说：暴动计划靠外面的军事力量夺取长沙“偏重于军力，其结果只是一种军事冒险”；并且提出“此时我们仍然要以国民党名义来赞助农工的民主政权”，如果就抛去国民党的旗帜、实现苏维埃政权，“这是不对的”；还主张在土地问题上“这时主要口号是‘没收大地主土地’，对小地主则提出减租的口号”。毛泽东对中共中央复信采取分析的态度，对其中符合实际情况的部分贯彻执行，对不切实际的批评给予答复。

8月下旬，中共湖南省委会议讨论中央对于湖南秋收暴动计划和土地纲领草案的批评意见。关于暴动范围，毛泽东力主缩小区域，不赞成中央以长沙、衡阳、宝庆3处为中心的全省暴动。会议经过讨论，大多同意毛泽东的主张，改变中央关于3个中心同时发动暴动的计划。

8月30日，中共湖南省委在长沙接到安源市委有关湘赣边界工农武装情况的报告后召开省委常委会议，讨论确定湖南秋收暴动的计划。省委经过反复讨论，大多数人终于认识到要在全省同时起义，人力财力都有困难，同意毛泽东的主张。会议决定，首先集中力量在条件较好的地区平江、浏阳、醴陵等县和安源发起暴动，进攻长沙。这个区域能够影响湘、鄂、赣三省。毛泽东曾经多次亲临湘东和安源等地进行调查研究，发动工农运动，这里群众基础较好。特别是在这个区域保存着一批由中共掌握的革命武装力量，可以作为起义的军事骨干。

省委还讨论了秋收起义的宣传问题，提出了十条响亮的暴动口号。要求在宣传中充分肯定过去湖南农民运动的伟大成就，高度赞扬农民的革命行动，揭露、批判土豪劣绅的反革命罪行；宣传共产党的政治主张和秋收起义的伟大意义，号召农民积极参加暴动。要求在暴动前和暴动中做到：恢复农民协会，乡村政权归农协；破坏敌人交通运输和通讯联络；杀土豪劣绅反动派；没收土豪劣绅及大地主财产；抗租抗税；平分土地；组织革命委员会。省委宣传部还编写了标语、传单和歌谣，鼓动群众的革命情绪。

省委确定秋收起义的领导机关分为两个，一个是由各军事负责人组成的党的前敌委员会，任命毛泽东为书记；另一个是党的行动委员会，由起义地区各地方党委负责人组成，书记为易礼容。

会议一结束，毛泽东便在第二天清晨乘火车从长沙前往安源。他走前先送杨开慧回板仓，要她照顾好自己的母亲，管好3个孩子，参加一些农民运动。3个孩子，大的只有5岁，最小的才几个月，对杨开慧来说是个很大的负担。毛泽东冒着生命危险去领导秋收暴动，他们经过再三考虑，还是分开为好。他们约定：等秋收暴动胜利后，会很快见面的；暴动如受挫折，有可能长期不能见面。

分别在即，毛泽东给杨开慧写道：前途是光明的，道路是曲折的；大家团结努力，革命一定成功！并抄录他1923年12月所作的《贺新郎·别友》相赠：

挥手从兹去。更那堪凄然相向，苦情重诉。眼角眉梢都似恨，热泪欲零还住。知误会前番书语。过眼滔滔云共雾，算人间知己吾与汝。人有病，天知否？今朝霜重东门路，照横塘半天残月，凄清如许。汽笛一声肠已断，从此天涯孤旅。凭割断愁丝恨缕。要似昆仑崩绝壁，又恰像台风扫寰宇。重比翼，和云翥。

毛泽东和杨开慧都没有想到他们这次分别竟然是永诀。

52. 发动秋收起义

1927年8月30日，湖南省委给中央的信中直截了当地写道：中央复信“指出此间两点错误，事实及理论均非如兄所说”。第一，“兄处谓此间是军事冒险”，“实在是不明了此间情形，是不要注意军事又要民众武装暴动的一个矛盾政策”。第二，“兄谓此间专注意长沙工作，而忽略各地，这并不是事实”，“没有把衡阳做第二个发动点，是因为我们的力量只能做到湘中起来；各县暴动，力量分散了，恐连湘中暴动的计划也不能实现”。

8月31日早晨，毛泽东乘火车去安源布置武装起义，途经株洲。9月初，穿着农民服装的毛泽东从株洲到达安源，以中共中央特派员和湖南省委秋收起义前敌委员会书记身份，在张家湾召开湘赣边界秋收起义军事会议。到会的有浏阳县委书记潘心源，安源市委书记蔡以忱、委员宁迪卿和杨俊，赣西农民自卫军总指挥兼安福县农军负责人王新亚等。毛泽东传达中央“八七”会议精神，报告湖南省委改组及新省委制订的秋收暴动计划，通报了各地秋后暴动的准备情况。会议听取潘心源、王新亚关于湘赣边界军队情况的详细报告。决定正式组建工农革命军第一军第一师，师长余洒度，副师长余贲民，参谋长仲文璋，下辖3个团。初步拟定起义部队分3路向长沙攻击前进的方案：第一路（第二团）进攻萍乡与醴陵，向长沙取包围的形势，但无论如何不能放弃萍乡、安源，以防敌人断绝后路，同时要株洲区委发动株洲工农扰乱敌人后方，配合醴陵农民暴动；第二路（第一团）从修水向平江进攻，并发动平江农民在全县暴动，夺取平江后再向长沙推进；第三路（第三团）由铜鼓向浏阳进攻，并发动浏阳农民在四乡暴动，进逼长沙。会上正式组成以各路主要负责人为委员、毛泽东为书记的中共湖南省委前敌委员会，统一领导湘赣边界秋收起义。

9月5日，毛泽东在安源写的信到达中共湖南省委。信中提出长沙暴动要与前方军事行动相配合，否则会失败：相约11日安源发动，18日进攻长沙。湖南省委常委讨论后决定：9日开始破坏铁路，11日各县暴动，15日进攻长沙。随即，通知各地执行。

同日，中共中央致信湖南省委，拒绝湖南省委8月30日信中对中央所提的意见。认为湖南省委集中湘中暴动、放弃湘南计划实是一大错误；对于毛泽东于8月20日以湖南省委名义给中央的信中提出的建议加以否定和指责："关于政权、国民党和没收土地诸问题，中央认为你们怀疑中央的政策是错误的，在此紧急斗争的当中，中央训令湖南省委绝对执行中央的决议，丝毫不许犹豫。"

9月6日，毛泽东在安源得知中共湖南省委常委关于秋收暴动日期的决定后，他即以中共湖南省委前敌委员会的名义，向在铜鼓的第三团下达起义计划和部署，并要他们立刻将这个决定和行动计划向在修水的师部和第一团转达。在安排工作就绪后，毛泽东同潘心源等赴铜鼓，直接指挥领导这一路的起义。

9月8日，中共湖南省委发布夺取长沙的命令：限于本月16日会师长沙，夺取省城。秋收起义的军事骨干力量：由中共掌握驻武昌的国民革命军第四集团军第二方面军总指挥部警卫团，平江、浏阳农军，安源的工人武装。这些武装分处在修水、铜鼓、安源三地。警卫团是中共协助张发奎在武昌建立的。这个团是从叶挺独立团抽调一些连队组建的，部队中有不少安源工人及湘、鄂两省工农运动的干部和积极分子。团营主要领导干部多是中共党员。团长卢德铭，四川宜宾人，1905年生，黄埔军校二期生，在叶挺独立团当过连长和营长，1924年加入中国共产党。8月2日，卢德铭等按照党的指示，把部队开往南昌参加起义。他带了3个营和团直属部队，由武昌乘船沿长江东下。在江中，得知张发奎已在九江布防，从水路不能去南昌，遂在阳新县的黄颡口登岸，改走陆路。全团经武宁、靖安向南昌开进，到江西奉新后，得悉南昌起义的部队已远去闽、粤，于是决定改变计划，西赴修水，休整待命。团领导卢德铭等得到江西省委负责人夏曦的指示，去武汉向中央请示汇报工作，将部队交第一营营长余洒度掌握。部队经过武宁，遇到余贲民率领的平江工农义勇军，相约同赴修水。部队到修水不久，得知该县桃树港有一支由鄂南开来的通城、崇阳的农民武装，由罗荣桓等率领，共100余人，即派人和他们联系，于是把他们接到修水县城，编为警卫团的特务连。同时，警卫团又通过平江工农义勇军和驻铜鼓的浏阳工农义勇军取得了联系。平江工农义勇军是在北伐军解放平江后，共产党接收当地民团武装组建起来的。开始叫团防队，由共产党员余贲民任队长。后来又收缴了一些外来散兵，不断补充了党组织和各乡农会输送来的人员，队伍扩大到500人左右。1927年7月中旬，中央指示他们和浏阳农军在平江的长寿街会合后，开往江西南昌。8月5日到达涂家埠，得知南昌起义的部队已经南下，前面又有张发奎军队阻挡，无法通过，于是平江农军开往修水，浏阳农军开往铜鼓。浏阳工农义勇军是在县委书记潘心源领导下建立起来的。1927年春，浏阳农民运动蓬勃发展，潘心源按照毛泽东“推翻地主武装，建立农民武装”的方针，领导群众夺取了地主豪绅的武装，建立了农民武装。蒋介石叛变革命后，他决定把全县各区的农民武装集中起来，加紧训练，组成了一支拥有

600余人的工农义勇队。“马日事变”后，潘心源领导这支队伍和上万的农民，参加了10万农军围攻长沙许克祥叛军的战斗。5月31日曾奋勇攻入长沙浏阳门外和小吴门，同叛军展开激战。后因陈独秀的命令，被迫撤出战斗，退回浏阳。后来他们又和平江农军一起赶赴南昌，未成。于是经奉新、高安、上高进驻铜鼓。8月下旬，朱培德闻讯派人到修水要收编警卫团。余洒度等警卫团的干部和平江、浏阳农军负责人在山口镇召开会议研究对策。为掩护自己，决定以受编不受调为条件，接受“江西省防军暂编第一师”的番号，由余洒度任师长，余贲民任副师长（谭政当时在师部任秘书）。以警卫团为一团，浏阳农军为三团，平江农军分别补进这两个团。一团团长钟文璋，三团团长苏先骏。秋收起义以这个师为基础，编成工农革命军第一军第一师，一、三团的编制未改变，以安源革命武装编为第二团，团长王新亚。安源革命武装基本成分是安源工人武装和萍乡、醴陵、衡山、安福、莲花等地农军。安源原来有一个矿警队，是资本家镇压工人的反动武装。毛泽东到安源发动工人运动和建立党、团组织后，安源党组织就派一批工人党、团员打入矿警队，经过多年秘密工作，基本上掌握了这支武装。另外，安源路矿工人俱乐部成立后，组织了工人纠察队。10万农军围攻长沙时，安源的工人武装参加了这一壮举，他们会同醴陵农军，在易家湾和叛军进行了激战。后，由于陈独秀右倾投降主义的破坏，他们被迫退回安源，同时退入的还有萍乡、醴陵、衡山等地的农军和醴陵等地的党的负责同志。秋收起义前，安福、莲花的农军会合宁冈的农军攻打新城失利，也开来安源休整。上述3个团的兵力，合计有5000人左右。此外，余洒度等在起义前，还收编了黔军1个团，编为第四团，团长邱国轩。

卢德铭等到武汉寻找中共中央。向警予代表湖北省委向他们传达了“八七”会议精神，明确指示卢德铭：去寻找毛泽东，参加湘赣边界的秋收起义，并委派卢德铭担任起义部队的总指挥。向警予派了6名干部，拨了3000元活动经费。另委派韩浚为副总指挥，辛焕文为总指挥部指导员。在从武汉赶回修水的路上，韩浚被敌俘去，辛焕文壮烈牺牲，只有卢德铭回到修水。

起义部队的行动计划是：一团由修水出发到平江，发动平江农民暴动，夺取平江后再向长沙发展；二团自安源进攻萍乡、醴陵，与醴陵、株洲的农民运动相结合，对长沙取包围形势；三团自铜鼓出发，向浏阳进攻，发动浏阳农民四乡暴动。各路得手后，以长沙工农暴动为内应，相机攻克长沙。

在这三路中，以中路为主军。那就是驻在铜鼓的浏阳工农义勇队，准备会合驻在修水的警卫团，一起向浏阳进攻，因为这路军事势力较厚，地势较险，浏阳又逼近长沙，进可以战，退可以守。

唐生智的部队当时大半在湖北、安徽一带与蒋介石对峙，留在湖南的部队又多调往湘南防范与广东军阀有勾结的许克祥部。湘东比较空虚。但，毛泽东看出，长沙毕竟是敌人统治的中心，没有充分的军事力量配合和支持，城市暴动是难以取胜的。因此，毛泽东在9月5日自安源写信给湖南省委时强调指出，长沙城内暴动必须与前方的军队配合，待我军逼近长沙时方能实行，不可轻举妄动。

9月6日，长沙卫戍司令张国威随即宣布：从9月8日（农历八月十三）起，“特别戒严五日，每日晚十时，即断绝交通，并于中秋日加紧戒严，军警停止放假，日夜满街，均放步哨，以防暴动”。

毛泽东为了准备和组织秋收起义，装作安源煤矿的采购员奔走于萍、醴、浏、铜之间。1927年9月9日在从安源到铜鼓的途中，被浏阳县张家坊的地主武装团防军扣留。毛泽东一行共3个人，包括潘心源，他在护送毛泽东从安源去铜鼓的路上被捕，在被押往浏阳县城时机智地逃脱，后潜入浏阳县城找到第二团。团防军押着他们走，毛泽东在路上故意装作腿痛，一步一步地拐，落在后面。他掏出一把钱来，对团防军说：“朋友，拿去喝茶吧！”那些人接了钱，毛泽东就走。但没走多远，那些人喊了起来，其中有一个人追到了毛泽东跟前。毛泽东只得站住，又给那人一点钱，说：“没有了，朋友，再见吧！”等毛泽东走到前面岭上的时候，追他的人才大喊起来：“跑了，跑了！”跟着大队就从他后面追来。毛泽东急忙走下岭，躺在一个水沟里。他听见追他的人喊：“明明看见他向这里跑，怎么不见了？”他们到处搜寻，没有找到。等人声听不见了，毛泽东爬起来，涂了些泥在腿上，装作农民的样子。他走上一个高岭，这里已经是江西的地界了。他看见一个打柴的，就和那人交谈起来，谈到农民协会，打柴的说：“农民协会好，就是不该打菩萨。”毛泽东说：“不错，我就是农民协会的委员长，我在农民协会里是反对打菩萨的。今天下面喊捉人，就是捉我。朋友，请救我一救吧！”“怎么救法？”毛泽东说：“这是两块钱，请你给我买一双草鞋和一点饭，再把我送一程。”天快黑时，打柴的回来了，拿来了草鞋和饭，并从偏僻的小路上把毛泽东送出江西地界。毛泽东问他姓名，他始终不肯说出。

走了一天，到了一个市镇。毛泽东没有行李，身上穿一件短褂、一个汗衫，他便把短褂脱下来扎成包袱模样，横背在肩上，每走到一家店门口，就问：“老板，歇得客吗？”老板眼睛一睁：“歇不得！”连碰了几个钉子。走到街尾最后一家店时，他索性不问了，走进去坐下，大声喊：“老板，打水来洗脚！”老板无可奈何，只得由他住下。

第二天，毛泽东到了铜鼓准备起义的驻军里。

1927年9月9日，震动全国的湘赣边界秋收起义爆发了。毛泽东曾写道：

> 军叫工农革命，旗号镰刀斧头。匡庐一带不停留，要向潇湘直进。地主重重压迫，农民个个同仇。秋收时节暮云愁，霹雳一声暴动。

破路是起义的信号。起义的铁路工人和农民，于9月9日破坏了岳阳—黄沙街、长沙—株洲两段铁路，切断了敌人的交通运输。一直到15日，国民党的火车始终不能顺利通行。第一团同日从江西修水出发，向长寿街进攻。部队高举着工农革命军的鲜艳红旗，昂首前进。9月10日拿下朱溪厂，随即越过平、修边界，占领了平江县龙门厂。在一团胜利进军的时候，敌人在平江增兵1个团。此时，第四团邱国轩部乘机叛变，把部队埋伏在距长寿街15华里的金坪附近，向一团突然袭击，致使一团腹背受敌。经过2个小时激战，一团损失200多人、步枪200多支，团长钟文璋失踪，被迫撤出战斗，向浏阳方面转移。

9月10日（中秋节），第二团在安源起义。当晚12时，二团下达了攻打萍乡的命令，拂晓前赶到萍乡外围，准备偷袭，前锋爆炸队被发觉，失去偷袭机会，于是决定强攻。部队把县城包围起来，由八连主攻东门。先用土炮轰击，连轰几炮无效，勇敢的战士扛着梯子，冒着弹雨，架云梯爬城，但连续几次都被打了下来。战斗一天多，城未攻下，宜春的援敌来到。当日中午，二团决定停止攻打萍乡，改攻老关。为迷惑敌人，撤离之前，步枪、土炮和炸药一齐开火。在猛烈的爆炸声中，二团迅速撤离萍乡，直扑老关，消灭敌人1个排，缴枪10余支，占领了老关。12日，二团乘胜攻醴陵。部队打着红旗，浩浩荡荡开进醴陵车站（铁路控制在工人手里）。下车后，会合当地农民，于当日下午两三点钟开始攻城。醴陵城三面临河，城里的敌人企图依仗渌水顽抗。二团和当地农民自卫军分三路进攻。起义部队冲到县政府门口时，在醴陵县政府当警卫班长的一个做地下工作的同志，率领全班起义，里应外合，占领县城。班房里关着几百个革命同志和农民，二团立即派人和当地的少年先锋队去营救这些同志。当天傍晚，在文庙广场召开了军民联欢会，到会上千人，会议主席讲话：醴陵解放了，我们是工农革命军，是为老百姓打天下的。城里还照常做生意，买卖公平，谁做奸商，就办谁的罪。第二天，成立了县革命委员会，宣告一切权力归革命委员会，没收地主土地，恢复工会和农会。并打开盐仓和粉坊，把东西分给群众。四乡的农民热烈响应起义，镇压土豪劣绅，夺取地主武装。农会干部纷纷进城请示工作，有的农会把当地的土豪劣绅绑送到县政府来处理。街上挤满了人，有不少是从外地来的共产党员和革命积极分子，他们将红布扎在脖子上，喜气洋洋地互相打招呼。二团在醴陵住了几天。敌人以优势兵力压缩过来。部队连夜撤出县城，秘密开往浏阳。浏阳城里的敌人主力，已开往东乡、永和一线。留下的只有团防队、法警，人枪不满100。二团乘虚发起攻击，以一路攻东门，另一路出其不意地从山间小道绕到浏阳城西面。浏阳西靠长沙，敌人不注意防备。在当地农民的武装配合下，于15日早晨顺利占领了全城。从监牢里救出革命同志和群众300多人。在胜利的形势下，团长王新亚骄傲自满，麻痹轻敌，认为不到3天就可以拿下长沙。他拒绝听取同志们提出的及时把部队撤出浏阳城的建议，16日，陷入优势敌人的重围，部队大部被打散，部分同志突围脱险，不少人英勇牺牲。

工农革命军第三团在铜鼓城里肖家祠召开了排以上干部会议，毛泽东传达了“八七”会议精神，分析了革命形势，号召立即起义。会后，毛泽东同干部们参加了中秋聚餐。毛泽东还到连队驻地看望了战士和工农群众。

9月11日，在铜鼓县城桥头沙洲上，毛泽东检阅了起义的部队，后率领指战员向白沙镇挺进。途中，同敌遭遇，经过激战，一连连长牺牲。三团首战告捷，占领白沙。12日，乘胜前进，直扑浏阳东门市。沿途受到群众的拥护和欢迎，群众自发地送水、送茶。贫苦农民卢真，把家里仅有的一些米，全都煮成稀饭，用水缸抬到路边，一碗一碗地送到过路部队面前。起义军怀着感激的心情婉言谢绝。卢真含着热泪让同志们喝，部队不得已分喝稀饭后，反复申明工农革命军的纪律，坚持付了饭钱。

由于一团在长寿街失利，右路失去配合。国民党新八军两个团迅速向三团迂回过来。14 日上午，敌人由东门市团总鲁绥之、刘之成带路，从东门过金钟桥，分两路包围三团：一路由唐家冲占领羊牯脑制高点，用重机枪向三团扫射；一路越过大河，走杨家湾插施家塘、上车，企图夺取马鞍山制高点，与羊牯脑相呼应，夹击工农革命军。全团与敌鏖战 6 小时，三营营长汤采芝壮烈牺牲，因力量悬殊，最后从马鞍山脚下向上坪撤退。

在工农革命军起义的同时，湘东各县的劳动人民纷纷响应。9 月 11 日，长沙郊外农民起义，捣毁团防局，缴枪 80 多支；12 日，粤汉铁路和株萍铁路上的重镇株洲的群众发动武装起义，缴获 10 余支枪；平江起义农民，镇压了一些反革命分子，曾攻打平江县城。工农革命军深得人民群众的拥护和爱戴。一团战士住在一户贫农家里，这家给战士洗了几件衣服，部队临走时，每套衣服给了 10 个铜圆，这户贫农深受感动。部队的病员较多，与一家药店订了一个抓药的记账折子，部队快要离开时，药费如数还清。群众说："这样讲信用的军队第一次看见。"部队行军时，许多群众自动给部队送担子。战斗时，有的群众冒着枪林弹雨，帮部队转移伤员。三团经过浏阳中庄时，有 2 名伤员走不动，留在这里养伤。国民党挨户团搜查时，当地贫农妇女陈楚兰、吴小兰冒着生命危险，把病员转移到杉树坳，使他俩脱险。沿途还不断有贫苦农民参军。

53. 三湾改编

工农革命军主力在各地群众起义受挫以后，9 月 14 日毛泽东在上坪召集 3 个团的负责人开了紧急会议。他当机立断，决定改变攻打长沙计划，并以前委书记的名义通知各部队到浏阳县文家市集结。这时，工农革命军第一师已由原来的 5000 人锐减为 1500 余人。行军途中，接到宋任穷从江西省带回的信件，得知罗霄山脉中段的宁冈有一支我党所领导的武装，有几十支枪。这以前，毛泽东在安源张家湾会议上曾听王新亚谈到过这个情况，现在又得到了证实。但详细的情况还不清楚。

9月19日，湘赣边界起义部队在浏阳县文家市会师。师部驻扎在街后的里仁学校。文家市，早在1917年毛泽东就曾到过这里了解过社会情况；大革命时期这里的群众积极参加了革命斗争；1927年为了回击蒋介石的“四一二”反革命大屠杀，文家市的人民群众在党的领导下，召开了有5乡农民参加的反蒋大会，同年6月28日成立了第49区自治政府。工农革命军到达文家市后，群众立即起来，配合部队展开斗争。当天下午召开了有几百人参加的清算大土豪彭伯堂罪行大会，会后打开了他的仓库，把粮、盐、油等物分给了贫苦农民。群众第一次分到自己斗争的果实，个个喜笑颜开。街上张贴着“打倒土豪劣绅！”“实行工农专政！”“中国共产党万岁！”等标语。商店恢复营业。文家市呈现一片革命气象。

当晚，部队宿营就绪之后，毛泽东在师部所在地的里仁学校召开了前敌委员会，讨论摆在起义部队面前的一个极其重要又迫切的问题——进军方向。毛泽东分析形势，认为敌大我小，敌强我弱，革命转入低潮，敌人的主要力量在城市。目前我们攻占中心城市已不可能，要改变攻打长沙的原计划。他主张做战略退却，将部队转移到湘粤赣边境上去坚持农村斗争。退却的路线应沿湘赣边界经萍乡、安源、莲花、宁冈一线至湘南。这一线是罗霄山脉，多崇山峻岭，便于部队隐蔽行动；同时这一线敌人力量薄弱，各县均尚存工农武装，部队经过这些地方，一方面可以扩大革命力量的影响，另一方面还会有工农武装加入部队。师长余洒度极力反对毛泽东的主张，他坚持取浏阳直攻长沙的原计划。总指挥卢德铭完全赞同毛泽东的意见，他认为，目前敌人集中兵力来攻打我们，这是生死存亡的紧要关头，如果我们再攻打长沙，就会有全军覆没的危险。会议一直开到半夜，经过激烈的争论，否定了余洒度的意见，通过了毛泽东的主张。

会后，毛泽东由师部副官杨立三请到里仁学校宿舍休息，睡觉的地方仅有一张门板床。杨立三见毛泽东脚趾溃烂，便问怎么回事，毛泽东回答说是从安源到铜鼓的路上爬山扎烂的。杨立三感动地说，我在报上看过你写的《湖南农民运动考察报告》，对我们在湖南做农民运动的人来说，是一个很大的鼓励。

第二天清晨，天气很好，工农革命军1500多人集合在学校的操坪上开会。会场周围聚集了好几百看热闹的群众，其中在学校的围墙上站着两个高小学生：一个叫胡耀邦，另一个是他的姨娘表兄杨勇。

值班干部大声宣布："现在请中央来的毛委员讲话。"毛泽东根据前敌委员会会议精神，向大家讲了话。他说，我们是一支工农群众的武装，要为工农群众打仗；北伐军打到南京，蒋介石背叛了革命，正在大肆屠杀工农群众；我们为了反抗敌人的血腥屠杀，继续完成革命事业，必须坚决斗争到底，舍此再也没有第二条活路；要和反动派做斗争，就一定要有枪杆子，过去我们的失败就是吃了没有枪杆子的亏，因此一定要有革命的武装；这就要求我们队伍里每一个同志都要有远大的理想和不怕牺牲的精神。

毛泽东满怀信心地指出：这次秋收暴动虽然打了几个小小的败仗，受了点挫折，但这算不了什么，常言道，胜败是兵家常事，我们的斗争才刚刚开始，有湘、鄂、赣、粤4省已经起来的千千万万的工人和农民群众的支持，我们的力量是伟大的；反动派并不可怕，只要大家团结得紧，继续勇敢战斗，终能用小石头打烂蒋介石的大水缸，胜利一定属于我们，失败者是成功之母；有些经不起考验的人，从革命的队伍中逃跑了，这算不了什么，革命队伍中少了这些三心二意的人，只会更加巩固；俗话说得好，万事开头难，要革命就不要怕困难。

毛泽东最后说，秋收起义原计划要去打长沙，大家也都想进长沙，长沙好不好呢，长沙好；可是长沙打不下来，目前长沙那样的城市还不是我们蹲的地方，那就不要去了；我们要到敌人统治薄弱的农村去，在农村建立革命的战略基地，站住脚跟，养精蓄锐，发展我们的武装力量。

开完大会，下午部队就出发了。参加大会的300多名群众听了毛泽东的讲话，有不少人要求参加革命队伍。部队离开时，群众主动帮助抬伤员、带路。师部特务连党代表罗荣桓曾向15岁的杨勇打听道路。

9月20日，起义部队由文家市向萍乡县出发，至上栗，闻萍乡有国民党驻军不能通过，改道芦溪南下。部队的进军是艰难困苦的：江南的9月，依然炎热；爬山越岭，道路崎岖；疟疾、痢疾蔓延，病员大量增加；还有国民党军队的围追堵击。毛泽东和战士一样，头戴斗笠，脚穿草鞋，脚磨破了，化了脓，但依然前进。他亲切地与战士们交谈，询问他们是哪里人，在家是做什么的，是怎样参加革命队伍的，对革命形势有什么看法。并适时进行思想教育，鼓舞大家前进。

22日，部队到芦溪宿营。第二天清晨出发时，由于侦察不力，情况不明，第三团被参谋长何坚带错了路，遭到朱培德部特务营和保安团的伏击，仓促应战，损失数百人。部队在危险时刻，总指挥卢德铭挺身而出，率一个连抢占路旁高地，阻击敌人，掩护部队转移，不幸牺牲，时年22岁。毛泽东十分痛惜这位年轻将才的牺牲，愤怒地斥责侦察不力、指挥错误的第三团团长苏先骏："还我卢德铭！"

部队在芦溪冲破敌人的堵击后继续前进。9月24日下午到达莲花县甘家村，摆脱了敌人。当地党组织领导人向毛泽东汇报说：9月18日，莲花县农民自卫队攻城失利，牺牲30多人，被捕70多人，要求工农革命军攻打莲花县城，营救被捕同志。毛泽东决定攻打莲花县城，并召开了有地方党负责人参加的军事会议，作了具体部署。25日清晨部队在甘家村召开军民宣判大会，枪决了从萍乡抓来的6个罪大恶极的土豪劣绅。会后部队立即出发，中午到达莲花县城，在当地革命群众的配合下，冒雨攻击，不到半个小时就攻克了县城。部队进城后砸开监狱，解救了被捕的共产党员和革命群众，打开县政府的积谷仓，将粮食分给了贫苦群众。26日清晨，毛泽东在县城召开了莲花县党组织负责人座谈会，对恢复和发展党的组织、开展武装斗争、进行土地革命等问题，作了指示。

9月29日，部队到达永新县的三湾村。三湾地处湘赣边界的九陇山区，是茶陵、莲花、永新、宁冈4县交界的地方，由陈家、钟家、上李家、下李家和三湾街组成，合称三湾村，有50多户人家，在山区是较大的村庄。村南有3棵几抱粗的大树：2棵樟树、1棵枫香树，郁郁森森，很有气派，树下是一块坪。部队到达三湾的当晚，毛泽东就召开了前敌委员会，决定对部队进行整编。起义部队到达三湾时已不足千人，但仍是起义前的编制，有的团、营官多兵少，枪多人少，这样组织不利于作战。部队成员中，多数是各地工农运动中的骨干分子，到部队后经过艰苦的考验，斗志更坚定了，这是主流。但也有一些人，特别是旧军官出身的人，在战斗失利、艰苦环境面前悲观动摇，他们中有少数人留恋北伐军所谓“三金”（金牙、金戒指、金丝眼镜）、“五皮”（皮鞋、皮挂包、皮鞭、皮武装带、皮绑腿）和四菜一汤的特殊生活待遇。有些动摇分子的思想相当混乱，有的甚至开了小差。而且在一些旧军官中还存在着打骂、侮辱士兵的军阀主义恶劣作风，严重影响官兵的团结，削弱部队的战斗力。显然，不改变这种状况，部队不仅不能适应艰苦的环境，且无法完成艰巨的革命任务。

毛泽东把这个师整编为1个团，即“工农革命军第一师第一团”。下辖一、三营，每营3个连，加上原特务连，共2个营7个连，另外，设立军官队（将多余的干部编入军官队）、卫生队（伤病员与战斗员分开，由卫生队管理），全团将近1000人，700多支枪、48匹马。

整编中对那些动摇不定的人，在做了大量的思想工作的基础上，采取自愿的原则，愿者留；不愿留者，根据路途远近，发3～5元的路费，开证明信允许离开部队。并希望他们回到本地继续革命，将来如愿回来，还可以。经过整编，人数虽然减少了，但部队却精干了，战斗力大为提高。

毛泽东根据北伐战争中的经验教训，决定将支部建在连上。因为连队是部队的基层作战单位，部队的作战、训练和生活，多是以连队为单位的。支部建在连上，就可以具体地了解士兵情况，更好地教育与团结士兵，有力地发挥支部的战斗堡垒作用。

在连以上设立党代表，营、团建立党委，整个部队由以毛泽东任书记的前敌委员会统一领导。规定重要问题都要经党委讨论决定。

整编中，重新任命了干部：团长陈浩，一营营长黄子吉、党代表宛希先，三营营长张子清、副营长伍中豪、党代表何挺颖，特务连连长朱建胜、党代表罗荣桓，军官队队长吕赤，卫生队队长曹嵘、党代表何长工。

为废除军阀军队的一切旧制度，毛泽东决定在军队内部实行民主制度：军官不许打骂士兵，废除烦琐的礼节，建立新的带兵方法，士兵有开会说话的自由，经济公开，官兵待遇平等，吃饭穿衣都一样。

为保证士兵的政治地位和民主权利，在连以上开始建立士兵委员会。后来该会逐步健全，制定了章程、制度。这是士兵的群众组织，在党代表的指导下进行宣传、组织群众工作，组织领导士兵的文娱生活，监督部队的经济开支和伙食管理等。士兵委员会对军官有监督权，军官做错了事，要受到士兵委员会的批评甚至制裁。士兵委员会的主席和委员由全体士兵民主选举产生，军官也参加该会，也有选举权和被选举权，但军官被选者不得超过委员会人数的三分之一。在军队中实行民主制度是毛泽东的伟大创举。反动统治阶级的军队内部，存在着尖锐的阶级矛盾，他们的军官都是以皮鞭、军棍甚至枪杀等野蛮手段来维持对于士兵的统治，因此官兵对立是普遍的现象。军队内的民主主义制度体现了人民军队的本质，从根本上改变了旧军队官兵对立的关系，有利于官兵团结，提高战斗力。

整编中，毛泽东向全体指战员说明了整编的意义，并针对少数人的悲观动摇情绪，作了鼓舞人心的讲话。他说："同志们，现在敌人只是在我们后面放冷枪，这有什么了不起？……大家都是娘生的，敌人他有两只脚，我们也有两只脚。……贺龙两把菜刀起家，现在当了军长，带了一军人。我们不只是两把菜刀，我们有两个营，还怕干不出来么？……你们都是起义出来的，一个可以当敌人十个，十个可以当敌人一百。……我们现在有这样几百人的队伍，还怕什么?！失败是成功之母，没有挫折和失败，就不会有成功和胜利。”战士们听着毛泽东的讲话，不断地点头微笑。

部队在三湾还做了大量的群众工作。部队初到三湾时群众不了解，不知来了什么兵，都逃到山上去了。为了做好工作，毛泽东指示部队不住民房，不要损坏群众的东西，并开展政治宣传工作。当晚部队派人到山上喊话：我们是工农革命军，是共产党领导的军队，你们不要怕。后来一些老年人先回来，看到家中的东西都没有动，革命战士说话很和气，与反动派的军队确实不一样，才招呼群众下山来。根据毛泽东的指示，部队深入群众家中访问，进行社会调查，了解到有的群众没米下锅，有的没有衣穿，就将路上打土豪缴获的粮食、布匹、衣服分给他们，困难大的还分到银圆。群众与战士的交谈中，了解到部队的同志多数是受苦人，有的要战士到自己家中住，有的请吃饭，有的送鸡蛋、小菜汤等，但都被战士们婉言谢绝了。三湾的群众亲身感受到：毛委员领导的部队是穷人自己的军队。

54. 上井冈山

1927 年 10 月 3 日，部队集合在枫树坪。毛泽东宣布了行军纪律：说话要和气，买卖要公平，不拿群众一个红薯。而后，在三湾群众的热烈欢送下，踏上了征途。

下午，工农革命军到达宁冈县古城。宁冈县是深山之中天高皇帝远的偏僻小县。此县为元代所设，原名永宁县，1914 年改名为宁冈。统治阶级取这样的县名，正好说明对官府来说，这里从来也没有安宁过。它历来是被压迫的农民结义啸聚的场所。民国以来，朱聋子的义军出没其间，后来，王佐、袁文才又相继而起。

中共宁冈县党组织负责人龙超清，带领当地群众，在街西文昌宫前的大樟树下，欢迎工农革命军。这个 100 来户的农村小集镇沸腾起来。当天，毛泽东在文昌宫召开了前委扩大会议。参加会议的有前委委员、部队营以上党员干部和党的活动分子，还有中共宁冈县委龙超清、龙国恩、萧子南等人。会议历时两天。总结了秋收起义的经验教训，着重讨论了在井冈山建立革命根据地的问题。

井冈山地处罗霄山脉中段，地势险要，多崇山峻岭，峭壁耸立，森林茂密，进可以攻，退可以守；由于离大城市较远，是敌人统治力量比较薄弱的地方；革命的一举一动又可能影响到湘赣两省的下游，在政治上有很大的意义；同时，这里有自给自足的自然经济，有较好的群众基础，是积草囤粮、聚集革命力量的好地方。

会议讨论并确定了对袁文才、王佐部队的方针。袁、王部队是活动在井冈山地区的两支农民自卫军，能否正确对待这两支部队，直接关系到井冈山根据地的建立和部队的发展。讨论中有人认为，袁、王部队名为农民自卫军，实则是土匪部队，主张武力消灭，为建立井冈山根据地扫清道路。毛泽东严厉批评了这种意见，强调指出：袁、王部队的成员大多数是贫苦农民，与地主阶级矛盾很深，虽然有地方主义和“绿林”习气等缺点，但是可以改造的；我们不能采取旧军阀大鱼吃小鱼的吞并办法；现在形势是逼迫他们革命，我们只能用文，不能动武，应该主动搞好关系，积极争取他们革命，并通过他们团结井冈山等广大群众。经过讨论，会议统一了认识，确定了对袁、王部队采取团结、教育、改造的方针。

会议确定在茅坪建立留守处和后方医院。还确定派人分头与中央、湖南省委取得联系。

毛泽东清楚，历来的绿林豪强是格外戒备外来力量的。在没有征得袁文才、王佐的同意之下，是不能贸然上山的。工农革命军到达三湾时，毛泽东即派人通过宁冈县委龙超清、龙国恩送信与袁文才联系。袁文才正率领部队在砻市一带活动，突然听说来了近千人的部队，一时摸不清底细，立即撤回茅坪，严加防范。接到毛泽东的信后，袁文才立即召来农民自卫军头领商议对策。曾在广州第六期农民运动班受训的陈慕平任农民自卫军的司书之职，他听到信的落款是毛泽东，便兴奋地告诉众人：毛泽东是党中央政治局候补委员，前不久湘东赣西的秋收暴动就是他领导的。袁文才当机立断，说应当迎接毛泽东的部队上山。也有的头领劝袁文才慎重从事，防止日后自招灾祸，袁文才予以断然驳斥。袁文才要陈慕平与龙超清、龙国恩一同到三湾与毛泽东接头。

在三湾，毛泽东接见了陈慕平、龙超清、龙国恩三人，说明了工农革命军的来意，希望袁文才与之合作，共同开展革命斗争，并表示愿意会见袁文才。接见后，毛泽东送他们每人一支马枪。

三湾接见后，毛泽东决定部队移驻宁冈古城。前委在古城召开了扩大会议，确定了立脚井冈、开展武装割据的方针。

10月6日，毛泽东与新任团长陈浩来到东沅大仓村与袁文才会见。他们在一家小楼上进行了亲切的谈话。毛泽东分析了大革命失败后的形势和革命发展前途，鼓励袁文才扩大和巩固部队，坚持革命斗争，并希望他做好王佐的工作。因袁部人多枪少，毛泽东决定送给他100多支步枪。经过与毛泽东面谈后，袁文才的疑虑解除了，他立即拿出近千块银圆送给工农革命军，并表示要积极帮助筹集军粮和安置伤病员。袁文才欢迎工农革命军进驻到他的防地井冈山北麓的茅坪。

茅坪是个东西狭长的村子，有60多户人家。东南面有条小河，淙淙流水，终年不断；北边是一片山林，松柏丛生，四季葱郁。10月7日，工农革命军一部到达茅坪，建立留守处和后方医院。袁文才带领农民自卫军和当地群众热情欢迎，腾房子、送粮食、担烧柴，像接待亲人一样。袁文才安排毛泽东住在八角楼上。

为扩大工农革命军的影响和调查井冈山周围的情况。于10月中旬，将部队分成两路展开游击活动：由一营党代表宛希先率领一营的二连、三连往湘东酃县、安仁、茶陵一带活动；毛泽东率领团部、三营、一营的一连和特务连沿湘赣边界南下，途经宁冈的砻（龙）市、酃县的十都、水口等地。沿途张贴标语布告，宣传中共党的政治主张，召开群众大会，动员群众起来闹革命。

行军途中，毛泽东经常找战士谈话，积极帮助做好发展党员工作。部队到达酃县水口时，已发展了6名新党员。在水口的叶家祠，毛泽东主持入党宣誓仪式。毛泽东指示各营、连党代表，抓紧新党员的发展工作，迅速组织连支部，将三湾改编时提出的支部建在连队的原则具体落实。

部队离开水口，经酃县的中村、下村进入遂川县。10月23日，到达大汾镇时遭到地主武装肖家璧的“靖卫团”三四百人的袭击。部队因仓促应战，担任前卫的第三营被敌割断，营长张子清、副营长伍中豪率领部队英勇反击，夺回一两个山头，但与团部失去联系，即将部队带到桂东县鹅形一带开展游击活动，到12月在茶陵县归建。

毛泽东带领团部和一连、特务连收集失散人员，转移到井冈山西面的荆竹山下。此时，与王佐部队取得了联系，王佐派人来迎接毛泽东上山。部队出发前，毛泽东向部队讲话，他简要地介绍了井冈山的情况，说明要在那里建立革命根据地，要求部队遵守纪律，一定要和山上的群众及王佐的部队搞好关系，做好群众工作。正式宣布了3项纪律：第一，行动听指挥；第二，不拿群众一个红薯；第三，筹款要归公。10月27日，部队到达茨坪。几天后，宛希先率第一营也到达茨坪。至此，工农革命军从文家市到茨坪历时一个月，行程1000多里。

55. 井冈山建设

井冈山介于宁冈、酃县、遂川、永新4县之交。北麓是宁冈的茅坪，南麓是遂川的黄坳，两地相距90里；东麓是永新的拿山，西麓是酃县的水口，两地相距180里。山上有大井、小井、中井、下井、茨坪、下庄、行州、草坪、白泥湖、罗浮各地，均有水田和村庄。井冈山既有民众拥护，地形又极险要，是革命军队养精蓄锐的好地方，是理想的军事根据地。

毛泽东认为，建立革命根据地的一个要紧条件就是共产党组织的有力量和它的政策不错误。毛泽东到井冈山即着手恢复建立党的组织，加强党的建设。1927年11月上旬，毛泽东在茅坪象山庵召开了宁冈、永新、莲花3县的原党组织负责人会议，指示各县重建党的组织，深入发动群众，开展打土豪分田地的斗争，建立红色政权。毛泽东规定了军队中的党帮助地方党发展的政策，1927年12月，他派毛泽覃等到宁冈的乔林乡开展建党工作。1928年2月底，他到永新的秋溪乡进行社会调查，培养和发展了13个党员，建立了秋溪乡第一个党支部。至1928年2月，先后建立了茶陵县委、遂川县委、宁冈县委、永新县委和酃县特别区委、莲花特别支部。在建立党组织的同时，毛泽东还强调加强党员的教育，对党员进行形势分析和路线政策教育，批判逃跑主义和盲动主义，反对地方主义和宗族主义，加强无产阶级的思想教育。

毛泽东紧紧抓住武装斗争这个中心环节。在加强工农革命军建设的同时，大力建立和发展地方武装。要求工农革命军缴获的武器，尽量武装地方。1927年11月下旬，在宁冈砻市龙江书院创办了第一军官教导队，由吕赤任队长，为工农革命军和地方武装培训大量的干部。地方武装多是暴动队和赤卫队：暴动队是不脱产的群众组织，以乡为单位编队，大乡七八十人，小乡二三十人，武器主要是梭镖和鸟枪，任务是镇压反革命，保卫乡政权，敌人来了帮助工农革命军和赤卫队作战；赤卫队是半脱产的战斗队伍，以区、县为单位编队，区为中队，县为大队，武器是5响枪，也有9响枪和单响枪，边区各县赤卫队的枪数曾发展到680多支，他们大都经常和豪绅的保卫队、挨户团作战。

为贯彻古城会议提出的对袁文才、王佐部队的团结、教育、改造的工作方针，毛泽东派游雪程、徐彦刚、陈伯钧等党员干部到袁文才的部队帮助练兵，从队列动作到射击技术，逐课训练。同时进行政治教育和阶级教育，讲形势，教唱革命歌曲等。毛泽东指示游雪程他们：要尊重袁文才，搞好团结；要以政治教育为主，让士兵们既学军事，又学政治；既不能急，又不能缓，一定要把这支地方武装认真改造成新型的人民军队。1927年11月中旬，袁文才的队伍集中在茅坪的步云山开始整训。步云山的深谷中有一座古庙，叫白云寺，白云寺前有一块宽广的空地，是个极好的练兵场所。1928年1月初，毛泽东派何长工到王佐的部队，通过王佐的亲属宣传党的政策，逐渐消除他的疑虑。以后，又帮助他消灭了他的死对头、井冈山周围七县的反动民团总指挥、罪行昭著的恶霸地主尹道一。王佐表示信服共产党，愿意改编部队。

1928年2月，根据毛泽东的指示，将袁、王部队合编为工农革命军第一师第二团，在大陇举行了合编庆祝大会，任命袁文才为团长、王佐为副团长，贺敏学为党委书记，徐彦刚为参谋长，何长工为党代表。袁文才的部队为第一营，王佐的部队为第二营，仍旧由他们分别兼任营长。袁文才和王佐代表全体指战员庄严宣誓：拥护共产党员！接受共产党员的领导！跟着毛委员干革命！1928年4月，王佐加入中国共产党，到1928年底全团有200余人入党。

1927年11月下旬，毛泽东利用湘桂军阀混战、边界各县守敌空虚的有利时机，命令团长陈浩率领一营攻打茶陵县，毛泽东因穿草鞋磨烂脚趾，未去。11月18日，部队攻下茶陵。陈浩等几个领导人不做群众工作，不领导群众开展打土豪，部队所需经费也由商会摊派，他们在旧县长公署门前挂上一块“人民委员会”的牌子，委派一个县长，按照旧政府的一套，每天升堂审案、收税派款，旧的官吏仍在衙门里进进出出。陈浩与副团长徐庶、参谋长韩昌剑等人住进了豪绅的深宅大院，穿起长袍马褂，还吞没了10多斤黄金，过着花天酒地的生活。他们还利用职权，打击给他们提意见的战士。毛泽东从一营党代表宛希先的报告里了解到这一情况，写信严厉批评陈浩等人的错误。指示部队开展群众工作，撤销“人民委员会”，成立工农兵政府。毛泽东的信得到广大指战员的拥护。11月下旬，井冈山根据地成立了第一个红色政权——茶陵县工农兵政府，工人出身的谭震林当选为工农兵政府主席。并建立了县工会、县农会、县赤卫队，广泛发动群众，开展打土豪的斗争。

12月下旬，国民党湘军吴尚的第八军的独立团和地主武装共计22个连的兵力进攻茶陵。城里的工农革命军只有4个连。在桂东县打游击的第三营在营长张子清、党代表何挺颖的率领下赶来参战。战斗非常激烈。由于双方兵力悬殊，宛希先、张子清、何挺颖等人主张撤出战斗，向井冈山转移。团长陈浩伙同副团长徐庶、参谋长韩昌剑等几个领导人却要把部队带到湘南，说到湘南打游击，投靠蒋介石的第十三军军长方鼎英。此时，毛泽东带了几名干部，由袁文才的一个班护送，走了两天山路，从宁冈来寻找部队，在茶陵县湖口镇追上，把部队带回砻市。经前敌委员会讨论决定，将陈浩等人处决。任命张子清为团长、何挺颖为党代表、朱云卿为参谋长。

在砻市，毛泽东认真总结了茶陵战斗的经验，同时也批评部队在茶陵没有发动群众、没有筹款等单纯军事观点的错误。毛泽东宣布了工农革命军的三大任务：①打仗消灭敌人；②打土豪筹款子；③宣传群众、组织群众、武装群众、帮助群众建立革命政权。

1928 年 1 月 4 日，大雪初晴，毛泽东率领工农革命军第一营和第三营的 1 个连攻打遂川，在大坑打垮了肖家璧的靖卫团，1 月 15 日乘胜占领县城。部队进城之后，在毛泽东的直接领导下，以班、排为单位，编成小组，打着“宣传队”的红旗，开展宣传和组织群众工作，街头巷尾贴满了工农革命军的标语、布告，革命战士访贫问苦，走遍了县城的各个角落。遂川呈现出一片革命气象。

但是，部队在草林圩的工作遇到了问题。毛泽东仔细听取了汇报，决定亲自去做调查研究。原来圩上有个地头蛇叫黄礼瑞，是当地地主武装靖卫团的头子。他霸占着大量的土地房屋，圩上的大店铺都是他开的，一向操纵市场，剥削农民，还勾结反动军队，私立关卡，向赶圩的农民敲诈勒索。工农革命军来了，黄礼瑞撤走了靖卫团，自己借商人的身份作掩护，暗中破坏革命。他关掉了店铺，收藏起来货物，并派狗腿子四处放风：共产党只看重种田人，对做生意的毫不留情，货物没收，老板杀头。同时威胁说：谁要卖东西给共产党，靖卫团回来就满门抄斩。搅得人心惶惶，谁都不敢做生意。1 月 14 日清晨，毛泽东赶了 40 里路来到草林圩，听了大家的汇报，毛泽东要求战士们严格遵守纪律，不拿中小商人的一粒盐、一寸布。还根据战士们反映的情况，进一步完善了保护工商业政策。毛泽东说：在打土豪的同时，要注意保护工商业；对兼营工商业的地主，只没收他们的封建剥削部分，不动他们开设的店铺作坊；对像黄礼瑞这样的恶霸，不没收他的店铺不足以平民愤，就一定要没收，在没收的时候，要公布他们的罪行，还要开群众大会，把没收的东西分给大家；只有这样，才能提高群众的政治觉悟，使中小商人跟豪绅奸商划清界限。毛泽东跟战士们一起深入群众，宣传保护工商业的政策，耐心地对中小商人进行教育，同时做社会调查。两天工夫，就弄清了黄礼瑞的种种阴谋。黄礼瑞闻风连夜翻过后墙逃跑了。部队根据毛泽东的指示，贴出告示宣布了黄礼瑞的罪状，查封了他的店铺，没收了上千尺布、几万斤盐、好多菜油和糕饼，还有无数日用百货。

1 月 16 日，部队在圩上的万寿宫召开了群众大会，把没收到的东西分给了群众。毛泽东在会上讲了话，号召包括中小商人在内的广大人民群众团结起来，打土豪分田地，鼓励中小商人放心做生意。1 月 21 日，是农历春节前的最后一次逢圩。圩上店铺全部开张，连百里以外的南康、上犹也有商贩赶来做生意。战士们三五成群，在街头向群众宣传革命道理，讲解各项政策。这一天，从四乡来赶圩的农民达到两万人。

1 月下旬，毛泽东召集做群众工作的干部汇报情况，总结经验，根据部队与群众经常遇到的问题，对部队提出 6 项注意：①捆铺草；②上门板；③买卖公平；④言语和气；⑤借东西要还；⑥损坏东西要赔。6 项注意提出后，得到了群众的热烈拥护，密切了与群众的关系。

在发动群众的基础上，建立人民政权的条件已经成熟。1928 年 1 月 23 日，毛泽东从草林圩回到城里，当夜找县委的负责同志，询问工农兵政府的筹建工作。毛泽东仔细听取了县委书记陈正人的汇报。指示说：成立工农兵政府是遂川县人民自古以来没有过的大事，要商量一个《施政大纲》，宣传我们的政治主张，让广大群众知道工农兵政府是干什么的，是为谁办事的。第二天清晨，陈正人拿出了他们连夜赶出的《施政大纲》，让毛泽东审阅。毛泽东看了一遍，共 30 多条，包括政治、军事、经济、文化、生产和生活各个方面，毛泽东认为内容可以，就是语言不通俗。陈正人让毛泽东帮助修改，于是，毛泽东将“废除聘金聘礼，反对买卖婚姻”改成“讨老婆不要钱”；“反对虐待儿童”，改成“反对大人打小孩”；“废除债务”，改成“借了土豪的钱不要还”…… 1928 年 1 月 24 日，成立了遂川县工农兵政府，选举贫农王次淳任县政府主席。毛泽东出席了这次大会，他号召遂川人民起来，为保卫红色政权而斗争。大会随即宣布了

《施政大纲》。适值过春节，获得解放的遂川人民群众，欢乐地唱道：

> 过新年，过新年，今年不比往常年，共产党军来到了，要打倒肖家璧，活捉罗浦泉。过新年，过新年，今年不比往常年，共产党军来到了，又分谷子又分田。过新年，过新年，你拿斧子我拿镰，高举红旗开大会，工农翻身掌政权。

正当工农革命军主力在遂川各乡分兵发动群众时，江西的国民党军阀派出一支部队，占据了宁冈新城，企图乘虚进犯根据地。毛泽东在遂川得到消息，指示宁冈和永新的党组织发动暴动队、赤卫队，日夜骚扰敌人，致使敌人不敢再轻率前进。

遂川县的工作告一段落后，毛泽东率第一团回到茅坪，与袁文才的第二团会合。2 月 17 日上午，毛泽东在茅坪的攀龙书院召开军事会议。毛泽东先分析敌我形势：新城的敌人只有 1 个营，加上地方武装靖卫团，共 600 多人；工农革命军共 4 个营，留下 1 个营守卫茅坪，能出动 3 个营，加上赤卫队，暴动队共 2000 多人，兵力占绝对优势；敌人枪多弹足，可是人心不齐，战斗力弱；我们装备虽差，可是大家都知道是为革命打仗，人人斗志昂扬，一定能一举攻下新城。

毛泽东制定了“三面攻击，一面埋伏，在运动中消灭敌人”的作战计划：一团一营主攻东门、一团三营围攻南门和北门；二团一营埋伏在西门外，卡住通往永新的要道，只用少量兵力假装攻打西门；等敌人从城里逃出来，把他们全部包围歼灭。毛泽东命令二团二营留下来守卫茅坪。这天午夜，毛泽东带领部队，分两路开赴新城。茅坪、大陇等地的赤卫队、暴动队也随军出发。大家在崎岖的山间小道上飞速地前进，一路上不打火把、不抽烟、不说话，前后联系以击掌为号。经过几小时的急行军，两路队伍到达指定地点，选择有利地形埋伏起来。毛泽东把指挥部设在东门外的棋山岭。这里居高临下，可以望见全城。敌人刚到新城的时候，日夜遭到赤卫队、暴动队的骚扰，坐卧不宁。后来看到来的不过是些拿梭镖大刀的农民，渐渐放松了警戒。工农革命军团团围住了新城，他们一点也没有察觉。18日拂晓，一个排的敌人跟往常一样，开了南门来到草坪上出操，跑了几圈后把枪架了起来，解下了弹带，开始做徒手操。毛泽东发出了战斗信号，南门外一阵枪声，把草坪上的敌人撂倒了一大片。战士们举起刺刀向敌人猛扑过去。剩下的敌人慌忙逃进了城，关上了城门。那30多支枪还架在草坪上，成了奇袭新城的第一批战利品。东门、西门、北门同时打响。新城的城墙并不很厚，但是工农革命军既没有炮，也没有地雷。毛泽东命令用火烧东门，架梯爬城，并调来两挺机枪作掩护。一捆捆稻草塞满了城门洞，浇上火油点起火来。浓烟弥漫，烈焰腾空，熏得城头上的敌人睁不开眼睛。战士们趁势搭起了梯子，爬上了城墙，跟敌人展开了白刃战。不一会儿，城门给烧了个大窟窿。一声“冲呀”，大队人马冒着浓烟烈火冲进城去。城里的敌人听到西边的枪声比较稀，急忙开了西门，争先恐后地逃命。没跑多远，就一头钻进了毛泽东给他们准备好的口袋。袁文才带领二团一营隐蔽在路边的竹林里。望见敌人果然从西门逃出来了，连声赞叹说：毛委员真高明！中午，战斗胜利结束。此役打死敌营长王国政、靖卫团长李树滋。县长张开阳躲在田沟里装死，被农民文根宗活捉。全歼敌人600多人（400名俘虏），缴枪400余支。解放了新城，使宁冈全县成为红色区域。这是秋收起义后第一个大胜仗。2月21日，在宁冈砻市召开了万人大会，处决了县长张开阳，成立了宁冈县工农兵政府，推举“泥腿子”文根宗为县长，并决定宁冈县城由新城迁至砻市。

由于敌强我弱，白色政权四面包围，战斗频繁，生活必需品十分缺乏。工农革命军每天每人只有5分大洋的油盐柴菜钱，但还是难以为继。工农革命军自己打草鞋，毛泽东带头学打草鞋，自己熬硝盐，上山采中药，穿自己染布做的军装（红军没有统一的服装，主要标志是用红布做成的带子，吊在脖子上，称之为识别带），冬天被子薄，就多用稻草。吃的是红米饭、南瓜汤，有时挖笋子、野菜充饥。

毛泽东与战士们同甘共苦，他带头吃野菜；在大雪纷飞的冬天，毛泽东也是衣裳单薄，铺盖很少；部队规定连以上单位可以点3根灯芯，连以下点1根，为节约灯油，毛泽东也只用1根灯芯。毛泽东在这一根茶油灯芯下，写出了《中国的红色政权为什么能够存在?》和《井冈山的斗争》。并在此同农民、战士、赤卫队员、干部进行过多次谈话。

在毛泽东的领导和影响下，战士们充满了革命乐观主义精神，他们豪迈地唱道：

红米饭、南瓜汤，秋茄子，味好香，餐餐吃得净打光。干稻草来软又黄，金丝被儿盖身上，不怕北风和大雪，暖暖和和入梦乡。

56. 朱毛会师

1927年10月底，朱德得知毛泽东率领的秋收起义部队开上井冈山，非常高兴。朱德率领的南昌起义后的指战员，很多人都知道毛泽东。他写的《中国社会各阶级的分析》《湖南农民运动考察报告》在部队中有很大的影响。如今知道毛泽东率部上了井冈山竖起革命红旗，大家欢欣鼓舞，信心倍增。

11月，朱德派原在第二十五师政治部工作的毛泽覃去井冈山与毛泽东联系。早在1922年11月，湖南水口山的铅锌矿工人成立俱乐部。为加强对工人运动的领导，中共湘区党委和毛泽东决定派毛泽覃和朱舜华等，去水口山从事工人运动。1923年3月底，毛泽覃到水口山后，担任工人俱乐部教育股委员，兼任工人学校教员，并以此为掩护，秘密从事革命活动。1923 年 10 月，毛泽覃在水口山加入中国共产党。不久，调回长沙，担任社会主义青年团长沙地委书记处书记。毛泽东从上海同杨开慧回韶山养病，同时开展农民工作时，毛泽覃亦回到韶山，到银田镇的白庙办农民夜校。1925 年秋天，湖南军阀赵恒惕通缉毛泽东时，毛泽覃按照大哥的意见，先行去广州接洽有关工作。此后，跟随毛泽东在黄埔军校和广东区委从事革命活动。1927 年“四一二”反革命政变后，毛泽覃被中共派到武汉国民革命军第四军政治部工作，授上尉军衔。1927 年“八一”南昌起义，毛泽覃赶到南昌时，起义部队已经南下。他追到临川，被安排到十一军政治部任宣传科长。后随朱德、陈毅等转战到湘粤赣三省交界的一带山区。在得知毛泽东率领秋收起义的部队上井冈山的消息后，毛泽覃接受朱德的委派，去井冈山和毛泽东联络。

初冬的一天，毛泽覃身穿一套国民党正规军军官的服装，带着证件，化名覃泽，一路上顺利通过反动派一道又一道的关卡，来到茶陵坑口。坑口是茶陵与宁冈的交界地，工农革命军攻占茶陵县城后，为保证部队前线与后方的交通联络、掩护与接送伤病人员，通过袁文才同当地某些人的联系，派出一个没有暴露工农革命军身份的连队，以“维护地方治安”的名义驻扎坑口。连长陈伯钧听说来了一位身穿国民党军官服装的人物，立即派人前往侦察。毛泽覃首先去找地方上的一些当权人物打交道。住在坑口的一个姓罗的团总，闻讯国民党正规军一位长官来到这儿，立即率领一班土豪劣绅出来迎接。毛泽覃取出一张证明他是国民党十六军上尉副官的证件，送给姓罗的看。姓罗的团总看了证件后不敢怠慢，命令摆酒接风，设宴招待。毛泽覃机智地和敌人周旋了一番，打听到井冈山一个连驻扎在这里，便找到该连的驻地。陈伯钧了解到这位特殊身份的人物所负的使命后，立即派人送他到井冈山。毛泽覃留在井冈山先后担任团政治部代理主任和营党代表的职务。

毛泽东十分关心南昌起义的部队，上山不久，便派第一团卫生队党代表何长工去找湖南省委和湘南特委，打听南昌起义部队的下落，相机取得联系。何长工经长沙、广州、韶关，经过几个月的辗转奔波，来到犁埠头，见到了朱德、陈毅和王尔琢等领导人。何长工介绍了毛泽东在井冈山建立革命根据地的情况，并汇报了下山以来找朱德联系的经过。此时，正值毛泽覃动身不久。朱德高兴地说："你是从毛泽东同志那里来的，好极了。我们正要找他呢!"接着，朱德详细询问了秋收起义、广州起义的情况，问井冈山的环境、能否屯兵、群众情况，等等。第二天，朱德给了何长工 30 块毫洋，嘱咐说："希望你赶快回到井冈山，和毛泽东同志联系。"

朱德所部干部战士都有一个共同的心愿：上井冈山，找毛泽东去！朱德果断地决定：除留一部分地方武装在湘南坚持斗争外，南昌起义部队 2000 余人、湘南起义农军 8000 人（主要是胡少海率领的第三师和邓允庭率领的第七师）一起退出湘南，向湘赣边界的井冈山挺进。

1928 年 3 月 18 日，毛泽东率领工农革命军到中村一带集结，部队在这里进行了一周的军事和政治整训。一天，毛泽东听到一个消息，湘南起义有失败的危险。他马上派毛泽覃带一个连去找朱德、陈毅，同时命令将部队分为两路：何长工、袁文才、王佐率领第二团为一路，向资兴、彭公庙方向运动，以便从正面迎接湘南起义的部队；他和张子清、何挺颖率第一团为一路，插到湘南起义的侧后方，准备追击从广东方面来的追兵，以掩护湘南起义的部队。

毛泽东率部开往湘南途中，教导队区队长陈伯钧在修理一支有毛病的手枪时，不慎走火，打死了教导队队长兼党代表吕赤。事情发生后，大家都很悲痛，陈伯钧更是悔恨不已，他和吕赤都是四川人，同是黄埔军校的同学，又都是共产党员，两人之间感情很好。毛泽东非常惋惜，因为两人都是作战勇敢的年轻干部，他与教导队党支部书记和士兵委员会主席商量处理办法。毛泽东说:“伯钧不是有意伤人，还是不要偿命为好，我们已经死了一个好同志，再拿一个好同志偿命，对革命无利。要让活着的同志去完成死了同志未完成的工作，我们培养一个革命干部很不容易，已经死了一个，没有办法再治了，就不要再死一个了”。陈伯钧于1955年被授予中国人民解放军上将军衔，曾任中国人民解放军高等学院院长等职。

3月底，毛泽东率领所部第一团转移到桂东沙田一带分兵发动群众。4月15日，毛泽东率部由沙田向汝城进发，消灭了何其朗部，然后向北回师。4月下旬，回到酃县，在城郊接龙桥一带阻击敌人，掩护朱德主力部队转移。团长张子清负重伤。井冈山工农革命军第一师第二团经彭公庙到资兴附近，与邓允庭带领的湘南农军第七师会合。陈毅率领的一部分农军和地方党政机关4000多人亦在资兴与之会合，同时会合的还有黄克诚带领的永兴农军1000多人。黄克诚，湖南永兴人，1902年生。1925年加入中国共产党。1926年在国民革命军中任营政治指导员、团政治教官等职。1928年参加湘南起义，任永兴红色警卫团党代表。会合后，经彭公庙回到沔渡。朱德率领主力部队自郴县经永兴、耒阳、安仁、茶陵迅速向井冈山撤退，在酃县沔渡与陈毅会合。4月25日，朱德、陈毅率部到达砻市，住龙江书院。

1928年4月28日，毛泽东率部经酃县、宁冈睦村回到砻市。毛泽东一回到砻市，听说朱德带着部队来了，立刻对干部们说:“咱们一同去见朱德同志。”朱德听说毛泽东来，赶忙与陈毅、王尔琢等到门外迎接。毛泽东与朱德在龙江书院的文星阁亲切会见，毛泽东对朱德说:“这次湘粤两省的敌人竟没有能整倒你!”朱德感谢地说:“我们转移得快，也全靠你们的掩护啊!”两位领导人交换了情况，商量成立工农革命军第四军的问题。因“四军”是北伐时的铁军，故慕其名而用之。毛泽东说:趁“五四”纪念日，兄弟部队和附近群众开个热闹的联欢会，两方面负责同志和大家见见面。两军会合后，朱德、陈毅带来了中央的文件，正确转达了中央 1927 年 11 月政治局扩大会议的决议。

5 月 4 日上午，在砻市东边的广场上召开隆重的庆祝会师大会。用门板和竹竿搭起了主席台，周围簇拥着无数面红旗。主席台两旁插满了标语板，上面写着“庆祝两支革命部队胜利会师！”“打倒国民党反动派！”清早，成千上万的人群打着小红旗从四面八方向会场涌来。不到 10 时，离这 20 多里路的部队除留做警戒外，全部整队荷枪赶到会场。10 时，由党、政、军、工、农、商、学各界组成的主席团，在热烈的掌声中走上了主席台。大会执行主席陈毅首先讲话，他说：“今天是‘五四’纪念节，我们今天在这里开大会庆祝两个部队的胜利会师，是有特别重要意义的。”他宣布，两军会合后，部队改名为“中国工农革命军第四军”（同年 6 月 4 日，中共中央指示改名为“中国工农红军第四军”）。宣布，朱德任军长，毛泽东任党代表。朱德在讲话中向群众保证：红军一定保卫红色根据地，保护群众的利益。毛泽东在讲话中首先指出这次会师的历史意义，同时非常乐观地分析了红军部队的光明前途。毛泽东说，现在我们的部队在数量上、装备上不如敌人，但是我们有革命的思想，有群众的支持，不怕打不败敌人；我们要善于找敌人的弱点，然后集中兵力专打他这一部分，十个指头有长短，荷花出水有高低，敌人也是有强有弱，敌人的兵力分布，难保没有不周到的地方；我们抓住了敌人的弱点狠狠地打，等到我们打胜了，就立刻分成几股躲到敌人的背后去跟敌人玩“捉迷藏”的把戏；敌人即使有孙悟空的本事，也逃不出我们如来佛的手掌。

毛泽东为红军宣布了“三大任务”和“三大纪律六项注意”。“三大任务”是：①打仗消灭敌人，②打土豪筹款，③做群众工作；“三大纪律”是：①行动听指挥，②不拿工人、农民一点东西，③打土豪要归公；“六项注意”是：①上门板，②捆铺草，③说话和气，④买卖公平，⑤借东西要还，⑥损坏东西要赔。王尔琢和各方面的代表也讲了话。

两军会师后，王尔琢为参谋长，陈毅为军委书记兼政治部主任。部队编为3个师：第十师、第十一师和第十二师。第十师师长由朱德兼，党代表宛希先，下辖第二十八团（由南昌起义部队保留下来的部队编成，党代表何长工）、第二十九团（由宜章农军编成，团长胡少海，党代表龚楚）；第十一师师长由毛泽东兼，下属第三十一团（团长张子清，党代表何挺颖）、第三十二团（团长袁文才，副团长王佐，党代表陈东日）、第三十三团（由湖南农军组成）；第十二师师长由陈毅兼，下属第三十四、三十五、三十六团，均系湘南农军，称为“梭镖师”。红军主力第二十八、二十九、三十一、三十二团共5000余人，农军约8000人。

毛泽东第一次挎上匣子枪，显得很兴奋，诙谐地说：“背上驳壳枪，师长见军长。”但他很快就将驳壳枪交给了警卫员。从此，再也没有见他带过枪。

57. 保卫井冈山

朱毛会师，使得朱培德手忙脚乱。5月上旬，朱培德派第二十七师师长杨如轩“进剿”井冈山，杨如轩以一个团守永新县城，以两个团分别由东北和东南对井冈山形成钳形攻势。毛泽东、朱德决定北守南攻，集中兵力打击进至井冈山南麓孤立的敌八十一团。于是，朱德亲率二十八、二十九团挥师南下，在黄坳、五斗江连战皆捷，歼敌大部，然后又掉头北上，配合在永新、宁冈交界的山地抗击敌人，乘胜占领永新县城，成立永新革命政府，部队分散到各区发动群众。红军前锋由罗荣桓等率领的三营一部已经到达天河，震动了吉安。朱培德命令杨如轩等4团，倾巢出动，直扑永新。为避开敌人的锐气，毛泽东命令部队撤出永新城，除留二十九团在永新农村警戒外，其余部队撤回茅坪。

部队中有些干部的旧军官习气还比较严重：有斗纸牌的，有逛窑子的，有搜俘虏腰包发洋财的，还有乱拿群众东西的，这些情况因为当时中央和湖南省委盲动主义错误指导而变本加厉。撤出永新，有的部队对工商业“一律没收”，把卖油粑粑的挑子、剃头的刀子和中药铺的戥子都搬回了井冈山。

毛泽东知道这一情况后，非常生气，他严厉指责这是土匪、流寇的行为。一个雨天，他召集连以上党代表在茅坪开会，专门讨论纪律问题。他重申了三大纪律六项注意，他说：“军纪是军队的命脉。人无命脉则亡，军无命脉必败。连李自成的军队也有纪律，他不是讲‘奸一民妇，如奸我母’吗？就是国民革命军也讲爱百姓吗！我们是共产党的军队，怎么不讲纪律呢?”

为了准备部队下一步的行动，毛泽东派二十八团和三十一团去攻打茶陵县的高陇，一面打土豪，一面搜报纸，以便了解国内及国际形势，判断敌人的动向。5 月 17 日，部队一进入高陇，三十一团三营党代表罗荣桓立即去邮局搜集报纸。

在高陇指挥战斗的朱德接到毛泽东从井冈山送来一封信，说杨如轩看到红军主力都已转移到湖南方面，便命令他的 4 个团除留 1 个团在永新外，其余 3 个团全部向井冈山进犯，2 个团到烟阁、四教，一个团已经出城，正向草市坳方向运动。毛泽东建议部队立即回师井冈山，杀敌一个回马枪。第二天一早，朱德率部队从高陇出发，一气走了 100 多里，三营营长伍中豪和党代表罗荣桓腿都走肿了。傍晚，在细雨蒙蒙之中，部队来到澧田附近。朱德派一个连向澧田的靖卫团发起攻击。打下澧田后，他又命令将俘虏放跑。这些俘虏跑回永新，向杨如轩报告，杨如轩听说红军只有 100 多人，没有在意，仍然命令第七十九团继续向草市坳前进。第三天清晨，第七十九团在草市坳同红军遭遇，打了一个多小时，敌团长刘胡子才如梦方醒，知道碰到了红军主力，在付出了惨重的代价后，急忙向永新败退，被红军击毙。红军随即冲进永新县城，杨如轩在几名随从的护卫下，爬上城墙缒城而下，此时，恰好一颗流弹打伤了他，他连血也顾不得擦，一溜烟跑回吉安。红军再次攻占永新后，敌军在烟阁、四教的2个团也无心恋战，落荒而逃。

红军连战皆捷、两占永新的消息传到南京，蒋介石看光靠朱培德的赣军已不能战胜红军，6月上旬，他下令湘赣两省对井冈山实行“会剿”。朱培德命令第九师师长杨池生为指挥，带领第九师和杨如轩第二十七师残部再度占领永新。消息传到井冈山，毛泽东在茅坪召开紧急会议研究对策，讨论中，有人感到敌人力量太强，主张离开井冈山，向湘南方向转移。毛泽东根据从各地搜集到的报纸分析，目前统治阶级内部正处于暂时稳定时期，不可轻易离开根据地。怎样打破敌人的“会剿”呢？毛泽东指出，湘军的战斗力强于赣军，前者与当地土豪劣绅关系密切。因此，红军仍应采取对湘军防守，对赣军进攻的方针。他主张，乘湖南敌人尚未集中时，向湘南佯攻：一方面使湘军不敢深入江西境内；另一方面使两杨产生错觉，以为红军已到湘南而大胆出动，然后再掉过头来打击两杨。会后，毛泽东率三十一团，朱德、陈毅率二十八、二十九两团，兵分两路直扑酃县，在十都一带会合后，击溃湘军吴尚部一个团，然后迅即秘密回师。果然不出毛泽东所料，一方面湘军慑于红军的威势，只想自保，观望不前；另一方面杨如轩已带了自己的两个团和杨池生的一个团出了新城，正向永新、宁冈交界处的新老七溪岭方向前进。

6月20日，毛泽东、朱德等决定，由朱德、陈毅、王尔琢率二十八、二十九团和三十一团一营赶往新、老七溪岭正面阻击敌人，由毛泽东率三十一团三营到永新西部龙田、潞江一带发动群众，一面监视茶陵方向湖南的敌军。6月23日，朱德、王尔琢率红军主力在新七溪岭和老七溪岭两个地方同敌人激战了整整一天，朱德的帽子被敌人的枪弹打了两个窟窿。

致使敌人败逃至龙源口，终于歼敌一个团，击溃敌2个团，共缴枪七八百支，红军又乘胜占了永新。一个多月来，红军三打永新，连战皆捷，彻底粉碎了敌人的“会剿”，根据地军民无不欢欣鼓舞，到处在传唱：朱毛会师在井冈，红军力量坚又强；不费红军三分力，打垮江西两只“杨”。两只“杨”之中的杨如轩，中华人民共和国成立后依然健在，他回忆这一段历史时，曾赋诗一首：“三十余年一梦空，永新附逆妄交锋。哪堪旗鼓未成列，已报弹花满市中。飞将自天突兀入，两杨无计把身容。一团劲旅平中国，豪语铭心服总戎。”

蒋介石对于赣军溃不成军、湘军徘徊观望极为不满，又命令湘赣两军联合向井冈山进行第二次“会剿”。7月初，湘军吴尚的第八军占领了宁冈。井冈山根据地的赤卫队东一枪，西一枪，白天黑夜的袭扰敌人，搞得吴尚连民房也不敢住，坐卧不宁，寝食不安。红军二十八、二十九两团从间道下山进攻吴尚的后方茶陵、酃县，吴尚怕退路被截断，不得不匆忙撤回茶陵。

至此，井冈山根据地发展到全盛时期。它的东面达到泰和、吉安，北面达到萍乡、安福，西占茶陵一部，南抵桂东，占有莲花、永新、宁冈3个全县，成立了湘赣边界及所属5县的革命政府。与此同时，红军主力扩充了一倍。

湘赣边界的红旗渐渐引起了附近省市工农士兵群众的希望。这时，好几百个长沙学生和安源煤矿工人，克服了重重困难，来到了井冈山。醴陵也有一批革命农民和学生，长途跋涉奔上了井冈山。甚至蒋介石的部队也有成连来投奔红军的。井冈山成了革命的中心，成了全国人民的希望，成了新的革命高潮的起点。

58. 毛泽建烈士

1927年，许克祥在长沙发动马日事变时，湖南各地土豪劣绅纷纷反攻倒算，衡阳也在白色恐怖中。毛泽建在钟家花园、罗家坪、白露坳一带发动群众，组织了几千农民自卫军，向前来奔袭的一连国民党反动军队进行伏击，反动派仓皇撤回衡阳县城。接着，衡阳农民成立了衡北游击师，使用大刀、梭镖、鸟铳、土炮，不断打击当地的反动武装挨户团，处决了周凤鸣等一批反革命分子。

1927年10月底，毛泽建和丈夫陈芬按照中共湘南特委的指示，到衡阳城郊主持召开了县临时党的代表会议，改组和重建中共衡山县委，由陈芬任县委书记兼军委书记，毛泽建任县委妇女运动委员、并兼管县委通讯联络等机要工作。

1928年3月，毛泽建参加领导在南岳举行的一次武装暴动。她率领衡阳、湘潭、衡山交界地区的游击队，穿过崇山峡谷，向南岳镇进军，摧毁了南岳团防局的反动武装。而后，迅速往南大庙后山撤退，隐入群山密林之中。后，中共湘南特委遭到敌人破坏，衡山县委同上级失去联系。毛泽建和陈芬来到耒阳县，参加了朱德、陈毅、毛泽覃湘南暴动队伍。随后，毛泽建参加耒阳县苏维埃政权的建设工作。

朱德、陈毅率领湘南起义部队上井冈山与毛泽东会师后，根据需要毛泽建仍留在耒阳。她和陈芬组织一支游击队，并担任队长。他们白天化整为零，分散活动，侦察敌情，晚上集中兵力打击敌人，曾先后捕捉和惩处了耒阳民团的一部分反动头子。还掩护一部分红军伤员和农民自卫军家属安全撤退。

1928年初夏，毛泽建和陈芬领导的游击队在夏塘铺战斗中，陷入重围，寡不敌众，两人都身负重伤，先后被捕。不久，年仅25岁的陈芬在耒阳敖山庙惯武桥上英勇就义。灭绝人性的国民党反动派把他的头割下来挂在耒阳城头“示众”。

井冈山根据地派部队袭击了耒阳县团防局和夏塘挨户团，把毛泽建和陈芬的姐姐陈淑元营救出狱。敌人组织兵力反扑追击。毛泽建身负重伤又怀有身孕，主动要求留下，隐蔽在农民家中，不久生下一男孩，取名艰生。敌人在搜山时，听到孩子的哭声，毛泽建和陈淑元再次被捕，孩子也一同入狱。后，陈淑元被保释出狱，带出孩子，由于没有奶吃，几个月后，孩子夭亡。

6月，毛泽建被押解到耒阳县城。8月，国民党衡山县政府以毛泽建“系毛泽东之妹，马日前后，在衡山县负该党重要职责”为由，把毛泽建押解到衡山县女子监狱。

1928年8月20日，毛泽建被国民党反动派枪杀在衡山县城南门外。敌人张贴布告，不准收尸。但，当晚几个码头工人冒着生命危险，把烈士的遗体抢回，葬在湖江云畔的西溪桥头。半年后，又迁葬在金紫峰麓的雷打石上，并刻有石碑，上面写道：“民国十八年刊，毛达湘女士墓，原籍湘潭人氏。”

59. 黄洋界上炮声隆

当井冈山根据地达到全盛时，湖南省委（1928年中央重建湖南省委，廖保庭为书记）领导人派杜修经、杨开明带了一封指示信来到井冈山。信中说：湖南敌人已经“恐慌极点”，要求红四军“占永新县，立即向湖南发展”，认为“只有采取这样积极发展政策，才能解决一切军事的、财政的、政治的困难”。为领导这一运动，省委决定，成立前敌委员会，由毛泽东任书记，并随军出发。

毛泽东建议召开红四军军委、湘赣边界特委和永新县委联席会议讨论省委的指示。会上，绝大多数人认为分兵冒进是危险的。会议决定不执行省委的决定，继续坚持井冈山的工农武装割据。会后，毛泽东起草了给省委的报告，汇报了井冈山的情况，说明了不能分兵的理由，建议省委重新讨论，作出切实符合井冈山实际情况的决定。杜修经在联席会上同意了大家的意见，会后，他作为省委特派员随朱德、陈毅率领二十八、二十九两团在酃县、茶陵一带活动。

二十九团官兵绝大部分是湘南起义的农民，他们有浓厚的家乡观念。部队开到酃县后，他们看到离家乡近了，思乡心切，要求回家割稻子。于是，这个团的士兵委员会越权下令：打回湘南去！随队行动的杜修经附和并导致了这种错误行动。红四军军委委员朱德、陈毅、王尔琢等极力阻止无效。于是，7 月 17 日，二十八团随二十九团从酃县沔都向湘南方向进军，攻打郴县。

毛泽东正率领三十一团同进犯永新的敌人周旋。红军配合赤卫队、暴动队四处袭扰敌人，使 11 个团的敌人疑虑重重，畏首畏尾，徘徊观望达 25 天之久，当敌人得知红军大队已远走湘南时，方敢大举进犯。毛泽东在九陂召开连以上干部会，商讨对付敌人进攻的办法。会议开到半途，一位老表带了二十九团的炊事担子返回井冈山。毛泽东向他询问红军大队的情况，方知在郴县作战失利，二十八团去向不明，二十九团已被打散。会议立即决定：毛泽东率三十一团三营南下，去接二十八团回井冈山；朱云卿、何挺颖率三十一团一营和三十二团守山。8 月 18 日，二十八团攻克桂东县城。不久，毛泽东率三十一团三营来到桂东同二十八团会合，在返回井冈山的途中，二十八团二营营长袁崇全叛变，军参谋长王尔琢带部队连夜追赶，被叛徒击中牺牲。王尔琢，湖南石门人，曾肄业于湖南甲种工业学校，是黄埔军校一期生。王尔琢牺牲的第二天，全军召开了追悼会，毛泽东写了一副挽联：一哭尔琢，再哭尔琢，尔琢今已矣！留却重任谁承受？生为阶级，死为阶级，阶级后如何？得到胜利方始休！朱德、毛泽东整理了队伍，于9月13日击败刘士毅部，缴枪数百，占领遂川。9月26日，返回井冈山。

留守井冈山的部队在朱云卿、何挺颖的率领下，利用井冈山的有利地形，使用竹钉、竹篱、滚木、礌石以及刚修好的一门迫击炮和3发子弹（只有一发打响），在黄洋界击退了湘军吴尚部队两个团的进攻，粉碎了敌人对井冈山的第二次“会剿”。毛泽东听到黄洋界保卫战的捷报，写了《西江月·井冈山》：

山下旌旗在望，山头鼓角相闻。敌军围困万千重，我自岿然不动。

早已森严壁垒，更加众志成城。黄洋界上炮声隆，报道敌军宵遁。

10月4日，100多位代表在茅坪步云山召开湘赣边界党的第二次代表大会。代表们听取了毛泽东的报告并通过了由毛泽东起草的决议。这一决议的头一部分收入《毛泽东选集》中《中国的红色政权为什么能够存在?》，回答了一些人怀疑“红旗能打多久”的问题。指出：武装斗争、土地革命和根据地建设三者是不可分割的整体。

11月13日，79位代表在宁冈新城召开红四军第六次党代表大会，大会传达了刚刚收到的中央6月来信。这封信已经纠正了第一次“左”倾盲动主义错误，得到了大家拥护。大会指出：“……建立布尔什维克的党，领导群众扩大民权运动，深入红军所在区域的土地革命，向四周发展，以促进统治阶级的分崩离析，这是党在红四军的任务”。

11月14日，红四军召开党的第六次代表大会上，决定利用敌人第二次“会剿”和第三次“会剿”的间隙，在全军展开冬季整训：进行政治思想教育；加强党组织的整顿，将红军中的各级党组织转入秘密状态；整编部队，朱云卿任红四军参谋长、林彪任第二十八团团长、伍中豪任三十一团团长，并在军队中健全了侦察队、卫生队、担架队、辎重队、军需处等各种组织；开展军事训练，按照苏联红军训练方法，利用地形、地物练习射击、隐蔽等战术动作，有时还背石头，练习跑步、爬山、抢占山头，训练行军速度，同时也练习队列、紧急集合等。在整训中还很好地改造了毕占云、张渭部，两人在边界党的关怀下，在毛泽东、朱德、陈毅的直接帮助和指导下，很快克服了在国民党军队中的旧习气，甩掉烟枪，逐步成长为人民的子弟兵，为革命做出了重大贡献。

会议决定，将连上支部干事会改为连支部委员会，重申：“连支委为红军党的工作核心，党代表为此工作核心之负责者。”进一步健全了“支部建在连上”的制度和党代表制。会议决定，修筑工事、囤积粮草，准备战胜敌人的第三次“会剿”。

这时，已是深秋。随着天气越来越冷，井冈山的生活越来越艰苦了，朱毛会师后不久，毛泽东就提出军队不发饷的问题。起初，红四军四处打游击，还能筹到一些款，给官兵发一点零花钱。到后来，井冈山周围的土豪劣绅打光了，零用钱由每月 1 块到 4 角、2 角……越来越少，最后只剩下 5 分钱的伙食费，连这也难以为继。红米南瓜也不能天天保证，大家只好以野菜充饥。更困难的是，由于敌人严密封锁，食盐简直比金子还要贵重。不仅长期淡食使得战士们四肢无力，而且医院内洗伤口的食盐水也难以供应。眼看严冬将近，战士们的冬衣还没有解决，他们的夏衣破了，没有布补，便剪下裤腿、袖管作补丁，久而久之，军服都成了短衣短裤，且破烂不堪。战士们白天晒太阳，晚上钻稻草堆，最难过的是冬雨连绵的日子，真是寒冷彻骨，令人坐立不宁。

红军战士们自己动手打草鞋、熬硝制盐、上山采集中药、染布制作军装。毛泽东的生活也和战士们一样，他酷爱吃辣椒，有时从老乡那里买到一点辣椒，就算是奢侈品了。入冬以后，袁文才见毛泽东衣衫单薄，便让妻子设法给他们各做了一套棉衣。毛泽东不肯穿，推辞说："战士们许多人没有穿上棉衣，我怎么好穿呢?"袁文才硬把棉衣留下了。第二天，毛泽东在山上散步，看到有个老年人冷得难熬，就把棉衣送给了这位老人。一天，毛泽东来到宿营地，看见战士们忍饥受冻，心中十分难过。他发现有个战士没有被褥，铺盖的都是稻草，立刻把自己的被褥拿来送给了这位战士。这样，毛泽东的床上，没有被子，没有褥子，盖的只有一条缴获来的旧毛毯。入夜，毛泽东仍然坐在冰冷的桌子前办公，他双手冻得发僵，笔都拿不住，不得不停下笔来搓一搓手，呵气取暖。那位接受了毛泽东棉衣的老人给他送来一篓木炭，贺子珍把炭盆生着，放在毛泽东脚旁，又把唯一的灰毛毯披在他身上。

山下不时有好消息传来，11 月，湘军阎仲儒部和赣军向成杰部各有官兵起义，他们分别被编为特务营（营长毕占云）和独立营（营长张渭）。

12 月上旬，又一个大喜讯传到井冈山——同年 7 月，平江起义后成立的红五军共 800 多人，在军长彭德怀和党代表滕代远率领下，来到井冈山。彭德怀，幼时叫彭得华，湖南湘潭人，生于 1898 年。少时家庭贫苦，1916 年 3 月入湘当兵，1921 年 8 月任代连长时，曾为民除掉恶霸欧盛钦，1926 年 5 月，国民革命军开入湖南时任营长，1927 年任团长。1928 年 4 月，彭德怀经段德昌介绍秘密加入中国共产党，当时段德昌的公开身份是师政治部秘书。4 月，彭德怀所在的独立五师突然奉命开往平江"剿共"，此时，中共湖南省委派滕代远去彭德怀处，于 7 月 22 日下午 1 时在午睡时举行起义，成立了工农红军第五军第十三师。彭德怀为红五军军长兼十三师师长、邓萍为参谋长，下辖一、四、七三个团，团长雷振辉、陈鹏飞、黄纯一。并将过去的地下共产党组织团党委改为红五军军委。滕代远为红五军党代表兼军委书记，李灿为一团党代表，黄公略为四团党代表，贺国中为七团党代表。

平江起义后，红五军遂在平江、浏阳、修水、武宁、通山、铜鼓、万载等县发动群众，武装群众，打土豪分田地，各县均成立了工农会和赤卫队。1928 年 10 月间，召开了各县及红军党的代表大会，成立了湘鄂赣边区特委会。

1928 年 11 月，湖南省委指示红五军向井冈山进发与红四军会合，并决定留一、二、三纵队在黄公略领导下，坚持开展湘鄂赣边区的游击战争。彭德怀、滕代远、邓萍、张纯清等率四、五纵队经万载、宜风、莲花向井冈山活动。

1928 年 12 月底，毛泽东获悉彭德怀、滕代远率领平江起义后建立的红五军主力即将来井冈山，同朱德决定派何长工率军部特务营和独立营前往莲花县迎接。12 月 10 日，彭德怀、滕代远率红五军四、五纵队和军部直属队七八百人到达宁冈砻市、新城与新四军会合。毛泽东在新城主持召开中共红四军前委、边区特委、红四军和红五军军委联席会议，讨论粉碎敌人即将对井冈山根据地的第三次“会剿”问题。会议决定：红四军出发打游击，在外线作战，红五军防守井冈山，借以休息和训练。为了统一指挥，红五军编为红四军第三十团，彭德怀任红四军副军长兼第三十团团长，滕代远任红四军副党代表兼第三十团党代表。

1928 年 12 月 11 日——广州起义一周年那天，红四、五两军在宁冈新城召开了联欢会。台子两边贴着陈毅为大会写的对联：“在新城，迎新人，演新戏，打倒新军阀；辞旧岁，逢旧友，叙旧情，推翻旧世界。”这天还出了一个笑话：因搭的台子不稳固，人一上去讲话，就垮了下来，有人说不吉利，朱德军长讲：“不要紧，垮了台，搭起来再干嘛！”又搭起台来重新开会。在会上，朱、毛、彭相继讲了话。

1929 年 1 月 4—7 日，在井冈山下的柏路村召开井冈山前委、四军、五军军委和湘赣边界特委联席会议。

60. 大柏地

毛泽东在井冈山传达六大文件中，山下传来蒋介石发动第三次“会剿”的消息——1928 年 12 月，蒋介石任命何键为湖南省“剿匪”军总司令进驻萍乡，任命金汉鼎为江西省“剿匪”军总司令。国民党调集了湘赣两省 8 个旅共 3 万人员，兵分 6 路，向井冈山进攻。

面对这一严重局势，毛泽东在传达六大文件之后，立即主持会议研究粉碎敌人“会剿”问题。会议认为，红五军上山以后，红军力量虽然壮大了，可粮食紧张的问题突出了，尽管秋收以后部队曾组织背粮上山，但如果将全部人马都留在山上，粮食问题仍解决不了。时至隆冬，红四军还是草鞋单衣，冬服没有解决，且无盐吃，离开井冈山打土豪才能解决问题。毛泽东经过反复分析比较，提出了到国民党统治薄弱的赣南闽西去。由于伤残人员不能带走，势必派人留守。会议决定分兵——由彭德怀、滕代远、工佐（红三十团）率红五军和三十二团守山，彭德怀任红四军副军长兼三十团团长，滕代远任红四军副党代表兼三十团党代表；毛泽东、朱德、陈毅、袁文才等率二十八团、三十一团和独立营、特务营红四军主力 3600 人，于 1929 年 1 月 14 日从井冈山茨坪等处出发，突围下山。

红四军官兵在茨坪、小行洲集结，怀着对井冈山无限眷恋的心情，踏上了征程。这是一次异常艰苦的行军，他们一下山，就碰上一场大雪，赣南一带是山区，一座山连着一座山，山顶上盖着一层厚厚的积雪。雪花夹着雨水，落到身上很快就融化了，浑身上下全是湿漉漉的。队伍过的多了，道路变得非常泥泞，许多战士穿着单薄的衣衫，有的连鞋子也没有，穿着草鞋，许多同志的脚被冻裂，渗出的血水把雪都染红了。吃的更困难，下山之前，为给留守的红五军多留些吃的，把收集到的粮食大部分都留下了，下山的同志只带了很少一点干粮，很快就吃完了。原来，前委认为，部队下山后，很快就能补充到给养，没有料到赣南山区这样偏僻，有时队伍走了两三天，也找不到一个村子。而且这一带的群众，对红军不了解，队伍没进村，老百姓早跑光了。买不到粮食，部队有时一天也吃不到东西。找不到向导，住宿和侦察都很困难。

红军下山后，经遂川、大汾、左安，沿着湘赣的山路直插上犹的营前、杰坝进入崇义县。由崇义经铅厂，1月23日，攻下大余县。大余在江西省同广东省交界的地方，比较富裕，街道整齐，铺子很多，部队决定在这里筹粮筹款。筹粮筹款工作正在顺利进行时，第二天傍晚，国民党李文彬部包围了红军。

原来是国民党“会剿”指挥部发现红四军的行动后，急令进至遂川和资兴的第一、五路军4个旅向大余追击，同时令广东军出兵截击。红四军开进大余，军队曾布置二十八团担任新城、赣州方向的警戒，但是，二十八团团长林彪思想麻痹，直到敌人来到跟前，才仓促应战。枪声传到军部时，他们才发现，敌人已经完成了对大余的包围。独立营营长张渭，为掩护军部的同志壮烈牺牲。毛泽东果断地组织身边剩下的一些警卫战士试图突围，陈毅跟在毛泽东身边。激战从当天傍晚进行到第二天傍晚，他们才撤离了战斗。在军部指挥战斗的朱德也安全脱险了。陆续突围出来的战士，在距大余40里的杨眉寺集合起来。

为了尽快甩掉敌人，毛泽东和朱德决定连夜出发。他们不顾激战后的疲劳，立即上路，摸黑走了二三十里路，来到一个山沟宿营。红四军主力经广东的南雄县，复又经赣南的信丰县、全南县、龙南县、定南县、安远县。

2月1日，来到寻乌县的圳下。圳下是一个四面环山的小村庄，中间是一块有几百亩地的狭长田垄。晚上10点左右，红军来到这里宿营。毛泽东、朱德、陈毅等军部领导就住在田垄中间的文昌祠和围子里。为了防止敌人的偷袭，军部作了严密的部署：红二十八团为左路，担任警戒，住在田垄前面；红三十一团为右路，担任后卫，住在文昌祠和大营冈一带，军部和特务营住在村中间的小河边。

天刚蒙蒙亮，军部接到报告，敌军刘士毅部正包围圳下，已和二十八团接上火。二十八团战士虽拼死抵抗，终因失去指挥，不得不节节后退。整团人向着村中间小河对岸溃退，河上的小桥很快被堵塞，桥上河里都是人，一片混乱。毛泽东果断地派人向红三十一团下达了作战的命令，又让朱德组织其他两个营全力投入战斗。毛泽东又试图阻止二十八团的战士继续溃退，贺子珍和毛泽东站到一起。战士们的溃退被制止了，同追上来的敌人展开了厮杀。红四军的队伍终因寡不敌众，被敌人分割成几块，各自突围。

毛泽东带领特务营的同志，一面沉着地迎击敌人，一面突围。终于从敌人两个团的接合部冲了出去。冲出包围圈，他们发现前面两边是山，中间是一条河，河的对岸没有敌人，于是他们渡河上山，脱离了危险。

朱德带领独立营和机关的部分同志从另一个方向突出重围。可还未来得及过河，就遭遇到了敌人。原来他们走到敌人的埋伏圈里来了。朱德发现中了敌人的埋伏，拼死抵抗，试图跳出敌人的包围圈，但是没有成功。大部分同志牺牲了，剩下的人被敌人包围在一个山坳里。敌人估计在这些红军中会有领导人，甚至会有朱德，领赏心切的敌人就在红军中寻找起朱德来。朱德长着一副普通农民的相貌，穿着普通兵士的衣着，经过这场鏖战，满身满脸都是硝烟、尘土。一个敌军头目，领着几个端着枪的士兵来这里逐个辨认，他们走到朱德跟前说：“你是朱德吗?”“我不是，我是伙夫头”，朱德操着四川口音，坦然答道。“你说朱德在哪里?”“在那边。”朱德随便往一个方向一指。敌人从朱德身边走过去了，继续寻找朱德。真正的朱德却找到机会同部分战士一起，摆脱敌人的监视，跑了出来。他们马上渡河，甩掉敌人，同山上的毛泽东会合了。然而朱德的妻子伍若兰负伤后却没有逃脱敌人的魔爪，被俘了。敌人把她关起来，押到赣州，逼迫她供出红军的情况，还要她劝降朱德，都被她拒绝了。敌人恼羞成怒，把她枪杀了，并把她的头割下来，挂在城门上示众。伍若兰，化名萧奎联，湖南耒阳人，1906 年出生，家庭比较富裕，1924 年考入衡阳的湖南第三女子师范。大革命时期她背叛了家庭，投身到工农革命行列中来，1925 年加入中国共产党，并成为家乡农民协会的领导人，领导穷人斗争地主豪绅。敌人恨死了她，在大革命失败后，土豪劣绅把她抓了起来，要杀她示众。她机智地逃了出来，找到湖南的农民武装。朱德带领南昌起义余部来到湖南，领导湘南暴动，结识了伍若兰，他们结为夫妇。她是一个非常能干的女将，能文能武，不但会写文章，枪也打得好，很会讲话，会做宣传工作，打土豪，筹款子，数她的办法多。她个子很高，充满了生气，凡同她接触过的人，都会被她那爽朗的性格、朝气蓬勃的精神所吸引。

圳下突围后，陈毅也脱险了，红四军重新集合起来。为了避开敌人、休整队伍，前委领导全军，完全离开大路，爬高山、钻密林，来到寻乌县内的罗福嶂，作短暂的休息。

不久，队伍经福建省的武平和江西省的会昌，来到瑞金城外，红四军转移到瑞金城外是为了搞一些报纸。他们自下山以来，一直处于连续作战的艰苦环境中，行踪飘忽，同上级的联系几乎中断，报纸也长期看不到。毛泽东说对外面情况是两眼漆黑，他非常需要搞一些报纸，从中了解敌人的动向。红四军侦察到瑞金城内守敌空虚，没有驻扎国民党大部队，就运动到瑞金城外，派出一个班的战士，突袭城内抢报纸。这是贺子珍的一项工作，过去，红军每打开一个县城，她都要到敌伪的机关和邮局搜罗一些报纸，供毛泽东和前委的同志们阅读。她听说要到瑞金城搞报纸，就自告奋勇地对毛泽东说：“让我跟他们一起去吧，我知道最需要哪些报纸。”毛泽东点点头说：“好吧，行动要特别小心，快去快回。”贺子珍同这个班的战士悄悄摸到城门口，突然打出一排枪，撂倒了站岗的哨兵。接着又甩出几颗手榴弹，炸死了一些守城的敌兵，城门也炸坏了。守城的敌人不知道红军的虚实，以为主力来攻城了，吓得慌忙逃跑，红军战士乘机进了城。他们一进城，便直奔邮局而来，邮局里的人听到城门口的枪声都跑了。贺子珍他们大模大样地走进邮局，只见柜台上、墙根下堆满了全国各地的报纸，就像久旱遇甘露一样，贺子珍赶忙从每一摞报纸里各抽出两三张来，战士们帮她挑挑拣拣，想尽量把各种报纸搜罗齐全，有人还特别注意出报的日期，看有没有遗漏。他们的工作太细致，在邮局耽搁的时间太长，逃跑的守城敌军并没有走远。他们发现入城的红军只有一个班，并没有后续部队，知道上了当，立即反扑回来。当贺子珍他们的背包里塞满了报纸，手里又各自抱着一大捆报纸走出邮局时，敌人已经包围过来。贺子珍他们一面向敌人开枪一面向城门口撤退。守城的敌军虽然比红军多，但大都是怕死鬼，谁也不敢往上冲，贺子珍他们很快来到城门口。不料，刚出城门，却同正往这里开来的一支敌军碰了正对面，战士们先发制人，向敌人一阵射击，夺路冲出城外。原来，来的是刘士毅的侦察部队，他们正在寻找红军，枪声把他们引到瑞金城来。搞报纸的战士脱险了，但红四军的行踪却暴露给了敌人。敌人立即抄小路，向驻扎在城外的红四军包抄过来，企图在瑞金城外消灭红四军。

红四军又面临着一场新的激战，对这一仗，打还是不打，前委的领导召开了紧急会议。毛泽东说："红四军下山后，几次失利，比较被动。这一仗如果要打，一定要打好、打胜，才能提高士气。如果觉得不成熟，准备不足，不一定能打赢，那就先不打，撤出去。刘士毅那些兵的老底，我们都知道，去年红四军从湖南回师井冈山，路经遂川时，曾同他较量过，把他打得一败涂地。我们一定要打败他，但是要选择一个有利地形和时机。"前委的同志都同意这个意见，决定在敌人包围圈没有形成以前，马上跳出去，向大柏地方向转移。紧急会议一开完，毛泽东走到贺子珍面前说："军部决定立即撤到大柏地，我就要去作部署，你先走一步吧，不要等我了。"贺子珍不愿增加毛泽东的忧虑，把手枪往腰间一插，翻身上了马。由于情况来得突然，她来不及套上马鞍，用双腿紧紧夹住马肚子，向大柏地方向奔去。正在城外运动的敌军，远远看一匹马飞奔而过，知道有人突围，就喊叫起来，一股敌人撒开腿追过来，敌人一面跑，一面喊，一面打枪，有两个敌人也上了马追踪而来，子弹嗖嗖地从贺子珍身边飞过，她把头低低地贴在马背上，策马飞奔。跑出一段路，她听得后面的马蹄声越来越响，回头一看，两个骑马的敌人已经跟了上来。贺子珍拔出手枪，从左边转过身去，举枪瞄准，扣动扳机，随着一声枪响，跑在前面的敌人从马背上栽了下去。接着她又从右边转过身去，反着手，瞄准后面的敌人放了一枪，这个敌人也滚下马来。跟在后面的敌人吓慌了，不由得停住了脚步。贺子珍一口气跑出了 40 多里路，到达大柏地，全身都湿透了。当天，红四军全部安全地转移出来，当毛泽东跟着殿后的队伍来到大柏地时，看到贺子珍平安无事，打趣地说："你没有死啊！"贺子珍笑着回答："死不了，可肚子真饿了。"

大柏地在瑞金的北面，东西两边峰岭连绵，树木茂盛，中间是一片凹形的狭长地带，很像一个口袋，只有一条石阶小路通往外面，是一个打埋伏的天然战场。毛泽东决定利用这一有利地形，给刘士毅部孤军冒进的两个团歼灭性的打击。毛泽东亲自做了战斗动员，他也背着一支枪参加了战斗。这一仗从 2 月 10 日开始，这天是农历春节，一直打到初二的清晨。将敌人两个团大部歼灭，生俘敌团长肖致平、钟桓以下 800 余人，缴获步枪 800 余支，水旱机关枪 6 架，取得了进军赣南的第一次大胜利，由被动挨打变为主动。这是一场恶战，虽然红军最后取胜，但部队亦损失一部分。仗打完了，同志们都饿了，可是部队再加上 800 名俘虏都要吃饭。毛泽东下令：打借条向老表们借粮。老表感到这是新鲜事，他们将信将疑地把借条收起，并不指望借出去的粮食以后还能回来。

红四军打了大柏地一仗后，占领宁都，旋又退出，挥师西向，2月17日到达吉安东固地区。听说当地有江西红军独立第二团和第四团活动。大家感到且战且走了一个多月，能在这里歇歇脚，是再好不过了。2月20日，红四军与独立二、四团在东固的螺坑举行会师大会。朱德说，国民党反动派天天打朱毛，可朱毛越打越多，你们也都成了朱毛。红四军在东固休整了一个星期，毛泽东对赣南地区情况做了调查，他盛赞“赣南的群众非常好”，“赣南的希望更是很大”，开始酝酿建立赣南根据地。

1929年2月25日，毛泽东同朱德率领红四军撤离东固，经吉水、永丰、乐安、宁都向广昌前进。红二十八团主张分开走，毛泽东主张集中行动，人为分散容易被敌人各个击破。

3月4日，红四军攻克广昌城。5日，毛泽东得知两名干部不执行红四军司令部规定的工商业政策的布告，没收了地主兼商人的一个店铺，毛泽东立即召集营以上干部开会，进行严肃批评，指出：对地主兼商人只没收封建剥削部分，商业经营部分不能动；对于特别坏的土豪、恶霸的商店，必须没收的也要出布告，宣布店主的罪状，以提高群众觉悟。

3月11日，红四军首次入闽，进驻长汀（汀州）四都，14日在长岭寨歼灭闽西土著军阀（国民党福建省防军第二混成旅）郭凤鸣部2000余人，并击毙了郭凤鸣，乘胜占领汀州。长汀是闽西比较富庶的县份，红四军在这里分兵半个月，广泛发动群众打土豪，分田地，扩大红军，又向大中商人筹集军费5万余元。使用郭凤鸣开办的缝纫厂，给全军每人缝制了两套灰军衣，一顶缀有红五角的八角帽和一副新绑腿，红军的识别标志由识别带改变成红袖章。战士们首次穿上统一的新军装，部队面貌焕然一新。红四军驻长汀时期，正值蒋桂战争爆发，根据新的情况，毛泽东在长汀城的辛耕别墅主持召开了前委扩大会议，确定了红四军的行动方针：利用军阀混乱之际，分兵开展游击战争，发动工农群众，深入土地革命，建立红色政权，造成新的割据区域，与井冈山革命根据地相连接。

4月，毛泽东在江西兴国深入调查农村土地占有情况。依据中共六大《农民问题决议案》精神，主持制定出《兴国土地法》，将《井冈山土地法》中“没收一切土地”改为“没收公共土地及地主阶级土地”。从而明确了土地革命所打击的对象是地主阶级，是消灭封建土地所有制。毛泽东后来在讲到这一问题时指出，这是对《井冈山土地法》内容的“一个原则的改正”。

61. 红旗跃过汀江

1929年5月，蒋桂军阀混战结束，江西国民党部队大部返回。国民党江西省主席朱培德以4个旅的兵力向红军推进，企图围歼红四军主力于赣南地区。

恰值此时，广东又爆发粤桂军阀战争。紧邻粤东的闽西大小军阀为了各自的利益，先后投入了这场混战，闽西腹地呈现空虚。为避开江西敌人进攻的锋芒，毛泽东决定红四军立即第二次入闽，发展闽西革命力量，扩大工农武装割据的局面，把赣南和闽西连在一起。

5月20日清早，红四军主力经过两天急行军来到长汀境内的汀江渡口。此时正值雨季，100多米宽的江面上，水流湍急，浪涛翻滚。红军在当地群众的支持下，找到了9只渡船。18名身强力壮的船工，推送这9只坐满红军战士的木船，顷刻间，红旗映红了江面。毛泽东在《清平乐·蒋桂战争》中描绘这一壮举，他写道：“红旗跃过汀江，直下龙岩上杭。”经过6个小时，红军全部到达汀江东岸。接着向闽西重镇龙岩飞速前进。22日傍晚，红四军来到离龙岩30华里的小池。在此以前，前委已经同闽西特委书记邓子恢取得了联系。毛泽东、朱德在此听取闽西特委派来的代表介绍龙岩城内敌方情况。

龙岩驻军是国民党福建省防军第一混成旅，旅长陈国辉，本是闽西南安一带的土匪头子，后来投靠了国民党，他指挥上有一套，手下士兵尚有战斗经验，武器弹药充足。此时陈国辉正奉蒋介石之命，率部追随张贞暂编第一师开赴潮州、汕头，参加广东军阀讨伐桂系军阀的战争。留在闽系的余部，统由参谋处长管带，驻龙岩城的有旅部和补充营、特务连、机枪连，兵力不足500人。

根据了解到的敌情，毛泽东、朱德决定把握有利时机，出其不意，歼敌一部，打下龙岩。随即部署红军一、三纵队从正面进攻，二纵队从左侧迂回，攻取北山，断敌后路。5月23日红军直取龙岩城西10余里的龙门镇，接着从龙岩西门、南门、北门3路合围，敌人纷纷奔出东门，逃往漳平县的永福，龙岩遂告解放。

红军入城后，从监狱里救出一大批革命者。毛泽东还向龙岩中学的师生作了讲演。当天下午，红军又主动撤出龙岩城。5月25日，红军攻下闽粤边界的永定县城，建立了闽西第二个县级革命政权——永定县革命委员会，张鼎丞任主席。逃往永福的陈国辉残部试探着回到龙岩城。毛泽东、朱德遂决定二打龙岩，诱敌主力回援，聚而歼之。6月3日，红四军三纵队和邓子恢领导的闽西武装分南北两路，很快占领了龙岩城周围的山头，城内300余名敌人，一触即溃，再次逃往永福。红军再度占领龙岩城。建立了闽西第三个县级革命政权——龙岩县革命委员会，邓子恢任主席。

正在广东与桂系军阀混战的陈国辉得知龙岩被红军占领，急忙率兵入闽。红军二占龙岩的第三天，毛泽东、朱德命令部队再度撤离龙岩城。6月7日，红四军攻克闽西上杭以东的白砂，歼敌郭凤鸣残部1个团，同时引诱陈国辉上钩。白砂战斗之后，为进一步迷惑敌人，毛泽东、朱德率红四军于6月10日进驻赣南要隘连城县新泉镇，造成红军向江西退却的假象。陈国辉率主力开抵大埔。红军仅以零散队伍沿途袭击陈国辉部。陈国辉认为红军力弱无能，不敢交锋，就趾高气扬地开进龙岩城，并召开庆功祝捷大会。6 月 17 日，红四军神不知鬼不觉地离开新泉，回师东进，次日下午抵小池。前委在小池召开军事会议，部署第三次攻打龙岩的计划。当地群众协助红军封锁交通，使龙岩城里的国民党军对红军的新动向一无所知。

6 月 19 日天未亮时，红四军在闽西地方武装配合下，分两路逼近龙岩城，占领了周围的主要山头。接着红军发起总攻，从北、西、南 3 门攻进龙岩城，敌人纷纷投降，残敌企图出东门往东宫山方向逃跑，又遭红军伏击。此役歼敌 2000 余人，缴获长短枪 600 余支、机枪 8 挺、迫击炮 4 门，子弹不计其数。

战后，红军于闽西各县进一步发动群众，肃清反动势力，帮助地方党建立红色政权，迅速建立了以龙岩、上杭为中心的闽西革命根据地。

62. 毛泽东的“讣告”

1929 年 6 月 22 日，中共红四军第七次代表大会在龙岩召开，会期 1 天。会议就红四军党内长期存在的建军思想原则的分歧进行讨论。到会代表有：红四军前委委员，各纵队纵队长、政委、支队长和士兵代表共四、五十人。政治部主任陈毅主持会议，他在向大会所作的报告中，从党的利益出发，以团结为重，进行了必要的调解工作。毛泽东、朱德在会上各抒己见，争论得很激烈。在原则问题上，毛泽东素来不肯轻易让步。陈毅左右为难，他风趣地说：你们朱毛两人吵架，一个是晋国，一个是楚国；你们两个大国天天打架，我这个郑国怎么办？跟哪个走？站在哪一边？就是怕红军分裂，怕党分裂；我还是希望你们两方面团结。但是，毛泽东不赞成“和稀泥”。在这次会上，毛泽东处于孤立地位，他艰难地做大家的工作。毛泽东提出，应该安下心来，做艰苦的巩固根据地工作。会议通过了由陈毅起草的《红军第七次代表大会决议案——党内争论问题及分兵问题》，决议案在肯定毛泽东的功绩和作用的同时，也批评了他把党内争论判断得过分严重。会议否定了毛泽东提出的必须反对不要根据地建设的流寇思想和必须坚持党的集权制领导原则的正确意见。会议决议案同时也批评了朱德，因为朱德曾认为：“过去党代表了群众组织，而且还是书记专政。”会议选举产生了新的前委。以毛泽东、朱德、陈毅、林彪、刘安恭、伍中豪、傅柏翠及军直属队、4 个纵队的士兵代表共 13 人为委员。选举前委书记时，许多人不投毛泽东的票，由中共中央指定的前委书记没有当选。陈毅被选为前委书记。会后，毛泽东离开了红四军的主要领导岗位，以红四军前委特派员的身份，到闽西蛟洋指导闽西特委的工作。

毛泽东离开红军部队后，国民党军因数月不见毛泽东在红四军中活动，便误认为他已经病逝。1929 年 11 月 9 日，占驻会昌的国民党闽粤赣三省“剿共”指挥部参谋处特电告称：“毛匪泽东确已病故。”同月 11 日，国民党江西无线电通讯社将这一消息以显赫的标题公布于《江西民国日报》。

1930 年 3 月 20 日，莫斯科的共产国际官方公报《国际新闻通讯》（英文版）第 14 期，因错听消息，为毛泽东专发了一则讣告，全文如下：

据中国消息：中国共产党的奠基者、中国游击队的创立者和中国红军的缔造者之一的毛泽东同志，因长期患肺结核而在福建前线逝世。毛泽东是大地主和大资产阶级最害怕的仇敌。自 1927 年起，代表大地主大资产阶级利益的国民党就以重金悬赏他的头颅。毛泽东同志因病情不断恶化而去世。这是中国共产党、中国红军和中国革命事业的重大损失。当然，毫无疑问，敌人会因此而感到高兴。毛泽东同志出身于湖南一个农民家庭，早在学生时代，他就领导了反对中国军阀的斗争。俄国十月社会主义革命胜利后，他立即投身到了马克思列宁主义的运动当中。1919年在北京爱国学生发动五四运动以后，毛泽东在长江地区广泛开展了宣传运动。在安源煤矿，他建立了一个模范工会，为现在湘赣地区的工会和布尔什维克党培养了大批干部。毛泽东同志从1923年起就是中共中央委员。他坚决反对党内的机会主义错误，在武汉时期特别是这样。当中国共产党在土地革命中遭到失败时，他违背机会主义领导者的意志，继续在湖南农民群众中战斗，1927年马日事变后，他在湖南发动了秋收起义。1928年初，他的军队和朱德同志的队伍会师，建立了工农红军。他们占领了湘赣边界的广大地区，并在每个地方建立了苏维埃。红军的活动严重动摇了国民党反动政权。国民党派出邻省的7个军企图消灭这支红军。根据策略上的需要，毛泽东和朱德的部分红军撤离湖南前往广东和福建继续进行革命斗争。那里的革命运动正方兴未艾。福建省大部分地区已在苏维埃的控制之下。由于毛泽东的进军，那些被打垮被驱赶到粤东山区的红军和农民又重新开展了生气勃勃的斗争。去年夏天，国民党从6个省抽调6万多人的军队，又一次进攻毛泽东同志率领的红军。但是，装备精良的国民党部队并未能赶走这支一万人左右的红军队伍。相反，战争使国民党军队不断崩溃，整旅整旅的士兵开小差，甚至起义参加了红军。

毛泽东同志是被称之为朱毛红军的政治领袖。他在其领导的范围内完全执行了共产国际六大和中共六大的决议。他还帮助揭露和清除了在城市贫民、农民和工人阶级中的某些人那里存在的改良主义。这些改良主义思想是国民党“左派”、第三党以及陈独秀造成的。作为国际社会的一名布尔什维克，作为中国共产党的坚强战士，毛泽东同志完成了他的历史使命。中国的工农群众将永远铭记他的业绩，并将完成他未竟的事业。

63. 离开部队

1929 年 7 月底，毛泽东因为疟疾病重，先后到上杭县苏家坡、大洋坝和永定县牛牯扑、合溪等地农村养病，同时指导闽西的反“会剿”和指导当地开展土地革命。8、9 月间，毛泽东到达闽西永定金丰大山，住在只有 10 来户人家的牛牯扑一个竹寮里。毛泽东在这不到 10 平方米的小屋里除了服药治病，大量时间是读书看报，批阅战场上送来的情报、查看军事地图、拟制作战方案等。毛泽东在一块木板上写了“饶丰书房”挂在门口。

7 月 20 日，中共闽西第一次代表大会在上杭县蛟洋村召开。毛泽东出席了会议。大会听取了邓子恢代表特委作的工作报告，毛泽东作重要讲话。讨论通过了由邓子恢起草、经毛泽东修订的《中共闽西第一次代表大会政治决议案》及《土地问题决议案》等十几个文件。选举产生了新的特委，委员 15 人，常委 5 人。邓子恢为特委书记，蔡协民为组织科长，蓝鸿翔为宣传科长，江华为特委秘书长，张鼎丞为军委书记（谭震林、卢肇西为军委委员）。这次会议所提出和制定的关于土地革命政策的一系列规定，对巩固和发展闽西革命根据地起了重要作用。

毛泽东从龙岩到上杭，从上杭到永定，他一路走，一路把自己看到、想到的问题和意见告诉前来看望他的干部，提出各种建议：“现在的稻子快熟了，你们赶快把田分完，农民拿到了一季稻子，情绪就稳定了，我们的队伍就站住了。”“分田地一定要注意发动好群众，群众没有起来，分田是假的，农民还会把打到的粮食送到地主家去。”后来，毛泽东住在苏家坡，这是一个大村，坐落在一个山沟里，很偏僻。朱德带部队出发前惦记毛泽东的安全，专门调了一个连的士兵担任警戒。县委书记张鼎丞又抽调了一个连的地方武装配合警卫，同时封锁毛泽东住在这一带的消息。县委的同志还非常关心毛泽东的健康，他们送来了银圆、大米和蔬菜，还专门派来一位老中医跟着毛泽东的行动，为他治病。同志们的友谊，群众的深情，温暖着毛泽东，他的病慢慢地好起来了。他在病中的最好消遣，就是同群众聊天，从天时、地利、风土人情到年成的好坏，他都想听而且听得津津有味。他详细地了解这里土地革命的情况、群众对分田政策的意见。同这里的群众一聊就是大半天。

7月上旬，赣、闽、粤3省国民党军按照蒋介石的命令，集中13个团又两个营共2万人的兵力，由赣军十二师师长金汉鼎任总指挥，对红四军和闽西革命根据地发起第一起“会剿”。敌人的“会剿”使红四军未来得及执行中央打广东的指示。7月29日，中共红四军前委决定，第一、第四纵队留在闽西坚持游击战争，保卫苏区；军部率第二、三纵队出击闽中。

在苏家坡，消息十分闭塞，报纸很难看到，这使毛泽东难以忍受。幸好县委常有人来，给他介绍外界的情况。一天，县委的同志告诉他红四军出击闽中失利，已经回到闽西的消息。毛泽东很关心这次战斗，详细地询问作战经过。

9月下旬，红四军攻克上杭后，由朱德主持，在上杭召开中共红四军第八次党代会。许多指战员都有一种直觉：毛泽东在，队伍壮，工作顺，人心定；毛泽东一走，就有失落感，军心不稳。彭佑、郭化若等人纷纷起草信件，致信前委，要求毛泽东回来复职。朱德也感到许多事情应付不开，表示赞同。大会采纳很多代表的意见，致函毛泽东，希望他务必到会并回红四军主持前委工作。毛泽东正发疟疾，当他坐担架赴会时，会议已经结束。大家见他身体虚弱，浑身浮肿，让他继续养病。

64. 古田会议

1929 年 8 月 13 日，中共中央在上海召开政治局会议，讨论通过中共福建省委的秘密交通送来的中共红四军七大决议案和毛泽东、刘安恭等的信件。会议认为这个决议案“有些是正确的，有些是不正确的”；刘安恭的信将毛泽东、朱德分成两派，许多是不符合事实的，在故意造成派别。会议决定：由周恩来起草一封致红四军前委的信，要他们努力与敌人斗争，军委可暂不设立，军事指挥由军长、党代表管理，调刘安恭回中央。

8 月 21 日，中共中央发出由周恩来起草的给红四军前委的指示信，对红四军七大提出批评。强调“红军不仅是战斗的组织，而且更具有宣传和政治的作用”，指出红军“必须采取比较集权制”，党的书记多负责任“绝对不是家长制”，事事“要拿到支部中去讨论去解决——这是极端民主化的主张”。并且批评红四军七大侧重于解决内部纠纷是不正确的，“前委同志号召‘大家努力来争论’”和“刘安恭同志企图引起红军党内的派别斗争”是错误的。中央还指出，刘安恭调来中央。1929 年 10 月，红四军主力出击东江的路上，刘安恭牺牲于大埔县虎市。

不久，陈毅到达上海。8 月 27 日，中共中央政治局召开会议，李立三谈到，他听取陈毅关于红四军七大的主要内容，说：毛泽东“在政治上强”，“在政治上比较正确”，对于争论“能从政治上来说明一切问题”。

8 月 29 日，陈毅在中共中央政治局会议上详细汇报了红四军的情况和党内的争论。政治局决定成立李立三、周恩来、陈毅三人委员会，由周恩来召集，负责起草一封指示信。三人委员会确定，以中央 8 月 21 日给红四军前委指示信为基础，由陈毅执笔起草这封指示信。经过三人多次讨论，陈毅对一些重大问题的认识得到很大提高。

9月28日，中共中央政治局通过“九月来信”。“九月来信”在总结红四军经验的基础上，着重指出“先有农村红军，后有城市政权，这是中国革命的特征，这是中国经济基础的产物”。规定红军的基本任务是：“一、发动群众斗争，实行土地革命，建立苏维埃政权；二、实行游击战争，武装农民，并扩大本身组织；三、扩大游击区域及政治影响于全国。”强调“党的一切权力集中于前委指导机关，这是正确的，绝对不能动摇。不能机械地引用‘家长制’这个名词来削弱指导机关的权力，来做极端民主化的掩护”；同时，“前委对日常行政事务不要去管理，应交由行政机关去办”。这些指示，肯定了毛泽东提出的“工农武装割据”和红军建设的基本原则。指示信要求红四军维护朱德、毛泽东的领导，毛泽东“应仍为前委书记”。中央的“九月来信”，为红四军党内统一认识、纠正各种错误思想提供了根据。“九月来信”由陈毅带回，陈毅受中央的委托，回红四军做解释和纠正的工作。

1929年10月10日，毛泽东由地方武装用担架护送到上杭县城，同朱德等红四军领导人会合。在上杭找了一位名医用西药治疗，10多天病就转好。10月11日，农历重阳节，毛泽东所住临江楼庭院中黄菊盛开，他触景生情，填《采桑子·重阳》词一首：

人生易老天难老，岁岁重阳，今又重阳，战地黄花分外香。一年一度秋风劲，不似春光，胜似春光，寥廓江天万里霜。

10月21日，中共闽西特委获知赣军金汉鼎1个团正在逼近上杭县城，决定特委及机关、伤病员全部转移。毛泽东随邓子恢率领的特委机关继续回苏家坡。毛泽东找到一本《模范英语读本》，每天朗读一段课文。了解到苏家坡全村无人读书的情况，毛泽东建议特委创办了一所“平民小学”，在开学那天毛泽东给孩子们讲了一课，启发大家为翻身求解放学好文化。

10月22日，陈毅携中央“九月来信”，由上海回到正在东江松源的红四军前委机关，立即传达了中央的指示。随后陈毅派专人把中央的“九月来信”送往上杭苏家坡，并附信请毛泽东回红四军主持前委工作。

1929年11月18日，红四军抵达上杭县官庄，前委召开会议，决定扩大闽西赤色区域，建立政权。朱德、陈毅致信在上杭苏家坡休养的毛泽东，请他立即回红四军主持前委工作。11月23日，红四军攻占长汀城，中共红四军前委决定，促请毛泽东速回主持工作，并派部队接他回来。

11月26日，毛泽东与中共福建省委巡视员、组织部长谢汉秋从蛟洋抵达长汀，同朱德、陈毅会合。毛泽东表示，遵照中央指示回前委工作。

11月28日，毛泽东主持召开中共红四军前委扩大会议，会议决定：1. 召开中共红四军第九次代表大会；2. 用各种方法建立红四军的政治领导；3. 纠正党内各种错误倾向，扫除红军内部一些旧的封建残余制度，废止肉刑、禁止枪毙逃兵等。

同日，毛泽东致信中央，报告自己回红四军的情况和目前工作计划：四军党内团结，在中央正确指导之下，完全不成问题；陈毅同志已到，中央的意思已完全达到；唯党员理论常识太低，希望中央寄些学习材料和书籍来。

同日，毛泽东致信中共中央政治局常委李立三说：“多久不和你通讯了，陈毅同志来才知道你的情形。我大病三个月，现虽好了，但精神未全复原。开慧和岸英等我时常念及他们，想和他们通讯，不知通信处。闻说泽民在上海，请兄替我通知泽民，要他把开慧的通信处告诉我，并要他写信给我。……我知识饥荒到十分，请你时常寄书报给我，能抽暇写信指导尤幸。”

1929年11月，闽西革命根据地扩大到龙岩、永定、上杭、武平、长汀、连城6个县50多个区，其中有县苏维埃政府5个，区苏维埃政府50个，乡苏维埃政府400余个。约有80万群众分到了土地，根据地赤卫武装达到6000余人，5000多支枪。党的各级组织也有很大发展，已有工会会员近1万人，农会会员约70万人，党员7800余人。

12月3日，毛泽东、朱德、陈毅率红四军离开汀州进驻连城县新泉进行政治、军事整训。毛泽东及军部驻“望云草室”，毛泽东主持政治训练，朱德负责军事训练。毛泽东在陈毅的协助下，召开各级干部会和各种类型的调查会，迎着风雪奔走于红四军的各个驻地之间，从一个纵队到另一个纵队召开战士座谈会。他还分批会见红军的各级指挥员，虚心地听取他们的意见，诚恳地同他们交谈，启发他们的觉悟。他还走访了一些村庄，征求农民对红军的意见。

12月中旬，毛泽东、朱德率主力部队移驻上杭古田。前委在古田召开有各纵队、支队和部分大队党代表参加的联席会议，集中学习“九月来信”和有关指示精神，检查、讨论红四军存在的问题。针对红四军存在的问题，毛泽东将会议分成纠正共产党内非无产阶级意识、党的组织、党内教育、宣传工作、士兵政治训练等八个专题小组，分别进行讨论。毛泽东、朱德、陈毅等领导分别参加小组会议和代表们一起座谈讨论，总结经验教训。联席会议还根据“政治观念正确、工作积极、有斗争历史”三个条件，酝酿新前委候选人名单。

12月28日，中共红四军第九次代表大会在福建上杭古田村廖家祠堂召开，29日结束。到会代表120余人。会上毛泽东作了政治报告，朱德作了军事报告，陈毅传达了中共中央“九月来信”。大会根据中央来信精神，总结了南昌起义以来红军的建设经验，批评了各种错误思想。通过了毛泽东起草的《中国共产党红军第四军第九次代表大会决议案》。决议案指出，中国的红军是一个执行革命政治任务的武装集团，他必须服从党的领导，树立无产阶级思想，纠正单纯军事观点、极端民主化、绝对平均主义、主观主义、个人主义、流寇思想、盲动主义残余等；并强调红军不但要打仗，而且要负担起宣传群众、组织群众、武装群众等项任务；并且必须在军内建立起正确关系，对敌军采取正确政策；等等。

大会选举毛泽东、朱德、陈毅、李任予、黄益善、罗荣桓、林彪、任永豪、谭震林、宋裕和、田桂祥 11 人为红四军前委正式委员，杨岳彬、熊寿祺、李长寿 3 人为候补委员。毛泽东任红四军前委书记。

65.《星星之火，可以燎原》

古田会议刚结束，第一纵队长林彪给毛泽东写了一封“新年贺信”。信中他对形势持悲观估计，怀疑红旗到底能打多久。毛泽东考虑到他的思想有一定的代表性，便于 1930 年 1 月 5 日给他写了一封很长的复信，以《时局估量和红军行动问题》为题印发到各大队支部。此信批评了林彪等人过高估计敌人力量，过低估计革命力量的右倾悲观思想和不承认农村根据地、不愿用艰苦的工作建立根据地的错误倾向。毛泽东这篇通信进一步发展了他在《中国的红色政权为什么能够存在?》《井冈山的斗争》两文中提出的中国红色政权的理论，回答了中国革命应当走什么道路的问题，标志着他的建立农村革命根据地，以农村包围城市，最后夺取全国政权的理论基本形成。毛泽东在本文结束时，充满激情地写道：革命高潮“它是站在海岸遥望海中已经看得见桅杆尖头了的一只航船，它是立于高山之巅远看东方已见光芒四射喷薄欲出的一轮红日，它是躁动于母腹中的快要成熟了的一个婴儿”。

这封信以《星星之火，可以燎原》为题收入《毛泽东选集》时，对批评林彪部分作了较大删节。

赣、闽、粤三省国民党军集中 14 个团的兵力，对闽西革命根据地发起第二次“会剿”。红四军为打破这次“会剿”，采取各个击破敌人的方针。朱德率第一、三、四纵队，毛泽东率第二纵队，先后由闽西转至赣南，威胁赣军后方。赣军主力于是急由闽西回赣，粤军见状匆匆撤回广东，闽军亦因内部发生内讧，急速开往福州，三省“会剿”遂黯然收场。

1930 年 1 月 15 日，中共中央军事部为指导全国各地军事斗争，在上海创办《军事通讯》，创刊号上发表陈毅 1929 年 9 月 1 日写的《关于朱毛红军的历史及其状况的报告》，周恩来在文前加了按语，要求各地红军，各地方组织都要学习朱毛的经验，坚决执行红军游击战争的任务和战术原则。

1930 年 1 月，毛泽东同朱德一起指挥红四军打破闽、粤、赣 3 省敌军对闽西根据地的第二次“会剿”，连克宁都、乐安、永丰等县。

1 月 30 日，是农历正月初一，毛泽东将由闽西进入赣南的一路情景吟成词一首《如梦令·元旦》：

宁化、清流、归化，路隘林深苔滑。今日向何方，直指武夷山下。山下山下，风展红旗如画。

2 月 6—9 日，中共红四军前委在江西吉安陂头召开赣南特委和红五、六军（红六军军长黄公略，政委陈毅）军委联席会议，9 日结束。会议决定将赣西、赣南、湘赣边三特委合并为赣西南特委。会议决定将红四军前委扩大为四、五、六军共同前委，统一指挥赣闽粤的斗争。四军成立军委，指定潘心源为四军军委书记。共同前委由毛泽东、郭贞、曾山、王怀、方志敏、朱德、潘心源、黄公略、刘士奇、彭德怀、谭震林、陈毅、邓子恢、张鼎丞、袁国平、李文林、滕代远 17 人组成。毛泽东、曾山、刘士奇、朱德、潘心源 5 人为常委，毛泽东为书记。黄公略、彭德怀为候补常委。会议确定了党的三项任务：深入土地革命，建立革命政权，扩大工农武装。

2月，毛泽东在行军途中的马背上哼成了《减字木兰花·广昌路上》：

漫天皆白，雪里行军情更迫。头上高山，风卷红旗过大关。此行何去？赣江风雪迷漫处。命令昨颁，十万工农下吉安。

66.寻乌调查

1930年5月，毛泽东经江西会昌来到寻乌城。他利用红四军一、二、四纵队分兵寻乌、安远和广东平远做发动群众工作的时机，在寻乌开展了大规模的调查研究工作。

毛泽东说："对于商业的内幕始终是门外汉的人要决定对待商业资产阶级和争取城市贫民群众的策略，是非错不可的。非常明显，争取贫民一件事，一般同志不感觉它的重要，高级指导机关感觉它的重要了，却始终不能给同志们以行动上的具体策略，尤其是不能把具体方法指示出来。……我是下决心要了解城市问题的一个人，总是没有让我了解这个问题的机会，就是找不到能充足地供给材料的人。"

寻乌地处闽、粤、赣三省的边陲之地，摸清各方面的情况和据此制定政策，对三省及其他地方都有实践意义。到了寻乌城，毛泽东不胜欢喜。在寻乌，毛泽东先住在县城西井巷天主堂，后住县城南门外马蹄岗一幢石砌楼房里，在中共寻乌县委书记古柏的陪同下，考察了寻乌城。通过古柏的介绍，认识了"县城通"郭友梅、范大明两位老先生：郭友梅是杂货店主，他在寻乌的历史很长，又做过两任商会会长，对寻乌城的历史和现状了如指掌；范大明，贫农，县苏维埃政府职员，他对旧社会的辛酸苦辣体验深，斗争坚决，工作积极，他对革命前后城区的情况以及城郊居民对革命的态度，非常清楚。

为进一步了解全县各阶层情况，毛泽东采取开调查会的方式进行调查。经常参加调查会的除古柏、郭友梅、范大明外，还有县苏维埃委员赵镜清、城郊苏维埃主席刘亮凡。此外，还有几个工农出身的有经验的区乡干部、教师和店员。毛泽东还特意请了62岁的前清秀才郭清如参加调查会，向他求教寻乌的社会沿革、风土人情、文化经济等各方面的情况。

每次开调查会，都有调查纲目，毛泽东亲自主持和记录，满腔热情地接待每一个与会者，以甘当小学生的精神不耻下问，并同到会的人展开讨论。会上大家畅所欲言。毛泽东不仅对寻乌城21个行业、131家大小商店的历史、现状及其主人的政治态度进行了详细询问，而且对全县7个区21户大地主、113户中地主的剥削形式、剥削手段及其压迫群众、反对革命的恶劣行为，也问得很清楚。为了解农民卖儿卖女的情况，毛泽东特邀了刘亮凡、李大顺、梅治平3个农民开调查会。3个农友分别向毛泽东汇报了富福山、黄砂、兰田3个村穷苦人卖儿卖女的惨景，毛泽东把他们的谈话一字一句地记下。毛泽东在调查记录中加了这样一段话："所有我的调查都很谨慎，都没有过分的话。我就是历来疑心别人的记载上面写着'卖妻鬻子'的话未必确实的，所以我这回特别下细问了寻乌的农民，看到底有这种事情没有？细问的结果，那天是三个人开调查会，他们三个村子里都有这种事。"

寻乌调查已经进行了近20天，毛泽东反复思考，觉得还有不少似是而非的问题，需要进一步探讨。于是又和古柏商量召开了有50多人参加的总结调查会。毛泽东将没有把握或不够清楚的问题，一个个地提出来，让大家议论，广泛地征询大家的意见，又开了两天，寻乌调查才算圆满结束。

1931年2月，毛泽东利用第一次反“围剿”胜利的间隙，在宁都小布整理出了近10万字的《寻乌调查》，记载了寻乌政治、交通、商业、旧有土地关系及土地斗争等内容，并一直珍藏着，经过长征，带到延安。1937年，毛泽东将《寻乌调查》《长冈乡调查》《才溪乡调查》等一起交出版社出版，并为这批调查材料定名为《农村调查》，同时还为本书写了序言。他在为《寻乌调查》所写序言中说：“我过去做过湘潭、湘乡、衡山、醴陵、长沙、永新、宁冈七个有系统的调查，湖南那五个是大革命时代（一九二七年一月）做的。永新、宁冈两个是井冈山时代（一九二七年十一月）做的。湖南五个放在我的爱人杨开慧手里，她被杀了，这五个调查大概是损失了。永新、宁冈两个，一九二九年一月红军离开井冈山时放在山上一个朋友的手里，蒋桂会攻井冈山时也损失了。……失掉别的任何东西，我不着急，失掉这些调查（特别是衡山、永新2个），使我时常念及，永久也不会忘记。”

67. 攻打长沙

1930年7月24日，红一军团攻占江西樟树镇（清江），歼灭国民党守军一部。第二天，毛泽东、朱德在樟树镇召开红一军团干部会，决定不打南昌，率部西渡赣江。7月，在行军途中，毛泽东作《蝶恋花·从汀州向长沙》：

六月天兵征腐恶，万丈长缨要把鲲鹏缚。赣水那边红一角，偏师借重黄公略。百万工农齐踊跃，席卷江西直捣湘和鄂。国际悲歌歌一曲，狂飙为我从天落。

红军30日到达南昌对岸的万寿宫、生米街地区。8月1日派两个纵队攻击牛行车站，隔江向南昌鸣枪示威，以示纪念南昌起义3周年。随后全军即转至安义、奉新地区休整待机。从而避免了中共中央指令强攻南昌、九江可能遭到的损失，在行动上抵制了立三路线。

红三军团于7月23日会同湘鄂赣边独立师发起攻打长沙战役，部队由平江县城出发，南出晋杭，一举击溃国民党军第五十五旅，歼其大部。继沿平（江）长（沙）公路南进，25日攻占金井，歼守敌第四十五旅大部。27日，攻占湖南省会长沙，俘国民党军4000余人，缴各种枪支3000余支，炮20余门，电台9部及大批弹药物资。湖南头号反革命、双手沾满革命人民群众鲜血的刽子手何键只身逃往湘江西岸。

30日，红三军团在长沙组成湖南省苏维埃政府，以李立三为主席（李未到职，由王首道代理），杨幼麟为副主席，彭德怀、李宗白等13人为委员。颁布了《暂时劳动法》《暂时土地法》和苏维埃政纲等文件。在长沙，红三军团扩红七八千人，筹款40万银洋，解决了红军被服、医药困难，处决了一批反革命分子，释放了几千名政治犯。

8月3日晚，何键集结全部力量15个团，在帝国主义10余艘小型浅水舰的掩护下，从长沙上、下游渡过湘江，南北夹击长沙市。8月6日拂晓，红三军团撤离长沙城。

红一军团为支援红三军团，由江西安义、奉新地区西进湖南，8月20日，于浏阳县文家市地区全歼何键第3纵队3个团又1个营，击毙纵队司令兼旅长戴斗垣，俘敌1000余人，缴各种枪1500余支。

8月23日，红一军团和红三军团在湖南省浏阳县永和市会合，当日，召开了一、三军团前委联席会议，三军团前委同志提议成立第一方面军和总前委。彭德怀提议将三军团之五、八军编为一方面军建制，便于统一指挥。朱德任总司令，毛泽东任总政委兼总前委书记，朱云卿任参谋长，杨岳彬任政治部主任，辖3万余人。第一军团总指挥部由方面军总指挥部兼，即朱德任总指挥、毛泽东任政委、朱云卿任参谋长、杨岳彬任政治部主任，辖第三、四、十二、二十、二十二军。同时，成立了中国工农革命委员会，统一指挥红军和地方政权，毛泽东、朱德等35人为委员，毛泽东为主席。

8月29日，中共中央发出《关于再度占领长沙的战略给长江局并转湘省委，湘、鄂、赣前委及行委的信》，指示第三、四、五、八军主力再度集中进攻长沙。并联络鄂西二、六军截断武长路，将何键及在湖南之主要部队予以完全消灭，然后调转主力击溃江西主要敌军占领南昌、九江。在湘赣主要敌军被击溃的条件下，向着武汉中心前进。指出：占领长沙后，便须立即召集广大群众大会，宣告成立“中华苏维埃共和国中央工农革命委员会”。还说：中央决定在湘鄂赣这一广大苏维埃中成立中央局。

8月29日，红一方面军再打长沙。当天，部队进抵长沙近郊。这次，敌人已经有了准备。何键占领长沙后，架电网，挖壕沟，工事修得很坚固。红军买了几十条水牛，在牛尾上绑上棉花，浇上汽油，点燃后，牛乱冲乱撞，碰开了电网，抓了几个俘虏，了解到城内有4个旅的驻军。红军决定采取“诱歼敌军于其工事之外，然后乘胜利攻入长沙”的战法，在城郊待机歼敌。后来，红一方面军总前委根据守敌主力据守阵地，长沙城坚兵众，屡攻不克，为避免更大损失，红军于9月12日率部撤长沙之围，转往株洲、醴陵、攸县、萍乡地区待机歼敌。13日，红一方面军总前委在株洲召开会议，总结二打长沙的教训。决定暂不打长沙，也不打南昌，先以红一军团攻取有利于红军和根据地发展的赣西重镇吉安；红三军团占领清江等地，阻击援敌，保障一军团侧翼安全。待达到上述目的后，就地发动群众，扩大红军，然后再伺机攻打南昌、九江。

9月29日，中共中央长江局代表、长江局军委书记周以栗携带中央8月29日关于要红一方面军再度占领长沙的指示信辗转到达江西袁州（宜春）红一方面军总部，要方面军回攻长沙。红一方面军总前委随即举行会议，再次讨论部队的行动方针。会上，经毛泽东多方说服，周以栗放弃原来意见，决定继续执行株洲会议决定。随后，一、三军团按原计划分别向吉安、清江地区开进。红一方面军第一军团主力10月4日在赣西地方武装配合下，攻占吉安城。7日，赣西各县10余万群众在城内举行庆祝大会，会上宣布成立江西省苏维埃政府，曾山任主席，毛泽东、朱德、方志敏、陈正人等53人为委员。接着，以李文林为书记的13人组成了中共江西省行动委员会。

10月17日，红一方面军总前委在江西省峡江举行扩大会议，对时局的估量、红军的行动方向、土地问题和工商业政策进行了讨论，作出了相应的决议。并进一步决定停止执行进攻南昌、九江的计划，将部队部署在清江至分宜段的袁水两岸，以战备姿态开辟群众工作、筹措给养。

68. “开慧之死，百身莫赎”

1927年8月，毛泽东参加秋收起义和杨开慧分别后，杨开慧一直在老家板仓一带坚持不懈地进行地下斗争。

毛泽东带领队伍到井冈山后，用暗语给杨开慧写了一封信，说：他出门后，开始生意不好，亏了本，现在生意好了，兴旺起来了。这封信经过不少周折，直到1928年初才辗转到杨开慧手中。她从地图上找到井冈山的位置，牵肠挂肚地思念着。

1929年3月7日，《湖南民国日报》登载了朱德之妻萧奎联（伍若兰）被挂头示众的报道，随后还发了两篇欣赏人头的文章。杨开慧以《见欣赏人头而起的悲感》为题写道：“上个月底湖南民国日报登载了两篇欣赏人头的美妙文章，欲知时代精神者不可不读！……想不到前清时候罪诛九族的故事，现在还给我亲眼瞧到（杀朱德妻虽然未及九族，根本是这一个意思）！我从前根据我的时代眼光，对于杀人的事实，常常是这样说：杀人是出于不得已啊！虽然事实常常不是这样的……可是啊，这一次杀朱德妻的事，才把我提醒过来！原来我们还没有脱掉前清时候的文明风气，罪诛九族的道理，还在人们的心里波动！另外，我又知道杀人不但不是悲惨的事，人头简直是普遍需要的一种艺术品！你看他们不是感情奔赴着，以欣赏人头为快的情绪！”

1929年3月以后，杨开慧了解到革命处于低潮的井冈山的情况，她深知凶残的敌人决不会放过她，因此不能不有牺牲的准备。

1930年8月，红军撤出长沙后，湖南省省长兼国民党清乡司令部司令何键悬赏1000大洋，捉拿“毛泽东的妻子杨氏”。

国民党长沙警备司令部的密探、何键的武术训练班教官、特务头子范瑾熙是板仓人，10月24日，杨开慧在通知战友隐蔽时，经何键指使，范瑾熙派暗探余连珊化装成贩卖陶罐的小商人在杨开慧的家乡福临铺、清泰乡、板仓一带盯梢。由于杨开慧机敏，经常带着孩子在亲戚家东躲西藏，敌人总是扑空。因为毛岸英过8岁生日杨开慧回到家里，才被敌人盯住。同时被捕的还有保姆陈玉英和8岁的长子毛岸英。杨开慧被捕的消息震动了长沙，在清泰乡飘峰山一带坚持地下斗争的同志，带上武器汇集到一起，下决心要把杨开慧救出来，他们派出交通员沿长岳古道追到长沙，才知道杨开慧已经被关进警备司令部的监狱。

杨开慧的被捕，使国民党湖南省政府的政客们弹冠相庆，他们认为捉住了杨开慧，不但能破获共产党的高级机关，还可以进一步跟踪追捕毛泽东和朱德。

杨开慧被押到长沙后，很快便由市警备司令部转到省清乡司令部，不久又被关进陆军监狱署，被何键列为案情重大的“政治犯”。省政府的委员、清乡司令部的头目每天都在追问案情的进展。在清乡司令部中厅的特种刑庭里，每次都要从早上 8 点审讯到下午 4 点。杨开慧遭受严刑拷打，坚贞不屈。

敌人又来劝降，条件是，一不要交出地下党的名单，二不让写悔过书，只要在报纸上发表声明，跟毛泽东脱离夫妻关系，就能获得自由。杨开慧回答：“杨开慧把她跟毛泽东的关系看得比生命更可贵。头可断，血可流，让我们脱离关系，痴心妄想！要杀便杀，我誓不屈服！”

家中来人告诉她，她妈妈到南京找保人去了，长沙也有人保她。杨开慧冷静地说：“不要枉费精力了。请告诉亲人们，我死不足惜，但愿润之革命早日成功！”

夜深了，月光从窗口探进牢房，照着熟睡的毛岸英。一阵阵西北风吹来，杨开慧脱下身上的罩衣轻轻地盖在孩子身上，无限深情地抚摸着孩子的脸庞。她很少流泪，这时候，滚烫的泪水不知不觉淌了下来。她强忍着悲痛，不再去看孩子，起身走近窗口。

1930 年 11 月 14 日，清晨 6 点钟，长沙师敬湾陆军监狱如临大敌。敌人把杨开慧押出来。她外穿与毛泽东分手时的旗袍，昂然走出牢门。

后面跑出岸英，他满脸是泪，扑到妈妈脚下，抱着妈妈的腿号啕大哭。杨开慧弯腰扶起岸英，紧紧搂在胸前，轻声安慰说：“孩子，我没有别的话要说。如果你将来见到你的爸爸，就说我没有做对不起党的事。说我非常想念他……我不能帮助他了，请他多多保重！”杨开慧向毛岸英说的最后一句话是：“孩子，记住，血债要用血来还！”毛岸英含泪点点头。孙嫂从牢房里奔出来，失声痛哭：“杨先生，你不能走啊！孩子舍不得你！”杨开慧亲切地望着她，亲手把毛岸英交给她说：“孙嫂，我的三个孩子都还小，他们是润之的亲骨肉，是革命的幼苗，我不能承担抚养的责任了，全托给你吧！等孩子长大以后，你们会好的。”

在特种刑庭审讯室里，敌人又一次问道：“杨开慧，你真的不愿意与毛泽东脱离夫妻关系吗？”杨开慧斩钉截铁地说：“无须多问，早就回答你们了!”敌人问:“你上有老母，下有孩子，年纪轻轻的，要为自己的将来着想。”杨开慧:“这些事，我自己有主张，不用你们管!”“你不怕死吗?”“牺牲小我，成功大我!”“对你的家属，有什么遗言?”“你可以告诉他们，我死后，不要做俗人之举。”执法处长捧着一纸文书喊道:“……判处共党要犯、毛泽东之妻杨氏开慧死刑，立即绑赴识字岭刑场枪决!”杨开慧奋力推开要绑她的敌人，大义凛然地走出法庭。杨开慧被敌人五花大绑地推向街头，她后面还有6名难友。来到识字岭，杨开慧背对着几丈高的天灯柱子，面向她亲爱的故乡板仓挺立着。下午1点，刽子手罪恶的枪声响了，杨开慧英勇就义，时年29岁。杨开慧牺牲后，她的遗体被亲友连夜运回板仓，葬在青松环绕的棉花坡上。

毛泽东从报上得到噩耗，十分哀痛。越过国民党反动派的层层封锁，寄信给杨开慧的家属说:“开慧之死，百身莫赎。”并寄款为烈士修墓立碑，上刻:毛母杨开慧墓男岸英岸青岸龙刊民国十九年冬立，修。

69. 第一次反“围剿”

1930年4月，国民党新军阀蒋介石和冯玉祥、阎锡山之间爆发了一场大战。双方集结兵力百万，以河南信阳、商丘为中心，在津浦、陇海铁路沿线，东起山东、西至襄樊、南迄长沙，战线绵延数千里，因此称为“中原大战”。这场战争一直持续到1930年11月，双方死亡30余万人，最后以阎、冯的失败而告终。在这里起关键作用的是东北的张学良。1930年9月18日，张学良决定东北军入关，帮助蒋介石打败了冯、阎等反蒋联军。蒋介石委任张学良为陆海空副总司令，委任东北军将领于学忠为平津卫戍司令、王树常为河北省主席。

这个时期，中国共产党领导下的农村土地革命，在新军阀的混战中迅猛发展。在全国建立了大小15块红色革命根据地，正规红军发展到13个军共10万人。其中江西、闽浙赣、鄂豫皖根据地，距国民党的统治中心——南京近在咫尺，像一把尖刀刺在国民党政权的前胸。对蒋介石来说，革命根据地与红军的发展壮大，比任何国民党内的反蒋派要可怕千百倍。中原大战刚刚结束，他即调转兵力，准备向红色根据地进行大规模的“围剿”。

1930年10月3日，国民党武汉行营主任何应钦受蒋介石委托，在汉口召开湘鄂赣3个省“剿匪”会议。提出，红军主力已集聚赣南，本次“围剿”以赣南为重点，要在3至6个月内结束战斗。

蒋介石下令，要在江西的国民党第五、十八、五十、新编第五、新编第十三各师及独立第十四旅等部，暂编为第九路军，统归江西省主席鲁涤平指挥，会同第六、十九路军“围剿”赣南革命根据地。

10月25日，红一方面军总前委和江西省行动委员会在江西新余县罗坊举行联席会议，会议由毛泽东主持，参加会议的有朱德、彭德怀、林彪、罗荣桓、滕代远、袁国平、黄公略、罗炳辉、陈正人、曾山、周以栗等人。会议分析了当前的政治形势，总结了两次攻打长沙和夺取吉安的经验教训，通过了《目前政治形势下一方面军及江西党的任务》决议。会议后期，根据国民党军队即将开始的对根据地“围剿”的实际情况，着重研究了战略方针。

因三军团的五军、十六军大多数是平江、浏阳人，八军多数是阳新、大冶人，一些地方主义者反对过江，主张一、三军团分家，夹江而阵：一军团位置于赣江以东，三军团位置于赣江以西。认为这样既可以集中消灭敌大部队，也可以团为单位分散于湘赣边、湘鄂赣边、鄂东南区进行游击战，对将来夺取湘鄂赣三省政权都有利。从坚持长期战争方面看，这些人还是有些理由的，因此得到相当一部分人的拥护。但是彭德怀考虑：一、三军团分开，一次要各消灭敌军一个师很勉强，两军团合起来消灭敌人一个师就比较轻松。他认为，为了有效地消灭敌人，必须反对地方主义，在政治上以朱、毛为旗帜，一、三军团不能分开。彭德怀通过做思想工作，说服了坚持地方主义的人。他说，红军要有地方性，但又要反对地方主义，有意见到河东讨论，但不能妨碍行动，更不能说一、三军团分家。彭德怀这一票相当关键，改变了在湘江、赣江之间机动作战的计划。

会议经过争论，于30日通过了毛泽东提出的，在赣江以东、大海以西广大地区创造根据地和采取“诱敌深入”的方针。决定主力红军全部东渡赣江，依据根据地的群众和地形条件进行反“围剿”作战。根据罗坊会议的决定，红一方面军总部于11月5日率部向袁水两岸转向赣江以东的新淦、崇仁、宜黄、永丰之间地区，沿途组织人民群众进行坚壁清野，部署游击战争，进行反“围剿”的各项准备工作。

鲁涤平集中国民党17个师又1个旅的兵力，编为3个纵队，由南昌、上高一线向南推进，对赣南革命根据地发起第一次“围剿”。7日，各部部队进至清江、分宜、新余地区，因红军以先期转移而扑空，遂以主力转向赣江东岸，寻求红军主力决战。

11月中旬，红一方面军主力寻机歼敌，再次实行“求心退却”，逐次退出赣江以东的新淦、崇仁、南城、南丰、吉水地区，转往苏区中部的东固、龙冈、黄陂地区集结待机，并抓紧进行政治整训和临战训练。

12月7日，蒋介石到达南昌，召集党、政、军高级官员会议。亲自组织对根据地红军的“围剿”，设立“陆海空军总司令南昌行营”，鲁涤平兼主任，张辉瓒任前线总指挥，统一指挥第六、九、十九路军，共10万人。采取“并进直追，分进合击”的作战方法，从江西吉安到福建建宁一线分8个纵队向一方面军进攻。其部署为，第六路军由蛟湖、黄陂、南丰和闽赣边向洛口、广昌、宁都方向进攻；第九路军由永丰、乐安、吉安等地向东固、龙冈地区进攻；第十九路军经萍乡向万安、泰和前进，准备进攻兴国。自16日，上述军队分路向根据地中心区推进，并悬赏缉拿红军统帅朱德、毛泽东、黄公略、彭德怀等。

1930年12月中旬，红一方面军总前委在黄陂召开军以上干部和地方党政负责人会议，具体研究打破国民党军第一次“围剿”的作战方案。会上，毛泽东分析了国际、国内，敌方、我方的形势，提出了粉碎敌人“围剿”的“八大胜利条件”。会议同时规定，早晚点名喊6个口号：勇敢冲锋！拼命杀敌！多缴枪炮！活捉鲁涤平！红军胜利万岁！共产党万岁！

12月25日，总前委在小布召开“苏区军民歼敌誓师大会”。毛泽东为大会书写对联：“敌进我退、敌驻我扰、敌疲我打、敌退我追、游击千里战胜券；大步进退、诱敌深入、集中兵力、各个击破、运动中歼灭敌人。”并以对联为题目作了动员报告，具体地解释反“围剿”的战略战术思想，深刻分析敌必败、我必胜的各种条件，进一步鼓舞根据地军民的胜利信心。此时，敌军已分别侵入根据地的富田、东固、东韶、源头、洛口、头陂等地、构筑工事，寻找红军主力决战。毛泽东分析敌我形势后，决定先打谭道源师。由于敌人不脱离源头那个居高临下的阵地，红军两度开进，两度撤回。

1930年12月28日，鲁涤平命令所属各师向红军发动总攻击。一向骄横的第一纵队司令兼第十八师师长张辉瓒得知红军内部发生“富田事变”，以为正是大举进攻的好时机，立即出动，把第五十四旅留守东固后方，亲率师部和第五十二旅、第五十三旅，在第二十八师一个旅的配合下，向龙冈推进。

毛泽东来到小布的红十二军驻地，对罗炳辉军长说：“你率领三十五师，从藤田方向牵住张辉瓒师的鼻子，把他引到龙冈去。在引敌途中只许打败仗，不许打胜仗。”罗炳辉率领三十五师从永丰的藤田出发，边打边退，并在行军途中故意丢掉包袱、大刀、马灯等物品，牵着敌张辉瓒师的鼻子前进。

张辉瓒得以迅速进至龙冈。

毛泽东、朱德等在龙冈东南面的山坡上，见到罗军长，毛泽东说：“你们辛苦了。部队都回来了吗？路上有没有吃亏？”罗军长说：“除了3个连还在继续引诱敌人外，其余的都回来了，在路上没有吃亏。不过，为了牵引敌人，我们给他们做了一顿饭。”这时，敌人已经到了龙冈圩，南面有条小河，河上有座用竹排子搭的浮桥。

红军引敌人过桥后，就把浮桥拆掉。逼使敌军集中在圩镇上。

龙冈接近红军主力集中的地方，群山环抱，中间是狭长的盆地，当地群众又能帮助封锁消息，是红军设伏的好场所。张辉瓒师出动的当晚，毛泽东、朱德向全军下达命令：“张辉瓒部经善和、藤田到达潭头，现向上固、龙冈推进中。”“方面军决定改换目标，横扫在我左翼当前之敌。”

第二天晚8时，毛泽东、朱德乘张师刚刚进占龙冈、孤军深入、立足未稳的机会，下达攻击命令。

12月30日凌晨，细雨浓雾。毛泽东、朱德步上龙冈、君埠之间的黄竹岭临时指挥所。毛泽东对朱德说：“总司令，你看，真是‘天助我也！’三国时，诸葛亮借东风大破敌兵；今天，我们乘晨雾全歼顽敌啊！”

张辉瓒率部由龙冈向五门岭推进，刚进入狭窄山路时，突然遭到预先在这里设伏的红军居高临下的猛烈袭击，退路又被切断。早已隐蔽在圩镇西北面的红三军和西南的三军团，同时向敌军阵地发起猛攻。敌军火速向东南面前进，争夺制高点，当敌人进到半山腰时，埋伏在东南面的红四军和东北面的红十二军猛烈向敌射击。红三军和三军团向圩镇冲去。经过3个小时左右的激烈战斗，张辉瓒第十八师的1个师部、2个旅全部被消灭。俘敌9000余人，缴枪9000多支、大炮5门、弹药无数、电台半部（红军从此有了电台）。敌连以上军官，包括师长张辉瓒、两个旅长和一个参谋长都被活捉。毛泽东和朱德同志以及指挥所的同志从黄竹岭前往龙冈途中，听到前面红军战士高声欢呼“捉到了张辉瓒啰！”“仗打赢啰！”

毛泽东豪情满怀，立即在马背上吟出了《渔家傲·反第一次大“围剿”》。词的前半阕是：

万木霜天红烂漫，天兵怒气冲霄汉。雾满龙冈千嶂暗，齐声唤，前头捉了张辉瓒。

这一仗，从1930年12月29日开始，30日结束。红军接着又向永丰的源头出发，驻源头的谭道源师急忙向宁都的东韶逃跑，许克祥师向头陂逃跑。毛泽东、朱德于1931年1月2日在小布发出《进攻东韶之敌的命令》，红军遵照命令，乘胜追击，消灭谭师一半。

红军在5天内，打了两个胜仗，歼敌13000人，缴获枪13000支，缴获电台两部。富田、东固、头陂的国民党军纷纷撤出。至此，国民党的第一次“围剿”被红军粉碎。

红军取得胜利后，乘敌在兴国、吉安、永丰、乐安、宜黄、南丰之线转入防御之际，发起攻势作战，在苏区与敌占区之间消灭地主武装，巩固和扩大革命根据地。红军在广昌、宁都、永丰、乐安、南丰等县境内争取了几十万群众，摧毁了三都、七堡、山寮、古龙冈等多处地主武装长期盘踞的土围子，并在根据地边境各县区恢复、建立起赤卫营、独立营、特务队等群众武装。

红一方面军总部利用在第一次反“围剿”中缴获的无线电通信器材，组建了中国工农红军第一支无线电队。1931年，在上海中央特科学习无线电通信技术的曾三被派往江西中央根据地。由他做报务员，实现了中央红军与上海党中央的第一次无线电联系。

1930年10月，毛泽覃被任命为中共吉安县委书记、赣西南后方办事处主任。办事处下面有兵站、兵工厂、被服厂、特务连。在第一、二次反“围剿”期间，他们负责筹集钱粮物资和军工生产。

1930 年冬天，毛泽东在去往永丰县的路上，碰见两个红军战士押着一个青年，背后有一位老太婆跌跌撞撞地哭着。毛泽东急忙扶住老太婆。当毛泽东听说是毛泽覃所部在用这种方式扩大红军时，怒不可遏，找到毛泽覃，甚至挥拳要揍毛泽覃。毛泽覃大声说："这是革命队伍，不是毛氏祠堂。"但，次日，毛泽覃找到那位青年，向他赔礼道歉，并把他送回家去。

70. 第二次反"围剿"

蒋介石在第一次"围剿"失败以后，积极策划第二次对中央根据地的军事"围剿"。1931 年 2 月，派军政部长何应钦为总司令来江西兼任南昌行营主任。3 月中旬又调集了 18 个师又 3 个旅共约 20 万人的兵力向红军进攻。其部署为：蔡廷锴的第十九路军，主力置于兴国地区，向龙冈、宁都方向进攻；王金钰第五路军的第二十八、四十三、四十七、五十四、七十七师，置于万安、泰和、吉安、吉水、永丰一带，向东固、沙溪方向进攻；孙连仲的第二十六军，主力置于乐安、宜黄地区，向大金竹、洛口方向进攻；朱绍良的第六路军，主力置于南丰和福建建宁一带，向广昌方向进攻。另，以驻粤新编的第四旅、新编第二师卢兴邦旅、第四十九师和驻粤第六十二师，在赣、闽、粤边实施堵击。

国民党军队从吉安到建宁构成了一道 800 里长的路线，采取"步步为营、稳扎稳打"的办法。4 月 1 日，兵分 4 路正式对中央苏区发动第二次"围剿"。这时中央苏区的工农红军只有 3 万余人。蒋介石以 7 倍于红军的优势兵力，想在 3 个月内消灭红军。

红军于 1931 年 2、3 月间在宁都小布、黄陂一带领导根据地军民进行反“围剿”的各项准备工作。毛泽东、朱德先后签发了关于做好政治动员工作的通令和争取第二次反“围剿”胜利的宣传大纲，制定地方武装组织的策略和工作路线，出席了在黄陂下坎召开的苏区军民大会，工农红军在广昌、南丰、乐安、永丰等广大游击区，充分发动群众，组织地方武装，建立红色政权；在宁都、兴国、于都等广大根据地内坚决消灭白点，努力肃清间谍，并对群众进行政治动员。根据地人民一方面进行军事训练，同时努力生产，积极支前。

面对敌人的强大压力，红军有的领导提出“分兵退敌，到根据地外打游击”的意见，甚至说要退到四川大后方去，才可以保存自己。4月中旬，中共苏区中央局在宁都青塘召开军事会议。会议就打不打和如何打的问题展开了激烈的争论。毛泽东分析了敌我双方形势以及国民党各路军的特点，坚决反对“分兵退敌，到根据地外打游击”的意见，再次重申井冈山的经验，提出集中红军相机迎击当前之敌，反对分兵（以免被敌人各个击破）。毛泽东说:“愈是恶劣环境，队伍愈须集中，领导者愈须坚决奋斗，方能应付敌人。”他说，红军虽然弱小，但有3个有利条件：根据地人民坚决拥护军队、军队内部上下团结、又经过了4个月的养精蓄锐。敌军虽然众多，但全不是蒋介石的嫡系，且部队之间矛盾重重，伸进我根据地后，必出现致命弱点。只要我们加强团结，充分利用根据地的有利条件，就一定能够再次粉碎敌人的“围剿”。

根据各路敌军的特点和地理环境，毛泽东提出了“集中兵力，先打弱敌，由西向东扫”的作战方针。决定，先打处在富田一带的王金钰的第五路军，因为该敌是这次“围剿”军中的弱点，且从北方新到，不惯爬山，对红军表示恐惧。毛泽东说，从富田打起，向东横扫，还可在闽赣交界的建宁、黎州、泰宁地区扩大根据地，征集资材，便于打破敌人的下一次“围剿”。会议确定了毛泽东提出的作战方针。

1931年4月19日午后5时，毛泽东与朱德在青塘红军总部签署了

《战前部队集中的命令》：命令在宁都周围的红军主力立即向吉安的东固山区隐蔽集结，待机歼灭王金钰部；命令红七师和红三十五师各派一个团在兴国的枫边、城冈、方太、崇贤一带，阻止距王金钰 40 余里的敌十九路军；命令红三十五师的另一个团在永丰的潭头附近，钳制已到达三坊、百库一带，仅距 10 余里的王金钰的第四十七师。

3 万红军隐蔽在吉安的白云山中。吉安是文天祥的故乡，山上有文丞相庙，松柏参天。山上有两条路，一条是大路，一条是北面的小路。当地地主坐轿走大路，难发现红军，报告不了；农民走小路，发现红军也不去向敌人报告。因此，红军部队一直在这里度过了 20 多天，敌人也未发现。这么多人集中在这么一个小地方，粮食、蔬菜、油都碰到很大困难。红军就上山拔笋，下水捉鱼、捡田螺充饥。

5 月 16 日，敌军分别进入红军的攻击圈。红三军团迂回敌侧后袭击富田之敌；红四军在九寸岭、观音崖一带，消灭敌军第四十七师一个旅的大部；红三军在白云山的山坑、中洞和桥头等地，歼灭敌军第二十八师 1 万余人。敌师长公秉藩被俘（后扮成士兵跑掉），副师长王庆龙、旅长柴乔松等以下 2000 多人被击毙。

白云山首战人捷以后，敌四十三师的郭华宗部闻讯撤回吉水的白沙、水南，敌四十七师一个旅的残部也撤到白沙。红三军、红四军乘胜追击，5 月 19 日全歼逃敌。驻在永丰南部的国民党军第五十四师郝梦龄部闻讯逃往藤田，方免于被歼。第二十六军第二十七师高树勋部奉命从宁都的南团出发，取道永丰南部的中村，向藤田增援郝部。红军总司令部发布《攻击南团高树勋部队的命令》，22 日，红三军团从正面向敌人发起多次冲锋，红四军从右翼包抄，中村附近的赤卫队和群众也纷纷奔赴战场，协助红军作战，消灭高师一个整旅。

白沙、中村胜利后，红军东进广昌。广昌守敌是第六路军朱绍良的毛炳文第八师、许克祥第二十四师、胡祖钰第五师。红军战士们冒着雨，踏着泥泞的道路，忍着饥饿，一个急行军跑了150里。然后，经过一夜激战，击溃国民党第八师和二十四师，歼灭第五师，击毙第五师师长胡祖钰，胜利攻占广昌城。红军继续东进。经过一夜零半天的行军到达建宁，把刘和鼎师包围了起来。5月31日红军向敌人发起总攻击，消灭刘和鼎第五十六师3个团和1个师部，刘和鼎也做了俘虏，红军胜利进入建宁城。

自1931年5月16至31日，红军从江西的东固、白云山一直打到福建的建宁，由西向东横扫700里，5战5捷，消灭敌军3万余人，缴获枪支2万余，胜利粉碎了蒋介石的第二次"围剿"。战斗结束后，毛泽东写下了《渔家傲·反第二次大"围剿"》：

白云山头云欲立，白云山下呼声急，枯木朽株齐努力。枪林逼，飞将军自重霄入。

七百里驱十五日，赣水苍茫闽山碧，横扫千军如卷席。有人泣，为营步步嗟何及！

71. 第三次反"围剿"

1931年6月2日，中共红一方面军总前委举行会议。决定利用国民党宁粤矛盾加剧和敌人第二次"围剿"被击破后暂时处于守势的有利时机转入进攻。并预定整个攻势作战分三期进行：第一期向建宁、黎川、泰宁及其以北地区发展；第二期向江西南部地区发展，为下一次反"围剿"建立巩固的后方；第三期向赣江以西发展，打通与湘赣苏区的联系。会后，以福建建宁为中心，分布于闽西北、闽西、闽赣边及赣东地区，深入发动群众，巩固与扩大革命根据地。

6月22日，蒋介石随带英、日、德等国军事顾问，由南京到达南昌，亲自组织对红一方面军和中央革命根据地第三次“围剿”，蒋介石自任总司令，何应钦任前线总司令，并调集嫡系第六、九、十、十一、十四师，共10万余人入赣，担任本次“围剿”的主力军。

7月1日，蒋介石、何应钦坐镇南昌，指挥23个师又3个旅共30万人的兵力，采取“长驱直入，分进合击”的战术，开始了对中央红军的第三次“围剿”。其部署为：何应钦兼任左翼集团军总司令，从南城、南丰方向向广昌、宁都、石城进攻，寻求红军主力作战。下属：赵观涛第六师、罗卓英第十一师、陈诚第十四师、周浑元第五师、毛炳文第八师、许克祥第二十四师、蒋鼎文第九师。陈铭枢任右翼集团总司令，从吉安、永丰、乐安方面深入苏区进行“进剿”和“清剿”。下属：蔡廷锴第六十师、戴戟第六十一师、韩德勤第五十二师、孙连仲第二十五师、高树勋第二十七师、上官云相第四十七师和郝梦龄第五十四师。卫立煌第十师和李延年的攻城旅为总预备队，位于临川，策应各方作战；吉安、泰和、万安、赣州等地有罗霖第七十七师、公秉藩第二十八师和第十二师马昆的三十四旅等“清剿”军，维护后方，并拦阻红军西渡赣江；南城、黎川、宜黄、临川、樟树镇一带派有李云杰第二十三师、路孝忱第七十九师和关树人骑兵第一师担任“清剿”和维护后方；闽赣边境有张贞第四十九师、刘和鼎第五十六师和新编第四旅防止红军东进；南昌樟树镇、吉安等机场分驻空军一、三、四、五、七队支援作战；另有，从河南新开来的李韫珩第三师在吉安待机。

3万名苦战后的红军尚未得到休息和补充，而且正在建宁、南丰一带分兵发动群众。面对敌人新的“围剿”，毛泽东在南丰县康都组织召开总前委扩大会议。按照毛泽东回师赣南的指示，红军7月上旬从建宁出发，经宁化、长汀、瑞金、于都，绕道千里，22日到达于都县以北的银坑、琵琶垄地区，并与由湘赣苏区转来的红七军（李明瑞为军长，张云逸为参谋长，内有广西百色起义的部队）及红二十军的第一七五团会合。后，一七五团散编入红七军，红七军划归红三军团建制。此时，国民党军已进逼到根据地的崇贤、富田、东固等地，对根据地进行狂轰滥炸和烧杀抢掠。面对敌人的进攻，毛泽东制订了“避敌主力，打其虚弱”的作战方针。根据这个方针，红军经万安向富田挺进，中途被敌人发觉，随即又改变计划。28 日转至中央根据地后部兴国县西部的高兴圩地区。并于一天后，连夜通过了敌军之间 40 华里的空隙地带，转到兴国东部的莲塘。

在行军的路上，有个俘虏过来的战士打摆子，毛泽东就把自己的骡子让给了那个战士骑。饲养员看见那个战士流泪，就问：“你骑上了骡子，还哭什么？”那位战士说：“我在国民党内当兵的时候，有一次行军跌了一跤，枪上弄到了泥巴，连长就把我打了一顿。现在我当了红军，生了病，还有骡子骑，怎能不感动得流泪呢？”

8 月 6 日，红一方面军开始第三次反“围剿”作战。7 日，在江西兴国莲塘地区首战告捷，歼灭国民党军上官云相敌四十七师一个旅又一个营，乘胜攻占良村。当天下午，再歼郝梦龄五十四师师部和两个旅大部。两仗共毙、伤、俘敌 3500 人，缴获各种枪支 3100 余支、迫击炮 14 门、子弹 30 余万发、马匹 200 余、电台两部。接着，经过了 3 天急行军，11 日在宁都黄陂地区，歼国民党军毛炳文第八师约 4 个团，俘敌 4000 人，缴获各种枪支 3000 余，迫击炮 11 门、子弹 40 余万发、电台 1 部。

黄陂战斗结束后，国民党才发觉红军主力在黄陂，于是，所有向南、向西之敌军主力，皆转旗向东，集中视线于黄陂，猛力并进，取密集的大包围姿势接近红军，寻机作战。毛泽东运用声东击西的战术：派罗炳辉率领红十二军，伪装红军主力，向东北方向佯攻，迷惑敌人；他自带红军主力转而向西，在敌军之间的一个 20 华里的大山间隙里偷越过去，到兴国的白石、枫边、均村、茶园冈等地集中。等国民党发觉再掉头西进时，红军已休息半月了。国民党军被红军牵着鼻子在根据地转了几个大圈子，弄得“肥的拖瘦，瘦的拖死”，只好下令退却。红军乘机对退却之敌实施追击和截击。毛泽东说：“伤其十指，不如断其一指”，红军决定，放走敌主力，而打其后部。

9月7日，红一方面军和独立第五师在江西省泰和县老营盘地区全歼国民党军第九师独立旅。同日，红三军团和红四军、红三十五军在兴国县高兴圩地区歼敌第六十师、第六十一师一部。两仗共毙伤、俘敌4000余人，缴获各种枪支2000余，迫击炮10门，子弹60余万发。

这时，毛泽东发现对手是第十九路军，知道这个部队能打仗，红军遇到的又是他的主力部分，于是决定转打韩德勤第五十二师，红军在方石岭地区全歼敌五十二师、敌第九师炮兵团和一个骑兵营，俘敌5000余人，缴获各种枪支4500余，子弹120余万发。

老营盘战斗中，国民党的飞机来袭击，红三军军长黄公略在指挥部队转移途中被敌机击中，壮烈牺牲。黄公略临终前叮嘱毛泽覃，要他在前委和红军总部未任命新的军长前，代为指挥全军的工作。为纪念黄公略，中华苏维埃政府建立后，决定将吉安县（包括永丰、泰和等县的红色区域）改为公略县，由毛泽覃任公略县委书记。在萧克调去湘鄂赣根据地工作以后，又由毛泽覃兼任独立师师长。

中央红军历经1个多月的作战，6战5捷，共歼敌17个团3万余人。胜利粉碎了蒋介石的第三次“围剿”。尔后，红军中央根据地中心移居瑞金，并在石城、宁化、长汀、连城、寻乌、安远、会昌、于都等县开展群众工作，巩固发展根据地，红军进行休整、扩军。至1932年1月红军攻占了会昌、寻乌、安远石城等县城，拔除了几百处地主武装盘踞的土围子，使赣南、闽西两苏区连成一片。根据地范围扩展到近30个县境，总面积达5万平方公里，拥有21座县城，250万人口，在24个县建立了苏维埃政权。

72. 毛主席

1931年11月7日，是苏联十月革命14周年纪念日。这天，中华苏维埃第一次全国代表大会在江西瑞金叶坪召开。到会代表610人，中央苏区、闽西、湘鄂赣、湘赣、湘鄂西、鄂东北、琼崖各苏区均有代表出席，红军一、三军团，二、六军、十六军及各独立师均派代表出席，到会的还有全国总工会、海员代表、朝鲜代表。红军举行了阅兵典礼，晚间举行了提灯游行。

大会听取了毛泽东的《政治问题报告》、项英的《劳动法报告》、张鼎丞的《土地法报告》、朱德的《红军问题报告》、周以栗的《经济政策报告》、王稼祥的《少数民族问题报告》、邓广仁的《工农检察处报告》。

讨论通过了《中华苏维埃共和国宪法大纲》《中华苏维埃土地法》《中华苏维埃劳动法》《关于经济政策的决定》《关于红军问题的决议案》《关于中国境内少数民族问题的决议案》等文件。

大会选举产生了中华苏维埃临时中央政府执行委员会。毛泽东、项英、张国焘、周恩来、卢福坦、朱德、瞿秋白、张鼎丞、邓发、王稼蔷（祥）、徐锡根、范乐春、陈绍禹、彭德怀、关向应、孔荷宠、方志敏、任弼时、贺龙、沈泽民、谭震林、黄平、曾山、林彪、陈郁、罗登贤、夏曦、邓子恢、刘少奇、刘大朝、陈正人、袁德生、崔棋、屈登高、段德昌、葛耀山、彭轨、陈福元、古大存、韦拔群、张华先、何叔衡、黄甦、胡海、滕代远、肖恒太、罗炳辉、陈毅、张云逸、周以栗、卢德光、胡均鹤、徐特立、邵式平、洪紫清、刘光万、金汉朝、吴致民、刘建中、李宗白、刘生元、王永盛、阮啸仙等63人当选为委员。

11月20日大会结束。11月25日，根据全国苏维埃第一次大会决议和中华苏维埃中央执行委员会命令，中华苏维埃共和国中央革命军事委员会宣告成立。由朱德、彭德怀、王稼祥、林彪、谭震林、叶剑英、孔荷宠、周恩来、张国焘、邵式平、贺龙、毛泽东、徐向前、关向应、王盛荣15人组成，朱德任主席，王稼祥、彭德怀任副主席。中革军委下设总参谋部、总政治部和总经理部。叶剑英任总参谋部部长（后改任刘伯承），王稼祥任总政治部主任，范树德（后叛变）任总经理部部长。

中革军委成立后，红一方面军总部奉命撤销，所属各部直接归中革军委领导，统称中央红军，并把红军的识别标志由红袖章更换成红领章和五星帽徽。

11月27日，中央执行委员会召开第一次会议，选举毛泽东为中央执行委员会主席，项英、张国焘为副主席。并于中央委员会之下组织人民委员会，为中华苏维埃共和国中央行政机关。选举毛泽东为主席，项英、张国焘为副主席，王稼祥为外交人民委员，朱德为军事人民委员，项英为劳动人民委员，邓子恢为财政人民委员，张鼎丞为土地人民委员，瞿秋白为教育人民委员，周以栗为内务人民委员，张国焘为司法人民委员，何叔衡为工农检察人民委员。人民委员会之下设立国家政治保卫局，邓发任局长。

11月27日，中华苏维埃共和国临时中央政府发表对外宣言：宣布中华苏维埃临时中央政府于1931年11月7日在江西成立，它是中国工农兵以及一切劳苦民众的政权；它主张取消一切帝国主义国家过去同中国地主资产阶级的政府所订立的不平等条约，废除一切统治者为镇压中国民众运动与屠杀中国民众而借用的外债；主张收回一切帝国主义的租借地；一切帝国主义的海陆空军滚出中国；主张没收一切帝国主义在华的银行、工厂、矿山与交通工具等。

宣言指出：目前本政府并不反对与世界各帝国主义国家的政府重新订

立完全平等的条约；在苏维埃区域内这些国家的人民在不违反苏维埃一切法令的条件之下，可以准许另订条约继续经营工商业。

宣言指出：本政府坚决反对世界大战与中国国内的军阀战争，主张和平；同时主张，用革命的国内战争，消灭一切反革命战争，取得全世界的永远和平。

“一苏”大会上，出席大会的闽西代表郭滴人、张鼎丞向苏区中央局和毛泽东汇报闽西工作，谈到了闽西肃反中的错误做法。此时毛泽东对肃反扩大化的错误已有较深刻的认识。他沉痛地对郭、张指示：“这样搞不要敌人打，我们自己就会垮台。”他指示中央政府拨款5000多元，作为纠正冤错案件的善后救济费。“一苏”大会后，毛泽东又主持中央执行委员会非常会议，讨论处理反革命案件和建立司法机关的暂行程序问题。会讨通过了《中华苏维埃共和国中央执行委员会训令》第6号，作出肃反工作的9条规定，初步确定了革命秩序，保障了群众权利，使肃反工作能够有秩序有组织地进行。

73. 宁都会议

1931年9月26日，红一方面军总司令朱德、总政委毛泽东签发《在敌人尚未大举进攻前部队向北工作一时期的训令》，要求对第四次反“围剿”做充分的准备工作。这个训令共有7条，主要内容是：对敌人第四次“围剿”策略的分析，指出敌军对中央苏区的进攻目前是采取坚守据点，封锁围困，于其据点附近游击进扰，镇压群众，同时非常积极地准备全国力量，以求很快地向中区大举进攻，此时对于赣东北与湘鄂赣进行积极的摧残，以便利其大举进攻中区时无侧后的顾虑。对红军战略任务的规定是，在乐、宜、丰做十来天的分兵赤化群众工作，消灭敌人的零星游击力量，肃清这一地区的反动武装，争取北面敌人据点附近地区和群众，整顿和建立人民游击队，用战斗的准备随时可以打击和消灭敌人的出击部队，以创造一个良好的作战地区，有把握地粉碎敌人的第四次“围剿”。对未来决战战场的预定和部署是，以宜黄、乐安、南丰一带地区作为未来和敌军决战的战场，要求各军以师为单位分开，派一师为掩护队，其余各师分兵赤化群众，组建游击队，并加紧军事训练，同时组织“参谋旅行团”，去各地进行社会调查、地理调查、军事调查及作战侦察。对部队的作战任务和工作区域作了详细划分。

后来实践证明，整个第四次反“围剿”战争的作战过程，正是按照这一预见发展的，连决战的战场亦如此。

9 月 29 日，后方中央苏区中央局电周、毛、朱、王：“9 月 26 日训令收到，我们认为这完全是离开了原则，极危险的部署，中央局决定暂时停止行动。”因为中央局认为，红军应该不断地、主动地找敌军主力决战，要夺取中心城市，特别是在苏区内不允许有敌军占领的一切中心城市存在，只有这样才有迅速实现一省数省的首先胜利。《训令》主张做充分的准备工作，不能急于进攻中心城市和找敌主力决战，是不符合中央方针的。同时中央局亦认为：敌军进攻苏区当从吉（安）樟（树）间来，红军应在这一带发展胜利的进攻。

1932 年 10 月 3 日至 8 日间，苏区中央局在宁都小源召开全体会议，会议以总结 1932 年 2 月打赣州以来的工作为名，实则解决中央、中央局和毛泽东、周恩来、朱德、王稼祥双方的争论（主要矛头是指向毛泽东）。出席会议的有在后方的任弼时、项英、顾作霖、邓发，在前方的周恩来、毛泽东、朱德、王稼祥，刘伯承列席会议。会议认为，赣州未攻下来，归咎于毛泽东等执行中央命令不坚决，“攻赣本有克城可能，唯因对敌必坚守中心城市的估计不足，遂未坚决布置，解决增援敌人，在轻敌之下，造成增援之敌已入城而不能攻，以及爆炸技术有缺点致未能克城而撤围”；“进占漳州虽获胜利，有很大政治影响，但来往延缓了北上任务之实现”。会议认为，前方同志在会议前与会上发言中，“确有以准备为中心的观点，泽东表现最多”，前方同志的这种观点是“表现对革命胜利与红军力量估计不足”，是“对敌人大举进攻的恐慌动摇失却胜利信心”，因而会议要“集中火力反对这种错误”，进行“无情的打击”。

毛泽东在会上表明了自己的观点，认为红军早应该执行向赣东北发展的方针，中央和中央局过去7个月的军事战略都是错误的。中央局认为这是“不正确观点”，毛泽东犯有“不尊重党领导机关与组织观念的错误”等。会上，苏区中央局留在后方的同志提出：为前方领导人能够统一，“求得专一独断，迅速决定问题”，要毛泽东离开部队，回后方主持中央政府工作，前方由周恩来负战争指导总责。

周恩来不同意这个提议，他提出另外两个方案：“前方军事会议取消，一种是由我负主持战争全责，泽东仍留在前方助理；另一种是泽东负指挥战争全责，我负责监督行动方针的执行。”朱德、王稼祥也不同意解除毛泽东的红军领导职务。

据会议《简报》称，参加会议的“大多数同志认为毛同志承认与了解错误不够，如他主持战争，在政治与行动方针上容易发生错误”，一定要他离开军队回后方。由于周恩来“坚持要毛同志在前方”，会议最后“通过了恩来同志第一种意见”。会议要求红军在敌人合围之前主动出击，争取江西首先胜利。

会议结束时，毛泽东提出请病假在后方治病，苏区中央局予以批准，并要他“必要时到前方”。会后，周恩来到毛泽东住处探望，毛泽东说，军事工作我还愿意做，前方何时电召便何时来。周恩来将毛泽东的态度向中央作了报告，并说，在情绪上还没有看出毛泽东有什么不积极的表示。

宁都会议期间，临时中央常委会亦10月6日开会讨论苏区中央局的问题。博古批评道："分散工作的观点，我是坚决反对的。在这里泽东又表现他一贯的观念，同时伍豪不能将自己正确路线与自己的权威与之做坚决斗争，而表示没有办法，又暴露一次调和以至投降的弱点。泽东的观点是保守、退却。"同时还强调："我以为应该做坚决的斗争，但不一定指出泽东名字，而与他的倾向在党内作积极的斗争，这因为要估计到泽东在苏区红军中的威信。"张闻天表示："泽东可调回后方做苏维埃工作。"会议决定，立即去电苏区中央局。苏区中央局接到临时中央这个指示电时，宁都会议已经结束，毛泽东已离开前线回后方。留在宁都的中央局委员继续开会，根据临时中央来电，决定毛泽东回后方主持临时中央政府工作，红一方面军总政治委员一职由周恩来代理。

10月12日，中央革命军事委员会发布通令："红一方面军总政治委员毛泽东同志，为了苏维埃工作的需要，暂回中央政府主持一切工作，所遗总政治委员一职，由周恩来代理。"

10月26日，中共临时中央正式任命：中共苏区中央局书记周恩来兼任红一方面军总政治委员。

74. 第四次反"围剿"

红一方面军总部根据中共临时中央指示和苏区中央局宁都会议的精神。10月14日下达《建宁、黎川、泰宁战役计划》，决定，红一方面军乘敌人大举进攻中央苏区的部署尚未就绪之际，出敌不意地击破敌人一面，消灭建、黎、泰地区敌人，并占领该地区，以利尔后反"围剿"作战。

自10月16日至24日，红军相继占领建宁、黎川、泰宁、邵武、光泽等广大地区，歼敌1个团。11月1日，红军主力在南丰以东之沧浪、大洋源地区击溃国民党军第八师的3个团。3日，红军又占黎川。16日，红军发起资溪、金溪战役，17日，击溃国民党军第五师1个团，占领资溪，19日，于金溪附近歼敌一部，占领金溪。21日，在南城东北的礼西赵附近歼灭许克祥二十四师运动中的1个团。但红一方面军没有利用这一有利时机向东北发展与方志敏创建的赣东北根据地沟通联系。后，回到黎川附近打土豪、筹款。

1932年12月30日，国民党赣粤闽边区"剿匪"总司令部下达对中央苏区进行第四次"围剿"的命令。国民党陆续调集了40多个师、计40万人的兵力，决定分左、中、右3路发动进攻，以顾祝同为总司令，陈诚为前敌总指挥。陈诚指挥的蒋介石的嫡系12个师约16万人为中路，执行主攻任务；蔡廷锴指挥的第十九路军6个师又1个旅为左路军，余汉谋指挥的广东部队为右路军，分别担任福建和赣南、粤北地区的"清剿"，并策应中路军的行动；第二十三师为总预备队；还有4个师又2个旅分布在南城、南丰、乐安、崇仁、永丰等地担任守备。

1933年1月1日，国民党驻抚州的前敌总指挥陈诚，按照蒋介石关于先期"清剿"金溪附近的红军，巩固临川，继以主力向赣南推进的计划，令第二纵队总指挥吴奇伟调第十四师周至柔部、第二十七师孙连仲部（上次被歼后重建）、第九十师吴奇伟部集结临川待命。

红军领导朱德、周恩来、王稼祥联合发布《关于向北行动的工作训令》，命令红一方面军由黎川向北行动，寻机歼灭江西省南城县黄狮渡和资溪县嵩市地区之敌，占领金溪，并吸引金溪西南两面敌人决战。指出这是冲破抚州地域之敌的围攻线，破坏敌之部署，粉碎敌人大举进攻中央革命根据地的关键。

4日，红一方面军第三军团和第二十二军乘敌人调整之际，向南城以北之黄狮渡发起进攻。至5日，歼敌第五师周浑元第十三旅大部，俘敌旅团长周士达以下1000余人，敌残部向南城溃逃。7日，国民党第二十七师、第九十师由浒湾向金溪进攻，第十四师向黄狮渡进攻，并以一个师由南城向东北出击，进行策应，企图围歼红军主力于金溪以西的浒湾地区。红军以第一、三军团等部为右纵队，第五军团为左纵队，分别迎击敌人。至8日下午，将敌击溃，歼敌2000余人，缴获武器弹药无数。其中，孙连仲新组建的第二十七师又遭到了歼灭性的打击。红军伤亡也很大，宁都起义主要领导人之一、第五军团总指挥兼第十三军军长赵博生在战斗中牺牲，时年36岁。赵博生在宁都起义后，先后参加指挥了赣州、漳州、南雄、水口等战役，身先士卒，屡立战功。1932年12月14日，曾被中央革命军事委员会授予红旗奖章。他牺牲后，中华苏维埃中央临时政府主席毛泽东下令将宁都县改为博生县。在瑞金的叶坪建筑了纪念亭，朱德为其题写“博生堡”。1933年1月21日，朱德、周恩来致电中共苏区中央局并转临时中央：为粉碎敌人即将对中央革命根据地的第四次“围剿”，迅速消灭赣江、抚河流域的主要敌人，全国各根据地必须协同作战，统一领导，集中指挥。同时要求“中央、中央局给全国红军以原则上的方针上的指示，以便前方能以电信直接指挥各地红军”。

24日，中共临时中央和苏区中央局为打破敌人即将开始的大举进攻，争取江西一省的首先胜利，屡电红一方面军总部，要求红军主动出击，西渡抚河，攻占敌重兵驻防的南丰、南城，进而威逼和夺取抚州、南昌，并告诫周恩来、朱德：我们要你们站在一致的路线上执行中央的指示。

27日，周恩来致电中共临时中央和苏区中央局，不同意红军西渡抚河攻打南丰、南城。指出，在敌人进攻部署尚未就绪，侧重坚守城防的情况下，我军能在抚河东岸会十一军求得运动战消灭敌人主力，确比围攻南丰暴露我军企图去打敌增援队为好。

2月3日，朱德、周恩来、王稼祥致电中共苏区中央局，指出，连续残酷的战斗立刻就到，战争与军事布置更应确定统一指挥。再次提出，为取得第四次反“围剿”的胜利，中央局应该常给前方原则上与方针上的指示，而具体布置似宜属于前方。

1933年1月底，中共以博古为首的临时中央局，因在上海无法立足，被迫迁入中央革命根据地的瑞金。

1933年2月4日，中共苏区中央局不顾在前方指挥作战的周恩来、朱德、王稼祥的一再要求，按照中共临时中央的决定，指示他们率领红一方面军攻打南丰，进而威逼南城、抚州。2月9日，红一方面军开始向南丰地区开进。11日，第二十二军占领里塔圩，敌人退集南丰城。新丰街之敌因被红军截断归路，即退至南城。12日晚，红三、五军团各一部向南丰西北之敌人外围阵地发起进攻，战至次日晨，未能突破敌人的主阵地。

2月22日，朱德、周恩来审时度势，大胆作出违背中共苏区中央局的决定，命令红11军伪装主力，东渡抚河向黎川运动，将国民党军第二、三纵队吸引向黎川方向，掩护红一方面主力实行战略退却。从23日起，红军主力陆续撤出战斗，秘密转移到以东韶为中心的南团、洛口、吴村地区隐蔽集结，待机歼敌，为第四次反“围剿”战争的胜利创造了良机。

26日，国民党第一纵队第五十二、五十九两师分左右两路从乐安分别经宜黄南部的太平圩、登龙桥、大龙坪、蛟湖、桥头和东坑岭、霍源，向黄陂前进，同由宜黄南下的第十一师会合。但是，由于摩罗嶂大山所隔，两师在行进中不易联络。红军鉴于敌人分散，态势孤立，即以红一、红三军团和第十一军为左翼队，红五军团和第二十二军为右翼队，第十二军为预备队，先敌于黄陂地域之摩罗嶂山区设伏。27日至28日，当敌人第五十二、五十九两师进入伏击圈后，红军左右两翼在黄陂地区的登仙桥、蛟湖和霍源等地，将敌分割包围。经过两天激战，将敌人两个师基本消灭，敌师长李明、陈时骥以下13000余人被俘，红军缴获步枪1万余支，迫击炮40余门，短枪500余支，轻重机枪300余挺，子弹数百万发，无线电 1 台，取得了大兵团伏击战的经验。

黄陂战斗时，国民党第二、三纵队正由南城、南丰地区兼程增援第一纵队两师，企图夹击红军。黄陂战斗后，红军为争取主动，于 3 月 2 日向宁都县之小布、南团、东韶、水口地区集中，准备寻机歼灭来犯之敌。

3 月上旬，蒋介石将“围剿”中央革命根据地的国民党中路军缩编为 2 个纵队，由“分进合击”战术改为梯队轮番推进。15 日从宜黄地区出发，南下广昌，寻求红军主力决战。16 日，敌人前纵队进到新丰市、侯坊、草台冈一线，后纵队位于东陂、黄陂、蛟湖等地区。

16 日，朱德、周恩来命令红十一军到广昌附近活动，吸引敌前纵队加速南进，红军主力则向北移动，寻机侧击敌人的后纵队。20 日，敌前纵队进至甘竹、罗坊、洽村一带；后纵队之第十一师进至草台冈、徐庄一线，第五十九师残部在第十一师后跟进，第九师进至东陂附近。红军鉴于敌前后纵队相距百里，后纵队力量又比较薄弱，决定以第一、第三军团和第二十一军、独立第五师为左翼队，第五军团的第十二军、宜黄两个独立团为右翼，在草台冈、徐庄地区设伏。21 日拂晓，红军乘大雾弥漫，突然向敌发起进攻，经 1 天激战，将敌第十一师大部歼灭。次日，又于东陂等地歼灭敌人第五十九师残部和第九师一部，俘敌 6000 余人，缴获枪 6000 余支。这场战斗，使蒋介石的嫡系陈诚靠它起家、自称没有打过败仗的第十一师，只逃走了不过 1 个团的兵力。击毙了 3 个团长，十一师师长肖乾和他的参谋长、三十二旅旅长均被击伤，三十一旅旅长黄维坐着担架逃出了根据地。至此，国民党对中央根据地的第四次“围剿”基本被打破。

4 月 10 日，国民党政府军事委员会惩处失利长官，中路军总指挥陈诚降 1 级，记大过 1 次；第五军军长罗卓英革职留任；第十一师师长肖乾记大过 1 次。

75. 罗明路线

毛泽东被解除对党和军队的领导权后，只保留临时中央政府主席的职务。中央决定把查田运动交给临时中央政府执行。根据党的组织原则和纪律要求，毛泽东直接领导了中央革命根据地的查田运动。

王明上台之前，中央苏区的土地革命是在毛泽东的直接领导下进行的。虽然经过多次反复，但发展情况基本上是好的。实现了对地主没收其土地、对富农抽多补少、抽肥补瘦，按人口分配土地的原则。既满足了雇农、贫农对土地的要求，又得到了中农的拥护，地主、富农也得到了适当的安置。但是，由于情况复杂，有些地方还存在着群众没有真正发动起来，土地革命还不彻底；侵犯中农、过分打击富农的情况也不同程度地存在。

王明上台之后，提出了“地主不分田，富农分坏田”的过左政策。三令五申要中央苏区执行符合国际路线和阶级路线的土地政策——重新没收，重新分配。这套土地政策，先是以文件形式传达到中央苏区，接着又派中央代表去贯彻执行，但均受到广大干部和群众的抵制。一度在项英主持下的苏区中央局，仍然遵循苏区过去执行的正确的土地政策。

王明上台后，他控制下的中共中央给苏区中央局发出指示，逐条批评了苏区中央局8月通过的《关于土地问题的决议案》，指出，决议案中允许地主及其家属在苏区开垦荒地是给地主复辟的机会，应给予无情的打击与反对。在全苏“一大”上，通过了以“地主不分田，富农分坏田”为主要内容的土地法，规定已经分配了土地的各苏区及不合本法令原则的则须重新分配。在讨论开展查田运动时，主持中央政府工作的毛泽东认为，中央苏区土地问题已经解决，应使土地稳定在农民手中，以增加粮食生产，不宜再事查田，动摇农民的生产情绪。1932年，尽管苏区中央政治局反复要求查田，各地区均开展不起来，始终未形成一个运动。

1933年2月8日，苏区中央局通过了《关于粉碎敌人四次“围剿”的决战面前党的紧急任务决议》，其中要求，必须完成查田运动，彻底解决土地问题，从先进的区域，动员大批的查田和分田突击队，去帮助落后的与新建的苏区。

为了大造声势，排除障碍，中央的“左”倾机会主义者，在福建发动了反对“罗明路线”，在江西开展了反对“邓、毛、谢、古”的斗争。

罗明，原名罗善培，广东大埔县人，1921年考入厦门集美学校师范部，1925年考入广东大学（中山大学），同时加入中国共产主义青年团，并转入中国共产党，1926年任中共汕头地委书记，1927年任中共闽西特委书记。1928年2月任福建临时省委书记，并作为福建代表前往莫斯科出席党的六大，回国后，长期在闽西根据地领导农民斗争，熟悉本地情况。1932年3月14日，中共闽粤赣省委在长汀召开第二次党代表大会，会议遵照中共苏区中央局决定，将中共闽粤赣省委改组为中共福建省委，罗明任代理书记。在进军漳州时，罗明跌伤了腰部，伤口发炎，住进了长汀福音医院。1932年8月，毛泽东在福建长汀福音医院治病期间，曾对罗明关于闽赣两省开展广泛的游击战争作出指示。不久，福建省委组成前敌委员会，罗明为书记，按照毛泽东的指示与谭震林、方方等到上杭、永定、龙岩地区开展游击战争，取得了胜利，后将战争胜利的经验向连城、新泉、武平及其他一些地区的领导作了传达和介绍。新泉县委书记杨文仲接受了罗明的指示，紧急动员起来，打退了敌人的进攻。1933年1月，罗明根据自己的经验体会，向省委写了《对工作的几点意见》的报告，陈述边区条件差，敌人不断进攻，斗争形势严重，应当从当地实际情况出发，采取区别于巩固区域的斗争策略。中央得知后，不同意罗明的意见。罗明又在1月底写了《关于杭永岩情况给闽粤赣省委的报告》。杨文仲也给省委写信，反映新泉游击区应当适应斗争形势，精简机关，合并群众组织，以便集中领导。1933年2月15日，中共苏区中央局公布《关于闽粤赣省委的决定》，指责福建省委“形成了以罗明同志为首的机会主义路线”。宣布撤销罗明的省委代理书记及省委驻上杭、永定、龙岩全权代表的职务。5天后，又公布了《中共苏区中央关于开展反罗明路线斗争的决定》，称罗明路线是“反国际、反中央、反党的”，已公开走上取消党、取消群众团体的取消主义道路，新泉县委书记杨文仲给省委的信，便是取消主义的政纲。2月24日，中央派代表到长汀召开各种会议。把省委内对罗明路线斗争不坚决的同志（如刘晓），指责为对这场路线斗争的自由主义和调和主义。大批有经验的老干部（如福建省苏维埃政府执行委员会主席张鼎丞）都被撤换。对这样激烈的斗争，罗明是在上杭看到《斗争》报上的文章才知道的。后来，他接到通知，先回省委，又奉令去瑞金作检查。从此，罗明离开了福建，被调到中央党校任教育处长。全国解放后，罗明任南方大学校长、广东省人大常委会副主任、全国政协常委。

1931年8月，邓小平到上海向中央汇报红七军的工作后来到中央苏区。先担任瑞金县委书记，后担任会（昌）、寻（乌）、安（远）中共中心县委的书记。这些县属于边缘区，在敌人残酷的进攻下，地方武装不足，扩大主力红军更困难，他们斗争也采取了符合当时当地实际情况的策略。1933年3月31日，中共临时中央召开3县党的积极分子会议，并作出决议，认为坚持毛泽东主张的邓小平等人执行了“纯粹的防御路线”，是在会、寻、安的“罗明路线”，并加上反党派别小组织活动的罪名。要江西省各级党部开展反对以邓小平、毛泽覃、谢唯俊、古柏为代表的江西“罗明路线”的斗争，并要使这一斗争深入各支部。毛泽覃时任苏区中央局秘书长；谢唯俊任江西省苏维埃政府委员、江西省军区政治部主任、乐安县委书记；古柏任红一方面军总前委秘书长、江西省苏维埃政府委员。

在邓、毛、谢、古4人写的“声明”中，批驳了对他们进行的污蔑，指出，“大城市产生了立三路线，我们苏区的山上，却全是马克思主义”。并用“洋房子先生”的口号讥讽王明一伙的教条主义。王明“左”倾路线的执行者以势压人，给他们4人扣上“反对中央局活动”的帽子，并要求将这一斗争开展到全体党员中去。

1933年5月，王明“左”倾路线的执行者在宁都召开了“江西省党3个月工作总结会议”，通过了《江西省委对邓小平、毛泽覃、谢唯俊、古柏四同志二次申明书的决议》。会议决定给他们以处分：全部或部分地撤销了他们的红军、地方和党的机关的重要职务，并在会上当众缴了他们的枪，责成他们到基层改造后，再作出新的检查。长期管文件的贺子珍改当收发。贺子珍的哥哥贺敏学，被免去红二十四师代理师长职务，到红军大学学习。许多人有了顾忌，不敢接近毛泽东。为了不牵连或少牵连别人，毛泽东也很少再和别人谈话。在这种逆境中，毛泽东抓紧时间，认真阅读马列主义著作，总结革命经验。《矛盾论》《实践论》就是在这两年中写成的。

在这次斗争中，中央苏区各级领导多被撤换，甚至被迫害致死，极大地削弱了苏区的对敌斗争力量。据统计，中央、省等各级领导干部被撤换职务或处分、点名批判的有187人。其中，罗明、刘晓、谭震林、邓小平、陆定一、王首道、方方、李坚贞、方志纯等33人被撤销职务；邓子恢、瞿秋白、何叔衡等给以警告处分或点名批判；福建省委常委、龙岩党组织的主要创始人郭滴人被下放到军区后勤部当勤务员的教员。

76. 查田运动

毛泽东受到中央严厉的批评和谴责，责成他必须在苏维埃系统中以政权的力量贯彻查田运动。在党中央的统一部署下，1933 年 6 月 1 日，中央工农民主政府发出了《关于查田运动的训令》。6 月 2 日，苏区中央局作出了《关于查田运动的决议》，号召在查田运动中，没收地主阶级的一切土地财产，没收富农的土地及多余的耕牛、农具、房屋，各级苏维埃中，一切直接、间接阻碍查田运动的人，都应受到严厉的或最严厉的惩罚。

1933 年夏天，毛泽东重过大柏地，回忆往事，作《菩萨蛮·大柏地》：

赤橙黄绿青蓝紫，谁持彩练当空舞？雨后复斜阳，关山阵阵苍。当年鏖战急，弹洞前村壁。装点此关山，今朝更好看。

6 月上旬，中共中央局在宁都召开会议。毛泽东出席会议，并对前次宁都会议提出批评，对自己受到不公正的对待提出申诉。秦邦宪在作结论时重申，前次宁都会议是对的，说没有第一次宁都会议，就没有第四次反"围剿"的胜利。

毛泽东在指导查田运动试点中，注意发动群众，调查研究，坚持土地革命中正确的政策，实事求是地处理问题。6 月 17 日，毛泽东主持召开瑞金、会昌、博生、于都、胜利、石城、宁化、长汀 8 县贫农团代表大会，21 日结束。7 月 21 日至 24 日，又召开兴国等 9 县、区以上苏维埃政府负责人查田运动大会。毛泽东先后发表了《八县查田运动大会上的报告》和《查田运动是广大区域内的中心重大任务》等报告、文章。在当时的情况下，他虽不能纠正“地主不分田、富农分坏田”的政策，但在他的报告和文章中着重纠“左”。他指出：查田运动是查阶级，不是按亩查田。在查阶级中，要查漏划的，也要查错划分的。如错划，要赔他土地财产，这种赔还，最能争取群众；将错就错，不肯改正，是完全不好的。下半年，查田运动全面开展起来后，毛泽东指出要根据不同地区的实际情况确定工作中心。指出开展查田运动的策略是以工人阶级为领导，依靠贫农、联合中农去削弱富农、消灭地主。联合中农是土地革命最中心的策略。中农的向背，关系着土地革命的成败，侵占中农利益是绝对不允许的。

由于“左”的影响和干扰，查田运动全面开展以后，仍然发生了许多错误。主要表现为侵犯中农，过重地打击了富农，还伤害了大批干部，等等。为纠正这些错误，毛泽东做了大量工作。8 月，毛泽东对各地区的查田运动作了检查，发表了《查田运动的初步总结》，特别强调了“左”倾是查田运动中最严重的危险。

在赣南 17 县经济建设工作会议上，毛泽东作了《必须注意经济工作》的报告，批评了有些同志“革命战争已经够忙了，哪里有闲工夫做经济工作和见到谁谈经济就骂谁右倾”的观点。

10 月，中央工农民主政府颁布了毛泽东《怎样分析农村阶级》一文和毛泽东主持制定的《关于土地斗争中一些问题的决定》，作为土地革命中分析和划分阶级成分的标准与依据。

11 月，毛泽东在长冈乡调查中，发现把富农土地一概没收，只给他们坏田破屋，使富农的家境比雇农还差的情况。明确指出，这样对待富农的政策是错误的。

1934 年 1 月中旬，中共临时中央在瑞金召开了党的六届五中全会。博古在会上作了《目前的形势与党的任务》的报告，张闻天作了《中国苏维埃运动与它的任务》的报告，陈云作了《国民党区域中的工人经济斗争与工会工作》的报告。会上，增选了中央委员和候补委员，改选了中央政治局，设立了中央书记处，并选举了中央常务委员会。

77. 中华苏维埃第二次全国代表大会

1934年1月21日，中华苏维埃第二次全国代表大会在瑞金沙洲坝召开。出席会议的正式代表693人，候补代表83人，另有1500多人参加了旁听。临时中央政府执行委员会主席毛泽东致开幕词。

大会选举毛泽东、博古、项英、吴亮平、刘少奇、何克全、蔡畅、曾山、张闻天、邓发、王盛荣、范乐春、李维汉、陈云、朱德、周恩来、王稼祥、何长工、王震、滕代远、宋任穷、冯文彬、董必武、徐特立、梁柏台、顾作霖、张金楼、汪金祥、谭余宝、成仿吾等中央根据地、各根据地、各省市代表共75人组成主席团，梁柏台为大会秘书长。中共中央代表博古、全国总工会代表刘少奇、共青团中央代表何克全、全国红军代表朱德，分别向大会致辞。接着，毛泽东在会上作了中央执行委员会两年来的工作报告，朱德作红军建设决议的报告，林伯渠作经济建设决议的报告，吴亮平作苏维埃建设决议的报告。大会进行了讨论，并通过了《中华苏维埃共和国宪法大纲》等文件，发表了宣言，选举了新的临时中央政府中央执行委员会。新选的中央执行委员175人，候补委员36人。大会于2月1日闭幕。

毛泽东代表中华苏维埃共和国中央执行委员会与人民委员会所作的报告全文约45000字，详细地总结了临时中央政府成立两年以来红军建设、经济建设、苏维埃建设等方面的经验，提出了当前的任务。文章分5大部分：①目前形势与苏维埃运动的胜利；②帝国主义的进攻与苏维埃政府对于反帝运动的领导；③帝国主义国民党的“围剿”与苏维埃政府反对“围剿”的斗争；④两年来苏维埃各种基本政策的设施（是报告的中心，部分收入《毛泽东选集》第一卷，题目为《我们的经济政策》）；⑤苏维埃在彻底粉碎第五次“围剿”，争取全国革命胜利面前的具体战斗任务。

毛泽东在报告中指出，为着反对敌人的“围剿”，为着进行革命战争，苏维埃的第一个任务就是武装民众，组织坚强的红军，组织地方部队和游击队，组织关于进行战争的给养与运输，环绕着这个基本任务，应该对民众施行广泛的民主；坚决镇压内部的反革命；调动工人的革命积极性；发展农民的土地革命；执行正确的财政经济政策，保证革命战争的物质需要；实行文化革命，武装工农群众的头脑；等等。所有这一切，都是为这一个目的：以革命战争去推翻帝国主义和国民党的统治；巩固与发展工农民主政权，并准备转变到无产阶级专政的阶段去。毛泽东指出，农业生产是经济建设工作的第一位，它不但需要解决最重要的粮食问题，而且需要解决衣服、砂糖、纸张等项日常用品的原料，即棉、麻、蔗、竹等的问题；在农业生产中，又应以粮食生产为首位，是同时兼顾经济作物的生产和林、牧、副业的生产；而在农业生产方面最基本的任务则是有组织地调剂劳动力和推动妇女参加生产，并指出在抓农业生产的同时，要兼顾工业生产和商品流通。毛泽东指出，财政政策的基本方针是从发展国民经济来增加我们的收入，并号召全体军民在增加生产的同时，必须厉行节约。

2月3日，中华苏维埃中央政府执行委员会召开第一次全体会议，选举毛泽东、项英、张国焘、朱德、张闻天、博古、周恩来、瞿秋白、刘少奇、陈云、林伯渠、邓振洵、朱地元、邓发、方志敏、李维汉、周月林（女）17人组成中央执行委员会（为最高政权机关）。毛泽东为中央执行委员会主席，项英、张国焘为副主席。

下设人民委员会（为最高行政机关），选举张闻天为人民委员会主席，下列11个人民委员部：王稼祥为外交人民委员（或称部长，下同），朱德为军事人民委员，邓振洵为劳动人民委员，高自立为土地人民委员，林伯渠为财政人民委员，吴亮平为国民经济人民委员，陈潭秋为粮食人民委员，梁柏台为司法人民委员，曾山为内务人民委员，瞿秋白为教育人民委员，项英为工农监察委员。

会议选举朱德为中央军事委员会主席，周恩来、王稼祥为军事委员会副主席；阮啸仙为中央审计委员会主任；委任董必武为临时最高法庭主席。中央政府秘书长为谢觉哉，外贸总局局长钱之光，国家人民银行行长毛泽民，中华苏维埃大学（后并入马克思共产主义学校）校长瞿秋白，《红色中华》报主笔沙可夫。

1934 年 3 月 15 日，新的人民委员会发布第一号训令——《关于继续开展查田运动的问题》，指责毛泽东主持制定的《关于土地斗争中一些问题的决定》以后，各地查田运动中又出现了许多严重的问题，给了地主、富农许多反攻的机会。声称，开展查田运动依然是目前的中心工作，右倾机会主义是目前的主要危险。第一号训令发出以后，给已经改正的地主、富农重新戴上帽子。随着查田运动向“左”急转，苏区农民的生产热忱受到了很大挫伤，农村荒地增多，红军严重缺粮，增加了第五次反“围剿”的困难。

78. 第五次反“围剿”（上）

1933 年 4 月 7 日，蒋介石在江西临川向国民党军事将领训话：我们的敌人不是倭寇，我们要专心一致地“剿匪”，为国家长治久安的大计，为革命立根深蒂固的基础，皆不能不消灭这个心腹之患，我们总是以先清内“匪”为唯一要务。4 月 10 日，蒋介石在南昌宣称：“抗日先‘剿匪’，征诸历代兴亡，安内始能攘外。在匪未肃清前绝对不能言抗日，违者即予以最严厉处罚。”

4月13日，日军侵占喜峰口，中国守军撤往通州以东布防；15日，北平军分会代理委员长何应钦（3月9日接替张学良）下令驻秦皇岛的守军撤至昌黎，士兵不肯，在军官威逼下才开始退却。游弋在秦皇岛海面之日军陆战队于当晚登陆进占秦皇岛；17日，日军侵占昌黎和滦县城；21日日军侵占兴隆县城，中国守军被迫撤退；5月3日，日本关东军司令武藤下达关内作战命令；5月13日，日军侵占古北口，中国守军退至密云；16日，日军侵占遵化、唐山，中国守军再次后撤；19日，日军侵占密云、蓟县；20日，日军侵占三河、平谷，并派飞机到北平上空示威；22日，日军侵占香河，并声称“为保持‘满洲国’西境安全，日军有进占张家口之必要”。国民党政府军事委员会通知北平军政首脑机关做撤出北平之准备；23日，日军侵占怀柔，向北平进逼。

5月31日，国民党政府代表熊斌与日本关东军代表冈村宁次在塘沽签订停战协定——《塘沽协定》。根据协定，中国军队从延庆、昌平、顺义、通州、香河、宝坻、宁河、芦台等所连之线以西以南地区撤出。并规定上述地区以北以东至长城沿线为非武装区，中国正规军队不能驻入。国民党政府实际上承认了日本帝国主义占有东三省及热河，划绥东、察北、冀东为日军自由出入地区，为日本帝国主义进一步侵占整个华北开了方便之门。

蒋介石出卖国家主权，积极反共，得到了帝国主义的支持：他与日本妥协后，很快得到日本的大批借款，购买军火；美国主动借款5000万美元，负责供给轰炸机、战车和化学武器，先将150架飞机运往中国；英国供给四川军阀2000万英镑，并向广东军阀提供新式武器；德国先后派了70多名军事人员充当国民党的军事顾问；法、意、荷、比等国也不断运送机枪、大炮、坦克，来武装国民党军队。

6月8日，蒋介石在南昌召开“剿共”军事会议。会议通过党务、政治、军事、教育、谍报、宣传等方案。会后，蒋介石下发了《作战手本》《剿匪手本》和《孙子吴子兵略问答》等书。

7月11日，为对中央革命根据地大举进行第五次“围剿”，蒋介石派陈诚主持在庐山组织军官训练团，并以德、美、意军事顾问为教官，除以塞克特为首的德国军事顾问团外，蒋介石还派宋子文赴美国聘请了以裘佛特为首、派孔祥熙赴意大利聘请以劳地为首的军事顾问团。分期抽赣、鄂、湘等地的“剿匪”部队军官施以法西斯训练。声称，训练的唯一目的，是要消灭“赤匪”，一切的设施，皆要以“赤匪”为对象。一切训练方式或动作以及各种战术统统要适合“剿匪”战术的需要。训练团自7月18日至9月18日，总共轮训了7600余人，北路军30个师的团以下军官几乎全部参加了轮训。

7月23日，蒋介石决定华北驻军除留一部分外，大部分南调江西，参加“围剿”红军。并确定第五次“围剿”改变过去的战略战术，实行“碉堡政策”，由过去的“长驱直入、分进合击”改为“战略攻势、战术守势、步步为营、稳扎稳打”。所谓“碉堡政策”，就是在红军根据地周围连绵建筑一道封锁线。在步枪火力能够交叉的地方修筑两个碉堡，每5个碉堡之间建筑一个大碉堡，并用公路连接起来，形成碉堡公路网。然后修建储藏弹药和给养的仓库。接着在若干距离处又修筑第二道碉堡封锁线，建筑的方法与第一道相同，待第二道完成后，再把第一道拆除，将砖石材料移建第三道碉堡。这样，逐次辗转前进，在飞机和大炮的配合下，向根据地匍匐蚕食。

同时，蒋介石实行“七分政治、三分军事”的政策。大力加强反共宣传，从政治、文化、思想各方面配合军事“围剿”红军根据地，并对根据地采取经济封锁措施。

在第五次“围剿”中，蒋介石进一步加强了南昌行营的力量，不仅直辖江西、福建、广东、湖南、湖北5省，还影响着浙江、江苏、安徽等省和沪、宁、汉3个特别市。起用贺国光任参谋长，杨永泰任秘书长，江西省政府主席熊式辉兼任办公室主任。在各军中让顾祝同、陈诚、蒋鼎文、卫立煌、陈济棠等人担任要职，分东西南北四路对红军进行合围。

北路军总司令顾祝同，前敌总指挥蒋鼎文，辖第一、二、三路军，共33个师又3个旅，担任主攻。第一路军总指挥顾祝同兼，于吉水、新淦、永丰、乐安、宜黄地区构筑碉堡封锁线；第二路军总指挥蒋鼎文兼，于金溪、藤桥、崇仁地区构筑碉堡封锁线；第三路军总指挥陈诚，集结于南城、南丰地区，沿抚河两岸构筑碉堡封锁线，第三路军是北路军的主力。北路军还扼守赣江西岸的吉安、泰和等地。

南路军总司令陈济棠，辖11个师又1个旅，构筑扼守武平、安远、赣县、上犹地区阻止红军向南发展，相机向筠门岭、会昌推进，配合北路军作战。

十九路军总指挥蔡廷锴所部及其所指挥的7个师又2个旅，扼守闽西和闽西北地区，阻止红军向北发展。

西路军总司令何键和浙赣闽边区警备司令赵观涛部分别在“围剿”湘赣、湘鄂赣革命根据地的同时，担任阻止中央红军向赣江以西和赣东北机动的任务。

同时，还有空军5个队配置于南昌、抚州、南城，掩护和支援地面部队作战。蒋介石直接用于作战的兵力为50万人，飞机105架。

1933年5月8日，中华苏维埃共和国临时中央政府人民委员会召开第41次常委会，决定将中革军委从前方移至瑞金，在前方另组织中国工农红军总司令部兼第一方面军司令部。任命朱德为中国工农红军总司令兼第一方面军司令员，周恩来为中国工农红军总政治委员兼第一方面军政治委员，并决定增加博古、项英为中革军委总政治委员。在朱德留前方期间，由项英代理中革军委主席。此后，实际上由博古、项英在瑞金主持中革军委的工作。

6 月 13 日，中共苏区中央局按照临时中央关于“分离作战”的方针，把红一方面军主力分为两部分：一部分在抚河、赣江之间作战，另一部分入闽作战，实行“两个拳头打人”。企图在两个战略方向同时求胜，而后集中方面军及地方部队，会攻抚州和南昌。

这时，红一方面军部队进行了整编，第一军团辖第一、二、三师，第三军团辖第四、五、六师，第五军团辖第十三师、第十四师，第七军团（10 月份才正式建立）辖第十九、二十师。另，福建军区第十九军改编为三十四师（归第五军团），第十二军改编为独立第一团，赣南地区的第二十三军随后也改编为第二十二师。

7 月 1 日，中革军委根据中共临时中央关于分离作战的方针，以红一方面军第三军团（暂欠第六师）和第十九师组成东方军（第三军团第六师、第五军团第十三师、第七军团第二十师等部陆续编入该军战斗序列），彭德怀兼任司令员，滕代远兼任政治委员，并就近指挥闽赣军区、福建军区的地方部队；活动在抚河和赣江之间的第一军团（欠第三师）及江西的 4 个独立团组成中央军（随后第三、十四师也加入该战斗序列），林彪兼任司令员，聂荣臻兼任政治委员。

彭德怀、滕代远率领东方军主力由广昌地区出发，5 日到达福建省宁化以西地区，开始入闽作战。至 8 月 2 日，经过 1 个月的艰苦作战，先后占领归化（明溪）、清流、泉上和朋口、连城、新泉、白沙等地，俘敌 3000 余人，恢复和扩大了大片根据地。

15 日，朱德、周恩来根据项英电令，令东方军经清流、归化进至夏茂地区，以主力攻占洋口、峡阳等地，消灭洋口、顺昌、将乐地区之敌。彭、滕率军北进，8 月下旬，以一部兵力围攻将乐和顺昌，主力围攻延平（今南平），未攻克。

林彪、聂荣臻率领的中央军受命在吉水、永丰、新淦、乐安、宜黄之间打击敌人的构筑碉堡部队和破坏敌人的封锁线。

9月25日，蒋介石乘红一方面军分离作战之际，以北路军3个师由南城、硝石向黎川发动进攻。

中共中央临时中央提出要“御敌于国门之外”。9月28日，黎川失守。中革军委命令彭德怀率领东方军收复黎川。东方军在由东向西移动途中，在硝石不期而遇敌第六师3个团，红军一举歼灭敌人，俘敌1200余人，活捉第十八旅旅长葛钟山。因此惊动了黎川、南丰、南城等地的国民党军，他们蜂拥向硝石夹攻，将红军击退。为争夺黎川战略要地，双方于10月22日在资溪桥、11月6日在南城洪门附近、11月11日在金溪、浒湾地区，11月11日在黎川、连家渡附近展开多次拉锯战。由于红军一开战就丧失了主动权，把主力暴露在了敌人的堡垒之间，在11月11日的战斗中，敌人用密集火力和飞机低空扫射，红军伤亡达1100余人，被迫撤出战斗。

79. 李德

1933年10月初，共产国际派来的军事顾问李德到达中央革命根据地。李德，自称是德国人（身怀奥地利护照），护照上的姓名叫奥托·布劳恩，还叫过卡·瓦格勒。他自取中国名字为李德，意即“姓李的德国人”，又叫华夫（写文章时常用的笔名），意即“中国男人”。他于1900年9月28日出生于慕尼黑附近的伊斯曼尼格镇，1914年应征加入奥匈帝国军队，参加第一次世界大战。1916年被俄国军队俘获，拘留于西伯利亚。1917年苏联“十月革命”后，加入苏联红军。在苏联的国内战争中，由于作战勇敢，一直升到骑兵团、旅参谋长（或团长）的职务。后来，又返回德国。1919 年参加创建巴伐利亚苏维埃共和国的战斗和德国中部的工人起义，曾 3 次被捕。1928 年越狱成功后，根据德国共产党的决定，到了苏联，被派往伏龙芝军事学院深造。于 1932 年春天毕业后，受共产国际的委派前往中国，任务是在反对日本帝国主义与反对蒋介石的双重斗争中担任军事顾问。他经满洲里到哈尔滨，再由大连坐船，（当年秋天）到达上海，同共产国际驻中国共产党中央委员会的代表阿瑟·尤尔特（德国人）接上了关系。

1933 年春天，李德接受共产国际和中共党组织的委派，前往北平，计划会见决心与日本宣战的冯玉祥将军，但因中共北平地下联系人的突然被捕，徒然返回上海。

1933 年春天，驻上海的中共中央领导博古、洛甫等要动身去中央苏区。行前，要求尤尔特将李德也派往江西苏区。尤尔特征求李德的意见，他表示愿往，但提出需要由共产国际执行委员会发出一个相应的指示。不久，尤尔特和博古接到了共产国际的答复：同意奥托·布劳恩“作为没有指示权力的顾问去中央苏区，受中国共产党中央委员会的支配”。

李德去中央苏区的准备工作一切就绪。此时，新委任的共产国际驻中国的总军事顾问曼弗雷德·施特恩（简称弗雷德）到达上海。行前，尤尔特交代说：“一切决议最后还是应由中国共产党中央委员会政治局和瑞金革命委员会作出”，而弗雷德却要求李德在中央苏区严格执行他的一切指示。

李德到达瑞金，受到热情接待，尽管苏区条件艰苦，人们仍千方百计满足他的生活需要。在中共中央、临时革命政府、革命军事委员会和红军总参谋部等中央机关驻地的禁区内，专门为他盖了一所住宅（3 间），房子四周是稻田，还养了几只水鸭。博古叮嘱他，为了安全，他应尽可能地躲在自己的屋子里。因此，大家都称他的住宅为“独立房子”。

80. 福建省人民政府

1933 年 10 月 26 日，国民党福建省政府派第十九路军全权代表徐名鸿与中华苏维埃共和国临时中央政府及工农红军全权代表潘汉年（潘健行）在瑞金签订《反日反蒋的初步协定》。31 日，毛泽东、朱德在瑞金会见前来谈判的第十九路军秘书长徐名鸿和陪同人员陈公培（吴明，中共秘密情报人员），表示欢迎他们的到来，并赞同和第十九路军在抗日反蒋上合作。

1933 年 11 月 20 日，国民党第十九路军将领蔡廷锴、陈铭枢、蒋光鼐与李济深等一部分反蒋势力发动了“福建事变”。决定成立抗日反蒋的“中华共和国人民革命政府”，改年号为中华共和国元年，首都设福州市。

1933 年 11 月 24 日，第十九路军将所部扩编为 5 个军，改称为“人民革命军”。蒋介石闻讯非常惊慌，他担心红军如同福建人民政府联合后，会把主力突进苏浙皖一带，给进攻中的国民党的心脏地区插上一刀。

当时，毛泽东、彭德怀分别给中央写信，建议红军同第十九路军联合起来，共同对付蒋介石的进攻。具体方案是：留五军团保卫中央苏区，集中第一、三、七、九军团向闽浙赣进军，依据方志敏、邵式平创造的赣东北根据地威胁南京、上海、杭州，支援第十九路军的“福建事变”，从而推动抗日运动，粉碎蒋介石的第五次“围剿”。

但是，博古批评了这一建议，指责为冒险主义。

临时中央内部对待“福建事变”的意见也是有分歧的。1933 年 1 月，由于日军加紧对关内的侵略，华北告急，国内形势发生了变化。中共中央以中华苏维埃共和国临时中央政府主席毛泽东和中央工农红军革命军事委员会主席朱德的名义发表了《为反对日本帝国主义侵入华北，愿在三条件下与全国各军队共同抗日的宣言》，向全国国民党军队提议，在停止进攻苏区、给予人民以自由权利和武装人民三个条件下订立停战协定，以便一致抗日。这一提议，在国民党军队中引起了强烈的反响。博古认为中共提出的搞统一战线的宣言，仅是宣传口号，是对下层军官士兵说的，因此在军事上对十九路军采取不合作的态度。张闻天认为宣言既是对下层的，也是对上层讲的，既是宣传口号也是行动口号，主张从军事上支持第十九路军，但他的意见亦被否决。

12 月 5 日，中共临时中央发出《为福建事变告全国民众书》。认为，福建人民政府同任何国民党的反革命政府没有什么区别。它的一切行动将不过是一些过去反革命的国民党领袖们与政客们企图利用新的方法来欺骗民众的把戏。1934 年 1 月，在十九路军和福建人民政府遭到蒋介石军队重兵“讨逆”艰难处境之际，中共中央发出《关于争取十九路军方针意见》中，更明确地提出“闽政府完全倒台快要来到，我必须更努力在士兵和群众面前揭穿闽军政府领袖消极及投降政策”，争取士兵到我方来，企图以此搞垮十九路军和福建人民政府。

蒋介石急忙召开行营军事会议，抽调了 11 个师由蒋鼎文统率入闽，镇压第十九路军的反叛。12 月初，蒋鼎文率领的两个师从南丰以南向闽西开进时，红军一军团就在附近休整，敌人移动时红军看得很清楚。由于中央不让打，眼睁睁地把敌人放过去了。

同时，蒋介石部署 3 万国民党军在黎川团村与红军作战，被红军击溃后，国民党千方百计地攻占黎川的东山、德胜关之线，截断了红军通往福建泰宁有可能协助第十九路军的通道。

“福建事变”的发生打乱了蒋介石四面“围剿”苏区的计划，战争形势发生了变化，通往苏浙皖赣的大门被打开了。毛泽东力主红军主力挺进到苏浙皖赣地区，将战略防御变为战略进攻，同时可以支援受蒋介石重兵

“讨伐”的十九路军和福建人民政府。周恩来也提出了红军出击，痛歼途经资溪、光泽入闽“讨伐”十九路军的蒋介石军队的建议。彭德怀从前线打电报给博古：“建议留五军团保卫中央苏区，集中一、三军团和七、九两军团，向浙赣两边区进军”，“破坏蒋介石的第五次‘围剿’计划”。但是这些建议非但没有被博古和共产国际代表李德所采纳，而且在十九路军要求红军东调支援十九路军联合作战的关键时刻，却按兵不动，要求红军继续在西面与敌周旋。

1933 年 12 月下旬，蒋介石亲赴福建，指挥对第十九路军的全面进攻。

1934 年 1 月，十九路军再次请求红军稍向东移，贴近闽北，求得与其配合，争取从中路突破。在李德的把持下，中共中央迟迟不作肯定回答，持观望态度。这期间，周恩来经过努力电告红三军团东进进入福建延平地区，实行“向东突击动作”，七军团的红十九师、红三十四师也先后从泰宁南下配合行动，但为时过晚，已无法扭转整个战局。

正当十九路军节节败退，福建人民政府即将撤离福州之际，毛泽东、朱德再次致电十九路军和福建人民政府，提出立即实践人民民主权利，组织反日反蒋的群众斗争团体，赞助蒋敌后方人民的武装组织和反日反蒋活动，立即武装福州、泉州和漳州各地的群众保卫福、泉、漳各地，肃清十九路军内部的投降变节分子等紧急建议。呼吁他们采取一切有效的方法与联合一致的军事行动，与红军合作到底。同时强调指出，这些是“挽救目前人民政府及十九路军濒于危险的唯一出路”。但是，十九路军和福建人民政府没有采纳这些建议，而是不战而溃，一泻千里。

在蒋介石的军事压力和政治收买下，4 万多人的第十九路军由于缺乏群众基础、内部瓦解等原因，战至 1934 年 1 月 23 日而遭到失败。李济深、陈铭枢、蒋光鼐、蔡廷锴等人亡命香港。

“福建事变”一被平息，蒋介石立即将军事重心转向红军。

81. 第五次反“围剿”（中）

1933年12月，红军军事顾问李德以统一前后方指挥为名，建议并经中共临时中央决定，将中国工农红军总司令部兼第一方面军司令部撤至后方，并入中革军委机关，由中革军委直接指挥各军团和独立师、团作战。并取消中国工农红军总司令部和第一方面军司令部的名义和组织，第一方面军改称中央红军。中革军委主席仍为朱德，副主席仍为周恩来、王稼祥，但实际上已由博古、李德直接指挥军队。

1934年1月25日，国民党北路军第五纵队罗卓英部4个师，为夺取建宁，分左右两路进驻黎川、建宁之间的战略据点樟村和横村。27日，又进占了战略要地邱家隘和寨头隘。红军在“御敌于国门之外，不放弃苏区一寸土地”的思想指导下，以堡垒对堡垒。红五军团、红九军团和红一军团一部抵御失败，被迫南撤。

2月9日，国民党北路军之第九十四师在樟村以西大鸡公山与红一军团发生战事；国民党第十四师在小鸡公山及熊家寨与红九军团发生战事。红一、九军团作战均失利，被迫向广昌方向撤退。

2月15日，国民党北路军所部第八师、第七十师在凤翔峰与红一军团发生战事；国民党第六十七师在司令岩与红三、九军团各一部发生战事；国民党第九十四师在芦坑与红五军团发生战事。红军均失利。

25日，红一军团为保卫建宁，在黎川西南的三岬嶂同敌数个师激战3天，将敌1个师击溃。

3月14日，国民党北路军敌第八纵队周浑元部第九十六、第五师和第六纵队刘绍先部第四十三、第九十七师，会同第三纵队樊崧甫部主力，与红一、三、九军团再战于寺前、东华山、白舍地区。随后再战于马鞍寨、元头寨、毕乐寨、石下寨和金家寨地区。红军在博古、李德的指挥下，节节失利，被迫向广昌撤退。中央红军主力在江西南丰西南三溪圩、三坑等地反击战斗中，遭受很大损失，其中红三军团伤亡就达2000余人。

3月中旬，国民党北路军完成了北起南城，西至乐安、宜黄，南至南丰之白舍，东达黎川之邱家隘等地的堡垒封锁线，并开始进行进攻广昌的准备。

3月19日，国民党东路军王仲廉师攻占泰宁，红五军团第三十四师和红三军团一部伤亡共600余人，国民党军伤亡70余人。23日，国民党东路军李默庵师攻占归化，红七军团伤亡500余人。

3月下旬，蒋介石为攻占中央革命根据地的北大门——广昌，令罗卓英部为河西纵队，樊崧甫部为河东纵队，集中了11个师的兵力，夹盱江两岸南下，大举向广昌实施进攻。

博古、李德等为死守广昌，决定集中红一、三、九军团共9个师的兵力，采取以集中对集中、堡垒对堡垒、阵地对阵地的“正规战争”，阻止敌人进占广昌。同时决定，方面军前方司令部撤回瑞金，另组临时司令部，朱德任总司令，博古任政治委员。李德亲赴前线，指挥坚守广昌的战斗。

张闻天不同意博古、李德这种消耗战术，张、博争得面红耳赤。李德说你们之间不要闹摩擦，这里的事情还要靠莫斯科回来的同志办。

4月14日，国民党突破中央红军防御阵地，占领甘竹；19日，国民党占领大罗山、延福嶂，继续向南推进。27日，国民党从盱江西岸向广昌发动会攻，在飞机、大炮的掩护下，迅速摧毁了广昌城外红军构筑的堡垒工事，并逐次攻占了各制高点和战略要地。

4月28日，博古、李德等人发出《五次战役第二步的决战关头和我们的任务》指示，命令中央红军继续同优势之敌拼消耗。后，由于国民党军的强大攻势，红军损失惨重，博古、李德遂同意中央红军主力撤出战斗，红军放弃广昌。广昌保卫战，历时 18 天，红军虽给敌人以重大杀伤，但自己伤亡 5500 余人，占总参战兵力的 1/5，红军力量受到很大削弱。

82. 第五次反“围剿”（下）

1934 年 4 月下旬，经过周恩来同意，毛泽东带几个随员离开瑞金，前往中央苏区南部的会昌视察并指导工作。他先到粤赣省委和省苏维埃政府所在地会昌县文武坝，会见省委书记刘晓、省军区司令员兼政委何长工。毛泽东明确地向他们指出：我们要吸取福建事件的教训，善于利用粤军陈济棠和蒋介石的矛盾，粉碎敌人的“围剿”，壮大自己的力量；同时，也要提高警惕，军阀毕竟是军阀，要“听其言，观其行”。当晚，他又和何长工一起到战地前沿去视察。毛泽东当得知防守南大门的红二十二师同优势敌军作战后被迫退出筠门岭、正在开干部会检查战斗失败的教训时，毛泽东立刻打电话给红二十二师政委方强说：“你们打得很好，你们是新部队，敌人那么多，打了那么久，敌人才前进了那么点，这就是胜利！”他指出：“现在应该把主力抽下来，进行整训，用小部队配合地方武装和赤卫队打游击、袭扰、牵制敌人。整训中要总结经验，好好研究一下，是什么道理挡不住敌人，是什么道理不能打好仗，不能大量消灭敌人。你们要采取游击战、运动战的打法，要严密侦察和研究敌情、地形，在会昌与筠门岭之间布置战场；要在敌人侧翼集中优势兵力，造成有利条件，首先歼灭敌人一个营一个团，继而打更大的胜仗。”毛泽东最后指出：对“反水”的群众决不要打枪，但要放“纸枪”（传单、标语），帮助地方党和政府多做群众工作，孤立和打击反革命分子。红二十二师在连以上干部会上传达了毛泽东的指示，并作出具体布置。这以后，粤军一直停留在筠门岭，没有再前进一步。在南线出现了比较稳定的局面。

1934 年 5 月间，毛泽东又出席粤赣省委召集的各级干部会议。他说：目前斗争形势很紧张，苏区越来越小，要求做好以下几方面的工作：深入开展查田运动；扩大白军工作，消除赤白对立；恢复钨砂的生产与输出，保护商人的正当利益；组织余粮大半出口，向白区购买布匹、食盐；整顿地方武装组织，清洗混入队伍的不纯分子，准备保卫胜利果实；做好扩红工作，完成扩红任务；等等。

经过一段时间调查研究，毛泽东指导刘晓、何长工等制定了南线的作战计划和工作部署。针对陈济棠的粤军同蒋介石存在矛盾的情况，他说：总的要摆正“打”与“和”的关系，和平局面是巧妙地打出来的。我们不能按本本主义先生们坐在城市楼房里设计出来的那套洋办法办，什么以碉堡对碉堡，集中对集中，这叫以卵击石。为了保存红军的有生力量，消灭敌人，要从实际出发，不能硬拼消耗。他还说：农村是海洋，我们红军好比鱼，广大农村是我们休养生息的地方。要爱护民力，群众是真正的铜墙铁壁，兵民一心是我们胜利的本钱。接着，毛泽东到会昌站塘的李官山视察红二十二师，进行了 10 多天的调查，还用 3 个晚上时间同师领导干部一起总结战斗的经验教训。经过在前线和站塘等地的调查，毛泽东回到文武坝后，向刘晓和何长工指出：我们要抓住这一有利时机，利用敌人内部的争斗，发展壮大自己的力量。不能只知道“御敌人于国门之外”的死打硬拼，也要利用统治集团内部的矛盾，加强统一战线工作。一面要依靠群众，发动群众，组织游击队，开展游击战争；一面可派化装的小分队，潜入陈济棠管区，宣传抗日救国、枪口一致对外的道理，促使粤军反蒋抗日。根据前线实际情况，可以把筠门岭一带的部队抽下来进行整训，缓和前线的局势，并可积蓄我军力量，以备不虞。

毛泽东虽然身处南线的会昌，他最关心的仍是中央苏区的全局。那时，中革军委准备将红七军团南调，加强南线的防御。毛泽东同粤赣省委、省军区负责人研究后，在6月22日致电周恩来报告南线的实际状况："敌虽企图进占南坑、站塘，但仍持谨慎态度"，"因此判断是渐，不是突然"，建议红七军团可不南调，军团长寻淮洲以在"瑞金待机为宜"。周恩来接受了这个建议。

毛泽东在会昌工作了两个月，中央苏区南线的相对稳定的局势，同北线接连遭受严重挫败的形势形成鲜明的对照。一天，毛泽东带着几个战士登上会昌城外的岚山岭，远望南方，写下了：

东方欲晓，莫道君行早。踏遍青山人未老，风景这边独好。会昌城外高峰，颠连直接东溟。战士指看南粤，更加郁郁葱葱。

李德提出准备退出中央革命根据地的主张，并电告共产国际批准。同时成立了"三人团"：博古、李德、周恩来。明确规定："'三人团'决定一切"。政治上博古负责，军事上李德负责。党政干部谁随军行动，完全由博古、罗迈决定。

5月3日，博古、李德和朱德从广昌出发，5日回到瑞金。

5月16日，国民党东路军孙元良部在北路军和空军的配合下，攻占建宁。红军为阻止敌人的进攻，展开了建宁保卫战（至6、7月间，红军在古龙冈以北地区多次进行反击作战，均未奏效。国民党军相机占领建宁和古龙冈以北的银龙下等地）。6月1日，国民党军占领连城，红军主力被迫退至宁化、石城、长汀、宁都、兴国一线。

6月19日，毛泽东主席发出《为国民党出卖华北宣言》，提出，只有全中国民众一致团结起来，武装起来，开展武装群众的民族革命战争，驱逐日本与英、美、法等帝国主义出中国，打倒出卖整个中国的国民党。宣言还重申了中华苏维埃共和国中央政府曾经发布的订立反对帝国主义协定的三原则，并表示愿在此原则之下，时刻准备动员数十万工农红军与千百万劳苦大众首先同日本帝国主义作战。6 月 25 日，国民党北路军 6 个师由泰和地区渡过赣江，向沙村、兴国推进。

同时，毛泽东、朱德联名发表《告白军官兵书》，号召国民党不要打红军，双方订立停战同盟，联合一起打日本。7 月，中共中央、中华苏维埃中央政府人民委员会、中革军委联合发布《关于组织北上抗日先遣队给七军团作战任务的训令》。红七军团 6000 余人，组成中国工农红军北上抗日先遣队，由军团长寻淮洲、政治委员乐少华、参谋长粟裕、政治部主任刘英率领从瑞金出发北上。中共中央代表曾洪易随行。

同月，中共红军同陈济棠部谈判达成了停战协议，并建立了秘密的通讯联系。7 月中旬，国民党东路军 3 个师向赤水、驿前、小松、石城推进，6 个师由朋口、连城向长汀推进；南路军 3 个师由筠门岭向会昌推进。

7 月 23 日，博古、李德为对付国民党军的分路进攻，采取 6 路分兵、全线抵御的方针，具体部署为：以红三军团第六师和第二十一师在兴国西北沙村地区；红三军团第二十三师和江西独立团、独立营在古龙冈以北地区；红五军团第十三师在头陂地区；红三军团第四、第五师和红五军团第三十四师在驿前以北地区；红一、九军团及第二十四师在朋口、连城地区；第二十二师在筠门岭地区。

7月底，中共中央、中革军委制定了《八、九、十 3 个月战略计划》正式提出红军战略转移问题，同时又提出，要用一切力量继续捍卫苏区，求得战役上的大胜利，求得战略情况的改变。

8 月 5 日，国民党北路军集中 9 个师的兵力，在飞机、炮火的支援下，向驿前以北地区进攻。红三军团和红五军团一部奉命在高虎垴、万年亭至驿前约 15 公里纵深地区，构筑防御阵地进行固守。红军依据阵地。打退了敌人多次集团冲锋，迫使蒋介石的精锐部队第八师退出战斗。但红军亦伤亡2300余人，其中干部达600余人。2月7日，红军放弃了驿前以北的全部阵地，向石城、宁都、于都地区撤退。

8月20日，周恩来在《红星》报上发表《新的形势与新的胜利》署名社论，强调指出，9、10两月间将是决定胜负的血战关键，红军必须时刻准备着全部出动，去同日本帝国主义作战。

8月26日，吴亮平、林伯渠和中革军委总动员武装部部长滕代远联合发出通知，提出从9月15日起，进行扩红3万人的突击任务，并要求所属各部必须在1个月之内完成。

9月1日，红一军团在红九军团、红二十四师的配合下，在福建温坊地区先后歼敌1个多旅，缴枪1300余支、迫击炮6门、子弹23万发。9月下旬，国民党东路军第三、九、十、三十六、八十三、八十五6个师，在飞机和炮火的掩护下，会攻松毛岭。红九军团和红二十四师同敌人激战数日后，撤退至长汀、瑞金集结待命。

此时，中央苏区仅存瑞金、会昌、于都、兴国、宁都、石城、宁化、长汀等县地区。

1934年6月下旬，毛泽东在会昌接到中共中央的通知，回瑞金出席中央政治局扩大会议。会议由博古主持，讨论红军在作战不利形势下的对策。实际上，中央书记处5月间已向共产国际请示，准备将红军主力撤离中央苏区，共产国际也已复电同意，可是在这次会上对此并没有传达。毛泽东发言时提出：在内线作战陷于不利的状况下，中央红军应该转移到外线作战；至于转移的方向，中央红军已不宜向东北，可以往西。会议没有接受这个主张，只是决定派红七军团6000多人作为抗日先遣队北上，派红六军团从湘赣苏区到湖南中部去发展游击战争并创立新的苏区。这两支部队在7月间出发，用周恩来的话说："一路是探路，一路是调敌。"但由于转到外线去的兵力单薄，没有能起到吸引国民党军从中央苏区调出的作用。

国民党军队不断地向中央苏区腹地推进，他们的飞机不时地来瑞金沙洲坝轰炸，局势越来越紧。1934 年 8 月间，中央政府和中革军委迁到瑞金以西的背梅坑，毛泽东也搬往高围乡云石山一个大庙里居住。依据共产国际关于主力转移时开展游击战争以配合的指示，中革军委布置他写一本关于游击战争的小册子。经过将近 1 个月，毛泽东写成了约 3 万字的《游击战争》一书，共分 3 章：第一章《概论》，论述游击队的任务、组织以及游击队如何发展成为红军；第二章《游击战术》，论述游击队战斗动作的要则、袭击驻止和行动的敌人、破坏敌人的后方、对付敌人的“围剿”和追击、关于行军宿营给养卫生等事项；第三章《游击队的政治工作》，论述游击队政治工作的目的、游击队部队内的政治工作、游击队在地方居民中的工作、游击队破坏敌人部队的工作。到红军大转移时，这本书下发到各部队。

在这段时间内，毛泽东的弟弟、国家人民银行行长毛泽民，来找毛泽东商量搬“秘密金库”的问题。这个金库是 1932 年 4 月毛泽东率领东路军在漳州缴获大批金条、银圆等后建立起来的。毛泽东问道：“你们准备搬到哪里去?”毛泽民回答：“想搬到兴国一带去。”毛泽东说：“敌人已经到了藤田、东固、黄沙岭一带，你搬到兴国去怎么行?”停顿一会儿后又说：“我看还是立即分散，让部队自已管起来更好。你们研究研究看行不行?”后来在转移时，毛泽民把金库中的大部分分给各军团保管使用，一部分专门组织连队押运，保障中央各机关的使用，在长征中发挥了重要的作用。

前线的战局越来越不利，东线和北线都被突破，西线也更加困难。打破敌军“围剿”已不可能。毛泽东心情焦急，向中央书记处要求到赣南省去视察，得到了同意。1934 年 9 月中旬，毛泽东带着秘书、医生和警卫班抵达赣南省委、省苏、省军区所在地于都。此时，中共中央已着手准备西征到湘鄂西同红二、六军团会合，但没有向毛泽东透露。博古、李德还曾想不带毛泽东走，派他到于都去搞调查研究。后来，因为考虑到他是中华苏维埃主席，在军队中享有很高威望，才被允许一起走。

毛泽东刚到于都，就接到周恩来的长途电话，要他着重了解于都方向的敌情和地形。他立刻召开各种会议作调查，还找那些从敌占区或刚被敌军占领地区过来的商人和其他人员详细了解敌人的动向。9月20日，毛泽东急电报告周恩来："信丰河（下）游从上下湾滩起，经三江口、鸡笼潭、下湖圩，大田至信丰河沿河东岸十里以内一线，时有敌小队过河来扰，但最近一星期内不见来了。"电报最后说："于都、登贤全境无赤色戒严，敌探容易出入。现正抓紧西、南两方各区建立日夜哨及肃反。此复。"这个电报为中央下决心长征开始时从于都方向突围，起了探路的作用。

连续的紧张工作和难以驱散的忧虑，使毛泽东病倒了，病得很重。高烧40度，嘴唇干裂，两眼深凹，脸颊烧得通红。卫生员给他吃奎宁片、打奎宁针，高烧依然不退。警卫员吴吉清跑到省政府打电话向瑞金报告。人民委员会主席张闻天闻知后，马上派红军医院院长傅连暲连夜骑马赶到于都，确诊他患的是恶性疟疾。经过精心治疗和护理，毛泽东的病情才慢慢好转。警卫员吴吉清回忆说："直到第八天拂晓，我们刚刚想睡一会儿的时候，听见有人慢步走到床前来，温和地说：'这几天，你们都辛苦了！'我们睁开眼睛，一看是主席，就着急地说：'您病还没有好，怎么就起来啦！'主席笑着说：'我好了！'"毛泽东刚能起床，就开始工作。傅连暲等一再劝他再休息几天，他回答说："局势很紧张，休息是做不到的！"

1934年9月10日，《红星》报发表文章，号召根据地人民赶做20万双草鞋，支援红军，并限于10月10日全部完成。9月21日，中革军委决定将红二十一、二十三师合编为中国工农红军第八军团，周昆任军团长，黄苏任政治委员。29日，张闻天在《红色中华》第239期发表《一切为了保卫苏维埃》的署名社论，指出，由于各个战线上的环境与敌我力量分配的不相同，而免不了要采取各种斗争的方式来争取战争的最后胜利。中国目前政治形势之下，我们党的总的进攻路线决不能解释成为只要采取进攻的斗争方式就可使我们得到胜利，而要依照当时具体环境采取进攻、反攻、防御以至退却的斗争方式。转移地区或缩短战线，是为了取得军事上、政治上更有得利的条件。

10月3日，国民党军攻占石城。

10月5日，朱德、周恩来派潘汉年、何长工为红军代表同国民党南路军参谋长杨幼敏和师长黄质文、黄旭初谈判，经过三天三夜的反复磋商，双方达成5项协议，其中有“可以互相借道”的条文。

10月7日，中革军委命令红二十四师及地方部队接替中央红军主力的防务。红一军团向宽田、梓山之间集结，红三军团向于都东北之水头、石溪坎、东头、禾田及仙霞观地区集结，红五军团在兴国以北原阵地阻击敌军，红八军团向古龙冈地区集结，红九军团向古城、瑞金地区集结，准备实行战略转移。

83. 于都离别

10月初，毛泽东接到中央“有特别任务”的秘密通知，要他立刻回瑞金。毛泽东骑马赶回瑞金，先到中革军委向周恩来等报告了于都的敌情、地形、河水干枯等情况。然后，在云石山古庙里，召开一个中央政府各部负责人会议（又称青山会议）。毛泽东给大家宣布和说明了这一撤离苏区的决定，强调了两点：第一，革命是有前途的，要大家加强革命信心；第二，要把各部的善后工作做好，要使留下的同志能够更好地继续革命斗争，更好地联系群众。毛泽东从政治局常委张闻天那里得知政治局委员要分散到各军团去随军行动的消息后，立刻到中革军委提了两条意见，第一，在转移时将他和张闻天、王稼祥安排在一起，不要分散到各军团；第二，应带一部分女同志走。

毛泽东得知中革军委已派部队到于都河搭浮桥，准备大部队从那里过河，又策马赶到于都。毛泽东刚到于都，就接到中革军委的电话，说中央决定带走30名女同志，其中包括贺子珍，把她们编在卫生部休养连，但不能带孩子。毛泽东派警卫员到瑞金云石山通知贺子珍。

10月10日晚，中共中央率领中央红军主力和中央机关人员共86000余人，从瑞金等地出发，被迫实行长征。毛泽东在于都做好安排后，于1934年10月15日在县城谢家祠参加由中共赣南省委召集的省、县、区三级主要干部会议。他在会上说：敌人这次进攻苏区，采用的是堡垒政策，一直打到我们中央苏区门口，企图断水捉鱼，全部消灭红军。我们红军主力部队要冲破敌人的封锁线，到敌人后方去，打击和消灭敌人。并且对将要留在中央苏区的地方干部说：你们这些在地方工作的干部，仍然留在苏区，团结人民，开展游击战争。你们不要怕，不要认为红军主力部队走了，革命就失败了。不能只看到暂时的困难，要看到革命是有希望的，红军一定会回来的！

1934年10月18日傍晚，毛泽东带着警卫员离开于都城，踏上征程。

84. 毛泽覃烈士

1935年4月26日，留在江西的红军独立师师长、毛泽东的小弟弟毛泽覃牺牲。

毛泽覃被中央指名留在苏区坚持斗争。他在突围之前专门找留守江西的陈毅说形势。陈毅说：“主力红军长征有可能被打散，但如果毛泽东领导，可能有办法，苏区顶多保持一个游击战争的局面。”毛泽覃问：“你说经验教训在哪里呢?”陈毅说：“很简单，就是把过去苏区的一套丢掉了，就是没有听毛泽东的话，要是毛泽东领导，无论如何，不会失败得这么惨。”毛泽覃感动地说：“没有想到你现在还是这样真诚。10年才能看清一个人啊!”陈毅沉重地说：“你还有两条腿，我腿受伤了，咱们从此分别，也许有见面之时，也许见不着面了。”

红色故都瑞金和整个中央苏区落入国民党军之手后，敌人对游击队实行重重包围。在政治上强行移民并村，强化保甲制度，对接济红军游击队的苏区人民实行连坐惩罚；在经济上实行计口售粮；在军事上除修公路，安据点，筑碉堡外，还反复搜山和追剿。

1935年2月，毛泽覃奉命率独立师一部前往福建的四都与福建军区司令龙滕云、省委书记万永诚率领的队伍合编，以加强福建军区的力量。毛泽覃建议，放弃四都，将部队编成几个支队，四处袭击敌人，领导中心则退到闽粤赣边的深山中去。但是，他的意见被否决。

4月上旬，部队在腊口西分水坳被国民党军包围，经过激战，遭到重大伤亡。为摆脱敌人，决定由龙腾云、万永诚率大部队向东突围，毛泽覃率一部分队伍担任掩护，然后向西突围。龙、万突围后，部队又被打散，两人在战斗中牺牲。毛泽覃完成掩护任务后突出重围，又遭伏击。他迅速集中被打散的战士，转战到瑞金县内的一片大山中。这时他身边只剩下十几个战士。

1935年4月25日晚上，毛泽覃率领战士们到达黄鳝口附近一个叫作红林的大山中，在一个纸槽小屋宿营。毛泽覃指示一个战士：“你到杉背坑去找陶古游击队，请他们明天开到这儿来，一起攻打国民党的黎子冈炮楼，我们从那儿冲出去。”那个战士走后的第二天清晨，毛泽覃又叫醒一个姓何的战士，派他出去侦察一下。那战士走不多远便钻到茅草丛里睡觉。这时，国民党毛炳文军一个班的士兵搜索到这里，发现草丛里躺着个人，就围了上去。姓何的贪生怕死，没有鸣枪报警，没有反抗，就背叛了革命。供出了在纸槽小屋里，还有十几个人，十几条枪，和一个姓毛的师长。敌人在叛徒的带领下，派出一个排的兵力，带着机枪，在陶古游击队未到之前包围了纸槽小屋。毛泽覃一听到枪声，立即机警地冲到左边门口，命令战士突围，他来掩护，当部分战士突围后，毛泽覃被一颗子弹击中前胸，光荣牺牲，时年 30 岁。当国民党军从他身上搜出浸染着血迹的毛泽东和朱德的照片、党证，敌人方才知道，这就是毛泽东的小弟弟。

85. 浴血湘江

中央红军穿过国民党军两道封锁线以后，分左、中、右三路继续西行。左路：红一、九军团，沿九峰山向宜章边境前进。右路：红三、八军团，经延寿、文明司向宜章进军。中路：由红一师当先锋，随后是军委第一、第二纵队，红五军团继续殿后。

国民党失掉了两道封锁线后，立即在郴县、宜章、乐昌间沿粤汉铁路两侧布置了第三道封锁线。这一带，敌军原已筑有碉堡工事，加上交通方便，敌军的集中和调动非常有利。

为掩护军委纵队，红五军团在延寿一带与尾追之敌激战数日，堵住了敌人的追击。右路红三军团到达赤石、平和，他们在临近粤汉铁路时，与地方党组织取得了联系，得到了当地游击队的接应，并了解到敌人的重兵主要部署在郴县、良田间，宜章、嘉禾、临武方向尚无大敌。中央红军决定红三军团佯攻郴县、占领宜章，主力从中突破，向嘉禾、临武进军。

11 月 11 日，红三军团一部攻陷良田、后进至郴县城西南摆出攻占郴县的架势，牵制敌人，接着，红三军团一部在地方游击队的配合下由平和经樟桥南下逼近宜章城，在红军炮火的攻击下，守城民团弃城逃跑，宜章被红军占领。红一军团越过大王山，沿湘粤边境到达宜章的白石渡（红岩）。

15 日，中央红军全部从良田至宜章间顺利通过。敌军的第三道封锁线再次被突破。

11 月 12 日，蒋介石任何键为“追剿”军总司令，指挥西路军全部和北路军之薛岳部、周浑元部、李韫珩（李抱冰）部、李云杰部，共 16 个师 77 个团。同时电令广东军阀陈济棠、广西军阀白崇禧、贵州军阀王家烈各派有力部队分别到湘粤、湘桂、湘黔边堵截，利用湘江天险构成第四道封锁线，要求把中央红军“务须歼灭湘、漓水以东地区”，11 月 14 日，何键走马上任，将“追剿军”分为 5 路：

刘建绪为第一路司令，率 4 个师出湘桂边向全州以北之黄沙河地域集结，筑碉堵截；

薛岳为第二路司令：率 4 个师又 1 个支队，由茶陵、衡阳进至零陵地域集结；

周浑元为第三路司令，率 4 个师由资兴、郴县向道县方向追击；

李云杰为第四路司令，率 2 个师同第三路配合，由桂阳经嘉禾向宁远方向追击；

李韫珩为第五路司令，率 1 个师协同粤军和桂军由郴县、桂阳经临武、蓝山、江华方向追击。

在各路敌军中，只有湘军行动积极。位于中央红军右侧的蒋嫡系薛岳、周浑元部行动相当迟缓。此时，从宜章至湘江间的广大地区国民党的防御力量很薄弱，便于红军机动作战。如红军趁机寻歼敌一部或一路，战局将出现有利的变化。可博古等认为，只有到了湘西，同红二、六军团会合，放下行李以后，才能对敌反攻。从而使红军失去了一次战机，继续处于被动挨打的地位。

11月18日，中央红军分两路西进：红一、三、八军团及第一纵队为右翼，红九、五军团及第二纵队为左翼，经嘉禾、蓝山向宁远及其以南地区前进。而后，右翼向道县、左翼向江华进军。

道县、江华两县城均紧靠潇水西岸，是这一带的两大渡口。11月20日，右翼红一军团奉命派出先头部队两个团，在二师四团团长耿飚、政委杨成武的率领下，以日行百里的速度，于22日拂晓占领了道县城。并派出警戒部队阻止零陵之敌向道县前进。左翼红九军团的先头部队也相继占领了江华。在先头部队的掩护下，中央红军于25日全部从道县至江华间架起浮桥渡过潇水。

渡过潇水就是湘江防线。湘江是敌人第四道封锁线最严密的部分。但是，红军左翼由蓝山向江华、永明（江永）方向开进时，白崇禧既怕红军深入桂境，又防蒋军随后跟进广西，令其主力放弃全州、兴安防线，南下在龙虎关、恭城、宫川一带。这样，红军渡过潇水后，桂敌还未回防，使得兴安、全州间顿显空虚，为中央红军渡江创造了条件。

11月25日，中央红军从兴安、全州间抢渡湘江，前出湘桂边境的西延山区。何键也进一步调整部署：第一路军两个师由乐安推进至全州、咸水一线；第二路军一部推进至零陵、黄沙一线；第三路军由宁远继续对红军进行追击；第四、第五路军由乐安集结待命。

27日晚，红军先头部队红二师和红四师各一部在兴安、全州间顺利渡过湘江，并控制了湘江两岸界道至脚山铺间的渡河点。紧接着，红一、红三军团同时在湘江两岸从左右两翼强占要点，相继控制了界首与屏山渡之间的60里江岸，只等后续部队过江。

红军自突破第三道封锁线后，敌人不断派出飞机侦察扫射，由于拖着许多坛坛罐罐，部队的行军道路又很狭窄；加上进入湖南后，几乎整天都是行军打仗，一直未能得到必要的休息，部队已经极度疲劳，因而行动非常缓慢。行军纵队愈拉愈长，前后相距百里之遥。中央军委纵队自27日从灌阳北的文市一带出发，到湘江渡点160里的路程足足走了4天，本来可以乘虚抢渡的时机丢失了。前线将士为担任掩护任务付出了惨重的代价。

28日，敌“追剿”军第一部由全州向脚山铺地区的红二师发起进攻；桂敌也由龙虎关、恭城一带向兴安、灌阳以北进击，与红三军团展开了激战。29日、30日两天，敌军在飞机的支援下，从湘江东西两岸同时向红军发起进攻。敌情极端严重。在敌人的疯狂进攻面前，红军指战员在“一切为了苏维埃新中国”的口号下，不顾一切牺牲，竭力拼杀，浴血奋战。经新圩、界首、脚山铺、咸水等战斗，顽强地顶住了敌人的进攻。12月1日，是战斗最激烈的一天。接近中午时分，中央纵队才渡过湘江，越过桂黄公路，进入越城岭地区。

红三军团之第十八团和担任湘江战役总掩护任务的红五军团之第三十四师被阻于湘江东岸，后来在优势敌人的围攻下大部壮烈牺牲。三十四师师长陈树湘负伤后牺牲。湘江之战，中央红军遭受了惨重的伤亡。渡过湘江后，中央红军从长征开始时的8.6万人，锐减为3万多人。由于被动挨打，损失惨重，红军部队中明显地滋长了怀疑不满和要求改变领导的情绪。

1934年11月30日，毛泽东随军委第一野战纵队渡过了湘江。

86. 黎平转兵

1934年12月2日，继续任“追剿军”总司令的何键，下达了新的“追剿”计划。撤销原五路“追剿”军番号，改组为两个兵团：刘建绪、薛岳分任第一兵团、第二兵团总指挥。主力由黄沙河、全州一线分向新宁、城步、绥宁、靖县、会同、洪江、芷江、黔阳地区急进，另以一部兵力配属桂军进行追击。同时电请贵州军阀王家烈以有力部队配置在锦屏、黎平一线，阻止中央红军西进贵州，企图围歼红军于北出湘西的路上。

中央红军翻过老山界（越城岭），沿着大苗山脉前进。红军指战员严格执行少数民族政策，自觉遵守群众纪律，受到了瑶、苗群众的欢迎，很快顺利地通过了苗岭山区，进入湖南边境。

12月11日，中央红军进至湘桂边界的通道、下乡、长安堡地区，并占领通道城。这时，桂敌在红军左侧后继续跟追。敌第一、第二两兵团已进至城步、绥宁、靖县、黔阳、洪江、芷江等地赶筑碉堡工事。红军如果继续北出湘西，就要再次通过敌人的层层碉堡线，去同五六倍的敌人决战。这对于已经过两个多月连续行军作战、人员折损过半的红军来说，将有招致全军覆灭的危险。

这时，毛泽东，这位没有军事指挥权的领导人，决定向中央建议：应该放弃北进湘西同二、六军团会合的原定计划，应继续向西向敌人力量薄弱的贵州前进，以摆脱敌人，争取主动。

贵州当年是有名的穷省，“天无三日晴，地无三里平，人无三分银”。封建剥削十分惊人，同时又和吸鸦片、种鸦片、贩卖鸦片、抽鸦片税连在一起。鸦片烟，不仅富人抽，穷人也抽，军队也抽。王家烈的部队几乎都是“双枪兵”：一杆步枪，一杆鸦片烟枪，战斗力极差。

在红军转移的路上，毛泽东时刻关注着党和红军的前途和命运，他反复思考着如何改变红军被动挨打的局面，他主动找许多领导干部谈心，向他们解释五次反“围剿”中，中央在军事领导上的错误，同他们商讨如何首先纠正目前的错误军事指挥重大问题。他首先取得了王稼祥、张闻天的支持。转移途中，张闻天、王稼祥和毛泽东经常住在一起，他们随时商讨问题、交换意见，进一步加深了相互的了解。部队在向通道行军的途中，张闻天向毛泽东征询下一步应该怎么办时，毛泽东侃侃而谈，说出了自己的想法。张闻天心头的忧虑和疑云为之一扫，更为毛泽东在关键时刻胜人一筹的谋略所折服。

12月11日，红军打开通道县城。中央领导人在通道附近的驻地召开了一次紧急会议。会上，毛泽东向中央提出了自己的建议。李德仍坚持要北出湘西，提出可以让在平行路线上追击之敌超过红军后，红军在敌人的背后转向北方，与红二、六军团建立联系。

会议展开了激烈的争论。毛泽东的主张得到了王稼祥、张闻天和周恩来等多数同志的赞同。

博古因红军在湘江战役中伤亡重大而感到心情沉重，虽未固执己见，但他仍希望到贵州后去和二、六军团会合。李德因他的意见被否决，提前退出了会场。12月13日，中革军委依旧以北出湘西为目的，命令各部队从通道地域出发，迅速脱离桂敌西入贵州，寻求机动，以便转入北上。12月14日，又电令在湖南常德一带活动的红二、六军团主力火急向沅江上游之泸溪、黔城、凤凰地区行动，调动和钳制黔阳、芷江、洪江的敌人，并派一支部队去桃源活动，钳制与迷惑湘中之敌，策应中央红军北上。15日，红一、九军团突破黔敌防线，先头部队相继占领黎平、锦屏。中革军委命令他们继续前出柳霁地域，准备渡过清水江突破黔敌第二道防线，然后北上同红二、六军团会合。此时，敌刘建绪第一兵团已赶至靖县、会同、绥宁，敌薛岳第二兵团先头部队正向铜仁、锦屏、天柱一线压来，红军北上再度面临危机。

部队从通道向黎平开进中，毛泽东继续力陈自己的主张、说服博古等人。严酷的战争现实、毛泽东的恳切的意见，使越来越多的中央领导人和干部认识到，改变红军的战略方向已迫在眉睫了。

12月16日，军委纵队进入黎平城。经过从通道到黎平一路的争论、酝酿，中央决定讨论红军的战略行动方针问题。17日，中革军委将部队部署在黎平附近作短暂的休整。18 日，党中央在黎平召开了政治局会议。博古、周恩来、张闻天、毛泽东、朱德、王稼祥、李富春、李德等出席，会议由周恩来主持，毛泽东进一步阐述了他在通道会议上发表的意见，正式建议放弃北进与红二、六军团会师的计划，向川黔的遵义地区挺进，并在该区建立一块新根据地。会上政治局大多数成员以明朗态度支持毛泽东的主张。周恩来也决定采纳毛泽东的意见，并几次发言，公开批评李德。会议经过争论，否定了李德坚持要与红二、六军团会合，与敌人硬拼的意见。最后根据毛泽东的提议，正式通过了《中央政治局关于在川黔边建立新根据地的决议》。19 日，中革军委下达了《为建立川黔边根据地军事行动的决定》，决定指出：政治局认为，新的根据地最初应以遵义为中心，在不利的条件下应该转至遵义西北地区。政治局认为，深入黔西、黔西南对红军是不利的。红军必须全力争取实现自己的战略决定，阻止敌驱迫我至前述地区之西南或更西。并决定在适当时候召开政治局扩大会议，以便审查黎平会议的决定和第五次反"围剿"以及长征以来军事指挥上的经验教训。同时，军委对部队进行了调整和缩编：将第一、第二两纵队合编军委纵队。会议提出了"首先消灭贵州军阀，赤化贵州！""为创造新苏区而奋斗！"等口号。12 月 20 日，中央红军连克剑河、台江、镇远、施秉等城。王家烈的部队一触即溃、节节败退。28 日，红军进至黄平、余庆地域，直逼乌江。把围追堵截的几十万敌军甩在了湘西。

12 月下旬，红军从黎平出发向黄平进军的途中，毛泽东在村旁见到一位老年妇女因冻饿倒卧在路旁。得知为当地村妇后，毛泽东立即从身上脱下毛线衣一件，又从行李中取出被单一条，还让警卫员拿了两条装满粮食的干粮袋，一并送给她。

87. 突破乌江

黎平转兵以来中央红军进展十分顺利。

向遵义进军，必须先跨过天险乌江。乌江，由西南到东北斜贯贵州省内，流入四川。从乌江南岸要下10华里陡峭的石山，才能到达江边，北岸又要上10华里的陡山才能走上通遵义的大通。江面宽约200米，流速达每秒1.8米。整个乌江就像一条乌青色的蛟龙向东北奔腾，当地群众称之为乌龙江。

1935年1月1日，红二师首抵江界河渡口。以耿飚为团长、杨成武为政委的红二师先头团（四团）立即开始渡江战斗。先头团利用搜集来的竹子、门板和木材扎成竹筏，在渡口组织佯渡迷惑对岸的敌人；同时，在上游不远的地方，组织了8个水性好的同志，由连长毛正华带领，拉着一根准备架浮桥的粗绳索进行泅渡。当快游到对岸时，敌人的枪弹将绳索打断，战士们只好重新游回对岸，一名战士因负伤过重和天气寒冷，在江中牺牲。

当夜，部队再次组织偷渡。夜，伸手不见五指，18名战士冒着凛冽的寒风，分乘三只竹筏，相继向对岸划去，连长毛正华率传令兵1人（带枪1支）、轻机枪兵3人（带机枪1挺）乘坐的竹筏过去了，敌人没有发觉。他们上岸的地点正好在敌人的工事底下，无法向对岸发出信号，只好潜伏下来等待时机。其他两筏行至江心后，因水流太急辨不清方向，都被激流冲回原处。

1月2日凌晨，军委副总参谋长张云逸率干部团的工兵连赶到这里，赶扎了60多个竹筏，再次组织强渡。这时天下起雨来，风雨交加，气温骤降。战士们不畏寒冷，冒着敌人的炮火，一只只竹筏强行向对岸划去。头天夜里偷渡过去的5名战士立即向岸上的守敌发起进攻。在红军南岸炮火的配合下，过江部队乘势反击，夺取了渡口阵地。在两岸部队的掩护下，工兵连迅速将扎好的竹筏加铺上门板结成稳固的浮桥。

下游龙溪渡口的红一师，在先头团团长杨得志、政委黎林的指挥下经过与对岸敌人一阵激战，强渡也取得成功，架起了浮桥，及时保证了后续部队过江。1月3日，红三军团也从上游的茶山关渡口开始过江。

至1月6日，中央红军分从三个渡口全部渡过了乌江。敌江防司令林秀生星夜向遵义地区逃窜。

突破乌江后，中革军委命令部队乘胜追击，分三路直逼黔北重镇遵义。遵义是贵州第二大城市，是联结省会贵阳和四川省重庆的交通枢纽和贸易集散地。在红军渡江时，王家烈即令驻遵义的侯之担部第三团死守待援，同时派柏辉章率部前往增援。

红二师在刘伯承的指挥下，当晚占领猪场（珠藏）。红六团在刘伯承的带领下，冒着大雨，乘敌不备，一举占领了深溪水小镇。一营敌军除营长企图逃窜被击毙外，全部被俘获。红军从俘虏中了解到遵义城内的详细情况后，决定由第一营营长曾玉堂带领第三连和侦察排及全团二三十个司号员化装成敌军，在俘虏兵的带领后，连夜赶到遵义城。守城的敌军经过一番盘问，以为真的是外围据点退下来的自己人。当他们打开城门时，红军几个身高力大的侦察兵立即将他们缴械。后续部队涌进城内，先收拾掉了城楼上的敌人。二三十个司号员一齐吹起了冲锋号，敌人也搞不清来了多少红军，早已失去了抵抗能力，一部被俘，一部从北门逃去。驻守遵义的“川南边防司令兼教导师师长”侯之担早在几天前就逃走了。

刘伯承迅将袭占遵义的经过报告朱德总司令。1月8日《关于我军九日行动的部署》通知各军团：军委纵队明日进驻遵义，以纵队司令员刘伯承兼任遵义警备司令，留干部团在遵义担任警卫工作。令第一军团第二师前出遵义北面桐梓、松坎一线，军团主力在遵义东面老蒲场、青神桥、虾子场地域；三军团在遵义南面的刀靶水、尚稽场，控制遵义通贵阳的公路，扼守乌江北岸；五军团在遵义的湄潭；九军团在遵义东南的猪场。

1月8日，红军总政治部颁发了《关于进遵义城的口号八项注意通令》。9日，军委纵队举行了隆重的入城仪式。这天上午，天气晴朗，群山环抱的遵义城飘扬着鲜艳的红旗。红军入城的消息很快传遍了大街小巷，自动前来欢迎红军的群众很快就从四面八方来到了南门关的丰乐桥头。部队武装整齐，在热烈的鞭炮声和口号声中列队进驻遵义。

1月9日，毛泽东同张闻天、王稼祥住在遵义新城古式巷原黔军旅长易少荃的宅邸。

1月12日，毛泽东同朱德参加在遵义贵州省立第三中学举行的全县民众大会。毛泽东在大会上发表演说，大会宣布成立县革命委员会。

88. 遵义会议

1935年1月15日，中共中央政治局扩大会议在遵义旧城一幢灰色的楼房里正式举行，这里原是贵州军阀一〇二师师长柏辉章的公馆。军委总部就设在这里。

会议开始了，气氛郑重而严肃。出席会议的十几位党和军队领导人，在一张大长条桌两边相对而坐。他们是：政治局委员：博古（秦邦宪）（中共中央临时总书记、“三人团”成员）、洛甫（张闻天）（中华苏维埃中央政府人民委员会主席）、周恩来（中国工农红军革命军事委员会副主席、红军总政委、“三人团”成员）、毛泽东（中华苏维埃共和国中央政府主席）、陈云（全国总工会党团书记、军委纵队政治委员、遵义警备司令部政治委员）；政治局候补委员：王稼祥（中国工农红军革命军事委员会副主席、红军总政治部主任）、朱德（中国工农红军革命军事委员会主席、红军总司令）、邓发（国家政治保卫局局长）、刘少奇（全国总工会委员长、中共福建省委书记）、凯丰（何克全）（共青团中央书记）；红军总部和各军团负责人：刘伯承（红军总参谋长、军委纵队司令员、遵义警备司令）、李富春（中央候补委员、红军总政治部副主任、代主任）、林彪（红一军团军团长）、聂荣臻（红一军团政治委员）、彭德怀（中央候补委员、红三军团军团长）、杨尚昆（中央候补委员、红三军团政治委员）、李卓然（红五军团政治委员）。

列席：邓小平（《红星报》主编）、李德（共产国际驻中国军事顾问、“三人团”成员）、伍修权（翻译）。会议当中，邓小平当选为党中央秘书长，正式参加了会议；李卓然因战事迟到；彭德怀和李卓然在开会中因为又发生了战斗，会未开完就提前离开了；红九军团负责人因战事未能参加会议。

会议进行中，因为中央政治局和军委白天要处理日常事务，一般都是晚饭后开会，一直到深夜。

会议开始由博古主持。他坐在一张长条桌子的中间位置上，作五次反“围剿”的总结报告。在报告中他把第五次反“围剿”失败的原因归结于帝国主义和国民党反动力量的强大、根据地政府和各级组织对战争支援不够。接着，周恩来作了副报告，他实事求是地分析了第五次反“围剿”和突围以来战略战术及军事指挥上的错误，并作了自我批评，主动承担了责任。

接着，毛泽东作了重要发言。他发言的主要内容是针对军事问题，批评了“左”倾军事路线的错误和在各方面的表现，如防御时的保守主义、进攻时的冒险主义和转移时的逃跑主义；批评指挥者只知纸上谈兵，不考虑战士要走路、要吃饭、要睡觉，也不问走的是山地、平原、还是河流；

他用一、二、三、四次反“围剿”胜利的事实，批驳了用敌强我弱的客观原因为第五次反“围剿”作辩护的观点。紧接着发言的是王稼祥，他旗帜鲜明地支持毛泽东，严厉批评博古和李德在军事上的错误，拥护由毛泽东来指挥红军。

张闻天和朱德也发言明确支持毛泽东。周恩来也表示完全同意毛泽东对“左”倾军事路线的批判，他全力推荐毛泽东领导红军今后的行动。

周恩来的倡议得到了大多数与会者的积极支持。李富春、聂荣臻、彭德怀对李德的一套很不满，对“左”倾军事路线批得很严厉，他们都积极支持毛泽东的意见。会上重点批的是博古，同时批判了李德。别人都围着长桌子坐着，李德坐在大会议室的门口。对于大家的批判，李德辩护说：自己本来是作为顾问，提些建议，中国同志自己搞坏了。在会上，凯丰对毛泽东持反对态度，他对毛泽东讲：“你懂什么马列主义？你顶多是看了些《孙子兵法》。”毛泽东问凯丰：“你读过《孙子兵法》没有？你知道《孙子兵法》一共有几章？”凯丰回答不上来。博古、凯丰对会议持保留意见。

会议经过3天的讨论，在统一思想的基础上，委托张闻天起草并由常委审查，通过了《中央关于反对敌人五次“围剿”的总结决议（遵义会议）》。

决议指出：“军事上单纯防御路线，是我们不能粉碎敌人五次‘围剿’的主要原因。在第五次反‘围剿’中，领导者以所谓‘短促突击’的战术原则来支持这种单纯防御的战略路线，为了粉碎敌人新的围攻，创造新苏区，必须彻底纠正过去军事领导上所犯的错误，并改善军委领导方式。”

扩大会最后作了下列决定：

（一）毛泽东选为常委。

（二）指定洛甫同志起草决议，委托常委审查后，发到支部中去讨论。

（三）常委中再进行适当的分工。

（四）取消三人团，仍由最高军事首长朱周为军事指挥者，而恩来同志是党内委托的对于指挥军事上下最后决心的负责者。

……扩大会完毕后中常委即分工，以泽东同志为恩来同志的军事指挥上的帮助者。

对博古不搞过火斗争，仍要他参加中央的集体领导；对持保留意见的凯丰耐心等待；对李德的生活照顾如同往常，他的有益建议仍然采纳。遵义会议后，李德要求到林彪的红一军团去“体验”生活，得到了党中央的批准。但，林彪仅让部下同他周旋。3 个星期后，李德又回到了中央纵队，充当一个观察员的角色。

89. 四渡赤水

在遵义的十多天里，红军得到了休整。遵义地区相继有 4000 人参加了红军。他们扔掉了笨重的辎重和行李，进一步实行了轻装。

这时，敌情急剧发生了变化。蒋介石为阻止遵义红军北进四川同红四方面军会合，或东出湘南同二、六军团会合并各个击破红军，除以湘鄂两省敌军各一部围攻红二、六军团，以川陕两省敌军各一部对付红四方面军外，调集了薛岳兵团和贵州敌军的全部，四川、湖南、云南、广西、广东敌军各一部，约 150 个团、40 余万的兵力从四面八方向遵义红军进逼，企图围歼中央红军于乌江西北的川黔两省边境。

这时，中央红军仅有 16 个团共 3 万人，敌我力量对比极其悬殊。要在黔北打破敌人的“围剿”，建立新的根据地，已不可能。毛泽东和中革军委遂决定放弃在川黔边建立根据地的打算。决定：由黔北地域经过川南渡过长江，转入新的地域协同四方面军配合作战、赤化四川。

根据朱德、刘伯承、聂荣臻提供的川军的实际情况，中央红军第一步的任务是由松坎、桐梓、遵义地区迅速转移到赤水、土城及其附近地域，渡过赤水，夺取蓝田坎、大渡口、江安之线的各渡河点。从江面平缓、渡口较多、敌防守较弱的宜宾到泸州之间渡过长江。

1935 年 1 月 19 日，中央红军分三路从松坎、桐梓、遵义地区向土城方向开进，准备在泸州与宜宾间渡江。24 日，右路纵队红一军团击溃黔敌一个师的抵抗，攻占土城，又相继夺取赤水城东面之旺隆场、复兴场；中路纵队红九军团和红五军团分别占习水和三元场；左路纵队红三军团到达土城东面之回龙场地区。

川敌已分路赶至，一路先红军占领赤水城，对红一军团发动猛烈反扑；一部尾追红三军团伺机攻击。27 日，军委纵队到达土城镇，得悉尾追之敌两个旅四个团，正向土城方向前进。中革军委和毛泽东决定乘薛岳部主力尚在乌江以南、黔敌新败之机，给川军以打击。命令一军团继续北上，夺取赤水城；以三军团 3 个师，五军团 2 个师占领土城镇以东二至四公里两侧的有利地形，给尾追之四川军阀刘湘部一个迎头痛击。为打好这一仗，为北上渡江创造条件，朱德总司令亲临三军团前卫指挥，刘伯承总参谋长到五军团督战。战斗在 28 日拂晓打响，激战了三四个小时，未能扩展结果。当即发现对敌情判断有误：原来以为敌军是两个旅四个团六七千人，实际上是刘湘的模范师——郭勋祺师的 3 个团、潘佑旅的 3 个团共 1 万多人。临战前估计刘湘的部队和贵州王家烈的部队差不多，实际上，川军的武器装备和战斗力都比黔军强得多。毛泽东急令一军团返回增援。在一军团尚未返回的两三个小时，五军团阵地被敌军突破。敌人强占山头，步步向土城进逼，一直打到镇东门的白马山——中革军委指挥部前沿。山后就是赤水河，如不能顶住敌人的进攻，背水作战将出现严重的后果。毛泽东命令干部团发起反冲锋，干部团成员是富有战斗经验的年轻连排干部，战斗力很强。在团长陈赓、政委宋任穷的率领下，一个猛冲，夺回阵地。跑步赶来增援的红一军团第二师赶到白马山阵地，与干部团协同作战，使敌受重创，退却固守。毛泽东在山头上说："陈赓行，可以当军长!"毛泽东立即召集政治局几位主要领导开会，根据敌情，原定由赤水北上渡长江的计划已不可行。毛泽东果断地提出：为变被动为主动，不应恋战。作战部队与军委纵队应立即轻装，从土城渡赤水河西进。与会者赞同毛泽东这一决策。

毛泽东指定朱德、刘伯承仍留前线指挥；周恩来负责在第二天天亮前架好浮桥；陈云负责安置伤员和处理军委纵队的笨重物资。天将拂晓，整个部队进行了轻装，三军团把笨重的山炮都扔进了赤水河。未及中午，全军 3 万多人全部渡过了赤水，向古蔺南部西进。

红军西进很不顺利：川军已集中 12 个旅沿长江两岸布防，并以 8 个旅分别向中央红军进攻；薛岳兵团和黔军也从贵州分路向川南追击；滇军 3 个旅正向毕节、镇雄急进。

2 月 2 日，红一军团先头部队进攻叙永，未克。后续部队被敌截断。红军从宜宾下游或上游北渡长江均不可能。

2 月 7 日，毛泽东和中革军委决定红军暂缓执行渡江计划，改在川、黔、滇边区实行机动作战。2 月 8 日，红军主力陆续进抵扎西，毛泽东主持中革军委在大河滩召开扩大会议，作出了在川、黔、滇边区施行机动作战的部署。决定红军东渡赤水河，打回遵义，在运动中消灭敌人。

2 月 9 日，中革军委进驻扎西县城。正值春节，部队在这里进行了短暂的休整。张闻天向营以上干部会议传达了遵义会议精神。部队实行了缩编。

中央红军进入川滇边境后，蒋介石重新调整了"追剿"部署：湘军改为第一路军，何键为总司令，刘建绪为前线总指挥，其主力在湘西"围剿”红二、六军团，同时一部策应第二路军；薛岳兵团和滇黔两省军队合编第二路军，龙云为总司令，薛岳为前线总指挥，下辖4个纵队（吴奇伟4个师为第一纵队、周浑元4个师为第二纵队、滇军孙渡4个旅为第三纵队、黔军王家烈5个师为第四纵队），企图与川军一起“围剿”中央红军于长江以南、横江以东、叙永以西的云贵川边境地区。2月9日，当中央红军在扎西地区刚刚集结完毕，敌各路纵队和川军主力便开始向扎西地区分进合击。由于敌主力大部被吸引到川黔边境，使黔北守备空虚。为避强击弱，脱离川、滇敌军的侧击，中革军委和毛泽东于10日决定，出敌不意，挥师东进，争取先机，再渡赤水河。向守敌比较薄弱的桐梓、遵义地区发动进攻，以打开局面。

2月11日，中央红军从扎西突然掉头东进，分三路经川南直插黔北。为使广大指战员了解战略意图，2月16日，党中央和中革军委发出《告全体红色指战员书》，指出：“由于党与中革军委不愿因为地区问题牺牲我们红军的有生力量，所以决计停止向川北发展，而最后决定在云贵川三省地区创立根据地。”“为了有把握的求得胜利，我们必须寻求有利的时机与地区去消灭敌人，在不利条件下，我们应该拒绝那种冒险的没有胜利把握的战斗。因此红军必须经常的转移作战地区，有时向东，有时向西，有时走大路，有时走小路，有时走老路，有时走新路，而唯一的目的是为了在有利条件下求得作战的胜利。”

2月18日至20日，中央红军分别由太平渡、二郎滩，再渡赤水河，向桐梓地区前进。同时以红五军团三十七团伪装主力，前往官渡河、良村、温水等地吸引川军。

红军二渡赤水，回师黔北，出敌意外。川敌3个旅慌忙由扎西附近向东追击；黔敌迅速从遵义地区抽调3个团向娄山关、桐梓增援；敌吴奇伟第一纵队的两个师也急从黔西、贵阳地区向遵义开进，企图阻止并围歼红军于娄山关或遵义以北地区。红一军团24日先敌占领桐梓，援桐之敌退守娄山关。

娄山关，地处大娄山脉的主峰，四周山峰环立，关口两山夹峙，形成一道狭窄的隘口，地势十分险要。这是川贵的通道，遵义的北大门。

2 月 25 日，中央红军以红五、九军团在桐梓西北地区阻滞川敌，集中主力红一、三军团和干部团，由彭德怀、杨尚昆统一指挥，进攻娄山关及其以南之黔敌，乘胜夺取遵义。当晚，红三军团攻占娄山关。28 日晨，红军主力重占遵义城，并控制城南红花冈、老鸦山一线高地。赶来增援的敌吴奇伟第一纵队两个师进至遵义以南地区，中革军委决定集中兵力求歼该敌。28 日上午，红一军团主力直插吴奇伟指挥所，吴奇伟不知所措，率一个团残部向乌江逃窜，红一军团穷追不舍。吴奇伟过江后下令砍断浮桥绳索，使其余部留在乌江北岸。黄昏时分，红军干部团配合一、三军团迅速将敌两个师大部歼灭。红军 5 日内连克桐梓、娄山关，重占遵义城，击溃和消灭了敌人 2 个师又 8 个团，俘虏 3000 余人，缴获枪支 2000 余支。取得了长征以来最大的一次胜利。蒋介石哀叹为“国军追击以来的奇耻大辱”。毛泽东即兴赋出《忆秦娥·娄山关》：

西风烈，长空燕叫霜晨月。霜晨月，马蹄声碎，喇叭声咽。

雄关漫道真如铁，而今迈步从头越。从头越，苍山如海，残阳如血。

中央红军在遵义地区给蒋介石嫡系部队吴奇伟纵队以沉重打击，使蒋介石大为震惊。1935 年 2 月 21 日，将他的军事委员会委员长行营由南昌移设武昌，任命张学良为武昌行营主任。3 月 2 日，蒋介石偕宋美龄与陈诚等飞抵重庆亲临督战。命令：川军的三个旅由桐梓迅速扑向遵义；上官云相的两个师由重庆向松坎、新站地区推进，支援川军对遵义的进攻；周浑元、孙渡部分别至仁怀、鲁班场、大方、黔西地区堵截；王家烈部主力集结于金沙、土城等地，阻止红军向西；令已遭重创的吴奇伟部和部分黔军在乌江以南从贵阳、息烽一线配合行动；湘军三个师沿乌江东岸构筑碉堡，阻止红军东进。蒋介石企图以堡垒和重点进攻相结合的战术，实行南北夹击，压迫红军于遵义、鸭溪的狭小地区，而后围而歼之。3 月 1 日，红一军团集结在南白镇（懒板凳），红三军团集结在鸭溪，红五、九军团集结在娄山关、桐梓一线，中央军委驻遵义。各部在驻地作短期休整、总结，开祝捷大会。3 月 4 日，中央军委在遵义县鸭溪镇汪家屋基召开军事会议，分析遵义战役后的敌我态势，制订作战计划。为了加强领导和统一军事指挥，在会上成立了“前敌司令部”，朱德任司令员，毛泽东任政治委员。5 日，朱德、毛泽东联合发布作战命令。这是毛泽东自 1932 年 10 月宁都会议上被取消军事指挥权以来第一次署名发布作战命令。5 日以后，红军主力打算由遵义西进白腊坎、长冈地区，寻机歼敌周浑元纵队。但惧怕被歼的周浑元部始终不敢脱离自己的阵地，使红军未能得手。

3 月 10 日，中央负责同志开会，大多主张打驻守在金沙（打鼓新场）的敌人。毛泽东缜密地分析和注意到金沙四周不仅有周浑元、吴奇伟（吴奇伟一部已北渡乌江）两个纵队，还有孙渡的四个旅，进攻一开始就有被敌迅速围困的危险。毛泽东力排众议，坚决反对打金沙。再开会时，毛泽东再次陈诉利害，在周恩来的支持下，终于说服了大家。鉴于这种人数众多的集体指挥难以集中统一，12 日，在贵州苟坝经毛泽东提议，中央成立了毛泽东、周恩来、王稼祥三人军事指挥小组，全权指挥红军的军事行动。

诸敌步步迫近，红军活动范围日益狭小，中革军委为争取最后战机，毅然决定向周浑元部盘踞的鲁班场发起攻击。鲁班场位于仁怀县城西南 50 余里，系茅台镇通向金沙的重要孔道。周围群山环抱，地势险要，易守难攻。15 日清晨，红军各部队向鲁班场逼近。按照总部头一晚的作战部署，一军团及三军团十一、十二团和干部团为右翼队取道坛厂，从北向南突击敌五师之左面；五军团及三军团十、十三团为左翼队，向鲁班场东南、南、西南敌之九十六师、十三师攻击。拂晓，一军团率先发起攻击。10时许，红军各部连续向敌各处阵地发动猛烈进攻。指战员们响应总部的口号："把蒋介石的主力周浑元纵队消灭，取得比遵义战斗更伟大的胜利""赤化贵州"，前赴后继，奋勇杀敌，殊死作战。下午3时，红军发起总攻击。战斗十分激烈。因国民党兵力集中，地形有利，红军虽多次攻入敌方阵地，取得一些局部胜利，但终无大进展。加之吴奇伟纵队主力又由枫香坝增援，红军不得不在晚10时后撤退。此役，红军虽予敌以杀伤，自己亦付出重大代价，伤亡人数在千人左右。战斗失利，使中央原定夺取黔北、进而控制贵州的计划落了空，被迫再次向川南转移。这些，引起了党内对最高军事指挥者的批评。

红军撤出鲁班场后，三面皆敌，情势严峻：西面，滇军集结于大方、黔西一线，黔军在黔西、金沙、茅坝一线集结；东面，川军郭勋祺师已离开遵义，正向坛厂开进；南面，周浑元已派兵尾追，吴奇伟在枫香坝继续攻击前进。中革军委迅即决定向敌兵力空虚的东北方向转进，夺占仁怀、茅台，三渡赤水，摆脱追敌，恢复主动权。16—17日两日，红军搭浮桥渡过赤水河，再入川南，进入古蔺地区，拟在该地区进行短期休整，查明敌情，伺机西进。

在重庆的蒋介石得悉红军西渡赤水，认为川南地区山大沟深，地方褊狭，人烟稀少，红军回旋余地越来越小，是调集兵力进行"聚歼"的大好机会，决心消灭红军于江安、叙永、赤水河以东及沿赤水河流域以西地区。于是，蒋介石要求各部特别要运用江西"围剿"红军的经验，在红军集结的四周广筑碉堡。令北面的川军除加强长江泸州上下防务外，负责西自叙永、古蔺，东至土城之线，北自纳溪，南经叙永、营盘山至赤水河镇之线；滇军负责赤水河镇至毕节之线；黔军负责赤水河东、南岸各渡河点；自黔东开赴遵义之湘军第五十三师负责遵义南北地区，由鄂经川入黔的国民党中央军第九军负责桐梓、遵义之线；担任“追剿”的薛岳所部，在黔军未接防前，积极在赤水河南、东岸布防。

原拟自古蔺继续西进的红军，见敌大军云集，四周碉堡接踵而起。红军前敌司令部决定：撤销西进计划，秘密、迅速、坚决、出敌不意折而向东，从敌军最薄弱的地段——黔军魏金镛部处，跳出包围圈，再作他图。3 月 21 日夜，红军分经太平渡、二郎滩、九溪口渡口依序四渡赤水河。而后，掉头南下，从数十万敌军和碉堡群间隙穿插而过。3 月 26 日，红军进至遵义至仁怀大道北侧的干溪、马鬃岭地区。27 日，前敌司令部决心以红九军团暂留马鬃岭地区，并积极向长冈、枫香坝地区佯动，引敌北向；主力则乘敌尚未明白我军意图之际，继续向南急行军。28 日，穿过鸭溪、白腊坎之间敌人的封锁线到达乌江北岸。留在马鬃岭地区的红九军团根据前敌司令部的指示，在马鬃岭西北路上摆露天红标语、路侧放烟火扮炊烟，伪装红军主力以迷惑敌人。29 日午夜，红一军团先遣团的一个排，利用雷雨天气，乘敌不备偷渡乌江南岸，消灭了扼守在悬崖上的敌人，控制了渡口。31 日，红军主力又一次渡过了乌江，把几十万敌军全甩在了乌江北岸。

90. 金沙江

1935 年 4 月初，蒋介石连连接报：红军已经南渡乌江，进至息烽、扎佐地区，前锋指向贵阳。贵阳及其附近的守敌仅有两个团，红军这一出乎意料的行动，使坐镇贵阳的蒋介石惊慌失措。他大骂指挥官无能，撇开前线指挥部，自己打电话调动部队，一面命令各部纵队火速增援贵阳，一面严令守城部队昼夜抢修城防工事。

国民党军主力尚在川南、黔北地区，乌江南岸顿显空虚，云南境内兵力薄弱，为红军显示了进军云南、由长江上游之金沙江北上入川的方向。前进路上的障碍，只有据守在滇黔边境的云南军阀的部队了。毛泽东说：“只要将滇军调出来，就是胜利。”

红军再次运用声东击西的办法。4 月 3 日，红军从息烽、扎佐之间东进，5 日进之清水江两岸的高寨、羊场、白果坪地区。随即以少量的兵力东渡清水江，向平越（福泉）方向积极行动，沿途张贴“拿下贵阳，活捉蒋介石”的标语，虚张声势，摆出全军即将东渡的姿态。蒋介石认为中央红军将东进湘西同红二、六军团会合。急令：湘军 3 个师开往余庆、石阡堵截；桂军一个军进至清水江以东的平越、牛场布防；周浑元部迅速于息烽以北的乌江北岸抢筑碉堡，防红军再渡乌江；同时，令吴奇伟部和滇军孙渡部分路向东追击，到贵阳“保驾”（因贵阳城内兵力不足两个团，十分空虚）。滇军被调出来了！

4 月 7 日，红军前敌司令部决定，以佯攻贵阳、龙里姿势，从贵阳、龙里中间向南急进，以便迅速占领定番（惠水）。8 日，中央红军分两路向贵阳、龙里间开进，由右路红三军团为先遣队，控制洗马河及龙里通贵阳的大道，并前出游击队佯攻贵阳，掩护全军转移。红军突然兵临城下。当清镇机场报告发现了红军便衣队时，蒋介石立即让人准备轿子、马匹、向导，随时准备夺路逃跑。当各路敌军浩浩荡荡向贵阳以东开动时，红军乘机急转南下，从贵阳、龙里间突破敌军防线，以每天行军 100 里的速度，经青岩、定番、广顺、紫云等地向云南急进，形成了与敌军背道而驰的场面。

4 月 18 日，红军主力在白层、者坪地区渡过北盘江，继占贞丰、安龙、兴仁等城。与此同时，留在乌江北岸的红九军团以积极的行动牵制敌人，在金沙以东的老木孔地区击溃黔敌五个团的进攻后，经毛坝场、瓢儿井和大方以南的猫场等地，进至黔西的水城地区。

蒋介石判断红军主力将由平彝（富源）北进与红九军团会合，然后再向西渡金沙江或北经毕节入川。4月23日和26日，蒋介石连电龙云、薛岳，命令第一、二、三、四纵队等经平彝转向宣威、威宁堵剿，第三纵队继续尾追红军，川军以一个师集中毕节。企图围歼中央红军于宣威、威宁地区。

为进一步调动敌人，红九军团继续单独行动，吸引敌人向北。红军主力则以最快动作向西挺进。4月27日，红军主力攻占马龙、寻甸、嵩明，一部进至杨林，前锋逼近昆明。在昆明城里的“追剿军”第二路总司令龙云，急得像热锅上的蚂蚁。因为滇军6个旅大部被调出，昆明周围只有为数不多的团防和警卫部队担任守备。为确保昆明，龙云一面电催尚在曲靖以东的第三纵滇军取捷径直开昆明，一面搜罗民团前来守城。蒋介石闻讯，亦飞往昆明，并调兵遣将保卫昆明。滇北各地和金沙江南岸的敌防力量进一步削弱了。

4月29日，中革军委发出《关于我军速渡金沙江在川西建立苏区的指示》，指出：由于两个月来的机动，我野战军已取得西向的有利条件，我侧后有敌70个团以上的兵力向我追击，在本地区我已不便进行较大的作战机动；金沙江两岸空虚，中央过去决定野战军在转入川西创立苏维埃根据地的根本方针，现已有实现的可能了；政治局决定，我野战军应利用目前的有利时机，迅速渡过金沙江，转入川西。

4月29日，中央红军分三路由寻甸、嵩明地区转向西北前进。红一军团为左路纵队，经禄劝、武定、元谋等地直取川滇的主要通道龙街渡；红三军团为右路纵队，经思力坝、马鹿塘夺占洪门渡；军委纵队和红五军团为中路纵队，经小仓街、海龙塘、石板河进军皎平渡。红军一路神速，每天行军80～100里地，多处地方民团竟错把红军当作国民党中央军接待，筹集粮秣，酒肉款待，几乎畅通无阻。

长江自青海省玉树到四川省宜宾这一段称为金沙江。金沙江因产金沙得名。还有一种说法，是因为江中土色黄如金而得名。金沙江的两岸，除了几个渡口外，都是耸入云天的绝壁陡崖。中央红军抵达金沙江畔前，了解到当红军进入云南后，敌人为防止红军北上，已经将这一带的大小渡口都控制起来，把所有的船只都掳过江去，断绝了两岸的交通，并不时地派侦探划船过来探听消息。军委决定，中路纵队由干部团迅速抢占皎平渡渡口。5 月 3 日黄昏，干部团先遣支队首先赶到皎平渡。前卫连到达江边时，没有发现敌人，只是看见江边停着两只木船。连长肖应棠马上命令部队隐蔽，准备战斗。然后派出一个小组前往侦察。原来这是敌人过江来探听情况的船只。当红军的侦察员向木船走去时，敌人的船夫还以为是他们的侦探回来了，毫不在意。直到红军侦察员的枪口对准了他们的胸口，方知当了红军的俘虏。通过船夫了解到，江对岸称为中武山渡，对岸集镇不大，原只驻有一个管收税厘金卡子和三四十名保安队员。这天刚刚来了国民党正规军的一个连。由于敌人没估计红军会来这么快，因此戒备不严。肖应棠和随来的副营长商量后，决定立即过江。天已漆黑，除留一个排在渡口掩护外，肖应棠带领两个排向对岸划。对岸敌人的哨兵以为是自己的船只，没有理会。船靠岸了，敌人的哨兵猝不及防，成了红军的俘虏。战斗接着在集镇上展开。红军很快就全歼了对岸守敌川康边防军的一个连和江防大队一部。皎平渡完全被红军所控制，偷渡成功了。信号传到对岸，到达江边的刘伯承等十分高兴，很快向毛泽东等作了报告，并指示先遣队继续前进，为后续部队渡江担任警戒。与此同时，红一军团和红三军团也相继分别抢占了龙街渡和洪门渡，但这些渡口因水流太急或江面太宽，不能架桥，渡船又少，大部队难以渡江。军委于是当机立断，决定除留第十三团在洪门渡过江外，红一军团和红三军团主力全部改由皎平渡过江。

为加快渡江速度，刘伯承命令已经过江的干部团沿北岸向东西侧派出部队再寻找船只，同时准备阻击敌人可能从两侧向渡口的进攻。经过干部团的努力和当地群众的支持，红军又从上游和下游搜集了 7 只小船，在附近村庄雇请和动员了36名船工，分成两班，日夜轮流为红军摆渡。5月4日，已过江的干部团在通安地区击溃敌人约两个团的增援部队后，占领了通向会里的重要门户通安镇。

皎平渡口，整整六天六夜木船在不停地摆渡着。红五军团在石板河一带布防，采取节节抗击的办法阻击敌人，掩护全军渡江。至5月9日，中央红军全部胜利渡过了金沙江。在此期间，单独活动在滇东北的红九军团也由水城地区西进，先后攻占宣威、会泽，于5月6日在会泽以西的树节、盐井坪地区渡过了金沙江。这样，中央红军把几十万围追堵截之敌全部甩在了金沙江以南，跳出了敌人的包围圈。

91. 大渡河

为执行原定进至川西北创建根据地的战略计划，中央红军决定放弃对会理之敌的围攻。主力经过休整后，沿会理至西昌的大道北进。在德昌、西昌一线阻止红军的四川军阀部队，有的是由刘伯承的旧友所率领，刘伯承先后写信劝阻他们，说明红军只是借道北上，他们大都闪开了；有一些部队进行抗击，也不是红军的对手。1935年5月17日，红军占领德昌。19日，红军绕过西昌城，进抵礼州。

蒋介石获悉中央红军渡过金沙江北上后，即策划“大渡河会战”。蒋介石认为：大渡河是太平天国翼王石达开覆灭之地，共军入此汉彝杂处、一线中通、江河阻隔、地形险峻、给养困难的绝地，必步石达开军的覆辙。企图封锁围歼红军于金沙江以北、大渡河以南、雅砻江以东地区。

蒋介石命令：薛岳率其主力迅速北渡金沙江，向西昌追击，并以滇军向盐边、盐源推进，沿雅砻江西岸布防，阻止红军西进；四川刘文辉第二十四军主力沿泸定至富林（汉源）沿大渡河构筑碉堡阻红军北进；杨森第二十军主力及刘湘第二十一军一部向雅安、富林地区推进，以加强大渡河以北的防御；最后以薛岳、刘湘等部的南攻北堵，围歼中央红军于大渡河以南。

5月20日，中央军委下达训令，指出，红军目前的战略任务是消灭敌人，渡过大渡河，进入川西北建立新的根据地。在蒋介石企图围歼红军于大渡河南岸的情况下，红军应迅速北进，争取渡江先机，首先进达清溪、泸定桥、洪雅地区，与川敌进行机动作战，争取赤化。要求红军为实现这一方针，各军团须以极迅速、坚决、勇猛、果断的行动，消灭阻我前进的川敌；以最大的努力争取彝民群众；以高速度急行军到达大渡河边，迅速依序渡河，并准备渡河后与川敌进行连续战斗，开展川西局势。

当晚，中央红军先头部队红一军团开始行动，攻占泸沽。从泸沽到大渡河，红军面前有两条道路可走：一条是直通雅安、成都的大道——越过小相岭，经越西到大树堡，由此渡河，对岸便是富林。但据获悉的敌情，此路沿途险要，均有敌军扼守，川军刘湘部已往大树堡一带布防，杨森的大渡河守备指挥部就设在富林，并已占领了渡口。另一条则是崎岖难行的山路——经冕宁通过彝族聚居区可达大渡河边的安顺场。敌人估计红军不敢走这条路，因为他们视彝族聚居区为“畏途”。

毛泽东、周恩来、朱德、刘伯承等经过分析比较，果断决定红军主力走敌人预料红军不敢走的小路——通过冕宁，进到大凉山彝族地区，直插安顺场。同时派出一支小部队在侧翼佯动，经越西向大树堡前进。为实现这一目标，军委决定，由红一军团参谋长左权率红五团一部和军团侦察连经越西向大树堡，迷惑和吸引敌人；同时，由刘伯承任司令员、聂荣臻任政委，率领红一军团一师一团、军团工兵连和以萧华为首的工作团组成的先遣队，先于红军大部队进入彝族区，打开前进通道。毛泽东对刘伯承他们说：“过彝民区一定要尊重彝民同胞，不能打枪，不能伤害彝民兄弟。

先遣团的任务不是要打仗，而是去宣传我们的民族政策，用政策的感召力达成友好。”

为顺利通过彝民区，先遣队派工作团深入群众调查彝民的风俗习惯，在部队中进行党的民族政策教育。同时，在当地请到一位通司（翻译），准备和彝民首领进行谈判，和平通过。

5月22日，先遣队进入彝民区。这里是崇山峻岭，野草丛生，林木葱茏，道路崎岖狭窄，几乎难以辨认。突然，随着响彻山谷的呐喊，山上山下的彝民们成群结队地挥舞着土枪、长矛、棍棒，挡住了红军的去路。萧华率领的先遣队工作团通过通司，大声向彝民说明情况，说：“我们是共产党领导的红军，是彝族人民的兄弟，是去打国民党军队的，不是来抢劫彝族群众的。只是借道北上，不在此长住。”彝民们把工兵连携带的架桥器材和其他用具一抢而光，但未伤害红军。刘伯承要求部队一定要执行政策，遵守纪律，要坚决按照毛泽东和军委的指示去做。并派人立即通知工作团，要耐心地做好宣传工作，决不允许开枪伤害一个彝胞。

彝民沽基家族的首领小叶丹让人察看红军的情况。萧华通过通司转告他：红军刘司令亲率大军北征路过此地，愿与彝民首领结为兄弟。小叶丹提出应以彝族的传统习惯宣誓结为兄弟，刘伯承和聂荣臻听说很高兴。在冕宁城北的渔海子边，刘伯承和小叶丹喝了“鸡血酒”，并互宣誓词。当夜，先遣队返回30里，在汉族地区的大桥村宿营，小叶丹还被热情地邀请到红军的宿营地。

次日清晨，红军再次进入彝民区时，沿途的彝民同胞不再阻挡红军前进，而是热烈地欢迎。小叶丹率领许多人欢迎红军，并在一支几十人组成的小队伍前举着一面红旗。白色的旗套上写着：“中国夷民红旗沽基支队小鸦头。”刘伯承很感动，临别时送给他一支手枪和一些步枪，小叶丹也把自己骑过的一匹高大的黑骡子送给了刘伯承，并一直把先遣队送到沽基家支聚居区的边缘，还挑选了几名彝族向导继续为红军带路。

红军主力到达彝民区时，继续广泛宣传党的民族政策。毛泽东在冕宁会见了县城附近的彝族头人沽基达涅，沽基达涅向毛泽东报告了从冕宁到大渡河一带的各个沽基家支及其头人的情况。毛泽东委托他与这些头人取得联系，并转送红军给他们的礼品。尤其是小叶丹在先遣队离开后，遵照刘伯承的嘱托，组织彝民青年细心地护送通过这里的部队，使红军全部安全地通过了彝民区，并动员了一批彝族青年加入了红军。

先遣队于5月23日通过彝族区后立即向大渡河急进。部队冒雨行军140多里，于5月24日晚到达离大渡河只有10来里路的一个小山村宿营。军委命令，先遣队要连夜偷袭大渡河南岸安顺场渡口的守敌。安顺场是个有近百户人家的市镇，敌人防红军渡河，有两个连在这里驻守，附近所有的船只都被抢走、破坏，仅留一只船供他们过往使用。安顺场对岸驻有敌人的一个团，其主力在下游10多里处。由于左权率领的佯动部队正在大树堡砍树扎排，佯装渡河，使敌人还未弄清红军的主力在哪里，因此安顺场还未来得及进一步布防。深夜，毛毛细雨仍在不停地下着，红一团政委黎林带领二营至安顺场渡口下游佯攻，以便吸引对岸敌人；一团团长杨得志带领一营先夺取安顺场，然后组织强渡；三营担任后卫，留在原地掩护指挥机关。敌人没想到漆黑的雨夜，红军会来得这样快，几乎毫无戒备。杨得志率领一营冲到安顺场的街头时敌人才发现。经过不到半个小时的战斗，安顺场的守敌两个连即被消灭，并截获了那只唯一的渡船。部队迅速推至河边，控制了安顺场渡口。

大渡河流入岷江，在宜宾汇入长江。大渡河由上游雪山、草地奔流而来的河水夹杂着腐烂的草根和黑色的污泥，搅和成灰黄色，所以大渡河又有“铜河”之称。大渡河是红军长征以来遇到的最大的天险。战士们看到，惊涛拍岸，河水奔腾咆哮。5、6月间，正值上游雪山融化，河水暴涨的时节。这时的大渡河宽约300米，水深10多米，水流急暗礁多，每秒4米的流速，架桥根本不可能。

第二天，天刚亮，由杨得志组织抢渡，刘伯承、聂荣臻亲临河边指挥。几门八二迫击炮和所有的轻重机枪在河边的有利地形上展开。从周围村庄请来了十几名船工。由营长孙继先从二连挑选了17名勇士。他们是：第二连连长熊尚林，第二排排长曾令明，第三班班长刘长发、副班长张克表、战士张桂成、萧汉尧、王华亭、廖洪山、赖秋发、曾光吉，第四班班长郭世苍，副班长张成球、战士萧桂兰、宋祥云、谢良明、丁流明，通讯员陈万清。由连长熊尚林带队，每人带一把大刀、一支冲锋枪、一支短枪和五六颗手榴弹。杨得志一声令下，17名勇士跳上渡船，奋力向对岸划去。在猛烈的火力掩护下，渡船绕过一个个激流、暗礁，很快靠岸。战士们冲上岸去，打垮了涌向渡口的敌人，占领了渡口工事。紧接着，第二船、第三船分别在孙继先、杨得志的带领下又相继过河，击溃了对岸守敌，巩固了滩头阵地。5月25日，红一团完全控制了渡口。并在当地群众的支持下，又获得了两只小船。先后动员了50多名船工轮班为红军摆渡，使后续部队源源不断地渡过河去。

5月26日，红一团的部队还未渡完，红一军团主力赶到了。上午，毛泽东、周恩来、朱德等率领中央红军主力也相继到达安顺场。由于这里水深流急，不能架桥，单靠三只小船在几天内渡过全部红军是十分困难的。红军在渡口附近越聚越多，而尾追之敌薛岳部已过德昌，情况十分紧急。为迅速渡过大渡河，中革军委决定，由刘伯承、聂荣臻率领红一师及干部团继续从安顺场渡河沿大渡河北上；中央红军主力由安顺场沿大渡河西岸北进。兵分两路，夹河而上，火速抢夺距安顺场320里的泸定桥。

敌人为确保泸定桥，也正以两个旅在大渡河东岸向泸定桥增援。中央红军主力以红二师红四团为先头部队，在师长陈光，团长王开湘、政委杨成武的率领下，于5月27日从安顺场出发。为抢在增援的敌人之前夺下泸定桥，军委命令他们在三天内赶到。

从大渡河到泸定桥，几乎都是蜿蜒曲折、忽起忽伏的单边羊肠小道。

左边是嶙峋壁立的山崖，右边是波涛汹涌的河流。指战员先后在猛虎岗、摩西面等地击败川康边防军的阻击，最后一天，红四团冒着暴雨，以一昼夜240里的急行军，于29日晨先于援敌赶到了泸定桥，占领了西桥头。

横跨大渡河的泸定桥，位于泸定县城的西面。桥的两侧山峦起伏、悬崖夹峙。桥长101米，宽2.6米，由13根铁索横拉东西两面，13根铁索象征这座桥是由13个省募捐造起的：9根铁索上铺着木板作为桥面，两侧各有两根作为桥栏。这是大渡河上的唯一桥梁，是连接四川腹地和康藏高原的咽喉通道。泸定桥的东桥头与泸定城相连，守敌为川军第四旅的一个团。在红军到达之前，敌人已将铁索桥上的木板拆除，只剩下几根铁索链悬在奔腾咆哮的大渡河上。对岸敌人凭险阻击，用机关枪、迫击炮封锁桥头。

5月29日下午4时，红四团发起夺取泸定桥战斗。在统一号令下，全团火器一齐开火，由二连22名战士组成的突击队，在连长廖大珠的率领下，冒着敌人的密集火力攀踏着悬空摆荡的铁索链向桥东头冲去。紧跟在突击队后面的三连指战员扛着木板，边铺桥、边战斗，使后续部队顺利地跟随入城。经过两小时的激战，歼灭了守敌大部，占领了泸定城。沿大渡河东岸北上的红一师在渡河后日夜兼程赶进，消灭了敌人的拦阻后，也及时赶到了泸定城。

5月30日至6月2日，中央红军主力顺利通过了泸定桥。蒋介石使红军成为“石达开第二”的梦想破灭了。

92. 雪山

中央红军渡过大渡河后，在化林坪进行了短暂的集结调整，继续北上。指战员们攀越陡峭的山崖，穿过莽莽的原始森林，向夹金山麓进军。

1935年6月4日，毛泽东离开化林坪，至水子地宿营。在翻越大山时，遇国民党飞机轰炸，身边的警卫班长胡昌保牺牲。毛泽东悲痛地双手抱着胡昌保放平躺下，把自己的毛毯盖在胡昌保的遗体上。

6月8日，中央红军一举突破川军杨森部的芦山、宝兴防线，歼敌一部。接着，红一、三军团统由林彪、聂荣臻指挥，向懋功（小金）前进；军委纵队率五军团随后跟进。九军团为右翼支队，掠邛崃山脉以东，迂回大邑、懋功之间，迷惑敌人。

6月11日，中央红军主力先头部队红四团进抵宝兴县属的硗碛镇，来到夹金山下。夹金山，横贯二郎山，向东伸延到灌县、成都，主峰海拔4500多米，这里是雪山地带的起点。山上终年积雪，深处达四五尺，银装素裹，耸入云霄，空气稀薄，气候变化无常，山下正值炎热的夏季，山上却雪花飞舞、寒气袭人。为取得翻越雪山的常识和经验，红四团组织工作组分头访问了当地的居民。根据群众的经验，通过雪山，必须在上午9时左右，下午3时以前，而且要多穿衣服，带上烈酒、辣椒御寒，还要准备一根木棍辅助爬山。

6月12日清晨，先头部队向夹金山进发了。这样的大部队行动，上述的登山条件一时难以达到：衣服，在这人烟稀少的地带，不可能得到补充；烧酒、辣椒也无法买到；唯一找到的是一根木棍。脚下的路是冻得晶亮硬滑的积雪，路的两旁，一面是深厚松软的雪岩，一面是陡立险峻的雪壁，一不小心就会滑下雪岩，越陷越深。先头班用刺刀在雪上挖着踏脚孔，后面的部队手拉着手谨慎地前进。越往上爬，空气越稀薄，呼吸越困难，但是再累也不能坐下休息，谁要是停步坐下，就会永远也起不来了。刚过中午，狂风卷着雪花，向红军战士袭来，单薄的军衣，抵挡不住风雪的吹打，战士们打开背包把被子、毯子裹在身上。快到山顶，突然又下起了冰雹，核桃大的雹子，打得战士们满脸肿痛。大家拼尽全身力气，互相搀扶着，互相鼓励着，艰难地前进。经过四五个小时的搏斗，红四团终于首先战胜了冰雪严寒的恶劣自然条件，翻越了夹金山。

这时，由李先念率领的红四方面军一部已攻占懋功，并前出至懋功东南的达维镇。6月12日下午，中央红军先头部队在北进达维途中同红四方面军先头部队会师。两支兄弟部队的指战员欢呼雀跃、握手拥抱，激动的热泪夺眶而出。

6月17日早晨，毛泽东喝完一碗热气腾腾的辣椒汤，身穿夹衣夹裤，手持木棍，沿着前面部队走出的又陡又滑的雪路，向山顶攀登。他把马让给伤病员和体弱的女同志使用，并且说："多有一个同志爬过雪山，就为革命多保存了一分力量！"走到半山，气候骤变，冰雹劈头打来。他拉着战士的手前进，同时嘱咐大家："低着头走，不要往上看，也不要往山下看，千万不要撒开手！"一会儿，冰雹停止，但越近山顶空气就越稀薄，一些体力弱的战士一坐下去就再也没有起来。毛泽东对坐在雪地里休息的戴天福说："你坐在这里是非常危险的，来，我背着你走。"警卫员吴吉清抢先把戴天福背起，在毛泽东帮扶下走向山顶。越过山顶后，下山就比较容易了。当天下午，他们到达懋功县达维镇。

93. 红一、四两方面军会师

6月17日，中共中央军委纵队到达达维镇，受到红四方面军第二十五师的列队欢迎。当毛泽东、周恩来、张闻天、王稼祥、朱德、刘伯承等中央领导和军委领导走向达维时，"欢迎一方面军老大哥！""向中央首长致敬！"的口号响彻山村。毛泽东等领导同志向欢迎的部队招手致意，热情问候。

当晚，两个方面军驻达维的部队举行了胜利会师庆祝大会。周恩来主持会议，他首先致辞表示热烈欢迎四方面军的同志们。接着，韩东山师长代表四方面军讲话，欢迎中央红军的到来。指战员们沉浸在团结、热烈、欢乐的气氛中。毛泽东和中央其他领导人出席了会议，毛泽东、朱德在会上相继讲了话。毛泽东说：“这次会师具有伟大的历史意义，是红军战斗史上的重要一页，是中华苏维埃有足够战胜国民党反动政府和完成北上抗日任务的力量表现。我们在中央苏区就知道红四方面军的同志在党的领导下，作战英勇，创造了川陕苏区，消灭了很多敌人，各方面都有很大成绩。”“我们红军是打不垮、拖不烂的队伍，是劳动人民求解放的队伍。我们从离开中央苏区那天起，每天都是同超过我们几倍的敌人作战，但是敌人的围追堵截不仅没能消灭我们，而我们却大量消灭了敌人。战斗中虽然有一些伤亡，但我们却锻炼得更加坚强，扩大了革命影响，沿途撒下了革命种子……”

“今天胜利会师了，我们一、四方面军是一家人，要在党中央的领导下互相学习，亲密团结，为彻底消灭蒋介石反动派，赶走日本帝国主义而共同奋斗！”朱德在讲话中充分肯定了各地红军的历史作用，指出会师的意义和今后的任务。紧接着开联欢晚会。中央红军赶编的《两大主力军会合歌》唱出了红军战士共同的心声：“……万余里长征经历八省险阻与山河，铁的意志血的牺牲换得伟大的会合。为了实现抗日救国解放民族的事业，高举红旗向前进。”

四方面军的同志们为中央红军准备了丰盛的晚餐，并让出房舍，自己全部到野外宿营。四方面军各部队赶着牲口，或肩挑人扛，从四面八方把早已准备好的慰劳品送往会师地点。

6月18日，中央红军进抵懋功县城，再次举行联欢大会。

94. 红军本来可以不走草地

在国民党阵营里，胡宗南可以称为一位“有识之士”。胡宗南分析，中央红军与红四方面军会合，但是川西北乃不毛之地，且自然条件十分恶劣，加之四周有国民党大军“围剿”，必不是红军久留之处。红军的根本企图仍然要向大西北腹地发展，进出甘、宁、青、新数省，前往中苏边境地区，打通国际交通线，以取得苏联的国际援助。如此看来，红军在川西北会师后，仍然要走川甘通道北上。胡宗南将红四方面军的动向和他的分析成果，及时向蒋介石报告。蒋介石最害怕中央红军与川陕红军合兵一处，然后进出川、陕、甘、青、宁、新数省，打通国际交通线。为此，蒋决定成立西北“追剿”纵队，指定胡宗南出任纵队司令。胡宗南迅速调集部队，星夜向陇南及川甘边境地区集结。为了途中不出现意外，按时到达陇南，胡严令各部队在集结途中，避免一切干扰，星夜兼程。为了迷惑红军，胡指挥下的30个步兵团的兵力，不设总指挥，一切指挥和参谋业务，只以第一师的名义暂代。4月下旬，胡宗南分析在川西北地区堵截红军的最重要地点，就是平武和松潘两镇。特别是松潘，是红军经川西北上甘肃的咽喉，得之则全盘皆活，失之则满盘皆输。胡宗南得到消息，红四方面军的部队正在沿涪江西进，决在抢占平武，进击松潘。于是，胡不待其部队全部到达，便先期率领两个师及两个补充旅，采取攻击前进的方式，向平武、松潘突进，以防被红军捷足先登。平武城本来已经被红军占领，可惜红军只是一支人数很少的部队，且无意坚守，虚晃几枪后，即弃城不战，主动撤退到涪江南岸。胡宗南所部出平武城沿涪江西进时，一支红军部队亦沿着涪江南岸向松潘急进。胡宗南闻讯，亲率先头所部，不惜一切代价，抢占松潘。红军因行动迟缓了一步，到达松潘以南60里的要冲镇江关时，松潘落入敌手。但是，当时胡部的主力尚未到达，红四方面军的两营兵力的前锋与胡先头部队虚晃几枪，就主动撤退了。胡宗南被吓出一身冷汗，若红军全力进攻，胜负仍将是未定之数。据说，胡宗南已经策划好了被红军俘虏之后如何脱身的准备。

中央红军到达川西北地区，中华苏维埃共和国中央政府执行委员会主席、中央红军前敌司令部政治委员毛泽东，深感这里的荒凉贫穷，吃穿都解决不了，怎么建立根据地？即使没有国民党大军的围追堵截，也得赶快向前走。于是，毛泽东审时度势，将川西北根据地北移了500多公里，到了甘南地区。毛泽东摊开军用地图，分析红军面临的形势：东面，派系庞杂、互相争斗的四川军阀，因屡遭红军重创而观望不前；南面，长途尾追疲劳不堪的国民党军薛岳部，已经士气低落、军心涣散；北面，胡宗南部虽然跃跃欲试，但大部在陕南，尚未集结。毛泽东说，全国抗日的高潮正在到来，整个形势对我们有利，我们的方针是北上抗日，建立川陕甘革命根据地，促进抗日高潮。

红军要从已经占领的茂县、理县、懋功等岷江西岸地区向甘南推进，就不能不走松潘通道。松潘县地处川西北高原，岷江、涪江的上游，岷山中段。松潘的西邻是一望无际、数百里不见人烟的大草地，其间布满沼泽；东邻即为岷山的主峰雪宝顶，海拔5588米，峰顶终年积雪。

毛泽东认为，胡宗南将是红军北上的主要危险，能否击败胡宗南，将是红军长征的关键。6月20日，中共中央政治局委员、中华苏维埃共和国中央政府执行委员会副主席、“西北联邦政府”主席张国焘接中央来电后，离开茂县，前往中共中央驻地懋功的两河口。6月26日，中共中央政治局在懋功县两河口召开会议，讨论红军的战略方针。在一幅《松潘战役计划图》前，中国工农红军革命军事委员会副主席、红军总政委周恩来代表中央作报告，说明岷江两岸的懋功、松潘、理番地区不宜建立根据地的理由，阐述向大西北或向南进攻均不合适的见解；提出向北进发，在岷山山脉以北建立川陕甘根据地。周恩来说根据地应该选择地域宽大、好机动作战的地方，人口较多、能大批扩大红军的地方，经济条件上要能解决红军的给养。周恩来说，帝国主义已经觊觎新疆，国民党一年来特别注意西北，红军应迅速前进，在松潘与胡宗南作战，首先占领甘南。周恩来要求，两个方面军统一一致，由党中央、中央军委直接指挥。周恩来发言后，张国焘说：北有草地，气候严寒，行军不利，胡宗南有20余团的兵力驻在甘南，红军即使到了那里，也站不住脚。他坚持认为，向南打成都，而后在川康边界建立根据地更有利。与会人员均不同意张国焘的意见，毛泽东说，胡宗南如与我们打野战，我们有20个团以上，是够的；如不与我们打野战，守堡垒，我们就一定要打破驻点，牵制敌人。毛泽东强调：今天决定，明天行动，这里人口稀少，天冷衣食困难，应力争在6月突破。毛泽东深知情况十分危急，主张以迅雷不及掩耳之势，突破胡宗南的防线而北上，否则只有死路一条。针对张国焘提到主张南下打成都的建议是四方面军许多同志意见一事，毛泽东建议向这些同志多做宣传解释工作。中国工农红军军事革命委员会主席、红军总司令朱德明确表示，打下松潘，进入甘南。

6月28日，政治局会议通过了《关于目前战略方针的决定》：集中主力向北进攻，在运动中消灭敌人；使中国苏维埃运动放在更巩固、更广大的基础上，以争取中国西北各省以至全中国的胜利；在战役上首先集中主力消灭胡宗南军，夺取松潘以北地区，主力向甘南胜利进军；右倾主义的动摇是目前创造新苏区的主要危险。6月29日，中国工农红军革命军事委员会根据两河口会议决定，拟订《松潘战役计划》，准备利用胡宗南初到松潘、主力尚未集中、碉堡尚未完成的时机，消灭胡宗南部，控制松潘。遵照中央的部署，红四方面军副总指挥王树声率4个团于阳江东岸、控制北侧茂县一线阵地，阻止和钳制川军，吸引胡宗南部南下；红四方面军政委（兼政治部主任）陈昌浩、红四方面军总指挥徐向前各率一部分部队路经黑水、芦花北进，出毛儿盖，迂回松潘。此时，胡宗南也正在向松潘地区集结，尚未部署就绪。如果红一、四方面军同心协力，以10万大军掩杀过去，打胡宗南一个立足未稳，冲决松潘要道，是完全有把握的。6月30日，张国焘致电党中央，对抗中央决定，主张："一方面军南打大炮山，北取河坝，以一部向西发展；四方面军北打松潘，东扣岷江，南掠天（全）、芦（山）、灌（县）、邛（崃）、大（邑）、名（山）。"7月1日，张国焘致电党中央，以"宜速决统一指挥的组织问题"为由，拖延红四方面军北上，向中央施加压力。一些人在他的煽动下，向中央要权。7月18日，中共中央政治局在芦花召开常委会议，讨论组织问题。为团结张国焘北上，同意周恩来辞去红军总政委职务，决定由张国焘担任红军总政委，并为中革军委总负责人（周恩来调中央常委工作，在张国焘未熟悉情况之前，由周恩来暂时帮助）。会议决定增补陈昌浩为中革军委常委，秦邦宪（博古）为红军总政治部主任。7月21日，党中央决定组成中革军委前敌总指挥部，徐向前兼总指挥，陈昌浩兼政委，叶剑英任参谋长，一方面军的军团改为军。

整个7月，红军内部都在争论。俗语说"兵贵神速"，在40多天里，胡宗南在松潘通道上早已深沟壁垒，严阵以待。国民党的各路大军，从四面八方形成铁壁合围之势。东侧是岷江，南是大雪山，北是草地。这里集中了国民党200多个团的大军，南是刘湘的50个团向北筑垒前进；西是刘文辉的15个团，筑碉扼守大渡河；东是薛岳130个团，准备越岷江西进；北是胡宗南的27个团，恃险固守松潘通道。由于天时、地利、人和均与红军无缘，使得《松潘战役计划》无法执行。

95. 过草地

在红军内部争执不下的时候，红军发起了攻占毛儿盖战役。毛儿盖居于松潘城以西50多公里，战略地位仅次于松潘。它是松潘大草地的门户与屏障。这里是两座东西相对而望的大山，中间一条宽20～30米的小河。在部署松潘通道防务的同时，胡宗南分别伸出两根触须：一根前出镇江关一带，据守岷江东岸，与红军对峙；一根侧出毛儿盖地区。在毛儿盖地区，有一个加强营的兵力，胡宗南曾当面叮嘱营长李日基，让他负责“搜索、警戒、打游击”，说：“能打不能打由你自己做主，不要向我请示。”当胡宗南听了负责守备毛儿盖的加强营长李日基到达指定地区之后的汇报，立即发现毛儿盖地区的重要战略价值，马上复电，要求固守毛儿盖。李日基发电胡宗南，最少要一个团的兵力才能守住。胡宗南于是再派一个副团长带一个营进一步到毛儿盖了解情况。这位副团长看出毛儿盖是块死地，于是笼络了被胡宗南派往阿坝联络藏族土司途经毛儿盖的师部参谋，请其暗中帮忙。这位“钦差”回松潘后，禀告胡宗南：“至多一个营就行了。”于是胡宗南调回了后去的这个营和那位副团长。

毛泽东对打好这一仗相当重视，一方面军的红四军与四方面军的红三十军各出动了一部兵力执行这次进攻任务。红军虽有优势兵力，但是胡军以逸待劳，凭险据守，在装备火力上又占有优势，这一仗红军打得相当艰苦，前后一共打了8天，于7月16日攻占了毛儿盖。胡军守备营长李日基带着不到100人的败兵逃回了松潘。有趣的是，在战况最为激烈的时候，李日基连续向胡宗南发出求援电报，胡宗南怀疑是红军企图“引蛇出洞”“围点打援”，一律置之不理。一直到李日基弹尽粮绝的时候，胡宗南才下令撤退。

胡宗南认为，胡军守住了松潘，扼住了川甘咽喉，红军即陷入重围；毛儿盖只一个加强营就坚守了8天，足以说明红军转战万里，已成了强弩之末。同时蒋介石也认为，几十万国民党军将红军追击了大半年，马上就要修成正果了——这全在于胡宗南一步争先，占领了松潘古城，才将红军逼入了绝地。于是，蒋在大小军事会议上对胡宗南赞赏有加。

然而，胡宗南一是没有通行的军用地图，看不出毛儿盖的真实地形；二是没有亲临毛儿盖勘察，从而不了解毛儿盖的真正战略价值；三是被自己手下的官兵欺蒙；四是过分相信藏族土司的判断，认为松潘大草地真正是插翅难过的死亡陷阱。从而，致使毛儿盖丢失，给了红军一个脱离险地的机遇。

毛儿盖一战，是中央红军与胡宗南所部的第一次较量，红军大体弄清了胡宗南的实力非一些地方军阀可比。7月31日，鉴于红军与胡宗南作战的最佳机会已经丧失，红军终于作出了撤销《松潘战役计划》的决定。

红军决定改道草地北上。毛泽东认为与其打松潘，打胡宗南，用千万红军战士的生命到胡宗南的屠刀下去讨一条通道，不如向大自然闯出一条生路。8月4日至6日，中央政治局在毛儿盖附近的沙窝召开会议。中共中央总负责张闻天就关于一、四方面军会合后的政治形势与任务的决议草案作了报告。毛泽东在发言中再次强调两河口会议强调的北上战略方针。会议批评了张国焘的错误（没有公开点名），增补陈昌浩、周纯全为中共中央政治局委员。会议之后，军委决定两方面军混合编组为左、右路军北上，左路军以马塘、卓克基为中心集结地域，向阿坝地区开进，然后东进（朱德、刘伯承随左路军行动）；右路军以毛儿盖为中心集结，向班佑、巴西开进；两路军在班佑地区靠拢，然后向甘南并进。

8月17日，毛泽东会见红一军先遣团团长杨成武时，要求必须从茫茫草地上走出一条北上的行军路线来。毛泽东说胡宗南在松潘地区的漳腊、龙虎关、包座一带集结了4个师；东面的川军已经占领了整个岷河东岸，一部分已占领了岷河西岸的理县，追击我们的刘文辉部已经赶到懋功并向抚边前进；薛岳、周浑元部集结于雅州，敌人判断我们会东出四川，不敢冒险横跨草地，北出陕、甘这一步棋；但是敌人永远摸不着我们的底，我们偏要走敌人认为不敢走的道路。

8月18日，红军先遣团出发。红军向草地出发前，毛儿盖附近的藏民忠告说：如果红军不穿毛袜子和羊皮衣，一定会被冻死。实际上红军无法得到这些，他们大都是穿着一套或两套单军衣走进草地的。

毛儿盖会议之后，右路军先头部队从毛儿盖向班佑开进，党中央、毛泽东随右路军行动，开始了横跨松潘草地的艰苦历程。为掩护红军的侧翼安全，毛泽东派出红军一部，猛攻胡宗南的松潘防线，特别是松潘的前出阵地镇江关。双方在战斗中均有重大伤亡。胡部一度向松潘撤退。双方在松潘城的白塔山阵地展开了激烈的争夺，胡宗南急调二线部队加入战斗。数日红军主动撤退，向草地深处而去。草地，是黄河上游的高原，海拔在2000米左右，没有人烟，没有树木，没有飞鸟，一个死寂的世界。人人都说，草地是绝地。放眼望去，纵横数百里，苍苍茫茫，渺无际涯。草丛河沟交错，淤黑色的积水散发出腥臭气味，腐草结成的表面十分松软，泥泞不堪，在郁郁葱葱的青草之下，是满布机关陷阱的大泥潭，行人只要稍一不慎，失足其间，就会陷于灭顶之灾。许多红军将士就在这样的沼泽草地中，失足陷入泥潭，站在一边的战友却无从援手，只能眼睁睁地看着这些患难与共的战友慢慢地沉下去，永远留在那泥沼之中。战士们抬着向导，选择草根较密的地方，一步一跳，艰难地行进着，并为后续部队留下一个又一个路标和安全标记。

沿着先头部队开辟的道路，右路军主力随后陆续进入草地。变幻无常的草原气候，时而晴空万里，暑气蒸腾；时而乌云翻滚，浓雾弥漫，风雨冰雹降临。每逢夜晚，战士们常常是裹着湿漉漉的单衣露营，背靠背以相互体温御寒。没有了粮食，开始吃树皮，吃草根，吃皮带。红军战士有的被泥潭吞噬，有的不敌严寒被冻死，有的因身体虚弱而病死，更多的是因饥饿而死。红军右路军各部队在付出了极大的代价后，大都经过了5～7天的行军，奇迹般地走出了沼泽草地，分别到达川甘边境的班佑、巴西地区。班佑以东的上下包座，是红军进入甘南的必经之地。红军到达之前，胡宗南已经派出一个团的兵力在包座南北的大戒寺、求吉寺据险防守。胡宗南最早知道红军已经越过草地，是在杨成武率先遣团到达班佑地区。他第一个反应是以为自己的听力出了毛病；第二个反应是急调第四十九师就近驰援包座。红军前敌总指挥徐向前考虑到中央红军万里转战，减员甚大，特向党中央和毛泽东建议，由四方面军所属部队攻打包座，开辟北进通道。8月29日，徐向前指挥红三十军全部和红四军一部发起包座战役。31日，歼灭了胡宗南纵队的第四十九师5000余人，且缴获甚多，打开了红军北进的通道。胡宗南得到第四十九师全军覆灭的消息，魂飞魄散，一时竟目瞪口呆，将自己反锁在屋子里，踱步徘徊，几成癫狂之状。至此，胡宗南坚守的川甘交界的松潘通道已形同虚设。蒋介石闻讯毛泽东横越草地，胜利北进之后，叹曰："六载含辛茹苦，未竟全功。"

随左路军行动的张国焘到阿坝后按兵不动。9月3日，张国焘借口拒绝左路军向班佑地区开进，提出全军南下的主张。9月5日，张国焘命令左路军停止北上，就地筹粮待命。9月8日晚间，中共中央政治局召开会议，决定张闻天、毛泽东、周恩来、秦邦宪、王稼祥、陈昌浩、徐向前7人联合致电张国焘等：左路军如果向南行动，则前途将极端不利，因为地形利于敌封锁，不利于我攻击，经济条件绝对不能供养大军，阿坝南至冕宁均为少数民族，北面被封锁无战略退路；务望兄等熟思慎虑，立下决心，在阿坝、卓克基补充粮食后，改道北进；目前红军行动处在最严重的关头，需要慎重而又迅速地考虑与决定这个问题；万望兄等当机立断，则革命之福。

9月8日，张国焘背着中央电令陈昌浩南下，企图分裂党中央。9月9日，毛泽东随即同张闻天、秦邦宪等紧急磋商，一致认为再继续说服张国焘，等待他北上，不仅没有可能，而且会招致严重后果。9月10日凌晨，党中央领导与所属红三军部队以上山找粮为借口，三更吃饭，五更出发，悄然离开驻地巴西。9月11日，党中央与红三军到达俄界地区。9月12日，张国焘电红一军和三军：望速归来，北上战士无棉衣，不掩死也会冻死。同日，党中央在俄界高吉村召开政治局紧急扩大会议，根据彭德怀的建议，将北上红军改称为“中国工农红军陕甘支队”。

96. 吴起镇

1935年9月13日，党中央率红军一、三军继续北上。14日，党中央再次致电张国焘：中央先率领红一、三军北上，只是为着实现中央的战略方针，意图以自己的艰苦斗争为左路军及右路军的第四军、第三十军开路，以便他们北上。部队很快翻越白雪覆盖的千里岷山，在雨雪交加中，沿着白龙江源头的险峻栈道，向甘南前进。甘南之西固、岷县、临潭一线，只有国民党军新编第十四师鲁大昌部，兵力薄弱，敌人在西固至岷县的封锁线尚未完成。9月16日，红军在行军途中击溃鲁大昌部的一个团，逼近川甘边界的交通要隘腊子口。

腊子口是岷山第一险关，在腊子口的两山之间，横架着一座木桥，是唯一的通道。腊子口只有30米宽，过后便是甘南的开阔地带。这里有鲁大昌部两个营凭险扼守。毛泽东与红一军的领导研究部署后，决定迅速夺取腊子口，打开北进通道。16日下午4时，红二师红四团一个营首先接敌，入夜开始攻击。由于地形不利，红军数次突击未能成功。17日拂晓，红军以一个连正面进攻，两个连从敌人阵地的左翼攀登陡壁悬崖，突袭守敌侧背。出敌不意，前后夹击，一举夺取了腊子口天险。红军乘胜追击。18日，先头部队跨越岷山，占领宕昌县的哈达铺，胜利进入甘南。9月20日，中共中央在哈达铺召开政治局常委会。会议决定派谢觉哉、毛泽民去新疆建立交通站，设法打通国际关系。

北上红军在这里进行了两天集中休整。毛泽东住在哈达铺一个叫“义和昌”的杂货铺的后院里。为制定红军下一步行动路线，他到一个小邮政代办所里捡来很多国民党的旧报纸，仔细地翻阅起来。从这些报纸上，毛泽东了解到红军刘志丹部在陕北的活动情况。第二天，党中央在哈达铺关帝庙院内召集团以上干部会议。毛泽东宣布，根据俄界会议决定，7000多人的“中国工农红军陕甘支队”编为三个纵队：第一纵队司令员林彪（兼）、政委聂荣臻、参谋长左权、政治部主任朱瑞；第二纵队司令员彭德怀（兼）、政委李富春、参谋长萧劲光、政治部主任罗瑞卿；第三纵队司令员叶剑英、政委邓发、参谋长张经武、政治部主任蔡树藩。中央直属机关编为直属队。

毛泽东说：目前日本帝国主义侵略中国，我们就是要北上抗日；张国焘说我们是机会主义，究竟哪个是机会主义？我们首先要到陕北去，那里有刘志丹的红军；我们的路线是正确的；现在我们北上支队人数是少一些，但是目标也就小一些；大家用不着悲观，我们现在比1929年初红军下井冈山时人数还多哩。

毛泽东率领的红军陕甘支队进驻哈达铺后，敌人害怕红军进占天水，威胁西安，迅速将主力向天水集结。并以一部兵力占领渭河附近的武山、漳县。为迷惑敌人，迅速突破渭水封锁线，陕甘支队扬言向东挺进。9月23日，以一部东进闾井镇，佯攻天水。主力则乘机以急行军（3天跑了200多里，有的部队一昼一夜又一个半天走了170里路，且中间只吃了一顿饭）突然折向西北，摆脱重兵阻击，通过敌人武山、漳县间的封锁线，

26日早，在鸳鸯镇和山丹之间北渡渭河，于9月27日相继占领榜罗镇。27日，党中央在榜罗镇召开政治局会议，根据进入甘南后了解到陕北根据地和红军的新情况，决定改变俄界会议决定，率陕甘支队进至陕北，把长征的落脚点放在陕北，确定以陕北作为领导全国革命的大本营。28日，召开全军军事政治干部会议，毛泽东在会上作报告：日本侵略北方的严重性，陕北根据地和红军的状况，北方可成为抗日新阵地的经济、政治条件。毛泽东在讲话时还即席吟诵了他的《七律·长征》新作：

红军不怕远征难，万水千山只等闲。
五岭逶迤腾细浪，乌蒙磅礴走泥丸。
金沙水拍云崖暖，大渡桥横铁索寒。
更喜岷山千里雪，三军过后尽开颜。

29日，陕甘支队向通渭前进，而后三路北上，经静宁，越过西（安）兰（州）公路，于10月7日翻越六盘山，在宁夏境内的青石嘴消灭敌东北军骑兵两个连，突破敌人在平（凉）固（原）公路的封锁线。过六盘山时，毛泽东写《长征谣》一首：

天高云淡，望断南飞雁，不到长城非好汉，屈指行程已二万！同志们，屈指行程已二万！六盘山上呀高峰，赤旗漫卷西风。今日得着长缨，同志们，何时缚住苍龙？

后来，毛泽东将这首《长征谣》改为《清平乐·六盘山》一词：

天高云淡，望断南飞雁。不到长城非好汉，屈指行程二万。六盘山上高峰，红旗漫卷西风，今日长缨在手，何时擒住苍龙？

10月19日，到达陕甘苏区边缘的吴起镇。21日，在彭德怀、毛泽东、周恩来的亲自指挥下，于吴起镇附近的平台山击溃尾追之马家军骑兵3个团，歼敌2000余人，缴获战马1000多匹。毛泽东即兴赋诗给彭德怀：

山高路远坑深，大军纵横驰奔，
谁敢横刀立马？唯我彭大将军！

10月22日，党中央在吴起镇举行了政治局扩大会议。毛泽东在会上作了关于目前行动方针的报告和结论。会议确定：陕、甘、晋是发展的主要区域，决定以吴起镇为中心，整顿部队，扩大红军，进行群众工作，以后向西、向南寻机歼敌，待黄河结冰后再向东发展。

10月27日，中共中央政治局在吴起镇召开常委会议。毛泽东说：目前主要作战方向是南边，要先将董英斌的两个师消灭；二十五、二十六军在甘泉、富县集中配合作战；如能对杨虎城、孙蔚如一路继续打两个胜仗，即可打破“围剿”。会议确定常委分工：毛泽东负责军事工作，秦邦宪负责苏维埃工作，周恩来负责中央组织局和后方军事工作。

97. 直罗镇

在大敌当前的紧要关头，中共陕甘晋省委中“左”倾冒险主义的一些领导人，在西北红军中搞肃反扩大化，错误地逮捕了一大批党政军领导干部。早在1933年，郭洪涛带着王明“左”倾路线控制的北方局的指示回到陕北，担任陕北特委组织部长。1935年6月，原党中央北方局的代表孔原派朱理治以北方局特派员的身份来到陕北，同郭洪涛结合起来，继续推行王明“左”倾路线。榆林桥战斗后，“左”倾路线的执行者在后方进行夺权。他们把红二十六军从前线调到安塞县的高桥、红二十七军调到富县的羊泉。在甘泉县下寺湾召开会议布置肃反，把习仲勋等一大批干部扣押起来。红二十六军营以上干部、陕甘边县上的主要领导几乎无一幸免。10月6日，他们将刘志丹逮捕。西北军委保卫局副局长戴季英等人决定秘密逮捕刘志丹时，刘志丹正因公去瓦窑堡的路上，他碰到送命令的通讯员，通讯员不知底细，把信交给了刘志丹。刘志丹看完信，表现得十分冷静，他把信退给通讯员说：“你赶快把信送到军团部去，就说我去瓦窑堡了。”他到瓦窑堡后，就被逮捕入狱。罪名是：同国民党部队有秘密勾结、右派、反革命。对这种过火的做法，连郭洪涛也反对。当朱理治征求郭洪涛的意见时，他说：“杀了我的头，也不相信刘志丹、高岗、张秀山是反革命!”

党中央和陕甘支队在吴起进行短暂休整后，10月底经保安县沿洛河南下，向甘泉地区前进。党中央、毛泽东到达下寺湾后，了解到这一情况，下令：刀下留人、停止捕人。立即派中央保卫局的王首道、刘向三、贾拓夫代表党中央去陕北工农民主政府所在地瓦窑堡，接管执行“左”倾错误的保卫局。制止了陕甘晋省委在苏区内部的肃反。不久，把受诬陷被捕的刘志丹等释放出来，恢复了其党内外职务。

1935年11月3日，中共中央在陕西省甘泉县下寺湾召开政治局会议。会议决定，目前对外使用中共西北中央局和中华苏维埃共和国中央政府西北办事处的名义。会议确定分工：“军委方面毛泽东、组织局周恩来、政治部主任王稼祥、少共凯丰（何克全）、组织部罗迈（李维汉）、工会刘少奇。”成立西北革命军事委员会，毛泽东为主席，周恩来、彭德怀为副主席。会议分析了陕北根据地内外的政治和军事形势，决定分两路行动：一路由张闻天、秦邦宪、刘少奇、邓发、董必武、李维汉率领中共中央机关（非战斗单位）从下寺湾直接去安定县瓦窑堡；另一路由毛泽东、周恩来、彭德怀率领红一军团（作战部队）南下和红十五军团会合，准备粉碎国民党军对陕北苏区的第三次“围剿”。

11月5日，党中央和陕甘支队在甘泉以南的道佐埠象子湾与红十五军团会师。会师后，为统一指挥，党中央决定恢复红一方面军番号，任命彭德怀为司令员、毛泽东为政治委员；原一、三军合编为第一军团，任命林彪为军团长、聂荣臻为政治委员；红十五军团编入红一方面军建制，徐海东为军团长，程子华为政治委员。党中央决定成立中国工农红军西北革命军事委员会，毛泽东为主席，周恩来、彭德怀为副主席，叶剑英为参谋长、张云逸为副参谋长，王稼祥为政治部主任、杨尚昆为副主任。

毛泽东向随行部队讲话：“我们从瑞金算起，总共走了三百六十七天。我们走过了赣、闽、粤、湘、黔、桂、滇、川、康、甘、陕，共十一个省，经过了五岭山脉、湘江、乌江、金沙江、大渡河以及雪山草地等万水千山，攻下许多城镇，最多的走了两万五千里。这是一次真正的前所未有的长征。敌人总想消灭我们，我们并没有被消灭，现在，长征以我们的胜利和敌人的失败而告结束。长征，是宣言书，是宣传队，是播种机。它将载入史册。我们中央红军从江西出发时，是八万人，现在只剩下一万人了，留下的是革命的精华，现在又与陕北红军胜利会师了，今后，我们红军将要与陕北人民团结在一起，共同完成中国革命的伟大任务！”

11月18日，中国工农红军西北革命军事委员会在富县直罗镇以东的东村召开会议，着重讨论红军的战略方针问题。出席会议的有毛泽东、周恩来、彭德怀、林彪、程子华、徐海东、李富春、聂荣臻、杨尚昆、张云逸、萧劲光、郭述申、朱理治、朱瑞、张纯清等。毛泽东在会上作报告，他指出：大量消灭敌人、猛烈扩大根据地、扩大红军是三位一体的任务；战略方针是攻势防御，将红军集中南线，出中部洛川，切断西安至延安的交通，相机夺取中部县城，争取夺取甘泉、延安。

与会同志一致同意毛泽东指出的战略计划。根据地东边是山西阎锡山的部队，北边是陕北军阀井岳秀的部队，西边是甘宁青三省“五马”的部队，南边是东北军张学良的部队。劳山、榆林桥战斗后，东北军乘根据地内部危机之机，以董英斌部 5 个师的兵力，向陕北根据地组织新的进攻：东边是一一七师沿洛川、富县大道北进，和甘泉、延安之敌连接起来，形成一条南北封锁线；西边是一〇六、一〇八、一〇九、一一一四个师，从甘肃的庆阳、合水一带，沿葫芦河东犯，形成一条东西封锁线，妄图在富县地区夹击红军。

根据敌人的意图，毛泽东决定集中会师在陕北的各路红军在直罗镇一带，给敌人一个迎头痛击。彭德怀、聂荣臻、徐海东、程子华、贺晋年等中央红军、红十五军团团以上的干部，遵照毛泽东的指示，去直罗镇观察地形。直罗镇是一个不过百户人家的小镇，三面环山，一条从西而来的大道穿镇而过，北边是一条小河。干部们看过后兴奋地说：“这一带的地形，对我们太有利了！”“敌人进到直罗镇，真如同钻进了口袋。”

1935 年 11 月 20 日，红军第一军团集结在直罗镇以北地带；红十五军团集结在直罗镇以南。战前，游击队给红军带路、传递情报、侦察敌情，有 12 名小英雄为红军送信献出了生命。

22 日，红军在直罗镇设伏，当天下午，东北军一〇九师师长牛云峰率部在 6 架飞机的掩护下，从黑水寺沿葫芦河向直罗镇进犯。红十五军团一个营在直罗镇西北与敌人接火，红军边打边退，敌人以为红军败退，一直追到直罗镇，并占领了北山寺、旗杆山的山头，构筑工事。

当晚，毛泽东下达命令：我们要的是歼灭敌人，不要打击溃战。按照预定的部署，红一军团从北到南，红十五军团从南到北，拂晓前把敌一〇九师包围在直罗镇，毛泽东亲临前线，在大梁峁指挥战斗。战斗经过两个小时，红军占领敌师部。直罗镇战役结束。共歼灭国民党东北军 1 个师又 1 个团，俘虏敌人 5300 余，缴枪 3500 余支。23 日晚，敌师长牛云峰被打死。后，在黑水寺以西的张家湾歼敌一〇六师一个团，迫使西路敌一〇八师、一一一师退回甘肃，东路敌一一七师退出富县。粉碎了蒋介石对陕北根据地的第三次“围剿”。

11月30日，在富县东村召开了营以上干部会议。毛泽东作了《直罗镇战役后目前的形势和任务》的报告。毛泽东在分析了国际形势和国内局势后指出：直罗镇战役后的胜利严正的告诉日本帝国主义，中国共产党和红军不许你们进攻华北和灭亡中国；不许蒋介石把中国出卖给日本帝国主义；我们要用枪炮和热血，打倒日本帝国主义。

直罗镇战役胜利后，使陕北根据地成为各路红军长征会师的落脚点。

98. 红军东征

1936年1月26日，毛泽东率中国人民抗日先锋军总部，从瓦窑堡出发，开始了东征。经过3天紧张的行军，于28日到达延长县城。在这里，毛泽东主持召开了红军抗日先锋军团以上干部会议，会议具体确定了东征的路线，布置了兵力，并从政治思想到战术技术、组织编制，都进行整顿训练。1月28日，在临镇举行东征誓师大会。东征军命名为“中国人民红军抗日先锋军”。领导成员是：前敌总指挥彭德怀，政治委员毛泽东，参谋长叶剑英，政治部主任杨尚昆，组织部长黄克诚，宣传部长陆定一，后勤部长杨立三，敌军部长李涛，民主部长刘晓。率领林彪、聂荣臻领导的红一军团，下辖3个师：红一师，师长陈赓，政委杨成武；红二师，师长刘亚楼，政委萧华；红四师、师长陈光，政委彭雪枫。徐海东、程子华领导的红十五军团，军团长徐海东，政委程子华，副军团长兼参谋长刘志丹，下辖红七十五、红七十八、红八十一师，刘志丹、宋任穷领导的红二十八军，军长刘志丹，政委宋任穷。共2万余人。

2月2日，旧历年刚过，毛泽东带领东征军总部机关，从延长县城出发途经延川县杨家圪台村向清涧方向前进。当部队走进一个小山沟休息时，毛泽东给随行秘书、机要人员、警卫班和电台工作人员讲了话：今天我向你们讲两件事，第一，要注意保密；第二，大家要搞好群众关系，严格遵守三大纪律八项注意，多了解群众情况，多向群众宣传抗日民族统一战线的方针。

2月6日，抗日先锋军总部机关到达清涧县袁家沟。当晚一场大雪，推迟了渡河时间，毛泽东在黄河边散步，即景生情，写下了《沁园春·雪》：

北国风光，千里冰封，万里雪飘。望长城内外，惟余莽莽；大河上下，顿失滔滔。山舞银蛇，原驰蜡象，欲与天公试比高。须晴日，看红装素裹，分外妖娆。　　江山如此多娇，引无数英雄竞折腰。惜秦皇汉武，略输文采；唐宗宋祖，稍逊风骚。一代天骄，成吉思汗，只识弯弓射大雕。俱往矣，数风流人物，还看今朝。

林彪遵照毛泽东的意图到黄河岸边各地进行了侦察。开始想从冰上渡河，因为这一年天气回暖较早，黄河提前化冰，遂决定改为船渡。因红军深经长征的考验，渡河工作组织得很严密。1936年2月18日，毛泽东出席红一方面军团以上干部会议，作了关于东征形势与任务的报告，强调当前的首要任务是东渡黄河。随即同彭德怀发布了红一方面军东征作战命令。从2月18日晚8时开始，红一军团、红十五军团分别从陕西省绥德县沟口、清涧县河口等地强渡黄河。红军以勇猛果断的动作，迅速突破了晋绥军苦心经营的黄河防线，连溃守敌，控制了河东滩头阵地。一举突破阎锡山晋绥军的防线，占领了山西境内三交、留誉、义牒等乡镇。到23日，已控制宽50公里、纵深35公里的地区，并包围了石楼县城。到

25日，已消灭、击溃晋绥军5个团，缴获枪支800多支，俘虏1200余人，取得了东征战役的第一个胜利。当地老百姓闻听后说："红军飞过黄河来了！"

渡河成功后，红军立即发布了西北革命军事委员会"东进抗日及讨伐卖国贼阎锡山的命令"，通电全国。毛泽东在黄河两岸指挥红军两个军团渡过黄河后，于21日渡河，赶赴山西石楼前线。

2月25日，红一军团在关上村将准备逃跑的阎军独立二旅第四团全部包围歼灭，敌团长李清华当场毙命，同时全俘了敌人一个炮兵连。旅长周源健只身逃跑。独二旅是阎锡山的"王牌军"，阎锡山给周源健以"撤职拿问"的处分。红十五军团占领义牒后直扑石楼县城，吓得守敌紧闭城门，不敢出动。25日，红军在隰县蓬门一带布下伏兵，全歼增援石城的阎军六十九师四〇五团先头部队的一个营，敌后续部队闻风逃遁。红军围困石城的消息轰动全国，成了各大报刊的重要新闻。红军穿过中阳，绕攻柳林，继续东进。3月初，红一军团和红十五军团进入孝义县兑九峪一带。阎锡山急令晋军杨郊欧所部六十六师向兑九峪一带集结。3月10日，兑九峪展开大战，战斗中阎又令晋军七十二师李生达部、七十师王靖国部相继投入战斗。开始红军打得还比较顺利。后来当发现敌人兵力不是原估计的4个团，而是3个步兵师、1个炮兵旅、总共14个团时，为保存战斗力，避免和敌人决战，毛泽东等人当机立断，命令部队立即撤出战斗。此次战斗，红军打垮了敌人两个师，消灭其一部，红军亦有伤亡。

对于红军的英勇战斗，阎锡山大为震惊，深感红军厉害。他急电蒋介石，要求迅速派兵增援。蒋介石决定陈诚任总指挥，调动汤恩伯第十三军2个师，关麟征、朱怀冰、李仙洲各1个师，商震第三十二军2个师，共7个师的兵力，约10万人，分三路开进山西。一部由风陵渡过黄河，经洪洞、赵城等县，指向隰县方向；一路由平汉路转正太路入晋；一路经道清路（河南新乡至焦作的一段铁路）入晋，由晋城北上。蒋还派了几十架轰炸机，侦察轰炸，并电令驻陕西的国民党军队向黄河两岸推进，妄图切断红军后路，歼灭红军于黄河两岸。根据新的情况，红军为保存实力，3月12日决定不再东进：红一军团沿同蒲路南下，红十五军团通过晋中转向晋西北；毛泽东率领总部机关和一个特务团、一部电台和少数参谋警卫人员，总共不到1500人到吕梁山区打游击，同时指挥两路红军行动，领导全党工作。

此时，共产国际七大决议的文件已经到达。中共中央觉得有必要对前一段工作进行总结，明确下一阶段的任务。毛泽东和张闻天等商定，在前方召开中央政治局会议。从1936年3月20日至27日，中共中央政治局会议先后在孝义县大麦郊、隰县石口和石楼县罗村、四江村举行。会议由张闻天主持，并作了传达共产国际七大决议案的报告。毛泽东在发言时强调：瓦窑堡会议决议是合乎共产国际七大决议案的，会后的中央工作是与国际决议一致的，事实上已经打开了新局面。毛泽东说：中国共产党要站在民族解放战争的最前列，集中力量反对主要敌人；中国人的事要自己干，相信自己；一要相信自己，二不要朋友是不对的；我们的任务，要利用每一分钟来争取最大多数。会议的第二阶段，讨论军事战略方针问题，由毛泽东作报告。他说：华北是全面对日作战的战场，经营山、陕，主要是山西，是对日作战必要与重要的步骤；我们的方针是以发展求巩固，在战略上要大胆，因为客观环境好；在战役上要谨慎，有利地形上以多胜少，以求减少错误；山西是主要的，也可以临时到河北、绥远去；现在在山西临时采取分兵原则，三个集团军采用打网式的普遍的游击战，求得一般地削弱敌人；我们自己则争取群众，扩大红军，而以扩大红军为主中之主；敌人“围剿”来时要防御，“围剿”打破后就要进攻，现在应该进攻。会议决定，战略方针由毛泽东起草。会议决定，中共中央不再随东征红军行动。会后，张闻天等随即回后方瓦窑堡。

红军入晋以后，震撼全国。红军纪律严明，热爱群众，打击土豪劣绅，得到了广大人民的热烈拥护。青年人纷纷要求参军，从3月21日至28日这7天中，就有3000多名青年自愿报名参军。南进的红一军团一师三团，仅在洪洞下纪落村一带，两周内扩红325名。北进的红十五军团骑兵部队逼近太原南郊的晋祠时，阎锡山连日坐卧不安。阎军在太原“绥靖公署”门口和大院里垒起沙袋，架起机枪，周围布满荷枪实弹的士兵，严密防范。并下令全省戒严，太原市晚上12点后禁止行人。日本驻华北军参谋长石井宣称：“红军入晋，非同小可，红军不独武装齐全，而且士卒用命，纪律严肃，勇敢善战，晋军屡为所挫，实使人有特别注意之价值。”

刘志丹和宋任穷率领的红二十八军是1936年3月下旬从陕北佳县以北渡过黄河的，3月31日占领了兴县罗峪口，同红十五军团会合。两军会合后，刘志丹非常高兴，他教育部队虚心地向兄弟部队学习。他的作风也十分艰苦，在东征中，他没有带棉被，晚上睡觉只盖着随身的一件大衣，同志们要把自己的被子让给他，他风趣地对同志们说：“我的这件大衣比被子还好，白天穿，晚上盖，起来也不用打背包。”4月14日，刘志丹在指挥部队向中阳县三交镇的敌人发起猛攻时，不幸胸部中弹，壮烈牺牲，年仅33岁。在生命垂危之时，他对守在身边的宋任穷说：“政委，你带着部队消灭敌人吧！”指战员们满怀仇恨猛向敌人冲击，一举攻占了三交镇。刘志丹，陕西保安县人，保安县后以烈士的名字命名为志丹县。1943年5月2日，为刘志丹在志丹县举行公葬。毛泽东为新建的陵园纪念碑题字，正面为“革命烈士纪念碑”，背面的碑文是：“我到陕北只和刘志丹见过一面，就知道他是一个很好的共产党员。他的英勇牺牲，出于意外，但他的忠心耿耿为党为国的精神永远留在党和人民中间，不会磨灭的。”

1936年4月28日，毛泽东、彭德怀鉴于晋西态势不利，决定红一方面军回师西渡，另图发展，电令各军团首长回到陕西、甘肃活动，以执行扩大苏区，锻炼红军，培养干部等任务。决定第一步集结于延长地域。同时指出，向西执行上述任务，仍然是为着争取迅速直接对日作战，华北各省仍是战略进攻的主要方向。

5月2日，红军从山西省永和、大宁地区的清水关、铁罗关等渡口西渡黄河。至5日，全部渡毕，进至延长、延川、永坪地区休整。同日，毛泽东、朱德再次发出《停战议和一致抗日通电》，指出，国难当头，双方决战，不论胜负属谁，都是中国国防力量的损失，而为日本帝国主义所称快，因此，为保存国防实力，迅速进行抗战，我党重申“停止决战，一致抗日”的主张。红军75天共消灭敌军7个团，俘敌4000余人，缴获各种枪4000余支，山炮3门，轻重机枪数十挺及大批弹药。扩大新兵约8000人，筹款30余万元，并在20多个县开展了群众工作，宣传了中国共产党的抗日主张，迫使“围剿”陕北根据地的晋绥军撤回山西。

99. 三军会师

1935年8月1日，红四方面军经过艰苦跋涉，第三次通过了茫茫草地，到达班佑、包座地区。二方面军亦跟进。8月5日，二、四方面军分3路纵队，分别从包座等地出发，挺进甘南：第一纵队的红三十军、九军、五军，在徐向前、陈昌浩率领下，由包座经俄界、旺藏寺北上。8月9日，先头部队三十军抢占腊子口。8月10日，三十军第八十九师攻占大草滩、哈达铺。五、九军直扑岷州，克漳县。八十九师攻克渭源。第二纵队的四军、三十一军由王树声率领。第四军沿洮河北上，经野狐桥、新里堡向洮州旧城进攻，20日，第四军第十师在妇女先锋团一部配合下，攻克洮州旧城。第四军第十二师挥师向临洮方向发展。第三十一军一部于9

月 7 日占领通渭并向夏河、临夏发展，以保证左翼安全。第三纵队由第二方面军组成，为策应一、二两纵队，按照预定计划进抵哈达铺后，向礼县、西和、成县、徽县、两当地区发展。

8 月 15 日，张闻天致电红二、四方面军领导人：红军三个方面军的会合，是红军历史上空前未有的大会合，是兴奋全国抗日民众及全世界劳苦大众的光荣的会合，是具有全国与全世界历史的意义伟大胜利的会合；它将首先给予占掠华北、侵略内蒙古的日本帝国主义以最响亮的有力的回答，用坚决的抗战来斩断日本伸向内蒙古的血手，以保卫内蒙古、华北，收复东北失地，为中华民族杀开一条自由解放的大道；我党提出的“停止内战、一致抗日”的口号，已经成为全国广大民众心坎中所激发出来的呼声；三大主力的会合无疑更能使我们抗日统一战线的工作获得新的成功与胜利。

8 月 31 日，红一方面军为策应红二、四方面军北上，开始向西运动：第一军团进占海原以东七营一线，并包围了七营镇之东北军骑兵师 1 个团；第十五军团占领了同心城南的王家团庄、高崖一线，马鸿逵部仓皇而逃。

9 月 6 日，红一方面军第一军团第一师主力及骑兵第二团一部组成特别支队，经海原、郑旗堡之线南进至硝河镇，相机夺取硝河，威胁隆德、静宁、会宁，赤化固原以西、海原以南广大地域。9 日，聂荣臻率特别支队经硝河城南进，14 日，占领将台堡，18 日占领界石铺，直接接应红二、四方面军北上。

9 月 10 日，中革军委电告一方面军：二、四方面军已向陕北开来，准备在静、会地区会师，要做好迎接的一切准备工作。

9 月 11 日，红一方面军第十五军团一部组成特别支队，由第七十三师政委陈漫远率领，向靖边挺进，以调动马鸿逵部西进，14 日，占领打拉池。16 日，中革军委电告红二、四方面军：“胡宗南部大部已到西安，现陆续西进，胡本人到西安。”要求四方面军宜迅速占领隆德、静宁大道，否则将被堵断。但是，此刻张国焘却又按兵不动，他想（经临夏）在兰州以西渡过黄河，然后去新疆，以取得苏联的援助。23日，中革军委电告前方彭德怀、聂荣臻：“国焘又动摇了北上方针，我们正设法挽救中。”经中央一再劝说，加上其他领导人的斗争、帮助，张国焘才确定北上与一方面军会师。

30日，四方面军先后由岷县、漳县等地向通渭、庄浪、静宁、会宁地区北上；二方面军也放弃成县、徽县、两当等地，向静、会地区转移。

10月2日，红一方面军的红十五军团先头部队七十三师进占会宁城。

5日，红四方面军的三十一军占领通渭城。

8日，红一方面军的一军团一师在会宁地区的青江驿与四方面军先头部队第九师会师。

9日，朱德、张国焘和四方面军总指挥部到达会宁城，与红十五军团七十三师会合。10日，红一、四方面军先头部队在会宁举行了热烈的联欢会。同日，以贺龙、任弼时、关向应为首的红二方面军总指挥部到达静宁县的界石铺。

1936年10月10日，中共中央、中华苏维埃中央政府、中央革命军事委员会为庆祝一、二、四方面军会合给全军发出贺电：

正当日本帝国主义准备好了举行对于中国新的大规模的进攻，我有五千余年光荣历史的中华民族处在空前未有的危急存亡地位的时候，我民族革命战争的先锋队伍第一、第二、第四三个方面军在甘肃境内会合了。中国共产党中央委员会、中华苏维埃中央政府、中央革命军事委员会谨以热烈的敬意与欢跃的贺忱，致之于我们的民族英雄与红军领导者毛泽东同志、朱德同志、张国焘同志、周恩来同志、彭德怀同志、林彪同志、徐向前同志、陈昌浩同志、贺龙同志、任弼时同志、王稼祥同志、刘伯承同志、叶剑英同志、萧克同志、徐海东同志之前；敬之于各军军长同志、政委同志，各师师长同志、政委同志，各团团长同志、政委同志之前；敬之于各级参谋机关首长之前；敬之于各级政治机关首长之前；敬之于全体红色军事政治指挥战斗员全体光荣的民族英雄之前。我们的这一在抗日前进阵地的会合，证明日本帝国主义的强盗侵略是快要受到全民族最坚强的抗日先锋队的打击了；证明中国民族抗日统一战线与抗日联军是有了坚强的支柱了；证明处在水深火热之中的全国同胞是有了团结御侮的核心了；证明正在抗日前线的爱国工人、爱国农民、爱国学生、爱国记者、爱国商人、英勇的义勇军以及一切爱国志士是有了援助者与领导者了。总之，全国主力红军的会合与进入抗日前线阵地，在中国与日本抗争的国际火线上，在全国国内政治关系上，将要起一个决定作用了。

我们即刻就要进入一个新阶段了，这就是抗日民族革命战争的阶段，这就是创建全国国防政府抗日联军与民主共和国的阶段。我们要在这个新阶段中树立全国人民的模范，树立抗日战争的模范，争取一切国民党军队加入抗日民族统一战线，开通抗日前进道路，扩大抗日根据地，巩固抗日根据地，为保卫西北而战，为保卫华北而战，为保卫全国而战，为收复失地而战，为联合工、农、商、学、兵，为联合各党各派各界各军驱逐日本帝国主义出中国而战。

10月18日，红二方面军先头部队在静宁西北的老君铺同红一方面军派来的部队会师。1936年10月21日，红二方面军首长到达静宁以北的平丰镇，同红一军团会师。至此，三大主力红军胜利会师，结束了长征。

100.《红星照耀中国》

1936年7月，美国记者埃德加·斯诺来到陕北访问。斯诺，1905年出生于美国的堪萨斯城。1928年来到中国的上海，被美国在上海办的一家英文报纸《密勒氏评论报》聘为助理编辑。1929年6月，为考察中国的铁路，斯诺沿铁路线周游中国各地，到达中国的西北。那一年，西北有500万人饿死，与此相应的是国民党贪官污吏的花天酒地、新军阀们为争夺地盘的连年混战以及外国人在上海的高级享受。从西北回来，斯诺又不断在中国游历：他到过广州，看到的是贿赂、敲诈、监禁、冤狱；他到过中原，看到的是瓦砾、荒原、白骨、凄凉；他到过云南，他看到的是贩毒、劫掠、草菅人命、锡矿的童工、出卖的奴婢；他到过武汉，看到的是倒塌的民房、沿街乞讨的灾民、耀武扬威的赈济官、死于瘟疫的百姓。他认识到，国民党政府是一个没有生命、没有灵魂、没有精神的躯壳，一个军事独裁的私人幕府。

中国的出路与希望何在呢？斯诺认识宋庆龄，这是一位了不起的女性，为了信仰，她家庭关系可以断绝，财产不要，危险不顾；斯诺认识鲁迅、柔石、茅盾、丁玲、巴金、萧军、郭沫若，他觉得黑暗的中国要靠他们，他们是中华民族的脊梁。

1933年初春，斯诺和妻子海伦·福斯特（笔名尼姆·韦尔斯）来到北京，出任报联社北京记者。报联社停办后，他开始给《纽约太阳报》《亚洲》等杂志写稿。同时一面学中文，一面写书，并在燕京大学新闻系兼任讲师。他们每天在家中接待一批批有思想、有志向的中国学生。这些学生对日本强盗步步侵吞自己的国家表现出强烈的义愤；对蒋介石政权的不抵抗政策痛心疾首；对苏区共产党、对一个小学教员出身的“赤匪”首领毛泽东是那样的向往和崇敬。斯诺夫妇被感染了，在朔风凛冽的“一二·九”运动中，他们和学生们一起手挽手上街游行、讲演、拍照。斯诺从中国的学生们身上看到了中华民族的希望之火。他想，拯救中国的难道真是所谓的“杀人越货、共产共妻”的“赤匪”共产党员吗?！中国的共产党人远避城市，没有文化，他们真懂得马克思主义吗？国民党政府将毛泽东列为“赤匪”名单的第一位，并悬赏25万元捉拿他或打死他，毛泽东到底是个什么样的人物呢？而外界传说根本没有什么红军和苏维埃的存在，但也有人却称颂红军和苏维埃是中国摆脱一切弊害祸患的唯一救星。他决定去红区实地采访一趟。出发前，为了防止传染上疾病，他注射了凡是能够弄到的一切预防针。1936年6月，斯诺通过宋庆龄的介绍，同马海德一起去陕北。马海德，原名乔治·海德姆，祖籍黎巴嫩，1910年9月生于美国。1933年在刚获得日内瓦医科博士学位后，就来到中国的上海从事医疗工作。在上海，他参加了由国际友人组织的马列主义小组，协助中共地下党工作。马海德后来说：“我是参加革命的，斯诺是报道革命的。我对斯诺说，《西行漫记》中不要提我的名字，给我保密呀。所以，斯诺的书中一个字也没有提到我。”入苏区的第二年，马海德即加入中国共产党。1950年他加入中国国籍，是新中国成立后第一个加入中国国籍的外国人。马海德从上海出发，斯诺从北京出发，在郑州换乘陇海线火车时，两人接上头，马海德给红军带去的几箱药品的底层，还藏着共产国际关于发展统一战线的绝密文件。他们一起穿过已经和中共有停战协定的张学良的防区到达陕北。

在安塞，斯诺见到的第一个红军将领是被国民党悬赏8万元的周恩来。周恩来用英语和斯诺打招呼，使斯诺大感惊奇：红军中竟然有人懂英语！周恩来温和地对斯诺说：“我接到报告，说你是一个可靠的新闻记者，对中国人民是友好的，并且说可以信任你会如实报道。……我们知道这一些就够了。你不是共产主义者，这对于我们是没有关系的，任何一个新闻记者要来苏区访问，我们都欢迎，不许新闻记者到苏区来的，不是我们，是国民党。你见到什么，都可以报道，我们要给你一切帮助来考察苏区。”斯诺试探着说：想访问毛泽东。周恩来告诉他，毛泽东在保安，距安塞还有 3 天的路程。周恩来为他写了一份需时 92 天的访问计划，并向毛泽东打去电报。在保安的城墙口，斯诺和马海德受到了隆重的接待。半数以上的中央委员和几乎所有在保安的政治局委员都出来迎接他们。欢迎的群众还打出了横幅标语，上面用英文写着：“欢迎美国记者来苏区调查。”

1936 年 7 月 13 日傍晚，毛泽东步行看望本日到达保安的美国记者埃德加·斯诺和美国医生乔治·海德姆，对他们来苏区表示欢迎。毛泽东用力地同斯诺握了握手，告诉斯诺，可以先熟悉一下周围，同别人谈话，待认清方位后，再去见他。说完他缓步走过挤满农民和士兵的街道在暮霭中散步去了。一连几天，斯诺一直在努力回忆毛泽东是什么样子。一天傍晚，斯诺见到一个高个子一边走，一边认真地做着手势和两个农民谈话。待他们走后，别人告诉斯诺，那就是毛泽东。斯诺望着毛泽东的背影，大感惊奇，难道这就是蒋介石悬赏 25 万元的毛泽东吗？他怎这样毫不介意地行动呢？

14 日，毛泽东出席欢迎斯诺和马海德的欢迎会，并即席讲话。7 月 15 日，毛泽东正式请斯诺到他的窑洞里谈话。斯诺这样描绘毛泽东：“他是个面容瘦削、看上去很像林肯的人物，个子高出一般的中国人，背有些驼，一头浓密的头发留得很长，双眼炯炯有神，鼻梁很高，颧骨突出，我在一刹那间所得的印象，是一个非常精明的知识分子的面孔。”他们这次谈话是以中华苏维埃政府现阶段的外交政策为主题的。毛泽东说：“中国人民最大的问题是抵抗日本帝国主义，日本的侵略不仅威胁了中国的和平，而且威胁了世界的和平，尤其是太平洋上的和平。日本帝国主义者不仅是中华民族的敌人，而且也是世界上一切爱好和平的人民的敌人，特别是英美法等在太平洋上有利害关系的国家的敌人。……所以，日本侵略的问题不仅是中国一国的问题，而且是一切在太平洋有利害关系的国家整个待决的问题。因此，中华苏维埃政府和中国人民，希望联合所有国家、民族、各党各派以及民众组织，成立联合战线，共同打倒日本帝国主义。”

谈到苏维埃政府的对内政策问题，毛泽东说：在整个中国正面临要变为日本奴隶的迫切关头，我们的政策在许多方面已经改变了，出身于资本家或地主家庭，但本人参加革命的，也给予苏维埃市民全部权利，而且能被选举担任官职；富农的土地是不被没收的，被没收的地主也给他们一份土地，小地主的财产不被没收；反对日本帝国主义的战争，不能仅限于任何一个阶级参加，也不可能在一个单独战线上进行；一些资本家，一些银行家，甚至许多地主和许多国民党军队的军官们，已经表示了他们为民族解放而战的志愿，我们不能拒绝他们在这个斗争中担负一种职务；甚至蒋介石，如果他一旦决定参加反日的抗战，我们也会欢迎他参加的；现在我们的目的，不能是社会主义，更不能是共产主义，我们要求的是全民族的民主共和国的建立；即使实现了民主共和国，我们也不能立即实行社会主义；在中国，实现社会主义，大概不会像苏联那样快，因为中国是一个半殖民地半封建的国家，有着较长的和更困苦的路要走。

毛泽东进一步指出：在过去，南京政府曾受到美国、英国以及其他国家的许多援助。可惜，这些资金和援助都被国民党政府用来进行压迫红军、摧残中国民众的内战了。现在，“在主要的列强中有些国家已表示决不愿参加新的世界大战，也有些国家已经表示，决不能坐视日本占领全中国，这些国家如美国、英国、法国、荷兰以及比利时等。此外，还有一些一直在侵略者蹂躏下的弱小民族、自治领地、殖民地和半殖民地等等，如暹罗、印度、澳大利亚、荷属印度等，这些差不多全在日本侵略的威胁之下，我们承认他们是我们的友军，我们希望与他们合作，至于苏联，她一向是主张和平的，她是反对征服和剥削任何民族的，这当然是我们的良友。所以，除了日本帝国主义以及一切援助日本帝国主义的国家以外，其他一切国家（反战的国家、殖民地、半殖民地以及社会主义的苏联），可以组成一个反侵略、反战争以及反法西斯的世界同盟”。

毛泽东精辟的论述，激起了斯诺极大的兴趣，他一个又一个地提出问题，毛泽东则毫无保留地给以回答。有时，毛泽东也就自己关心的问题向斯诺提问。谈话涉及的问题越来越深入。他们谈到不平等条约问题，外国在华企业和资产问题，教会、传教士和教会学校问题，英国工党、美国的总统选举和两党制，甘地的和平进军、英属自治领地的自治权……毛泽东侃侃而谈，斯诺奋笔疾书。他们从吃过晚饭，一直谈到深夜，斯诺已经有点疲倦了，而毛泽东则兴致正高，毫无倦意。这时，秘书送来了拟在第二天刊出的《苏维埃政府对哥老会宣言》的清样，请毛泽东审阅。斯诺告辞，毛泽东转身回屋，继续伏案工作了。

第二天（7月16日）晚上，斯诺又来拜访毛泽东。毛泽东正在起草一份急电，他请斯诺先坐下，贺子珍拿出用野桃子自制的蜜饯招待客人。斯诺环顾四周：这是两间极其普通的窑洞，四壁简陋，只挂了一幅地图；毛泽东夫妇的主要奢侈品是一顶蚊帐，除此之外，毛泽东的生活和红军的一般战士没有什么两样——所有的财物是一卷铺盖、几件随身衣物；毛泽东所佩的领章，也不过是普通红军战士所佩的两条红领章。

毛泽东办完公务，开始和斯诺谈话，主题是“论反对日本帝国主义”。毛泽东说：战争初期日本将打赢所有的重大战役，占领主要城市的交通线，还将摧毁国民党的精锐部队；继而会出现持久斗争的局面，那时红军游击队将起主要作用，并在国民党的力量衰落的同时，迅速地壮大。毛泽东预料抗日战争将持续10年，战争结束时，中国的革命队伍人数将会大大增加，装备更精良，战斗更有经验，更得民心，并将成为亚洲东部的主要力量。毛泽东的这一思想，连一直与毛泽东敌对的蒋介石也深为折服。蒋介石命令国民党的将领研究这一战略思想，并破天荒地允许毛泽东后来进一步阐述这些思想的著作《论持久战》在国民党统治区域印刷、发行。还邀请八路军将领朱德、周恩来、叶剑英等为他的部队讲述这一思想。以后历史的发展，验证了毛泽东这一思想惊人的准确。毛泽东不隐讳，共产党不最终夺取政权决不罢休，抗日战争是完成资产阶级民主革命的前奏。毛泽东认为，争取抗战的胜利，要有三个条件：①中国抗日统一战线的完成；②国际抗日统一的完成；③日本国内人民和日本殖民地人民的革命运动的兴起。毛泽东说：就中国人民的立场来说，3 个条件中，中国人民的大联合是主要的。

7 月 18 日、19 日，他们谈内政问题。

7 月 23 日，他们谈的是中国共产党与第三国际、苏联的关系。斯诺问：外界说“中国共产党是莫斯科的工具，您怎样看?”毛泽东郑重地说：“第三国际是一个汇集全世界无产阶级前卫的集体经验，以贡献全世界革命群众的组织，它不是一种行政机关，除顾问作用之外，它并无任何政治力量，虽然它的本质和第二国际大不相同，组织上却没有多大的分别。……中国共产党仅仅是中国的一个政党，在它的胜利中，它必须对全民族负责，绝不是为了俄国人民或第三国际的统治。为的仅只是中国大众的利益，只有中国与大众的利益完全共同的地方，才可以说‘服从’莫斯科的‘意志’。当然，一旦中国大众像他们的俄国弟兄一样，获得了民主权及社会的经济解放以后，这种共同利益的基础将惊人地扩大了。……当许多国家已经建立了苏维埃政府，然后苏维埃国际联合的问题才会产生。但是我们今天不能提供什么方式，这是一个尚未解决，不能提前解决的问题。……还有最后一点是最重要的，即这个世界联盟要成功的话，必须各国依其民众意志有加入或退出的权利，必须各国主权完整，绝非‘听命’于莫斯科。共产主义者从未有别的想头，‘莫斯科统治世界’的神话，只是法西斯和反革命者的发明罢了。”毛泽东在回答红军何以能够胜利的问题时指出：原因有 3 个，第一，红军是民众的军队，人民群众千方百计地支持它；第二，依靠共产党用正确的战略战术来指导；第三，红军的指挥员是能干、正确、聪明、忠实和真诚的。在回答抗日战争结束后国内革命的主要任务时，毛泽东指出：中国革命属于资产阶级民主革命的性质，因此首要工作是调整土地问题——实行土地改革。

除去7月下旬至9月中旬，斯诺去前线采访不在保安这段时间外，斯诺几乎每天都同毛泽东会面。谈话涉及的内容极为广泛。毛泽东非常重视同斯诺的谈话，他时常搁下大堆的报告和电报，取消一些会议，同斯诺彻夜长谈。斯诺后来说："他通过我，第一次得到了向世界发表谈话，更重要的是，向全中国发表谈话的机会。他被剥夺了合法地向中国报界发表意见的可能，但是，他知道，他的看法一旦用英语发表出去，尽管国民党实行新闻检查，也会传到大多数知识分子的耳朵里。"斯诺和毛泽东住得很近，毛泽东的门前仅有一个哨兵警戒。毛泽东也经常邀斯诺去他那里吃饭。毛泽东的伙食很简单：常常是一盘辣椒，一盘青菜，偶尔有少许肉，主食是小米饭或馒头。有斯诺这样的客人去，就加一份贺子珍用野果子自制的甜食。斯诺觉得，对于毛泽东来说，这样的生活实在过于简朴。毛泽东却不以为然，他认为只要有辣椒吃就满足了。毛泽东用一句俗话来解释："辣椒是穷人的大荤。"一次，毛泽东向斯诺宣传：吃辣椒多少能反映一个人的革命精神，革命者都爱吃辣椒。毛泽东举例他的家乡湖南就出了不少革命家，如黄兴、陈天华和红军队伍里的彭德怀、罗荣桓、贺龙、王震等。并说世界上爱吃辛辣食物的国家，往往盛产革命者，如法国、西班牙、墨西哥、俄国等等，他还唱了一首他爱唱的《红辣椒》歌。斯诺提出意大利人也是以爱吃辣椒和大蒜出名，怎么现在不出革命家，反而出了墨索里尼？毛泽东只好笑着认输。斯诺与毛泽东的谈话，就这样日复一日、月复一月地进行。担任翻译的吴亮平说："谈话通常从晚上9点开始，未谈正文之前，毛泽东常谈一两个短故事。谈到十一二点钟时，毛泽东同志招待他吃一顿便餐，有馒头和简单的菜，菜里有一点点肉，这在当时的困难条件下已是十分难得的。对客人来说，这是夜宵，但对毛泽东同志来说，则是正常的晚饭。……谈话时有正文，也插些故事、闲话，毛泽东同志的态度是那么平易近人，谈话又是那样生动活泼、逸趣横生、久久不倦。斯诺常说这是他生平经历过的最可宝贵的谈话。谈话一般都谈到夜间两点来钟。”斯诺记述道：“时间已过了晚上 9 点，熄灯号已吹过，几乎所有的灯火已经熄灭。我们面前是一张没有上油漆的方桌，铺了一块清洁的毛毯，蜡烛在上面哔剥着火花。毛泽东交叉着腿坐在从岩石中凿成的一个很深的壁龛里，吸着一支前门牌香烟……”“时间已经过了早晨两点，我筋疲力尽，但在毛泽东的苍白有点发黄的脸上，我却找不出一些疲倦的表示。吴亮平翻译和记录的时候，他一忽儿在两个小房间之间来回踱步，一忽儿坐下，一忽儿躺下来，一忽儿倚着桌子读一叠报告，毛夫人也还没有睡。忽然间，他们两个都俯过身去，看一只飞蛾在蜡烛旁边奄奄一息地死去，高兴得叫起来。这确是一只很可爱的小东西，翅膀是淡淡的苹果绿，边上有一条橘黄色和玫瑰色的彩纹。毛泽东打开一本书，把这片彩色的薄纱般的羽翼夹了进去……”毛泽东在谈话时也不把斯诺当外人看，他没有一点矫饰，在谈到牺牲的战友时，眼睛是湿润的；谈到风趣的事时，他会情不自禁地捧腹大笑。他和斯诺谈时局、谈政策、谈红军、谈人民，唯独不肯谈他自己。斯诺交给毛泽东一大串有关他个人的问题要他回答，但毛泽东像斯诺遇到的其他共产党人一样，只谈委员会、组织、军队、决议案、战役、战术等等，很少谈个人经历。直到有一天，他见到斯诺提出的问题中有“你有几个老婆”（“你结过几次婚”的误译）时，毛泽东不由得笑了。机敏的斯诺随即向毛泽东介绍了外界对他的谣传，如关于他已经死亡、患肺病、发疯，有的说你只是一个无知的农民、一个狂热分子等等，这样一说，毛泽东稍微感到意外，他重新审阅关于他个人生活的那些提问，同意介绍一下他个人的历史，以澄清外界的谣传。

9 月底至 10 月初，一连十几天毛泽东的个人生活和红军长征史成了他们谈话的主题。谈着、谈着，毛泽东的叙述就脱离了“个人历史”的范畴，所叙述的不再是“我”，而是“我们”；不再是毛泽东，而是红军了；不再是个人经历的主观印象，而是一个关心集体命运的盛衰的旁观者的客观史料记载了。斯诺不得不在他叙述时插问几句：当时你在做什么？你那时是什么职务？对这一个问题，你是什么态度？……就这样，毛泽东谈，斯诺记，吴亮平译，然后毛泽东根据吴亮平译出的中文订正。

在毛泽东追述往事的时候，斯诺注意到有一个旁听者和他同样感兴趣，这就是毛泽东的妻子贺子珍。显然，毛泽东谈的有关自己和共产主义运动的情况，有很多是她从来没有听见过的。即使毛泽东的同志，大多数也是这样。后来，当斯诺向红军其他领导人搜集传记材料的时候，他们的同事常常围拢来兴趣盎然地聆听着。

一晃眼，斯诺在陕北苏区已经 4 个月了。开始他以为他的苏区之行要不了多长时间，当周恩来为他制订了一个需时 92 天的旅行计划时，他还不以为然地说:“苏区真值得花这么长时间吗?”但斯诺很快发现毛泽东和苏区向他展示了一个从来没有见过，也不可能想象的新世界。斯诺记了十几本笔记，同数十位红军将领和行政干部以及普通战士、农民谈了话。带来的胶卷也用完了，苏区的景象是摄之不尽的。随着他的访问越深入，感兴趣的问题越多。他打算在苏区继续住上一年以至几年，但是时局不允许了。1936 年 10 月，蒋介石平息了陈济棠发动的“两广事变”，以躲避庆祝 50 大寿为名，来到洛阳。平定事变后的嫡系大军陆续西开，前锋已到潼关。陈诚、顾祝同、胡宗南、钱大钧、蒋鼎文等亲信云集洛阳，商讨“剿共”计划。蒋介石向张学良、杨虎城摊牌，要么全力“剿灭”陕北的共军，要么就让开：东北军去安徽，西北军去福建，由中央军“进剿”红军。为了向张学良施加压力，蒋介石调其侄子蒋孝先率领因镇压北平学生运动而出名的宪兵三团开赴西安，上百架轰炸机在西安机场待命。张、杨面临着抉择，红军也将迎接这一挑战。毛泽东要斯诺快走，否则东北军的通道被封锁后，就出不去了——毛泽东有很多话要斯诺出去向中国和世界宣布呢！

毛泽东为保证斯诺路途安全，曾于10月5日、7日、10日中午、10日晚上4次打电报给红军驻西安张学良部的代表刘鼎，要他请张学良所部王以哲军长、刘多荃师长派车来接斯诺。10月11日深夜，在接到一切都安排妥当的回电之后，毛泽东才放心地酣睡了。1936年10月12日早晨9时，斯诺怀着依依惜别的心情离开保安踏上去西安的公路，他写道："毛泽东还在睡觉，但是别人都出来送行了。"

10月底，斯诺回到北平的家中，他的妻子尼姆·韦尔斯帮他誊抄笔记，写图片说明，在她打下（用打字机）那篇经典性的毛泽东自传后，她想："我要不惜一切代价把埃德遗漏的地方补齐，这是无价宝。"他们一连几个钟头地谈，连着谈了好几天。他们发现了一个全新的世界——完全崭新的世界。

斯诺去美国使馆，举行记者招待会，发布了他苏区之行的重要消息——北平的新闻界震动了，中国的新闻界震惊了，世界的新闻界轰动了。因为这是近10年来第一个亲身入红区探险者带回的消息！斯诺成了舆论界最关注的人物。美国的《纽约太阳报》《时代报》《星期六邮报》《密勒氏评论报》《大美晚报》《先驱论坛报》《生活》杂志等纷纷向斯诺约稿（《纽约太阳报》和《时代报》为把斯诺的报道据为各自的独家新闻而争执不休）；伦敦的《每日先驱报》将斯诺聘为该报驻远东首席记者；国民党方面先是断言斯诺从未与共产党人接触，他们认为在封锁那么严密的情况下，斯诺不可能进入苏区。当斯诺发表了一些照片加以证实时，南京政府的新闻局威胁要取消他的新闻记者的特权，国民党特务直接找到斯诺，问他是不是俄国的飞机把他送入红区的；日本的情报官员也去找斯诺，打听他是如何进入苏区的，是否得到南京方面的支持。斯诺回答得十分巧妙——他说是从蒙古徒步走过去的。

1936年11月12日，美国在中国影响最大的《密勒氏评论报》分期刊出了斯诺写的《毛泽东访问记》，他把写成的报道派人送到大连，再转发出去。文章用一问一答的形式准确地介绍了毛泽东对于人们所普遍关心的问题的基本态度和见解。上海《大美晚报》立即予以转载。

1937年2月5日，《大美晚报》发表了斯诺的讲稿《红党与西北》；4月15日创刊的英文刊物《民主》发表了《苏维埃的台柱子》；美国《亚洲》发表了《来自红色中国的报告》《毛泽东自传》和关于红军长征的报道；《美亚》发表了《中国共产党和世界事务——和毛泽东的一次谈话》；《新共和》刊登了斯诺的《中共为何要长征》；《星期六晚邮报》刊载了《我去红色中国——中国抗日统一战线秘史》；《生活》刊载了斯诺的有关报道后，并索购斯诺在苏区拍的75张照片；《每日先驱报》在头版连载斯诺的报道，并配以大篇幅的照片和有关的社论……

一般来讲，斯诺的这些报道基本上是用英文写成的，在中国除去燕京大学的部分进步学生外，对于中国国内的群众影响还不大。为了弥补这一缺陷，中国北平地下党负责人黄敬设想组织人翻译。张学良的重要文职助手、东北大学代校长（校长张学良）王卓然的儿子王福时是北平的爱国青年学生，1937年初春，他召集人翻译斯诺有关苏区的各篇报道，准备汇集成书。斯诺夫妇把这些在欧美成为热门畅销书的书稿无偿并贴钱提供给他们。全书在很短时间内编译完成，起名为《外国记者西北印象记》。斯诺还为该书提供了包括《毛泽东在保安》那幅著名照片在内的32幅照片和10首在红军中流行的歌曲，以及毛泽东的《七律·长征》。1937年3月，该书由北平的东方快报印刷厂秘密印刷出版。第一版5000册很快售完，此后出现了十几种翻印本。1937年4月，总编译王福时陪同尼姆·韦尔斯访问延安。5月15日，毛泽东接见了他们，王福时将一本《外国记者西北印象记》和张学良送给他父亲的一支手枪送给了毛泽东。

1937年7月，斯诺完成了他一生中这部最杰出的作品，英国伦敦的维克多·戈兰茨要出版此书，斯诺将书名改为《Red star in China》(《红星在中国》)，可是印刷厂在排印时，排字工人不小心，将书名错排成《Red star over China》(《红星照耀中国》)。斯诺在校对时不禁拍案叫绝：错得太好了，决定将错就错。10月，本书出版，几周内就发行10万册以上，1个月销售了5版。

1938年1月3日，美国兰登书屋出版发行了《红星照耀中国》的美国版。书出版后，1个月内售出1.2万册，并连印数次，成为有关远东的非小说作品中的最畅销书。此后，此书在国外被一版再版，先后被翻译为法、德、俄、西、意、葡、日、蒙、荷、瑞典、印地、哈萨克、希伯来、塞尔维亚等近20种文字出版。从国家元首、外交官到军人、实业家、传教士、基督徒，从工农群众、游击队员、青年学生到学者、教师、演员，《红星照耀中国》在全世界赢得了亿万读者：美国外交官谢伟思说，《红星照耀中国》"为全世界揭开一个帘幕，使人们第一次看到了未来的中国"；加拿大共产党员、国际主义战士、著名外科医生诺尔曼·白求恩曾在给友人的信中回答他为什么要去中国："请读埃德加·斯诺的《西行漫记》和史沫特莱的《中国红军在前进》，读后你们必将与我同感"；诺贝尔文学奖获得者、美国女作家赛珍珠，因著有《大地》一书，在《红星照耀中国》出版之前，被国际上誉为最了解中国的作家，在她读了斯诺的书后，不由得赞叹道："斯诺在《红星照耀中国》中非凡记述的每一页都富有意义"；美国总统罗斯福看过此书后，成了"斯诺迷"，曾亲自推销过斯诺的著作；日本著名学者河上肇为能借这部"奇书"的英文原版而欣喜无比，他在致友人的信中说："我在阅读过程中，再三掩卷落泪……像我这样落魄如残骸朽木的六旬衰翁，也感到人生中仍然能获取些力量，至为喜悦"，他深信，经过10年内战和两万五千里长征锻炼的英勇红军，将是日本侵略军所难以战胜的；印度青年柯棣华大夫受此书的启示来到中国帮助中国的革命斗争，缅甸游击队以此书作为开展农村游击战的指导，在马来西亚的丛林中和印尼的群岛间，游击战士从此书中汲取力量、学习战术方法；6 年后，当斯诺在苏联采访 3 名参加反纳粹游击队的女战士，问她们是怎样学会与敌人战斗时，她们回答："我们是从一部叫作《红星照耀中国》的书里得到一些主意，……我们游击队里差不多每个共青团员都读过它"；美国学者费正清认为，在全世界面临战前灾难的前夕，此书报道了一支远离西方各国的独立战斗力量，它给全世界人民带来了反法西斯斗争的信心和力量……

1938 年 2 月 10 日，在胡愈之组织筹划和中共地下党的支持下，《西行漫记》(考虑到中国特殊政治环境，书名被含蓄地译出。因为此前《大公报》的著名记者范长江曾从 1935 年 7 月开始，进行了历时 10 个月、行程 4000 余里的中国西北地区考察旅行，写了不少轰动一时的游记，向全国读者公开报道了红军和长征的一些信息以及中共在西北地区的一些传闻，后来汇集为《中国的西北角》一书出版。因此，明眼人会自然地联想到这是一部与中共西北苏区有关的书籍）由上海的"复社"出版。出版资金通过 12 名承译者每人捐款及利用社会关系征集读者预约金、并组织一些人义务劳动筹集起来。由于齐心协力，从 1937 年 12 月开始翻译到 1938 年 2 月出书，仅用了 1 个多月时间。此书的出版得到了斯诺的热情支持。他不但无偿提供原版书，而且对原著作了稍许增删，并为之作序。

《西行漫记》一问世，顷刻售罄，接着印了二版、三版、四版……，各地的翻印本、油印本、抽印本也如雨后春笋般出现。据统计，多达五六十种。在沦陷区和国民党统治区的许多青年读者冒着生命危险竞相传阅及至辗转传抄。新被接收为中共党员的同志，当被通知某时去某地接组织关系，接头的暗号是带一本红封面的《西行漫记》；日军占领的地方，中国人受命转移，扔掉一切财物，但却舍不得丢掉那本《西行漫记》；满怀爱国热情的学生，原以为蒋委员长是领导他们抗战的当然领袖，看了《西行漫记》之后，才知道"共匪""朱毛"原来是现代的英雄。革命青年像怀揣珍宝一样秘密携带《西行漫记》，历尽艰辛赴西北革命圣地。首先是北平受“一二·九”运动洗礼的青年，继之是全国各地不堪目睹亡国惨状和不甘忍受蒋介石暴虐统治的人们，还有侨居异国的爱国华侨。从学生到教授，从军人到普通市民、职员、工人，或是身无分文，或是富甲天下，都怀着满腔的爱国赤诚，一批批长途跋涉向西北的“红星”走去。

101. 西安事变

1931 年“九一八”事变，张学良执行了蒋介石不抵抗日军侵略的命令，使东北迅速沦陷，受到国内舆论的强烈谴责。他不敢揭露事实真相，代罪受过，1932 年下野。1933 年 4 月 11 日出国考察。在张学良出国期间，蒋介石几次欲调东北军参加“围剿”红军，均被各军、师长拒绝。蒋遂调张学良回国。1934 年 1 月，张学良由意大利回国。张学良在国外受德、意法西斯主义的影响，奉行“一个领袖”的主张，极力拥护蒋介石。1934 年 2 月，张学良被蒋介石任命为“豫鄂皖剿匪总司令”。1935 年 9 月 26 日，蒋介石在西安设立西北“剿匪总司令部”，蒋自任总司令，任张学良为副总司令，代理总司令之责，指挥晋、陕、甘、绥、宁等省国民党军和 30 余万东北军对红军作战。在此期间，张学良率领东北军从华北到华中，从华中到西北，转战各地，深感颠沛流离、失地亡家之苦，更看到山河破碎，国难当头。东北军广大官兵思乡厌战，纷纷要求停止内战，一致抗日，尤其是在同红军较量的几个战役中，东北军的一〇九师被打败之后，大批东北军的遗眷流浪在平凉、西安街头。张学良为阵亡师长请求 10 万元抚恤金，遭到蒋介石的驳拒，致使张学良悲愤感叹：“我的名望，已降低到不值 10 万块钱!”从此，张学良决心要接触共产党，了解红军。

1935年12月上旬，张学良在南京开完国民党五届一中全会后，只身去了上海，会见了与共产党人有联系的东北义勇军将领李杜，请李帮他尽快与共产党负责人打通关系。回西安后，张学良又密令驻守洛川的东北军六十七军军长王以哲通过东北军前线部队设法与红军联系。同时，中共中央也在进行争取张学良的工作。1935年的直罗镇战斗中，红军俘获了很得张学良器重的一〇九师中的团长高福源，为其医伤，并从思想上、生活上多方关怀。高福源在瓦窑堡的两个多月中，亲闻亲见红军真诚抗日的言行，深为感动，主动要求回东北军做张学良的工作。周恩来与毛泽东研究决定，同意高福源的请求。1936年1月初，高带着毛泽东与周恩来给张学良的信面见张学良，向张学良详细报告自己在红军中的见闻与切身感受。张正在寻共产党之不得时，他即令高福源重返瓦窑堡，邀红军派正式代表谈判。1月16日，毛泽东与周恩来再次会见高福源，决定以李克农为代表与张学良会谈。

1936年1月25日，毛泽东、周恩来、彭德怀、叶剑英、聂荣臻等20人联合发表了《红军为愿意同东北军联合抗日致东北军全体将士书》，提出互派代表共同协商。2月25日，李克农到达陕西洛川，2月26日至28日，李克农与驻洛川的张学良部队六十七军军长王以哲通过会谈，达成与六十七军共同抗日、互不侵犯、通商时互相保护等口头协议。3月4日下午至5日凌晨张学良在洛川与李克农会谈，就请中共派毛泽东或周恩来与张学良进一步会商抗日救国大计；推动国防政府的成立与组织抗日联军；中共派代表常驻西安等问题达成了协议。但对联蒋抗日还是反蒋抗日问题双方没有取得一致的意见。会谈后李克农即电告中共中央。3月6日，中央复电，完全同意会谈结果。

1936年3月17日，中共中央开会决定由周恩来为全权代表与张学良会谈。4月9日晚，中共方面周恩来、李克农、刘鼎与东北军方面张学良、王以哲在肤施（延安）城内教堂进行了彻夜长谈。张学良坦率地表示，自己对国民党已不抱希望，对从前相信法西斯可以救中国的想法，现在开始怀疑。他热烈赞成中共提出的抗日民族统一战线主张。对是否能争取蒋介石抗战，张学良认为自己与蒋介石接触很多，若能认真争取，是可以把蒋团结到抗日阵线里来的。周恩来说，逼蒋抗日或联蒋抗日是有道理的，但对这一重要决策，个人不能决定，愿意把意见带回去，提交中共中央郑重考虑，再作答复。他说，抗战如能争取到蒋介石集团参加是有好处的，为抗日大计，对于蒋介石的过去可以既往不咎；对蒋既要让步，还要斗争；只有经过斗争，才能真正地团结。会谈还就中共与东北军联合抗日、互派代表、互相通商、互通情报、加强抗日教育、双方派代表赴苏联等达成了口头协议。会谈时，张学良拿出私人积蓄 2 万银圆资助抗日红军，后又赠法币 20 万元。对中共派到东北军开展工作的叶剑英、刘鼎等人予以热情接待。

在中国共产党的帮助下，张学良于 1936 年 6 月创办了《西京民报》，向广大官兵宣传抗日的思想，同月又开办了“长安军官训练团”，训练高级军官转变思想，准备抗日；9 月，成立“学兵队”，以培养中下级军政骨干，建立了东北军自己的核心“抗日同志会”，组织了“东北民主救亡会”。还分别派出代表团去广西、新疆、晋绥等地，联合各地方实力派准备联合抗日。

红军东征胜利回师，1936 年 5 月 5 日，毛泽东、朱德联名向南京政府和各党派、各团体发出《停战议和一致抗日通电》，呼吁：以“兄弟阋于墙外御其侮”的精神，在全国范围首先在陕、甘、晋停止内战，双方互派代表，磋商抗日救亡具体办法。通电没有再提“讨蒋”“反蒋”的口号，专谈“停止内战，一致抗日”，而且将旧称“蒋贼”改为“蒋氏”，这一字之改在全国社会各界产生巨大反响。

1936 年 6 月 20 日，中共中央《致国民党二中全会书》提出：“只要你们立即停止进攻红军和苏区，立即动员全国对日抗战，并实现民主自由与制裁汉奸，我们和红军不独不妨害你们抗日，而且用一切力量援助你们，并愿和你们密切合作。”“我们随时都准备同贵党任何组织任何中央委员任何军政领袖进行关于合作救国的谈判。”这封信7月10日在国民党五届二中全会上宣布后，产生了积极的反响。蒋介石的报告中说：“中央对外交所抱的最低限度，就是保持领土主权的完整。”这比他在国民党五大上所说“和平未到完全绝望时期，决不放弃和平，牺牲未到最后关头，亦决不轻言牺牲”，显然又进了一步。接着，南京政府外交部长张群同日本驻华大使谈判时，采取了强硬的态度，这在“九一八”事变以来还不曾有过。

1936年5月28日，毛泽东在政治局常委会议上作军事报告讨论的结论时，再次强调：“东北军工作要加紧做”，“东北军工作首先是政治上团结。”毛泽东找东征中俘获的阎锡山部团长郭登瀛谈话，要他带信给阎锡山，表示红军愿意停止内战，共同抗日。接着，又派彭雪枫等作为中共中央代表去山西太原同阎锡山联络。毛泽东还分别写信给国民党政府冀察政务委员会委员长宋哲元、绥远省政府主席傅作义等，争取和他们实行合作抗日。

毛泽东倾注了更大精力的是东北军和第十七路军的工作。中共中央《关于东北军工作的指导原则》中指出：“由于东北军现在所处的特殊的政治绝路的地位（亡国奴的地位），由于红军对于东北军的革命的影响，东北军有极大可能转变为抗日的革命的军队。”我们在东北军中的工作目标，不是瓦解、分裂，也不是把东北军变为红军，而是要使东北军变为红军的友军，使东北军实行彻底抗日的纲领；超出这个范围的一切言论与行动，均在排除之列。根据这个原则，1936年7月1日，毛泽东致电彭德怀：我们与东北军关系现有进一步发展的可能，7、8两月须注大力于该军、师、团三级的工作，派较得力的人分途去见军、师、团长，根据他们的思想程度与接受可能，向他们解释合作抗日的道理。他特别指出，“这个中层乃是枢纽，目前最为重要”。7月5日到7日，毛泽东同张闻天、周恩来在安塞召开会议，听取刘鼎关于东北军的情况汇报。会议要刘鼎大胆地工作，争取张学良。强调对东北军的政策不是瓦解、分裂或把它变成红军，而是帮助、团结、改造，使之成为抗日的力量，成为红军可靠的友军。7月6日，毛泽东电告彭德怀：刘鼎来，布置了那边的工作，那边的工作大有希望；中央机关及红校在保安，军委后方各部在吴起镇，洛甫、恩来、我暂在安塞，若干天后去保安。7月12日，毛泽东致电彭德怀：我昨天到保安，周尚在安塞。

1936年7月27日，中央政治局举行会议，周恩来报告了东北军工作委员会的工作。毛泽东在会上称赞东北军工作委员会在这个时期的工作，可谓很好的模范，请恩来同志写出一篇文章来。毛泽东提出：过去我们的工作方针，第一在西边建立根据地，第二在东边开展游击战争，第三建立抗日联合战线；以后的工作方针还是以前的三个，但次序要变更，第一是联合战线的扩大，应放在第一位；对东北军，对杨虎城部队，对南京部队，都要建立工作委员会；最重要的是庆阳方面，这里敌军多，应广泛地去联合他们，建立联合战线工作，应大家出马，不应该关起门来，不仅要注意上层，还应该抓紧中层的工作；红军的行动也应该配合这一工作，目前，要注意蒋介石的进攻。会议通过了毛泽东这个提议。会议决定成立白军工作部，由周恩来负责；派林育英去庆阳方面，负责西线工作。对张学良的复杂处境，毛泽东十分关心。他在1936年8月9日写信给张学良，提醒他：蒋介石一解决西南问题，就有极大可能进攻西北。“无论如何兄不要再去南京了，并要十分防备蒋的暗害阴谋。”

1936年7月30日，中共中央政治局召开常委扩大会议，讨论统一战线和白区工作问题。毛泽东、张闻天、周恩来、博古和张浩、李维汉、杨尚昆、冯文彬、伍修权等出席会议。会议决定整个统一战线工作和对东北军的统战工作，由毛泽东负责；远白区工作由博古负责；西北白区工作由李维汉负责。8月10日，中共中央举行政治局会议，毛泽东在会上作了国共两党关系和统一战线等问题的报告和结论。报告中说：蒋介石对日的基本方针，在战略上没有变，但他准备开国防会议，实行局部的对日作战，战术是变了；战术既大变，将来有可能影响他们战略的动摇。毛泽东在报告中说：我们3月提出谈判的5条原则后，他们在5月答复时提出4项办法：1. 欢迎共方武装部队参加对日作战；2. 共方武装参加抗战待遇同中央军；3. 共方有何意见可向即成立的民意机关提出；4. 共方可选择一些地区试验其政治经济理想。从这可以看出蒋介石有动摇的可能。他们五届二中全会来信对谈判又提出新的4条；蒋介石在《苏俄在中国》中称这四条是“（一）尊奉三民主义；（二）服从蒋委员长指挥；（三）取消红军改编为国军；（四）取消苏维埃，改为地方政府”。这新4条同5月的4项办法有些变化，现在是着重统一，对红军开赴绥远抗日没有提。“我们愿意和南京谈判，现在还是继续这个方针。”从蒋介石的态度来看，“现在总方针变了，现在是巩固他的统治。从前和我们无往来，现在有些改变了，现在他也来谈统一战线，他可能改成国防政府，但要他统一指挥，使群众对他改变态度，使日本退步。他想利用这一民族运动，不愿站在敌对地位”。我们应当承认南京是一种民族运动的大力量，为要达到真正的抗日，必须经过这样中间的过程，我们可以和他谈判。“我们唯一的要求是真正的抗日。”毛泽东在结论中提出：蒋介石总是说先统一后抗日，我们是要他先给抗日的民主，要看他做到怎样程度，才同他讲统一；我们又要抗日，又要统一，抗日必须反蒋，现在不适合；现在要在统一战线下反对卖国贼。毛泽东同时指出：要注意提高对同盟者的警戒性，坚持党的独立自主原则。会议一致同意毛泽东的报告和结论，确定以国民党、蒋介石作为今后谈判的主要对手，决定发表公开宣言和秘密文件。会议决定发表“公开宣言”，就是由毛泽东起草的《中国共产党致中国国民党书》。宣言叙述了中国共产党自“九一八”事变以来“停止内战、抗日救国”的主张，严肃地批评国民党、蒋介石“攘外必先安内”的误国政策和它造成祖国大片河山沦丧的严重后果，同时也肯定国民党五届二中全会“有了若干进步”，但仍不能满足全国人民强烈抗日的要求。在亡国灭族的紧急关头，中国共产党再一次向国民党大声疾呼：“立即停止内战，组织全国的抗日统一战线，发动神圣的民族自卫战争，抵抗日本帝国主义的进攻，保卫及恢复中国的领土主权，拯救全国人民于水深火热之中。”宣言在最后明确提出“国共的重新合作”的建议：“关键现在是在贵党手中”，“至于我们方面是早已准备着在任何地方与任何时候派出自己的全权代表，同贵党的全权代表一道，开始具体实际的谈判，以期迅速订立抗日救国的具体协定，并愿坚决的遵守这个协定。”会议决定在党内所发的“秘密文件”，就是 1936 年 9 月 1 日中共中央《关于逼蒋抗日问题的指示》。指示指出：“目前中国的主要敌人，是日帝，所以把日帝与蒋介石同等看待是错误的，‘抗日反蒋’的口号，也是不适当的。”“在日帝继续进攻，全国民族革命运动继续发展的条件之下蒋军全部或其大部有参加抗日的可能。我们的总方针，应是逼蒋抗日。”“我们目前中心口号依然是‘停止内战、一致抗日’。”

1936 年 8 月 13 日，在同杨虎城第十七路军建立联系后，毛泽东写信给杨虎城说：“先生同意联合战线，盛情可感。……良以先生在理在势在历史均有参加抗日战线之可能，故敝方坚持联合政策，不以先生之迟疑态度而稍变自己的方针。然为友为敌，在先生不可无明确之表示。”同一天，毛泽东又写信给第十七路军总参议杜斌丞，希望他继续推动杨虎城下决心联共抗日：“先生一言兴邦，甚望加速推动之力，西北各部亦望大力斡旋。救西北救华北救中国之伟大事业，愿与先生勉之。”杨虎城收到毛泽东的信后十分感动，表示诚恳地接受中国共产党联合抗日救国的主张。

1936 年 8 月 14 日，毛泽东写信给王世英（时任中共华北联络局负责人）并转刘少奇。信中说：张金吾（负责人即张经武，时任中共派往华北地区做统一战线工作的代表）同志为向宋哲元接洽之代表，不论此次宋处接洽成否，必须向宋及二十九军继续工作；韩复榘（时任国民党山东省政府主席）、傅作义（时任国民党绥远省政府主席、国民党第三十五军军长）、阎锡山（时任国民党政府军事委员会副委员长、太原绥靖公署主任）、张自忠（时任国民党天津市市长、国民党军第二十九军第三十八师师长）、刘汝明（时任国民党察哈尔政府主席、国民党第二十九军第一四三师师长）、商震（时任河北省政府主席、国民党第三十二军军长）六处，一有机会，即须接洽。“统一战线以各派军队为第一位，千万注意。”1936年9月15日、16日，毛泽东在中央政治局扩大会议上，对目前政治形势和统一战线问题，又作了3次长篇发言，着重阐述了中国共产党对统一战线的领导和建立民主共和国的问题。他说：对民族反日统一战线的领导，不是愿意不愿意，而是有力量领导和没有力量领导的问题，西欧国家的资产阶级和中国的资产阶级不同；中国是半殖民地国家，资产阶级力量薄弱，我们在大革命时联合了它，当前经济危机加深，日本压迫，“使民族资产阶级又有转变到革命方面的可能”；大革命时，我们同资产阶级实行联合，这是世界上第一次，那次联合实际上是共产党领导的；我们重新提出和资产阶级联合，有苏区、红军的存在，应当由共产党领导，才能实现抗日的胜利；事实证明，也只有共产党有力量领导抗日民族统一战线；不过，这样的领导还是要争取的，现在正在争，“我们现在要用各种办法，逼蒋抗日。”毛泽东说：加紧对南京政府以外的各党各派的统一战线工作，更能逼蒋走到抗日。毛泽东还说：我们改倒蒋为批蒋，改反蒋为联蒋，而我们的警戒是不能放松的。毛泽东还批评了过去在中央苏区在组织问题上的宗派主义错误，指出对“罗明路线”、对萧劲光等人的处理是错误的，不让瞿秋白随军长征也是不对的。9月17日，政治局作出《中央关于抗日救亡运动的新形势与民主共和国的决议》，为适应新的形势，决定改建立“人民共和国”为“民主共和国”，指出这是团结一切抗日力量最好成绩方法，也是从广大人民的民主要求产生出的最适当的统一战线的口号。同时亦指出：扩大与巩固共产党，保障共产党政治上组织上完全独立和内部的团结一致性，是使抗日的民族统一战线与民主共和国得到彻底胜利的最基本的条件。会后，毛泽东草拟了《国共两党抗日救国协定草案》，在9月20日前后脱稿。协定草案共8条，其中规定：为实行对日武装抗战，实现抗日救国联合战线，建立民主共和国，从本协定签字之日起，双方立即停止军事敌对行为。国民党方面承认：停止进攻红军与进犯苏区，划定红军屯驻地区，改革现行政治制度，允许人民的言论、出版、集会、结社等自由，释放政治犯。共产党方面承认：红军不向国民党区域攻击，停止推翻国民党政权的言论与行动，抗日作战时，在不变更共产党人员在红军中的组织与领导的条件下，全国军队包括红军在内实行统一指挥与统一编制。这个协定草案的基本内容，成为后来国共谈判的基础，也是中国共产党同各地方实力派谈判建立民族统一战线的基础。

自从中央政治局确定了以南京政府作为主要的谈判对手以来，毛泽东在指导中共中央代表同南京政府进行谈判外，还直接致信南京政府的军政要员宋子文、邵力子、孙科、陈立夫和王均、朱绍良、毛炳文等，力陈抗日救国大义，主张“停战议和，一致抗日”。他多次写信给宋庆龄、蔡元培、沈钧儒、邹韬奋、陶行知、章乃器等爱国领袖，对他们的爱国行动表示敬佩。他还努力同地方实力派取得联系，分别写信给李宗仁、白崇禧、阎锡山、傅作义、宋哲元和各派政治势力代表冯玉祥、李济深、蒋光鼐、蔡廷锴等，争取他们对中共抗日民族统一战线主张的理解与支持。在此期间，毛泽东进一步加强了对张学良和杨虎城部的工作。9月，他派秘书张文彬到西安同杨虎城谈判，达成了互不侵犯、双方在防区内取消敌对行动、取消经济封锁、建立军事联络等协议。张文彬作为红军代表留在西安，公开身份是十七路军总指挥部政治处主任秘书。10月初，毛泽东等又派叶剑英到西安张学良部作为中共中央的常驻代表，进一步开展对东北军、西北军和整个西北地区的统一战线工作。

1936年10月1日，毛泽东致电刘少奇：“争取与刘湘（时任国民党四川省政府主席、四川‘剿总’总司令）建立关系，并力求迅速。刘湘代表如在津，应留他等候中央代表一同赴川；如该代表要求离津，应从他取得介绍信及各种关系。”10月1日，毛泽东同周恩来、彭德怀致电朱德、张国焘、徐向前、陈昌浩并贺龙、任弼时、关向应、刘伯承，建议他们发一通知给各部队，“对一切白军相遇接近时，先由我方试派人员携带要求建立反日统一战线而态度诚恳的信件，如彼方先派人来或因同意我方要求派人来接洽，不论其动机仅是怕打或真有合作抗日诚意，我方一律以诚恳面貌招待他们，以期沟通双方，扩大西北统一战线范围”。10月5日，毛泽东同周恩来致信张学良，提出：为迅速达到停止内战一致抗日的目的，只要国民党军队不阻拦红军的抗日去路与侵犯红军的抗日后方，我们首先停止向国民党军队的攻击，以此作为我们停战抗日的坚决表示，静待国民党当局的觉悟；仅在国民党军队向我们攻击时，我们才在自卫的方式上予以必要还击；祈将敝方意见转达蒋介石先生速即决策，互派正式代表谈判停战抗日的具体条件。10月22日，毛泽东写信给刘少奇。信中指出：“北方统一战线非常要紧，特别着重于军队方面，加紧二十九军工作之外，晋绥应放在第一位。”

10月下旬，刘少奇电告中共中央：北平各大学教授徐炳昶、顾颉刚、张荫麟、杨秀峰等，包括左倾者、蓝衣社分子、国民党自由主义者在内的各派人士，联名发表《教授界对时局意见书》，向政府提出8项要求：①政府立即集中全国力量，在不丧国土不辱主权之原则下，对日交涉；②中日外交绝对公开，政府应将交涉情形随时公布；③反对日人干涉中国内政，及在华有非法军事行动与设置特务机关情事；④反对在中国领土内以任何名义成立由外力策动之特殊行政组织；⑤根本反对日本在华北有任何所谓特殊地位；⑥反对以外力开发华北，侵夺国家处理资源之主权；⑦政府应立即以武力制止走私活动；⑧政府应立即出兵绥东，协助原驻军队，剿伐借外力以作乱之土匪。文化教育界已发起签名运动，签名者已百余人。“沪黄炎培、穆藕初，津罗隆基等已从事响应，颇有扩大到各地各省之势。”同时，电告中共中央白区工作部负责人周恩来：“平津教授对外交宣言发表后，在广征签名，张东荪、罗隆基、陶希圣等已联合参加救亡。”中共北方局决定派薄一波、杨献珍、董天知、韩钧、周仲英等去太原专门做争取阎锡山的统一战线工作。去太原之前，徐冰向他们传达了刘少奇的指示：①这次到山西去，首先要争取站稳脚跟，不要搞“左”倾冒险主义和空谈主义，不要提阎锡山根本不能接受的口号，不要怕到上层机关去和戴“官办团体”的帽子；②要踏踏实实地做群众工作，发动群众，组织群众，不能做“清客”，不要“抬轿子”，要争取抗日民族革命的领导权；③决定成立做山西统战工作的党的工作委员会，直接受北方局领导，同时成立山西工委，由张友渔负责；党的公开工作和秘密工作完全分开；党的公开工作要为党组织的发展创造有利条件。薄一波等到太原后，接办了“山西省牺牲救国同盟会”（1936 年 9 月 18 日在太原成立），利用这一合法的组织形式，宣传党的抗日主张，发动群众、组织群众参加抗日救亡运动，同阎锡山建立了特殊形式的统一战线关系。

1936 年 12 月 1 日，毛泽东同朱德、周恩来、彭德怀等 18 位红军高级将领联名写信给蒋介石，批评他调集胡宗南等部进攻红军和苏区；希望他当机立断，化敌为友，共同抗日。信中写道：“今日之事，抗日降日，二者择一。徘徊歧途，将国为之毁，身为之奴，失通国之人心，遭千秋之辱骂。吾人诚不愿见天下后世之人聚而称曰，亡中国者非他人，蒋介石也，而愿天下后世之人，视先生为能及时改过救国救民之豪杰。语曰，过则勿惮改，又曰，放下屠刀，立地成佛。何去何从，愿先生熟察之。寇深祸亟，言重心危，立马陈词，伫候明教。”

12 月 2 日，毛泽东两次致电刘少奇：急需同晋绥当局成立友好关系，以便利红军行动。条件是：晋绥容许红军参加抗战，划定一定的防地，帮助解决给养、弹药；红军愿意服从阎氏统一指挥，决不干涉晋绥行政；红军派出代表，以资联络。

12月5日，毛泽东致信冯玉祥："目前急务似无急于停止内战。诚得先生登高一呼，众山齐应，今日停战，明日红军与西北'剿共'各军立可开进于绥远战场。……泽东与先生处虽异地，心实无间，倘得不吝教诲，锡以圭针，敢不拜赐!"

同日，毛泽东致信孙科：今日天下之人莫不属望国民抗日，进行此种斗争，非有有组织的政治力量不可，非有领袖不可，天下之人莫不属望于先生。

同日，毛泽东致信杨虎城：敝方三个方面军会合之后，部队甚大，给养困难，弹药亦待补充，拟向兄暂借30万元；敝军行动不论东西南北，均与贵军唇齿相关患难与共。

当"两广事变"被南京政府以政治收买和军事讨伐的办法解决后，蒋介石认为又可以腾出手来集中对付红军和共产党了。他一面邀请周恩来在广州或香港会谈，一面调集军队"围剿"红军，胡宗南部就是在这时又调到西北向红军进攻的，想给红军以大的打击后再在谈判桌上讲条件。

1936年10月，红军三大主力部队在陕甘宁边区会合时，人数只有3万人，蒋介石认为这是消灭红军，取得革命根据地的极好机会。于是策划集中兵力，围攻陕甘宁边区。1936年10月2日，蒋介石偕宋美龄自南京飞往西安，部署东北军、西北军对红军作战。10月29日，蒋介石偕宋美龄转到洛阳，10月31日，蒋介石在洛阳度过50岁诞辰。张学良只身乘军用飞机到洛阳向蒋"诤谏"，遭到蒋的训斥。处在从内战到抗日的转变关头，毛泽东对蒋介石采取多种手段，进行针锋相对的斗争。在军事上，他致电驻在张学良处的刘鼎，告诉他："蒋介石向西北进攻，我方已有相当准备，立于防御地位予以打击，促其觉悟。"在政治上，当蒋介石邀周恩来前去会谈时，毛泽东指出："先停战，后谈判。"蒋介石大举进攻西北，使周恩来无法前去，但中共中央仍派潘汉年到上海去同南京方面谈判。从1936年10月中旬至11月19日，他同南京政府代表陈立夫进行了3次会谈。陈立夫根据蒋介石的指令，态度十分强硬，提出在陕北的政权必须取消，红军只留3000人，师长以上一律解职出洋，等等。这样，谈判只能搁浅。到12月初，当陈立夫得知胡宗南部在山城堡挫败后，又派人到上海找潘汉年，表示国共谈判不能中止。此时，毛泽东认为逼迫蒋介石停止"剿共"仍是目前建立抗日统一战线的中心关键。11月13日，毛泽东在政治局会议上说："对蒋的问题，现在还没有把握。""然而蒋不一定是始终不变的。根据情况的变迁，有可能逼他走到与我们联合。"蒋介石认为，红军的处境已难以为继，又变本加厉地调集30万军队准备"围剿"红军，以蒋鼎文为西北"剿总"前敌总司令，卫立煌为陕甘绥宁边区总指挥，由军政部次长陈诚驻前方"督剿"。11月17日，蒋介石飞到太原后见傅作义，令其迅速结束绥远抗战。11月21日，胡宗南率中央军第一军按照蒋介石的命令孤军深入，在山城堡被红军击败，其中廖昂一旅被红军全歼。第一军是蒋介石的起家部队，蒋介石闻讯后大为震怒，严电斥责张学良的东北军不予配合。

11月23日，蒋介石下令逮捕抗日爱国组织——全国各界救国联合会领袖沈钧儒、邹韬奋、李公朴、章乃器、王造时、沙千里、史良7人，并查封了十几种抗日的进步刊物。

11月29日，蒋介石再次飞到洛阳部署"围剿"红军。12月2日，张学良飞到洛阳向蒋"尸谏"，又一次受到蒋介石的斥责："有人在共匪未肃清之前，而高谈与日作战者，皆为国家之叛徒。"张学良反驳说："委员长这样专制，这样摧残爱国人士，和袁世凯、张宗昌什么区别?"蒋蛮横地说："我是革命政府，我这样做就是革命!"

蒋介石调来马丁式飞机70多架，停在西安、兰州机场，又从江西和鄂豫皖调来原"剿共"的干将及其部队开进西北。共计30个师、30万大军，把3万多红军团团包围在陕甘。部署妥当，12月4日，蒋介石带着这批人和其他军政要员飞抵西安，给张学良、杨虎城施加压力。蒋介石住在临潼华清池附近的临时行辕里，召见张学良、杨虎城，向他们提出最后通牒式的两个方案：（一）服从"剿共"命令，将东北军、第十七路军全部开到陕甘前线作战；（二）如不愿"剿共"，就将东北军调往福建，第十七路军调往安徽，让出陕甘，由中央军"剿共"。张学良、杨虎城无法接受这两个方案，痛哭流涕地向蒋介石"苦谏"，反又遭到蒋介石的严厉训斥。蒋介石准备于12日中午下达对红军的总攻击令。

宋美龄通常是陪着蒋介石的，这次她因病去上海治疗。

蒋到西安飞机场时，东北军的青年军官聚集在机场，向蒋介石请愿，要求停止内战，一致抗日。蒋对此十分生气，他要求张学良严厉处分这些军官。他对张、杨说，东北军与西北军必须继续"剿共"，否则即将东北军调到福建，西北军调到安徽，另派他的嫡系蒋鼎文为"剿共"前总指挥。蒋还命胡宗南到陕西边境切断东北军、西北军与红军的联系。12月7日，张学良再次向蒋介石提出劝告，蒋介石骂张年轻无知，并拍案说："你就是拿枪打死我，我也不能停止'剿共'！"

12月9日，"一二·九"周年纪念日，西北各界救国联合会组织万余学生游行请愿。自西安步行去华清池，要求蒋介石答应抗日。学生行至十里铺，蒋介石布置军队架设机关枪阻拦，要求对学生"格杀勿论"。张学良乘车到十里铺，含泪劝回学生，答应在一星期内准有答复。

12月10日，张学良又请求蒋"停止内战，一致抗日"，蒋严词拒绝。东北军骑兵师师长白凤翔和胡宗南部一旅协同作战。双方商定作战联络信号是白天用旗，晚上用灯，双日晚上用红灯，单日晚上用绿灯。不料一个晚上白凤翔的部下打错了信号，胡宗南部以为与红军相遇，双方发生了火并，胡宗南部损失惨重。蒋介石电令张学良，就地枪决白凤翔。张学良赏识白凤翔的勇武，把他安顿在张公馆住下。蒋介石计划于1936年12月12日离开西安。11日夜晚，张学良和杨虎城一起计划监禁蒋介石。张学良召来白凤翔说："我现在派你去把委员长抓来，要活的，不要死的。"白凤翔恨透了蒋介石，这个计划正中他的下怀，他担任了捉蒋行动的总指挥。12日凌晨5时，白凤翔派侍卫一营营长王玉瓒袭击了蒋介石的宿舍，消灭了蒋介石的小卫队，在骊山上的一个岩洞里抓到了衣冠不整的蒋介石，将他软禁在杨虎城的陕西绥靖公署的新城大楼。在捉蒋的同时，西安城里十七路军和部分城防部队解除了中央宪兵第二团、省公安局、别动大队等反动武装，控制了飞机场、火车站和邮电局等要冲，并且逮捕了陈诚、蒋鼎文、卫立煌、朱绍良、钱大钧、蒋作宾等十几位国民党军政要员，邵元冲（国民党中央委员）、蒋孝先（侍从室主任）等被打死。

当日，张学良、杨虎城致国民党政府行政院副院长孔祥熙电，表示此次事变是"暂请介公留住西安，促其反省，决不妄加危害"。

12月13日，张学良、杨虎城通电全国提出：①改组南京政府，容纳各党各派共同负责救亡；②停止一切内战；③立即释放上海被捕之爱国领袖；④释放全国一切政治犯；⑤开放民主爱国运动；⑥保障人民集会、结社等一切政治自由；⑦切实遵行总理遗嘱；⑧立即召开救国会议。

12月13日，张学良在对"西北剿总"全体职员讲话说："我们对蒋委员长绝对没有私仇私怨，我们绝对不是反对委员长个人，是反对他的主张和办法。如蒋委员长放弃过去主张，毅然主持抗日工作，我们马上绝对拥护、服从他。"

西安事变，举世瞩目，各集团都在关注和行动。

12月17日，日本首相广田声明：绝对不能与张学良妥协，否则，日本政府将不能坐视。日军要求南京政府进攻张、杨，并提出给予军事帮助，拉拢国民党政府中的亲日派。日本亟望改变以蒋介石为代表的南京政府中亲英、美派掌权的现状，让亲日派执政，而汪精卫即为理想人选，但因汪精卫被刺受伤不在中国国内，于是握有军权而又亲日的何应钦成了日军扶持和加以影响、利用的对象。德国政府表面上对蒋被扣示意关怀，实则希望中国由此成立亲日政府，以牵制苏联在远东的力量，希特勒也表示支持汪精卫回国主持南京政府。意大利政府也与日、德保持一致。何应钦时任国民党军事委员会党务委员、军政部长，西安事变给他提供了进一步向上攀的机会，日本的支持、黄埔系的中央军"少壮派"们的拥戴，都刺激了他的政治胃口。得到消息之初，何应钦便背着国民党军事委员会副委员长冯玉祥、总参谋长程潜、军委会办公厅主任朱培德、立法院长孙科等要人与戴季陶、吴稚晖等在家中商讨对策，主张对张、杨进行讨伐。

英、美帝国主义集团为了其主体利益，在西安事变发生后，担心失去蒋介石，南京政府为亲日派所控制。因此，他们积极支持宋氏兄妹，希望和平解决西安事变，使中国迅速在南京政府之下实现统一。代表英国利益的上海《字林西报》表示："只要南京能够充分保持他们的最高权力，不妨在政治上同共产党采取某种联合的形式。"

西安事变发生后，宋美龄当晚在上海得悉消息，连夜赶回南京，她对何应钦主战派甚为不满。她与宋子文一起，一面说服何应钦派暂缓行动，一面派澳大利亚人端纳前往西安。端纳曾任张作霖、张学良的顾问，与宋美龄私交甚好，是英美驻南京大使馆的实际联络人。他接受宋美龄的托付，充当调解人，往返于南京和西安之间。他明确表示，对蒋宋集团最严重的威胁不是来自中共和张、杨，而是亲日派。

早在1935年春末，日德开始酝酿建立反苏同盟，苏联虽无力阻止这个联盟的建立，但他希望借助中国和西方民主国家以对抗日德。斯大林认为，一个在蒋介石领导下建立的国共抗日统一战线的团结的中国，将会减少日本关东军北犯西伯利亚的可能性。12月13日夜晚，共产国际和苏联共产党总书记斯大林打电报给中国共产党中央，指示和建议中共应争取和平解决西安事变，为避免中国出现长期内战，而日本坐享其利，在蒋介石能回心转意，赞成抗日的情况下，尽快释放蒋介石。

张学良、杨虎城在事变后的当天晚上，就给驻在陕北保安（志丹）的中共中央致电，请中国共产党派代表给予指导。13日，中共中央立即在张闻天住处召开政治局常委扩大会议。大家一致肯定西安事变，决定采取积极支持的方针。毛泽东发言说，虽然事变是张、杨独自发动的，共产党没有参与其中，但事变是革命的，抗日的，没有任何帝国主义背景，从此完全打破了由蒋介石控制的局面。周恩来在发言中也分析了事变后国内各种力量可能出现的反应及其错综复杂的关系，提出在政治上不要与南京对立，争取林森（国民政府主席）、宋子文、孔祥熙（行政院副院长兼财政部长）、孙科、冯玉祥，孤立何应钦，同时，深入发动群众，把西安变成抗日的中心；在抗日援绥的口号下联合阎锡山，联合刘湘（这是我们的两翼），再进一步联合桂系，以达成对华东的包围；对东南7省南京的势力范围也要争取他们抗日。会议决定，不在西安组织对立的政权。

但在对待处理蒋介石的问题上，多数人的意见是“除蒋”“审蒋”。中共中央考虑到保安地处偏僻，消息闭塞，不可能全面迅速地了解到西安的情况及国内外的反应。因此，决定暂时不发表声明，一切事宜，包括对蒋的处置以及各种在保安难以估计到的有关问题，均由周恩来到西安后相机处理。

12月13日，毛泽东同周恩来致电张学良：重兵置于潼关、凤翔、平凉，潼关尤为重要；号召西安及西北民众起来拥护义举，对全国亦然，只有将全部行动基础置于民众之上，起义才能确定地发展其胜利；对全军举行广大深入的政治动员，此着是最要紧任务之一；胡宗南、曾万钟、关麟征等军向南压迫时，红军从其侧后配合兄部坚决消灭之；恩来拟去与兄协商而后大计。12月14日，毛泽东同朱德、周恩来、张国焘及红军各方面的负责人联名致电张学良、杨虎城：立即宣布组成西北抗日援绥联军，张学良为总司令，东北军、十七路军、红军分别编为3个方面军；三军主力应集中于西安、平凉为中心地区，发扬士气，巩固团结，各个击破敌人，只要打几个胜仗就可以大大开展战局。同日，毛泽东同周恩来致电张学良："十分注意洛阳、咸阳之敌，彼等有围城救蒋之企图，请将全部精力注意集中与团结东北军及十七路军上面。"同日，中革军委主席团发出关于西安事变的指示电：西安的抗日起义，开始了中国革命形势的又一新阶段；我们要从政治上组织上巩固东北军、十七路军和西北民众今后的联合；争取全国民众、南京抗日派、各省和蒋系军队中一切可能参加抗日的力量到我们这方面来；争取英法的同情赞助，在反对内战的旗帜下坚决击破亲日派的进攻，巩固西北抗日局面；暂不公开反对南京政府，以便争取可能抗日的部分。

12 月 15 日，中共中央以红军将领的名义致电国民党及南京政府，呼吁和平解决西安事变，并派周恩来前往西安，协助张、杨处理事变。当日凌晨，周恩来率罗瑞卿等 17 名工作人员，从保安出发，先到延安，然后乘坐张学良的专机，于 17 日晚赶到西安。周恩来一到西安，当晚即与张学良会谈，听了张学良介绍 6 天来局势的变化和各方的反应，意识到局势远比在保安时估计的更为复杂、严峻。当务之急是如何应付南京何应钦方面的军事进攻和确定对蒋介石的处理方案。

这时，何应钦自任"讨伐军"总司令，以刘峙、顾祝同分任东西路集团军司令举行"白衣誓师"，率中央军十几个师的兵力，分别由陕西潼关和甘肃天水等地进逼西安，并派 30 余架飞机从洛阳起飞前往西安进行侦察，欲行轰炸。因宋美龄等人反对，何应钦也怕"玉石俱焚"，改令只轰炸渭南、富平、三原。新的内战一触即发。

周恩来与张学良当即商定：在军事方面，东北军、十七路军集中于西安、潼关一线，红军南下延安、庆阳一线接替东北军，必要时侧击甘肃的胡宗南，支援关中。为了便于三军统一行动，红军加入由东北军、十七路军刚宣告成立的抗日联军西北军委。

在如何处置蒋的问题上，周恩来认为只有蒋介石才能制止何应钦的讨伐，从而统率国民党内的抗日派、中间派，避免南京政府成为日本的傀儡。为结束内战，推动抗日，可在蒋同意联共抗日的前提下释放他。但在策略上可以声明，如果南京挑起内战，则蒋的安全无望。与张学良会谈后，周恩来连夜将事态的发展和对时局的分析以及与张商定的诸项措施电告中共中央。

12月16日，毛泽东致电张学良、杨虎城："为了坚持决战胜利，千祈注意发动民众，主要将沿陇海路、西兰公路、西梁公路各县之民众发动起来，拥护抗日联军，拥护西安起义，反对中央军进攻，保卫抗日首都，保卫抗日根据地。"

同日，毛泽东致电阎锡山：时局应和平解决，万不宜再起内战，自速覆亡，先生一言九鼎，敢乞周旋宁、陕之间；当前务急抗日第一，抗日所急在于援绥；给养方面以红军言，所需甚少，但能发伙食费，即可不事征发，一切地方行政秩序不加丝毫干涉。

18日，中共中央第一次公开发表宣言，致电国民党中央，指出，为国家民族计，为蒋介石个人计，希望国民党：①召集全国各党各派各界各军的抗日救国代表大会，决定对日抗战，组织国防政府、抗日联军；②将讨伐张、杨与进攻红军的中央军全部增派晋绥前线，承认红军、东北军和第十七路军的抗日要求；③停止一切内战，一致抗战；④开放人民抗日救国运动，实行言论、集会、结社的民主权利，释放一切政治犯及上海爱国领袖；⑤实现孙中山先生的三大政策。如国民党能实现上项全国人民的迫切要求，不但国家民族从此得救，即蒋介石的安全亦不成问题。

12月19日，中共中央召开政治局扩大会议。会议通过了《中华苏维埃中央政府及中共中央对西安事变通电》（对外）和《中央关于西安事变及我们任务的指示》（对内）两个文件。前者为毛泽东起草，后都为张闻天起草。中共中央两次通电国民党劝告他们接受张、杨主张，张闻天电告上海地下党负责人潘汉年、冯雪峰找人疏通联络李宗仁、白崇禧，并做宋子文的工作，请他继续担负调解责任。同时，了解亲日派何应钦的态度，以确定对策。

和平解放西安事变的决策，是中国共产党独立、自主作出的。共产国际于12月16日曾给中共发来了关于西安事变的电报，但由于译码错误，电文完全翻译不出。而苏联《真理报》等报纸14日以来关于事变的评论，则把事变的发动说成是亲日的阴谋。

此时，身为阶下囚的蒋介石面临着3条道路抉择：①同意张、杨的8项主张，回到南京后，并实现其诺言，从而使事变得到真正的和平解决；②口头上同意张、杨的主张，回到南京后又毁约失言，派兵攻打杨、张，使内战规模进一步扩大；③拒不接受张、杨的文件，从而使力主讨伐的何应钦的阴谋得逞，同样引起内战。在事变之初，蒋介石断定这是张、杨受了共产党的指使，估计中国共产党必以此千载难逢的良机，置他于死地。后来才弄明白此次事变张、杨并未与共产党有任何商议。同时，他又亲眼看到中共在解决事变中的不记旧仇、光明磊落的胸怀和气度，态度由强硬转取调和，企图求得恢复自由。18日，蒋鼎文持蒋介石的致何应钦亲笔函，飞往南京，命令飞机停止轰炸渭南。22日，何应钦不得不同意派宋子文、宋美龄、蒋鼎文到达西安，以国民政府代表的身份去西安谈判。

宋子文与蒋介石的独裁和内战政策早有分歧，他任国民党政府财政部长时，就反对蒋介石为了"剿共"把高达87%的财政收入用来购买军火、发放军饷。针对日本侵略者的战争威胁，蒋介石视而不见，宋子文甚至说过"如果中国面前摆着共产主义和实行军事统治的日本军国主义这两种抉择，那么中国将选择共产主义"这样激进的话。热河战役发生后，他积极主张抗日。"塘沽协定"后，他赴美考察。1933年10月，宋子文归国后，得知蒋由于内战，向上海银行透支借款达6000万元之多时，曾和蒋介石发生了激烈的争论。在赴西安前宋子文接见新闻界并发表谈话，公开宣传蒋介石在西安绝对安全；明确表示西安事变将取有效之方法最短期间妥为解决；宣布中、中、交三银行对于外汇照常无限制买卖。对局势起了稳定的作用，为和平调解创造了良好的气氛。

宋氏兄妹在西安期间，促使蒋介石在原则上改变“攘外必先安内”的政策，实质问题是容纳共产党和把亲日派分子从南京政府清除出去。经协商，蒋介石暗示宋子文改组国民党政府，3个月后召开救国会议，改组国民党，同意联俄联共。

蒋介石是一个复杂的人物：他是大地主大资产阶级的代表，同共产党有矛盾；作为亲英、亲美派的代表，他同日本帝国主义也存在矛盾。当日本帝国主义企图吞并中国，他有要求民族独立、摆脱日本侵略的趋向。他也希望利用英美、共产党，甚至苏联的力量来制服日本。“九一八”以来，他一方面积极“剿共”，同时也未签订承认“满洲国”的协定。

12月23日，周恩来、张学良、杨虎城同宋子文谈判和平解决西安事变问题。24日，以上人员继续谈判。达成肃清亲日派、释放爱国领袖和政治犯、开放政权和召集救国会议、待抗战发动允许中共公开、联俄等协议。当晚，周恩来等会见蒋介石。蒋介石表示同意停止“剿共”、联共等条件，但他要求不采取签字形式，而以他的“人格”担保履行协议。张、杨同意其要求。

西安会谈后，在何时放蒋介石及撤军的问题上存在着分歧：西安方面主张南京方面先将军队撤出潼关以外再放蒋；而蒋、宋则要求先放蒋，再撤军；周恩来认为，不必匆忙放蒋，力主蒋走以前，须有一个政治文件表示，以保证真正实现停止内战、一致抗日的局面。张学良提出蒋久留西安，出了问题于国家于民族均为不利，加上在放蒋问题上一时又难以说服部下，独自决定于1936年12月25日下午亲自送蒋回南京，没有告知周恩来。26日飞抵南京。毫不顾忌个人的安危和东北军的得失。

1936年12月27日，国民党中央机关报《中央日报》发表蒋介石对张、杨的训词，称：离开西安之前，张、杨不再强勉我有任何签字与下令之非分举动，且并无任何特殊之要求。

在西安事变中，蒋介石虽然对张、杨提的条件拒绝签字，但他在12月25日离开西安前还是允诺了6点意见：①命令中央入关部队于25日起调出潼关；②停止内战，集中国力一致对外；③改组政府，集中各方面人才，容纳抗日主张；④改变外交政策，实行联合一切同情中国民族解放之国家；⑤释放上海各界被捕领袖，即下令办理；⑥西北各省军队，统由张、杨两将军负其全责。在临上飞机前，蒋介石又对张、杨训话："今天以前发生内战，你们负责，今天以后发生内战，我负责，今后我决不剿共。我有错，我承认，你们有错，你们也得承认。"对于蒋介石这一转变，毛泽东给予肯定："蒋介石氏在西安接受张学良杨虎城二将军和西北人民的抗日的要求，首先命令进行内战的军队撤离陕甘两省，这是蒋介石氏转变其十年错误政策的开始。……蒋氏此种觉悟的表示，可以看作国民党愿意结束其十年错误政策的一种表示。"红军应张学良、杨虎城的要求，决定主力南下：红一方面军第一、十五军团，红二方面军第六军团和红四方面军第四、三十一军，在前敌总指挥部的率领下，自12月20日由定边地区开始南下，至26日各部队先后进至庆阳地区待命。与此同时，红八十一师东开延安。陕北地方革命武装收复或接受了瓦窑堡、延川、延长、延安等城镇。

1937年1月13日，中共中央和军委机关由保安（今志丹）迁到延安。从此，延安成为中国革命大本营的所在地。

1937年2月10日，中共中央发表致国民党三中全会电，提出了5项要求与4项保证。要求：①停止内战、集中国力，一致对外；②保证言论、集会、结社之自由，释放一切政治犯；③召集各党各派各界各军的代表会议，集中全国人才，共同救国；④迅速完成对日抗战之一切准备工作；⑤改善人民生活。保证：①在全国范围内停止推翻国民党政府之武装暴动方针；②工农政府改名为中华民国特区政府，红军改名为国民革命军，直接受南京政府与军事委员会之领导；③在特区政府区域内，实施普选彻底民主制度；④停止没收地主土地政策，坚决执行抗日民族统一战线之共同纲领。

2 月 15 日，国民党召开五届三中全会，讨论对西安事变的处理及其后的对内对外政策问题。会议表面上对中共的致电不予置理。回国的汪精卫在开幕词中继续鼓吹“剿共”，蒋介石向全会报告西安事变经过，吹嘘自己如何拒绝书面签字及张、杨在他的“伟大”精神感召下服从中央，等等。全国各界救国联合会、全国学联等爱国团体亦相继发表给国民党三中全会和蒋介石的通电，要求实行民主政治、实现全国一致抗日，国民党左派进步人士宋庆龄、何香凝、冯玉祥等在会上提出关于恢复孙中山三大政策的提案。2 月 28 日，宋庆龄又发表了《实行总理遗嘱》的讲演，痛斥“抗日必先剿共”，说：“我们先要打断一只手臂之后再去抗日吗？”会议经过激烈争论，于 2 月 21 日通过了一个停止“剿共”内战，实际接受了中国共产党提议的决议案——《关于根绝赤祸之决议案》。要求中国共产党：第一，彻底取消红军；第二，彻底取消“苏维埃政府”；第三，“根本停止其赤化宣传”；第四，“根本停止其阶级斗争”。

5 月 24 日，会议闭幕后，蒋介石以谈话的方式，承认了：①开放言论；②集中人才；③赦免政治犯。同时，蒋介石还密令所属：以后不得再使用“赤匪”“共匪”等字眼。

102.“七七”事变

自 1937 年 5 月开始，驻华日军频繁举行军事演习，从白天发展到黑夜，从虚弹到实弹，尤其是驻丰台日军，经常在宛平北郊举行以宛平县城为目标的演习。1937 年上半年，驻守平津第一线的国民政府第二十九军紧张地进行备战工作。自 5 月开始，军长宋哲元针对华北日军的军事演习，下令全军进行军事训练，时刻准备由察省向热河出击，打出山海关，收复东北失地。全军将士摩拳擦掌，严阵以待。

1937年7月7日19时30分，驻丰台日军第一联队第三大队第八中队，携带实弹，全副武装，在宛平县城所在地的卢沟桥（位于宛平县城西门外数十步）附近的龙王庙进行夜间军事演习。22时半左右，日军中队长下令停止演习，集合休息。此时发现1名士兵去向不明，上报给日军大队长。20分钟以后，“失踪”的士兵志村菊次郎解完手后归队。

7月7日24时，北平日本机关长松井太久郎打电话给冀察政务委员会外交委员会，声称日本陆军一中队在卢沟桥进行军事演习时，丢失1名士兵，要求进入宛平县城搜索。中国第二十九军副军长兼北平市市长秦德纯（二十九军军长宋哲元当时在山东）回答：“日军随意在我国领土内进行演习，完全是违反国际法的。事先既不通知，也未经许可。1名士兵行踪不明，我方不负任何责任。如果士兵确实失踪，可立即命令宛平驻军同地方警察一起搜查。”日本特务机关和丰台日军威胁说，如果不许入城搜查，就用军队包围宛平。秦德纯说：“我方为了自卫，只有坚决抵抗。”深夜0时20分，日军大队一木清直少佐下达了作战命令。不久，长辛店中国驻军团长吉星文报告，丰台日军1个大队，携带6门大炮，正向卢沟桥前进。秦德纯当即命令：“确保卢沟桥及宛平县城，日军一兵一卒也不许进入，一寸国土也不许放弃。守土有责，卢沟桥及宛平城就是我军官兵最光荣、最贵重的坟墓，要与县城共存亡。但要到他们开枪后我们才还击。如果他们开枪，我们将迎头痛击。”秦德纯命吉星文亲率一营部队加强卢沟桥防御。8日晨，经中日双方协议，组成联合调查组。当调查组的双方代表到达宛平时，连夜从丰台开来的日军已将宛平城包围。城门不能开，只能用绳索将代表们吊入城内。正当代表们在城内会商调查办法时，城外日军突然向我守军射击，我军当即奋勇还击。我长辛店援军与铁路桥东端的我军互相配合，两面夹击，歼灭了铁路桥两端的全部日军。8日一昼夜间，卢沟桥经三失三得，仍然由我军固守。

9日晨，日方又诡称失踪士兵已经归队，问题可以和平解决，于是，双方口约了三项停战办法：①双方立即停止射击；②日军撤至丰台，我军撤回卢沟桥以西；③宛平城内防务除原有保安队外，并由冀北保安队担任，人数300人，定于本日上午9时左右到达接防。这个口头协定，日军始终没有履行，因而我军也没有撤走。这天，战斗仍不时发生。

第二十九军的抗日活动，得到全国人民的支援。7月8日，中共中央发出《为日军进攻卢沟桥通电》，赞扬二十九军的抗日行动，要求南京政府切实援助二十九军，号召全国军民团结起来，保卫祖国，驱逐日寇出中国。中共北平地下组织通过中华民族解放先锋队、北平学联等救亡团体，组织战地服务团，奔走前线，救援伤员，赠送慰劳品。长辛店铁路工人帮助运送物资，构筑工事。

“七七”事变爆发后，日本法西斯分子欣喜若狂。7月8日清晨，关东军司令部召开紧急会议，一致认为，苏联方面暂时是安全的，“此时应对冀察加以一击”。会议当即动员两个旅团随时准备开赴华北作战，并把第十一旅团主力调往长城一线待命。关东军鼓动日本中国驻屯军彻底将事态扩大下去，日本驻朝鲜军司令官建议日本应利用这一事件推行统治中国的宏图。“七七”事变的消息传到东京，陆军中央部在选择何时发动全面侵华战争上，出现了两种意见：一种认为，只要以三四个师团的兵力给中国一击，中国就会屈服，他们说，只要满载日本兵的列车一通过山海关，中国就会投降，中国的事件用一个月时间就解决了；他们认为，苏联不会干预日本的行动，英国受到德国的牵制，也无暇东顾，美国也不大注意远东，这种国际条件是日本扩大侵华战争的千载难逢的良机。另一种意见担心日本兵力不足，一旦发生全面对华战争，会遇到中国顽强抵抗，而陷入长期战争的泥潭，假如苏联出兵，夹击日本，日本将处于腹背受敌、两线作战的被动地位，他们认为，在没有15个师团的兵力、筹备55亿日元军费的情况下，出兵中国是失策。

前一种意见占了上风。

7月10日，日本中国驻屯军向中国第二十九军提出新的要求：①第二十九军代表向日军表示道歉，并声明负责防止今后不再发生类似事件；②给肇事者以处分；③卢沟桥附近的永定河东岸不得驻扎中国军队；④彻底取缔共产党及其他抗日团体。在日军威逼下，二十九军代表张自忠除第3条外，接受了日本的要求。

7月11日，日本政府发表《派兵华北的声明》。日本国内掀起了一股空前的侵华战争热，日本参谋本部命令关东军和朝鲜军迅速向华北派遣援军，日本海军下令做好全面对华战争的准备。同一天，日本陆海军还就在华北协同作战问题达成了协议。规定：努力将战争局限于华北，陆军主要在华北作战，必要时，出兵青岛和上海；海军主要担任对华中、华南的警戒，当战争扩大到华中、华南时，陆军至少派遣两个师团协助海军作战。

得知日本内阁的派兵决定后，11日下午4时，日本中国驻屯军司令部召开紧急会议，大多数人认为对华开战的时机已到。会议决定："以此次事变为契机，从根本上解决华北问题。"具体措施是：①暂时停止过去和平谈判；②彻底实行《何梅协定》；③在此期间逐步集结军队，伺机对河北省的中国军队以彻底打击和扫荡。12日上午11时，新任中国驻屯军司令官香月清司来到天津。

7月12日，蒋介石命令宋哲元就地抵抗，并要求中央军在保定地区进行防御准备。

15日，日本临时航空兵团被派遣到中国东北。16日，关东军两个旅团到达平津地区，驻朝鲜第二十师团陆续开往华北。

25日，从朝鲜调到天津的日军第二十师团一支部队同通讯兵一起，假借修理北平至天津的军事电话线，于下午4时30分到达廊坊车站，非法占领该地，当地中国驻军要求日军撤退，遭到拒绝，双方发生冲突。当夜12时，日本中国驻屯军司令官香月清司命令第二师团第七十七联队，在空军掩护下向廊坊发动攻击，中国军队被迫撤退，日军遂占领了廊坊。26日凌晨3时30分，香月清司命令日军中国驻屯军第二联队第二大队乘火车开赴北平，企图乘北平形势稳定、城门洞开之机进入北平。下午2时，日军上述部队在丰台换乘26辆汽车开往广安门，冒充日本总领事馆卫队，谎称在野外演习归来，要求进入北平，被广安门中国守军拒绝。日军一半人进入城内时，两军发生冲突，丰台日军立即赶来增援。

27日晨，日本参谋总部和陆军大臣决定立即动员国内师团，得到内阁和天皇同意。同日，日本参谋本部命令中国驻屯军以现有兵力进攻平津地区的第二十九军，战线暂限定于保定、独流镇以北地区；并下令动员国内的第五、六、十师团到华北，准备派遣第十一师团到上海，第三师团到青岛。27日，海军军令部下达了配合陆军对华作战的命令。26日下午，日本中国驻屯军向中国第二十九军发出了最后通告：①八宝山、卢沟桥附近的第三十七师，必须于27日中午前撤至长辛店；②北平市内及西苑的第三十七师，必须于28日中午前，经平汉线北面撤至永定河西岸，以后陆续移驻保定地区；③如不按上述要求施行，即认为贵军无诚意，我军将不得不采取单独行动。当晚10时20分，香月清司下令于27日中午向中国军队发动进攻。

宋哲元知战争不可避免，下令第二十九军将士准备抵抗，并通令全国，表示在国家存亡、千钧一发之际，第二十九军决心守土自卫。

28日，香月清司指挥朝鲜第二十师团、关东军独立混成旅、中国驻屯军步兵旅团，在空军掩护下，首先向驻守北平北苑、西苑、南苑的中国第二十九军第三十八、三十七、一三二师发起全面进攻。

中国第二十九军将士奋起抵抗。由于初入阵地，未及构筑工事，且在装备、人数方面都处于劣势，虽经奋战，终于抵挡不住优势日军的进攻。副军长佟麟阁、第一三二师师长赵登禹在南苑大红门指挥部抵抗，在敌机的轮番轰炸和机械化部队的猛烈攻击下，佟、赵两位爱国将领不幸先后以身殉国。当晚，第二十九军被迫向保定撤退。

同日夜，日本关东军第二混成旅团对天津的中国第三十八师一部和保安队发动进攻，中国军队被迫突围，向马厂撤退。8月1日，日军控制了平、津两市。

8月14日，国民党政府发表《自卫抗战声明书》，宣告："中国决不放弃领土之任何部分，遇有侵略，唯有实行天赋之自卫权应之。"15日，蒋介石下达总动员令，自任陆海军总司令，将全国划为4个战区：平汉、津浦两线为第一战区，蒋自任司令长官；晋察绥为第二战区，阎锡山为司令长官；江苏、浙江为第三战区，顾祝同为司令长官；闽粤为第四战区，余汉谋为司令长官。

15日，日本正式组成上海派遣军，以松井石根大将为司令长官，率第三、十一师团等部前往上海，协同海军作战。17日，日本政府决定向中国发动全面的军事进攻。

7月8日，国民党政府曾与日本进行外交谈判。7月10日，国民党政府外交部照会日本，要求将肇事日军撤回原地，等待合理解决。7月17日，日本政府要求国民党政府：①停止"挑战"态度；②不得妨碍与冀察当局和平解决条件的实行；③撤回北上部队。国民党政府回答：①中日双方同时撤退军队；②由中、日政府通过外交谈判解决；③现地解决须取得南京政府许可；④南京政府准备对现地直接谈判进行斡旋，乃至仲裁。

7月17日，蒋介石在庐山发表谈话，表明卢沟桥事变并不是偶然的，但仍然希望通过和平的外交方法解决。同时，他表示：①任何解决不得侵害中国主权与领土完整；②冀察行政组织不容任何不合法之改变；③中央政府所派官吏，如冀察政务委员会委员长宋哲元等不能任人要求撤换；④第二十九军现在所驻地区不能受任何约束。他说，中国已临到"最后关头，……如果战端一开，那就地不分南北，人无分老幼，无论何人皆有守土抗战之责任，皆应抱定牺牲一切之决心”。

7月底，蒋介石决定召集各方将领，商讨组织抵抗的对策。蒋介石命令一直参加同中共联络、谈判的人员之一的张冲发电报给延安，密邀毛泽东、朱德、周恩来到南京共商国防大计。张冲数次打电话给在西安的叶剑英，询问毛、朱、周等人的行止，以便准备迎接、开会与会谈。驻西安红军联络处的叶剑英侦知桂系将领白崇禧、川军将领刘湘、滇军将领龙云等，都将应邀赴南京开会，认为这正是中共趁机公开与各方人士联络的好机会，必须派代表参加。但鉴于西安事变后张学良在南京被扣留的严酷事实，于是，叶剑英急电中共中央，提出建议：“毛不必去，朱必须去。”8月2日，周恩来复电张冲询问详情：如开国防会议，则他同朱德、叶剑英去；如系谈话会，则他同林伯渠、博古、叶剑英去。8月4日，收到张冲复电，称系召开国防会议，仍望毛、朱、周到南京出席。经毛泽东、张闻天酌定，电示周恩来（周正与朱德、彭德怀等出席在泾阳县云阳镇召开的红军改编会议）：同意由周、朱、叶赴南京开会，并阐述中共中央关于抗日战争的战略方针及与蒋介石谈判合作抗日必须解决的有关重要问题。8月6日，周恩来、朱德前往西安，会同叶剑英于8月9日飞抵南京。出席此次国防会议的除国民党中央的军政要员外，还有冯玉祥、白崇禧、刘湘、龙云等各地方实力派的将领。有些地方实力派将领还向周恩来表示：如果不是中共代表来南京，他们也不敢来。中共代表周、朱、叶在会上分别作了长篇专题发言，阐述了抗日的战略战术和指导原则。会内会外中共代表还与各方人士广泛接触，热烈商讨联合拒敌之计，加强了团结。

会议期间的8月13日上午，日本军舰炮轰上海市中心区。14日，日本政府发表声明，声称对中国政府和军队采取断然措施。同时，南京国防会议决定：举全国力量，以持久消耗战，争取最后胜利。蒋介石发布红军改编的命令和同意公布中共起草的《国共合作宣言》。

103. 八路军

1937年8月22日至25日，中共中央在陕北洛川县冯家村召开了政治局扩大会议。中央政治局委员洛甫、毛泽东、周恩来、秦邦宪、朱德、任弼时、关向应、凯丰、张国焘及各方面的负责人彭德怀、刘伯承、贺龙、张浩、林彪、聂荣臻、张文彬、萧劲光、林伯渠、徐向前、周建屏、傅钟、李富春22人出席了会议，毛泽东代表党中央作军事问题、国共关系问题的报告。

关于军事问题，毛泽东说：军事问题就是战略问题，日本进攻的主要是华北，上海是日本进攻的辅助方面，因此红军的主要作战区是晋、察、冀三省交界处；红军的基本任务：①创造根据地，②钳制和消灭敌人，③配合友军作战，④保存和扩大部队，⑤争取民族革命战争的领导权；红军的基本作战方针是独立自主的山地游击战，同时包括在平原发展游击战争；在战术上独立自主，分散发动群众，集中消灭敌人，打得赢就打，打不赢就走；红军配合国民党军队作战，主要是战略上的配合，而不主要是在战役和战术上的配合。

关于同国民党的关系，毛泽东指出：在统一战线中必须坚持中国共产党的独立自主原则，一方面要巩固、扩大统一战线，另一方面又要对国民党保持高度的阶级警惕性；要与地方军阀、实力派，如阎锡山等开展统一战线；在同国民党谈判中，我党必须坚持成立红军总指挥部，拒绝国民党派人插入我军；同时应在后方留兵一部，保卫党中央和陕甘宁边区，防止国民党的袭击。因为国民党在边区周围有大约十几个师的兵力。

会议在基本原则上是一致的。同时对一些具体问题交换了意见：第一，关于出兵时间和数量，蒋介石要红军全部立即出动到山西前线，目的是要红军在配合国民党军队打正规战中削弱、消灭革命力量，前方同志主张早出兵，认为战局严重，早出兵对我们政治影响好，部队也可以得到一定的物质补充。第二，关于陕甘宁边区是否留兵及留兵多少，鉴于蒋介石国民党军队对陕甘宁边区的威胁尚未解决，多数同志主张应留兵，暂留三分之一，出三分之二为好，以后再根据具体情况而定。第三，关于红军出兵后的作战形势，是分散使用兵力，还是集中使用兵力，一部分同志主张红军出师后，应打几个大仗，消灭敌人，扩大共产党和红军的影响，这是有一定道理的，但集中打仗就要付出一定的代价，红军只有三四万人，这个问题值得注意；为此会议确定，红军的作战方针是基本的游击战，但不放松有利条件下的运动战。第四，关于对国民党的估计，少数同志看到抗战初期国民党的某些进步表示，过高地估计了它的抗日积极性，忽视了它的两面性。会议一致同意毛泽东总结的原则：坚持统一战线的独立自主，实行中共对抗战的领导，依靠人民群众，发动人民群众，实行抗战。

中国共产党为加强对军事工作的领导，会议决定由毛泽东、朱德、周恩来、彭德怀、任弼时、叶剑英、张浩、林彪、贺龙、刘伯承、徐向前11人组成中央革命军事委员会，毛泽东为军委书记，朱德、周恩来为副书记（对外称主席、副主席），参谋长为萧劲光（后为滕代远、叶剑英）。

会议通过了《中央关于目前形势与党的任务的决定》。指出：①在敌人后方，放手发动独立自主的游击战争，配合正面战场，开辟敌后战场，建立敌后根据地；②在一切国民党统治区，放手发动抗日的群众运动，和国民党的片面抗战路线做斗争；③在有利于动员全国人民参加抗战的前提下，争取全国人民所应有的政治、经济权利，并决定以减租减息作为抗战时期解决农民土地问题的基本政策。

洛川会议制定通过了《抗日救国十大纲领》和毛泽东为此而写的宣传提纲《为动员一切力量争取抗战胜利而斗争》。10大纲领是：①打倒日本帝国主义；②全国军事的总动员；③全国人民的总动员；④改革政治机构；⑤实行抗日的外交政策；⑥实行战时的财政经济政策；⑦改良人民生活；⑧实行抗日的教育政策；⑨肃清汉奸、卖国贼、亲日派，巩固后方；⑩建立抗日的民族团结。

经过中国共产党与国民党较长时期的谈判，1937 年 6 月，蒋介石被迫承认了红军改编为 3 个师、12 个团，45000 人的编制。但不让设总指挥部，另在 3 个师之上设政治训练处指挥部队，并提出派康泽来政训处当副主任，要毛泽东、朱德离开部队。国民党提出，如不接受以上条件，从 7 月起即断绝一切接济。中共中央准备在不得已时于 8 月 1 日宣布自行改编。

卢沟桥事变爆发后，为迅速动员全国人民，推动国民党政府及其军队抗战。7 月 17 日，周恩来、秦邦宪、林伯渠到庐山与蒋介石谈判，争取早日实现红军改编，并发表两党合作宣言。28 日，中共中央重申：3 个师上设总指挥部，朱（德）正、彭（德怀）副，并设政治部，任弼时为主任，邓小平为副主任，不要康泽，在人选问题上不向国民党让步。

8 月 13 日，日军进攻上海，蒋介石急于要求红军出师作战，不得已于 8 月 22 日公布了红军改编为国民革命军第八路军的命令，委任朱德为总指挥、彭德怀为副总指挥，并收回了向 3 个师派参谋长的主张，改为派联络参谋。

根据国共两党协议，8 月 25 日，中国共产党中央军事委员会主席毛泽东，副主席朱德、周恩来在洛川会议上发布命令：宣布红军改名为国民革命军第八路军，前敌总指挥改为八路军总指挥部，朱德为总指挥，彭德怀为副总指挥，叶剑英为参谋长，左权为副参谋长；总政治部改为八路军政治部，任弼时任主任，邓小平为副主任。在陕北的主力红军编为 3 个陆军师：以红一方面军及陕北红军第七十四师编为第一一五师，师长林彪、副师长聂荣臻，参谋长周昆，政训主任罗荣桓、副主任萧华，下辖三四三旅（旅长陈光，政委萧华，副旅长周建屏，参谋长陈士榘）、三四四旅

（旅长徐海东，政委黄克诚，参谋长卢绍武），共15000人；以红二方面军及陕北红军第二十七、二十八军，独立师、赤水警卫营及前总直一部编为第一二〇师，师长贺龙、副师长萧克，参谋长周士第，政训主任关向应、副主任甘泗淇，下辖第三五八旅（旅长陈伯钧，政委王震，参谋长刘子奇，政训主任袁任远）、三五九旅（旅长张宗逊，政委李井泉，参谋长姚喆、政训主任张平化），共14000余人；以红四方面军及陕北红军第二十、三十军，陕甘宁独立一、二、三、四团编为第一二九师，师长刘伯承、副师长徐向前，参谋长倪志亮，政训主任张浩、副主任宋任穷，下辖第三八五旅（旅长王宏坤、副旅长王维舟，参谋长耿飚）、三八六旅（旅长陈赓、副旅长陈再道，参谋长李聚奎），共13000余人。同时由各主力红军抽调部分部队4000余人，组成八路军后方留守处，萧劲光为主任。

洛川会议的最后一天，连续通过了朱德、彭德怀的《就职通电》《八路军出师抗日誓词》《八路军抗日三大纪律》《八路军抗日八项注意》等文件。为加强中国共产党对军队的领导，8月29日，中共中央决定，八路军前方部队设立军委分会，朱德任书记，彭德怀任副书记，任弼时任秘书长，受中共中央军委委托，为华北八路军最高领导机构。在各师设立军政委员会，受军委分会领导。

国民党承认划陕西省之延安、安塞、保安、安定、延长、延川、旬邑、淳化、定边、靖边、甘泉、富县、米脂、绥德、佳县、清涧、吴堡，甘肃省之庆阳、合水、环县、镇原、宁县、正宁，宁夏之盐池、神府、关中部分地区归陕甘宁边区政府直辖，并为八路军之募补区。

9月6日，陕北苏维埃改为陕甘宁边区政府，以林伯渠为边区政府主席、张国焘为副主席，拒绝了国民党方面派遣的任何人员。9月22日，国民党中央通讯社发表《中共中央为公布国共合作宣言》。23日，蒋介石发表了为公布国共合作宣言的谈话，承认了中国共产党的合法地位，宣布两党合作抗日。

104. 平型关大捷

按战斗序列，八路军于1937年9月12日称为第十八集团军，总、副总指挥改称总、副司令（属第二战区）。按照这一部署，国民党军队陆续开放前线作战。华北的国民党军队70余万人，汤恩伯指挥的第十三军及高桂滋的第十七军担任平绥线防御，分别布防于南口、居庸关和赤城、龙关一带；宋哲元的第一集团军和刘峙的第二集团军分别担任津浦、平汉两线防御。

8月10日，日军首先以第五师团及第十七旅团沿平绥路向南口进攻，当地守军利用险要地形进行了抵抗。23日，敌占居庸关。25日，敌占南口。27日，敌占张家口。9月11日，天镇失守，敌多路向大同迂回，当地守军怯战，联络配合不好，未经抵抗，于9月12日放弃大同，晋北部队纷纷向雁门关方向退却。津浦路方向，日军第十师团于9月11日进占马厂。21日，敌继续向姚官屯中国军队阵地进攻，经数日激战，敌占该地。24日，敌未遇抵抗占领沧州。10月3日，敌进占德州。平汉路是敌军的主决战方面，9月14日，敌第六、十四师团渡过永定河，向涿州、保定附近的中国守军进攻。第二十师团由房山一带向易县攻击前进。刘峙惊慌失措，未经抵抗即下令退却，琉璃河阵地遂于当日失守。翌日，敌占固安。21日，敌突破满城、徐水一带防线。24日，敌占保定。接着，日军长驱直进，先后攻占定县、正定、灵寿等地。10月10日，华北重镇石家庄沦入敌手。日军占领石家庄后，将其进攻重点转向山西。

当华北危急、担任正面防御的国民党军队节节败退之际，中国共产党领导下的八路军为侧击沿平汉线南下和沿平绥线西进之敌，立即向山西出发。8月22日，一一五师经风陵渡渡过黄河，接着一二〇师由芝川镇渡过黄河。两部兼程北进。八路军总部在云阳集结后，经芝川镇渡过黄河随部队到前线指挥作战。9月中旬，一一五师到繁峙、五台。9月底，一二〇师达神池。总部亦同时进入五台山区。9月30日，一二九师由芝川镇渡过黄河，经山西侯马北进，到达太原附近。

日军占领石家庄后，兵分两路：一路继续沿平汉路南进，11月初，相继占领了邢台、邯郸、安阳等重要城镇；另一路以第二十、一〇九师团为主力沿正太线向山西进攻。晋北之敌亦于9月中旬转兵，一路由大同沿同蒲线直趋太原。一路由广灵进攻灵丘、平型关。企图会同石太线，夺取山西。阎锡山命令傅作义赶往前线指挥，将其主力部署在平型关及内长城一线。南京政府急调卫立煌等部向晋北增援。部署是：左集团为高桂滋的第十七军和刘茂恩的第十五军，驻守团城口和凌云口、恒山一带；右集团为八路军一一五师，驻守灵丘至平型关公路以南的山岳地带；中央集团为阎锡山的晋绥军，担任平型关正面防守任务。3个集团的总兵力六七万人。由于雁门关地形险要，敌人难以从正面攻克，于是就集中兵力攻击平型关。以图通过平型关，由东向西从侧背夺取雁门关，打开通往太原的门户。9月22日，敌板垣师团之第五师团第二十一旅团第十九、二十联队连同配属的战车、炮兵和辎重等特种部队共约5000人，由灵丘县向大营镇前进，与驻守当地的中国部队发生激烈战斗后，24日进至平型关附近。日军第二十一旅团主力于平型关正面东跑池地区与中国军对垒，敌预备队1000余人和辎重队从灵丘方向沿山沟公路开来增援其主力部队。一一五师确定三四三旅担任主攻任务。师属三四四旅配合，其中六八七团进出灵丘方向东河南至韩家湾一带负责警戒和阻敌援兵，六八八团为师预备队，于东长城村集结待命。24日，八路军一一五师三四三旅由冉庄开到平型关的东北方白崖台附近，占领进攻阵地，根据与友军协同作战计划，定于25日向敌人出击。一一五师主要出击地域为小寨村至老爷庙一段山沟公路，这段公路是灵丘到平型关的险要地段，路侧山岭高耸，对伏击敌人十分有利。

9月25日8时，日军汽车80余辆、马车百余辆，连成一线，进入八路军设伏“口袋”的地段。当敌人全部进入伏击圈后，我军将“口袋”两头封死，居高临下，突然向敌人猛烈开火。敌猝不及防，乱作一团，人马车辆拥挤在五六里长的夹沟公路中。我军乘势同敌军展开白刃格斗。敌虽有飞机、大炮，亦完全失去作用，至11时左右，被包围的敌军悉数被歼，其车辆、物资全部为我所获。小寨—老爷庙伏击胜利后，我八路军立即向平型关正面东跑池地区转进。那里本是国民党军出击的一个目标，大约有2000名日军，占着村庄和附近山地向平型关正面进攻。但国民党未按协同作战的计划出击。至薄暮时分，八路军一一五师主力转到这方面后，才将敌人从山地压入村庄，并加以包围。但国民党军未予积极配合，使被包围之敌从其防线向西北方团城口夺路而逃。

平型关之战连同地方游击队的战果在内，共计歼敌1000余人，缴获汽车80余辆、九二野炮1门、七三七五炮弹3000余发、步枪300余支、机关枪20余挺及大批军用物资。这是抗战以来中国军队在华北地区打的第一个大胜仗。在这次战斗中，八路军伤亡官兵600余人。据三四三旅的六八五团（两个主攻团之一）的《平型关战斗详报》称：本团“人员伤亡206人。计开：阵亡53人，其中指导员15人，政工干部1人，战士37人；伤153人”。最大的教训是当把敌人分割包围和冲垮之后，指战员们根据过去同国民党作战的经验，认为敌人已失去战斗力了，高喊：“老乡，缴枪呀！”涌向敌人，遭到钻在沟底的汽车底下的顽敌突然射击，致使部队伤亡陡增。

由于担任平型关正面防守的绥军节节后退，阵地动摇。9月底，日军一部突破茹口。10月2日，敌占雁门关。内长城防线全线崩溃，大批中国军队向忻口、太原退却。

105.《论持久战》

日军占领上海、南京后，为打通南北战场的联系，进一步控制中原和华中，日军统帅部决定继续分南北两路沿津浦线进攻：以华北方面军一部进攻徐州附近的中国军队，占领战略要地徐州和兰（考）（开）封以东、陇海线以北地区；华中派遣军一部协助进攻在徐州的中国军队，并占领徐州以南之津浦线及合肥地区。

担任津浦路和徐州一带守备的中国军队为李宗仁指挥的第五战区部队。1938年初，蒋介石又调集汤恩伯、孙连仲等部向徐州增援，使这里的国民党军队达到60万人以上。徐州当苏皖豫鲁四省之要冲，为津浦、陇海南北两大交通主动脉之交会点，北窥冀鲁，南瞰苏皖，在战略上具有重要地位。1937年12月18日，日本参谋本部命令第二军渡过黄河，进行山东作战。12月23日晚3时，日军第十师团和本川旅团强渡黄河，国民党第三集团军司令、山东省主席韩复榘不战自溃，擅自放弃济南，1938年1月韩复榘以失地误国罪被蒋介石处死。12月26日，日军攻占济南。1938年1月1日，日军攻陷肥城、泰安，1月4日攻占兖州、曲阜，1月11日占领济宁，使津浦路正面门户洞开。1月14日，日军第五师团占领潍坊，同日，日军海军攻占青岛。

1938年3月中旬，敌第五师团一部向临沂、第十师团一部向藤县等地进攻，企图会师台儿庄，消灭运河以北的中国军队主力。进攻临沂之敌，因受到当地守军张自忠、庞炳勋部的猛烈抵抗，进展困难，被迫退回莒县。藤县守军同敌激战3个昼夜，给敌人以重大杀伤，第一二二师师长王铭章率3000名官兵大部分壮烈殉国。

台儿庄是山东省南部靠近津浦、陇海两条铁路交叉点的一个小镇，城西南临京杭大运河，为鲁南进入苏北的交通要道，在战略上是徐州的一个重要屏障。台儿庄原属峄县，有砖砌城墙，城门有6个：北门、西北门、西门、南门、东南门、东门。城墙四周有许多大小碉堡作为防御工事，城内西北角有个文昌阁，为城内的制高点。镇内原有居民三四千户，日军迫近台儿庄时，居民多已被疏散。

3月23日，日军冒险进攻，孤军深入至台儿庄附近。第五战区命令孙连仲赴台儿庄方面指挥。3月27日，日军占领城寨的东北角，遭到守军的顽强抵抗，双方展开了激烈的巷战。守军第三十一师（师长池峰城）4个团8000人死伤已近3000人，剩余部队缩编为3个团7个营。城外第三十师及独立四十四旅在左翼，二十七师在右翼，不断向三里庄和刘家湖发动攻击，以牵制日军对台儿庄城的攻击。同日，日军调动主力会合台儿庄派遣队发动更大的攻击。当地守军与敌殊死拼搏，坚守阵地10余日，汤恩伯部受命向台儿庄以北进发，迂回包围敌人。4月初，敌第十师团因陷我重围，撤退不及，被歼大半。第五师团一部受命援救第十师团，但因受到中国军队阻截，苦战数日，进展困难，亦受严重损失。4月7日，敌第十师团残部万余人向峄县退去。战后的台儿庄几乎成为一片焦土，敌机动车辆被击毁，日军伤亡1万余人，敌之尸体及自焚骨灰甚多。

台儿庄大捷后，蒋介石受到鼓舞，决定“扩大台儿庄战果”，遂将精锐部队调往徐州，准备同日军作战。这时，由李宗仁指挥的第五战区军队达40余万人。李宗仁将第五战区军队编为5个兵团，以徐州为中心，分别阻击日军：由3个军组成淮南兵团，李品仙任司令；4个军组成淮北兵团，廖磊任司令；9个军组成鲁南兵团，孙连仲任司令；3个军组成陇海兵团，汤恩伯任司令；2个军组成苏北兵团，韩德勤任司令。

5月12日，日本华北方面军第十四师团从濮县渡过黄河，向陇海线推进，15日攻克曹县，16日到达内黄附近，炸毁了铁路，切断了陇海线；

日军第十六师团从山东济宁出发，14 日攻占金乡，18 日进抵离徐州 22 公里处，准备从西北面进攻徐州；5 月 15 日夜，日军第十师团从山东韩城出发，渡过微山湖，16 日到达沛县，19 日推进至徐州以北 6 公里处；日军第五师团于 5 月 15 日渡过大运河，向宿县推进，准备从东面进攻徐州；5 月 9 日，日本派遣军十三师团攻占安徽蒙城，13 日到达徐州西南的永城；5 月 10 日，日军第九师团推进到安徽板桥一带，13 日攻占百善；5 月 6 日，日军第十师团在蚌埠、怀远集结，15 日推进到大营集，与第九师团平行向徐州南面推进。

面对日军的包围，中国军队进行了顽强阻击。5 月 13 日至 14 日，在鲁南菏泽战斗中第二十三师师长李必蕃率部进行英勇抵抗，多次击退日军进攻，14 日日军攻入城内，李必蕃同日军展开肉搏战，身负重伤，壮烈牺牲；在鲁南，从 4 月中旬到 5 月中旬，中国军队阻击日军第五、第十师团达 1 个月之久；在皖北，5 月 9 日，日军进攻蒙城时，中国军队第一七三师副师长周元率官兵拼死抵抗，日军在飞机、大炮掩护下攻入城内，周元和 2000 名官兵全部壮烈牺牲。尽管中国军队进行了顽强抵抗，但由于日军拥有战车、飞机、大炮等重型武器，装备呈明显优势，徐州地处平原，无险可守。为保存有生力量，避免全军覆没，中国军事当局下令第五战区自 5 月 15 日起，将数十万军队化整为零，分 5 路向豫皖地区突围。5 月 19 日，日军占领徐州。

敌实行追击作战。为阻止日军进占郑州，国民党军事当局决定于 6 月 9 日上午在郑州以北的花园口决堤放水。致使黄河南泛，豫、皖、苏三省 40 余县，700 多万亩平原耕地被淹没，90 万人死亡，600 多万人民挣扎在泽国汪洋之中，并造成了连年灾荒的黄泛区。台儿庄大捷后，“速胜论”在国民党统治区迅速抬头；徐州失陷后，“速胜论”销声匿迹，“亡国论”又迅速泛起。两种论调在全国军民中造成思想上的混乱。

1938 年 5 月 26 日至 6 月 3 日，毛泽东在延安抗日战争研究会上作

《论持久战》的演讲。毛泽东说："中日战争不是任何别的战争，乃是半殖民地半封建的中国和帝国主义的日本之间在二十世纪三十年代进行的一个决死的战争。"毛泽东说，这次战争，中日双方具有以下四个特点：①日本是帝国主义强国，中国是半殖民地半封建的弱国，这是中国抗战不能速胜的基本依据；②日本进行的战争是退步的、野蛮的，中国进行的战争是进步的、正义的；③日本是小国，地小、物少、人少、兵少，中国是大国，地大、物博、人多、兵多；④在国际上，日本失道寡助，中国得道多助。根据以上分析，毛泽东得出结论：中国既不会亡国，也不会速胜；抗日战争是持久的，而最后胜利则属于中国。毛泽东预见抗日战争将出现三个阶段：①敌之战略进攻，我之准备阶段；②敌之战略保守，我之准备反攻阶段；③我之战略反攻，敌之战略退却阶段。他强调指出，要取得抗战胜利，必须把游击战争提到战略高度，广泛开展人民战争。

106. 新四军

红军长征后，留守江西根据地的项英、陈毅突围到了赣粤边的油山地区。他们先后在赣粤边开辟了 5 个游击区，坚持了 3 年残酷的游击战争。西安事变以后，蒋介石实施"北和南剿"的方针，调集了大批国民党军队对南方各省游击队进行了疯狂的进攻，扬言要在 3 个月内消灭南方各省的红军游击队。1937 年卢沟桥事变以后，项英、陈毅通过同情者的手，得到了一些香港出版的新文化书刊。在一本叫《新学社》的进步杂志里，有一篇介绍中国各党派的文章，文章引用了毛泽东在 1937 年 5 月 3 日在延安召开的中国共产党全国代表会议上的报告摘要，获得了中共曾致电国民党三中全会的 4 项条件和国民党三中全会向和平、民主、抗日的方向转变，开始接受抗日民族统一战线政策的信息。与党中央失去联系快3年了，得到党中央和毛泽东的指示决定，陈毅如获珍宝。1937年7月22日，项英亲自起草了谈判条件，8月8日，中共赣粤边特委和赣粤边红军游击队，发表《停止内战，联合抗战》的宣言，要求国民党当局立即停止“围剿”游击区，让红军游击队开赴前线抗日。

1937年9月8日，陈毅到大余县城与国民党县长彭育英谈判。9月下旬，项英前往南昌同国民党江西省政府谈判。他到达南昌后，首先致电毛泽东，恢复了与党中央中断了3年之久的联系，汇报了南方游击区的情况，得到中共中央的指示和《国共合作宣言》《告全党同志书》等重要文件。同时，南方8省大部分游击队从报刊上了解到中共关于国共合作、建立抗日民族统一战线的政策，先后与各地国民党当局开始了实现停战、合作抗日的谈判。南昌谈判达成协议后，项英以中共中央分局的名义，给南方游击队写信，传达党中央关于将游击队改为抗日救国武装的指示，通知各游击队按时集中，听候点编。同时，在南昌的月宫饭店设立“南方红军游击队总接洽处”。八路军总部派顾建业到赣州与项英、陈毅取得了联系。陈毅到南方其他游击区联系游击队集中整训和下山等事宜。杨尚昆等负责集中整训、扩大部队和准备物资，待命开赴抗日前线。10月2日，国共两党谈判达成协议，将江西、福建、湖南、湖北、广东、浙江、安徽、河南等省红军游击队统一整编为抗日部队。这些部队改编为一个军。双方商定，请叶挺出任南方红军游击队改编的军事领导工作。

久享盛誉的北伐名将叶挺，在国共分裂后，参与领导过南昌起义和广州起义。广州起义失败后即隐居澳门、流亡海外。“九一八”事变后，叶挺回到澳门，经常关注着祖国的命运。1933年春，叶挺写信给在上海做党的地下工作的阳翰笙，寻找党的关系。1935年秋，党组织派张云逸前往澳门与叶挺取得正式联系。1937年抗战爆发，叶挺深为民族的存亡忧虑，急切想回到祖国的怀抱。当获知要他出任南方红军游击队整编为抗日队伍后的领导工作时，他欣然表示愿意接受中共的抗日主张和政治领导，并且提议南方游击队改编后的番号叫“新四军”。1937年10月12日，国民党南京政府正式颁布了改编南方八省红军游击队为“国民革命军陆军新编第四军”的命令，任命叶挺为军长，项英为副军长，张云逸为参谋长，周子昆为副参谋长，袁国平为政治部主任，邓子恢为政治部副主任。命令并指示叶挺、项英迅速编组部队，向华中敌后进发。为加强党的领导，中共中央又决定成立中共中央东南分局及中共中央革命军事委员会新四军分会，以项英为分局书记兼军分会书记，陈毅为军分会副书记。

叶挺出任新四军军长后，于11月下旬来到南京八路军办事处，会见了八路军参谋长叶剑英，商谈组建新四军事宜。同年底，转赴延安，向党中央请示新四军的组建工作。在延安，毛泽东亲切会见叶挺，向他详细介绍和分析了国内外形势，解释了中共抗日民族统一战线的政策。毛泽东还陪同叶挺参观了抗大和党校。在党校举行的欢迎大会上，毛泽东致欢迎词说：“我们今天为什么欢迎叶挺军长呢？因为他是大革命时代的北伐名将；因为他愿意担任我们的新四军军长，因为他赞成我党的抗日民族统一战线的政策，所以我们欢迎他。”叶挺在会上表示：“今后一定遵照党所指示的道路走，在党和毛主席的正确领导下，坚持抗战到底！”不久，叶挺从延安来到武汉新四军筹备处。

与此同时，项英在南昌谈判达成协议后，于1937年10月23日到达南京会见博古，11月7日到达陕北延安。12月9日，项英参加了党中央政治局会议，并在会上作了《三年来坚持的游击战争》的报告，详尽地阐述和总结了中央苏区坚持三年游击战争的情况和经验。12月13日，党中央政治局作出了由刘少奇起草的《对于南方游击区工作的决议》，决议指出：“政治局听了项英同志关于南方游击区的报告之后，认为项英同志及南方各游击区的同志在主力红军离开南方后，在极艰苦的条件下，长期坚持了英勇的游击战争，基本上正确的执行了党的路线，完成了党所给予他们的任务，以致能够保存各游击区在今天成为中国人民反日抗战的主要支点，使各游击队成为今天最好的抗日军队之一部。这是中国人民一个极可宝贵的胜利。”决议又指出：“项英同志及南方各游击区主要领导同志，以及在游击区长期艰苦斗争之各同志，他们的长期艰苦斗争精神与坚决解放中国人民的意志，是全党的模范。政治局号召全党同志来学习这些同志的模范。”决议还指出：“现在放在中国共产党面前的任务，是在扩大与巩固以国共两党的合作为基础的抗日民族统一战线，以战胜日寇。政治局相信南方过去各游击区的同志同样能够在中央及中央东南分局的领导下，完成争取中华民族的独立解放的神圣的任务。”会议决定，由项英、曾山、陈毅、方方、涂振农组成中共中央东南分局，项英为书记，领导新四军工作。项英在延安接受了党中央有关改组南方红军游击队为新四军的指示，从延安到达武汉，同叶挺会商新四军的组建事宜。叶、项及其他一些重要干部一起，同各地红军游击队建立了联系，进行了改编的各项准备工作。为了壮大抗日力量，在保证党对军队绝对领导的前提下，他们四处奔走，在南昌、粤东、闽西、广州和香港等地，动员了一些愿意接受中共领导、愿意为抗战事业尽力的国民党军官、无党派军人、医务、文化工作者及其他知识分子，参加新四军的军事部门和技术部门的建设，广泛争取全国同情，扩大革命势力。经过一番艰苦具体的准备，新四军的组建筹备工作结束，从汉口搬到了南昌。叶挺、项英、陈毅、黄道等先后到达南昌，住在西大街民德路口的月宫饭店二楼，负责对外联络和办理新四军成立前的各项重要事宜。

坚持了 3 年游击战争的南方 8 省 14 个地区的红军游击队，除琼崖地区和拒不下山的游击队外，13 个地区的红军游击队，根据中国共产党和国民党达成的协议，长江以南的红军集中于皖南歙县的岩寺，长江以北的红军在湖北黄安县的七里坪和河南确山县的竹沟等地集中，改编为新四军第一、第二、第三、第四支队和军部特务营。这支部队虽然人数不多（近万人），装备很差（3000余支枪，有的还是梭镖、大刀），但大部分是从三年游击战争中保存下来的战斗骨干。

南方8省13个游击区的红军游击队是：

张鼎丞、邓子恢、谭震林、方方等领导的闽西南游击队，约有1200人，500多支枪；叶飞领导的闽东游击队，有920余人，500多支枪；傅秋涛领导的湘鄂赣游击队，有1100人左右，350支枪；黄道领导的闽浙赣游击队，有929人，319支枪，3挺重机枪，3挺轻机枪；粟裕、刘英领导的浙南游击队，有600人，200支枪；钟得胜领导的闽赣游击队，有300人，150支枪；关英等领导的皖浙赣边游击队，有398人，75支枪；谭余保领导的湘赣边游击队有335人，200支枪；项英、陈毅领导的赣粤边游击队和桂东游击队，有450人，215支枪；高敬亭、林维先领导的鄂豫皖游击队有900多人，500余支枪；周骏鸣领导的豫南桐柏山游击队有600人左右；李林等领导的湘南游击队，有两部分300余人。1938年1月6日，新四军军部在南昌市设立，设立在高升巷原北洋军阀张勋“公馆”内。全军统编为四个支队九个团，序列如下：第一支队：司令员陈毅，副司令员傅秋涛，参谋长胡发坚，政治部主任刘炎。下辖第一、第二团：第一团团长傅秋涛（兼），副团长江渭清，参谋长王怀生，政治部主任钟期光；第二团团长张正坤，副团长刘培善，参谋长王必成，政治部主任肖国生。第二支队：司令员张鼎丞，副司令员粟裕，参谋长罗忠毅，政治部主任王集成。下辖第三、四团：第三团团长黄火星，副团长邱金声，参谋长熊梦辉，政治部主任钟国楚；第四团团长卢胜，副团长叶道之，参谋长王胜，政治部主任缪海涛。第三支队：司令员张云逸（兼），副司令员谭震林，参谋长赵凌波，政治部主任胡荣。下辖第五、第六团：第五团团长饶守坤，副团长曾昭铭，参谋长桂蓬州，政治部主任刘文；第六团团长叶飞，副团长吴焜，参谋长黄元炎，政治部主任源英平。第四支队：司令员高敬亭，参谋长林维先，政治部主任肖望东。下辖第七、第八、第九团：

第七团团长曹玉福，副团长杨克志，参谋长林英坚，政治部主任胡继亭；第八团团长周骏鸣，副团长林凯，参谋长赵启民，政治部主任徐祥茅；第九团团长顾士多，副团长高志荣，参谋长唐少田，政治部主任郑重。

1938年2月20日，新四军令江西、浙江、福建、湘南、广东各省游击部队，向岩寺集中（第一、二、三支队），江北鄂豫皖及鄂豫边游击队分别向合肥、舒城、无为地区集中（第四支队）。军部从4月4日离开南昌迁至皖南的岩寺。

根据国共双方达成的协议，新四军在南昌设立办事处，黄道任主任。中共在办事处内秘密设立中共中央东南分局，项英为书记，曾山为副书记兼组织部长，陈丕显为青年部长，陈少敏为妇女部长，温仰春为秘书长。并在吉安、贵溪、瑞金、平江、修水、都昌、袁州、赣州、大余、池江等地相继成立新四军留守处或通讯处。

107. 百团大战

1938年10月21日和25日，日本侵略军相继占领广州和武汉以后，由于中共领导的敌后游击战争的广泛开展，严重地威胁了它的后方，加之它的战线过长，兵力不足，不得不停止对国民党正面战场的战略进攻，回过头来对付中共的敌后战场。自此，中国的抗日战争处于战略相持阶段。

1939年，日军用于进攻敌后抗日根据地的兵力有50万人，占侵华日军的62%，还有几乎全部的伪军。在军事上采取所谓“掏水战术”“牛刀子战术”“囚笼政策”等法西斯新战术，对根据地进行残酷的大“扫荡”。1939年9月，日本侵略军向晋察冀边区发动“秋季扫荡”，根据地军民与日军展开了英勇斗争。9月下旬，八路军一一五师在河北省灵寿县西北的陈庄与日军激战六天五夜，毙伤敌官兵2000余人。11月初，根据地军民又在涞源县以南的岔口、黄土岭一带，击败日军号称精锐的第二混成旅团，毙伤敌军1500多人，敌阿部中将被击毙，这对日本侵略军是一个沉重的打击，日军曰："名将之花，凋谢在太行山上。"到1940年底，晋察冀边区已经发展成为包括晋、察、冀、热、辽5省各一部分的大块抗日根据地，面积达80万平方公里，人口2500万。

日军在华北地区的大"扫荡"，曾一度占领了冀中平原的所有县城。为了保卫冀中抗日根据地，1939年1月，一二〇师在贺龙师长率领下进入冀中，投入战斗。4月，日军3000余人包围了我军住在河间县齐会村的1个营，贺龙立即调集7个团的兵力和地方游击队，进行反包围，经过三天三夜的激战，歼敌大半，树立了平原游击战的榜样。1939年底，一二〇师返回晋西北，经过38天的战斗，粉碎了日军12000余人的春季"扫荡"。到1940年底，晋绥根据地的面积扩大为331万平方公里，人口320余万，成为支持华北抗战和屏障大西北的战略基地。

1939年7月，日军又集中14万人的兵力向八路军总部所在地的晋东南发动进攻。我八路军一二九师在广大人民群众的支持下经过多次激战，歼灭敌人近万人。1940年底，晋冀鲁豫各抗日根据地的总面积为70万平方公里，人口2500多万。1938年10月以后，日军向华中敌后大量增兵，对新四军进行"扫荡"。新四军在日军星罗棋布的据点中，到处神出鬼没地攻击敌人。在两年多对日军的艰苦作战中，解放了江、淮、河、汉之间，包括江苏绝大部分，安徽、湖北的大部分，河南、浙江一部分及湖南一部分的广大国土和人民，建立了淮南、淮中、苏南、苏北、苏中、皖中、鄂豫皖、浙东等抗日根据地，总面积120余万平方公里，人口6000余万。

1939年2月，海南岛被日军占领后，广东中共党组织领导汉、苗、黎各族人民联合抗日，从不到200人的抗日武装很快发展到数千人，创建了琼崖抗日根据地。以后琼崖和东江两个根据地的人民武装合编为华南抗日纵队。

1939 年前后，八路军已发展到 27 万人，新四军达 5 万人。1939 年，八路军前总发布整军训令，要求八路军分别从同年 2 月和 7 月进行第一期和第二期整军。3 月 1 日，已整理了 61 个团，约 20 万人。

1939 年 6 月，中共中央军委、总政治部发布《关于整理与巩固新部队的训令》，要求主力兵团派出得力干部对地方武装进行整理。1940 年 1 月，八路军前总又颁发了 1940 年整军训令，规定在该年分两期（每期 4 个月）再整理 50 个团，以加强党对军队的绝对领导、巩固和扩充部队、提高部队的战斗技术素质和干部的文化水平。1940 年底，经过发展、整训，八路军已有 150 个团，40 万人；新四军 52 个团，10 万人左右。此外，各地尚有数倍、数十倍于此的群众抗日武装、地方部队和自卫军。

1940 年夏，正值日、蒋勾结的顶峰时期，国民党顽固派亦乘机散布“八路军游而不击”的论调。为制止投降危险，表示中国国民党抗战到底的决心，八路军总部决定在华北进行一次规模较大的交通破击战。

1940 年 7 月 22 日，八路军总司令朱德、副总司令彭德怀，副参谋长左权在上报军委的同时，向晋察冀军区、一二〇师、一二九师下达了作战预备命令。规定作战目的是：①彻底破坏正太线若干要隘，消灭部分敌人，拔除若干据点，较长时期中断该线交通，争取华北战局向有利方向发展；②打破敌军西犯西安的企图，振奋抗战军民，影响全国战局，克服投降危险，争取时局好转。破击战的主要目标是正太线，其次是平汉线、平绥线、同蒲线、津浦线的主要公路。开始仅准备投入 22 个团的兵力，后来，由于各根据地自动增加兵力，使参战部队达 100 多个团，近 30 万人。战役分 3 个阶段：8 月 20 日至 9 月 10 日为第一阶段，主要任务是破击交通线。8 月 20 日夜 8 时起，各参战部队按照预定的作战计划，同时展开了破击战。作战一开始，日军的电讯、交通线均被切断，各地日军陷于孤立，整个华北日军陷于一片混乱。

刘伯承、邓小平率领一二九师及其他部队计46个团的兵力破击正太、平汉、德石、同蒲铁路线及其主要公路，重点为正太线的正定至榆次段，经过十余天的激战，此段铁路除阳泉、寿阳等几个大据点未受损失，其余大小据点全部被摧毁。

聂荣臻率领的晋察冀军区40个团的兵力，向正太、北宁、津浦、平汉等铁路发动全面破袭。自8月20日至23日，在民兵、群众的配合下，破坏了正太线东段铁路，攻占了娘子关、井陉等车站，歼灭日军1000余人。尤其是井陉煤矿的毁坏，使日军的损失惨重。自1938年日军攻占井陉后，就将井陉作为日本的重要煤炭基地，专门供应鞍山钢铁厂。

贺龙、关向应率领一二〇师等部队，计22个团的兵力，向同蒲线的阳曲南北段发动破击，铁路遭到严重破坏。

1940年8月31日，彭德怀在向部队下达命令的同时，向中央报告了情况：

贺、关、荣臻、刘、邓诸同志并报毛、朱、王：

此次百团战役胜利中已暴露敌之严重弱点，是兵力不够分配，华北战场上之兵力缺乏，已抽调出去不少，因此引起我们考虑以下问题，彻底毁灭正太路和彻底毁灭全同蒲路之忻县、朔县段，并可引起华北战局某些变化，你们认为可能时请电告并同时准备继续扩大之。

9月10日，第一阶段作战结束，八路军以一部分作战部队转入休整，准备参加第二阶段作战。9月11日，中央书记处发出《中共中央关于军事行动的指示》：

甲、中央七七宣言与七一宣言决定我八路军新四军全部力量在目前加强团结时，应集中其主要注意力打击敌人。应按照华北百团大战役，先向山东及华中组织一次有计划地大规模地进攻行动，在华北则应扩大百团战役的行动，到那些尚未遭受打击的敌人方面去，将以缩小占领区，扩大根据地，打破封锁线，提高战斗力，并在山东与华北方面，继续扩大我军之数量，而给予二百万友军，国民党大后方与敌占区内千千万万人民以良好影响，给予敌人向重庆等地进攻计划以延缓作用。

乙、……击敌，这是目前军事行动的总方针。

丙、……

丁、一切大规模行动，应是更加有计划、有准备的，不应轻率举行……

9月20日，战役第二阶段开始。中心任务是扩大第一阶段之战果，在继续破击交通线的同时，歼灭交通线两侧及深入根据地之敌伪据点。自9月23日至10月4日，一二九师主力攻克榆社县城及榆辽公路沿线各据点；太岳区部队对白晋路北段，同蒲路祁县至霍县段、长冶至潞城段公路进行了破击；冀南部队破击了平汉线之高邑到安阳段的铁路。

晋察冀军区在9月22日攻克涞源与灵丘外围据点10余处；冀中部队除破击沧石、德石段交通外，并对任丘、河间、大城、肃宁地区敌伪军发动攻势，攻克据点20余处。

一二〇师及地方武装9月22日晨对同蒲线忻县至朔县段，展开破击，一度控制了朔县至原平的铁路，同时亦对汾离公路进行破袭。另外一一五师、山东纵队在山东，新四军第四纵队在皖东北，为配合百团大战，也对当面之敌发起破击。

在战役第二阶段，因敌增强了各交通沿线的守备兵力，并调集部队企图包围我军，所以我军进展比较困难。同时，我军以主力去攻打一些深入根据地内、设防又比较坚固的敌据点，这样，打了一些得不偿失的攻坚战，给根据地带来一些破坏，也使我军受到一定的伤亡。

从 10 月 6 日至 12 月 5 日，华北日军对抗日根据地进行反扑，发动报复性的“扫荡”作战。于是，百团大战进入第三阶段，即反“扫荡”作战阶段。

10 月 6 日至 11 月底，敌对晋东南根据地进行了四次“扫荡”，一二九师各部在反“扫荡”中作战 200 多次，消灭敌伪军 2800 人。

11 月，敌伪军 1 万余人对晋察冀根据地北岳区进行大“扫荡”，下旬敌占领阜平。在我军民的反击下，1941 年 1 月初，我收复阜平，反“扫荡”结束。此次反“扫荡”中，晋察冀各部队共作战 442 次，毙伤日伪军 6000 余人。

敌对晋东南的“扫荡”告一段落后，从 12 月 10 日起，集中日伪军 2 万人以兴县、临县地区及岢岚、静乐以南地区为重点，分 31 路，先后向离石、汾阳、文水、交城、岚县、静乐等 20 余地，对晋西北全区进行疯狂“扫荡”。企图围歼八路军主力，合击中共领导机关。八路军主动转移，敌军连连扑空。1941 年 1 月 15 日，反“扫荡”结束。晋西北我军作战 217 次，毙伤日伪军 2500 余人，并收复了“扫荡”初期被敌侵占的全部城镇。

日军在“扫荡”中，推行野蛮的“三光”政策，杀人、放火、奸淫掳掠，仅太岳区沁源一县，群众被杀者达 5000 余人，牲畜损失近万头，大部房屋被烧毁，不少村庄完全毁灭。

百团大战历时 3 个半月（至 12 月 5 日），我军总计进行了 1824 次战斗，毙伤日军 20645 人、伪军 5155 人，俘虏日军 281 人、伪军 18407 人，拔除敌伪据点 2993 个，缴获步马枪 5400 余支、轻重机枪 200 余挺，缴获各种车辆 2280 辆，破坏铁路 948 里、公路 3000 余里，毁坏桥梁、车站、隧道 260 余处，毁坏煤矿 5 座，割走电线 85 万斤。同时出现抗日以来日军缴械投降的情况，前后多起，共47人。

日军撤掉了打了败仗的指挥官多田骏，换上了冈村宁次。日军一位众议员在《改造》杂志上谈道："中日战争迅速解决是不可能的，……依靠我们的军队来消灭共产党的力量，必须依靠百年战争才能解决。"

12月12日，中央打电报：德怀同志：百团大战对外不要宣告结束，蒋介石正发动反共新高潮，我们当须利用百团大战的声势去反对他。22日，毛泽东、朱德、王稼祥来电嘉奖：百团大战实在振奋人心，可否再组织一两次那样的战役。时任国民党第一战区司令官卫立煌说："百团大战不惟于敌寇以致命打击，且予友军以精神上之鼓舞。"由于百团大战在国民党的军政界引起了震动，在国民党统治区成了轰动一时的头条新闻，蒋介石也发了"嘉奖令"。在这次大战中，八路军出动105个团，20多万兵力。据不完全统计，八路军阵亡5000多人，负伤11000多人，失去联系者300多人，中毒者200多人。同时，过早地暴露了中共军队的攻击力量，日军因此从华东、华中调回了2个师团的兵力，近百万的日军面对华北战场。日军并自此改变了以前对八路军抗日根据地采用的以政治进攻为主、军事进攻为辅的策略，给抗日根据地增加了困难。

解放区军民经过在敌后英勇奋战，壮大了自己，扩大了解放区。晋察冀边区自1938年1月至1940年7月，由39个县增加到75个县；晋绥解放军区亦向绥远、察哈尔扩大范围；至1940年底，晋冀鲁豫解放区已扩大到西起同蒲线，东至津浦线，南临黄河，北迄石太线、石德线的广大地区，正规军发展到10万人，边区人口2000万；八路军一一五师进入山东后，山东根据地得到迅猛发展，到1940年底，在95个县建立了抗日民主政权，人民武装达12万余人；在华中，到1940年底，新四军发展到10万人，抗日根据地已遍布到长江两岸的广大地区总人口达到1300万，尤其是苏北抗日根据地的开辟，将华中、华北解放区连成一片；在华南，中共在广州周围和海南岛发动群众，开展游击战争，亦建立了根据地。总之，到1940年，中共领导的各抗日武装由1938年的18万余人增加到50万人，抗日根据地人口（包括游击区）达1亿。

108. 大生产运动

自1941年以后，华北地区连年遭到严重的水、旱、蝗灾，群众生活困难，部队、机关供给不足，有的地区甚至没有粮食吃、没有衣服穿。毛泽东曾这样描述困难的情景："我们曾经弄到几乎没有衣穿，没有油吃，没有纸，没有菜，战士没有鞋袜，工作人员在冬天没被盖。国民党用停发经费和经济封锁来对待我们，企图把我们困死，我们的困难真是大极了。"毛泽东说：有个南汉宸，过去他是杨虎城的朋友、秘书长，现在是我们边区政府财政厅长，昨天，他提醒我说，库存现金仅仅余下5元，而且是他自己印的伍角流通券10张；日本帝国主义要消灭我们，蒋委员长要困死我们，我们只得靠自己，发展生产，丰衣足食；我们发行流通券对外宣布是便于找零，实际上是为了弥补收支的赤字。

中共中央号召全体军民，贯彻抗日根据地的10大政策：对敌斗争、精兵简政、统一领导、拥政爱民、发展生产、整顿三风、审查干部、时事教育、三三制、减租减息。开展生产自救，咬紧牙关，渡过最困难的时期，迎接抗日战争的伟大胜利。中共中央和毛泽东制定了"发展经济，保障供给"的方针，提出了"自己动手，丰衣足食"的号召，领导解放区军民开展了轰轰烈烈的大生产运动。早在1938年8月，延安留守兵团贯彻毛泽东"开展部队生产运动"的号召，展开了以开荒、种菜、养猪和各种手工作坊的生产运动。1939年共开荒25136亩，收粮食2590石；1940年开荒20679亩，收粮食2400石。

1941年，中共中央所在地的陕甘宁边区首先掀起了大生产运动，毛泽东、朱德等中央领导身体力行。王震率八路军三五九旅驻屯延安县南泥湾地区，这里荒无人烟，杂草丛生，全旅指战员经过两年奋战，至1942年，全旅种地近2.7万亩，粮食产量达3000余石，基本上达到自给自足。

1943年，陕甘宁边区开荒面积达77万亩。工业方面，已能自己造纸、炼铁、炼油、修造小型机器、制造军需品等。

晋绥边区，1941年，区党委和行署决定将发展生产、加快经济建设作为中心任务之一，全区范围开展大生产运动。到1942年，全区开荒60万亩，粮食生产大幅度增长。本区并极为重视工业建设，相继建立了炼铁、化学、被服、印刷、制药、纺织、煤炭等工业。八路军一二〇师亦积极参加大生产运动，1941年开荒6万亩，1942年生产总值达2000万元。

晋察冀边区，在生产运动中，边区党委和政府实行拨工互助、牲口贷款政策，解决了劳力和畜力缺少问题，提高劳动效率1倍多。在游击区，实行劳武结合，在军队保卫下进行抢耕、抢种、抢收。促进了边区的经济恢复与发展。

晋冀鲁豫边区，至1942年开垦荒地40万亩、水田6万亩。到1943年，平均每人种地3亩，粮食自给率达25%。边区还自己建有小型工厂，能自己采煤、炼铁和制造各种日用品。其中纺织业最著名，生产的毛巾、毛毯除自给外，还远销大后方。至1943年，边区经济已全面好转。

山东军区，1943年生产节约总值达4700万元，军队经费自给率过50%。山东人民踊跃纳公粮。储备了大量的粮、油、棉、盐等物资。

华中根据地，于1942年开展以改善生活为主的大生产运动，1943年发展以自给为目的的大生产运动。他们兴修水利，扩大灌溉面积120万亩，还自己制造纺车、布机，生产布匹。淮南军区1943年生产粮食3万石，还种植了棉、麻、烟等经济作物。1944年，新四军直属部队生产总值达1500万元以上。

109. 三三制

1940年3月6日，毛泽东为中共中央起草了对党内的指示——《抗日根据地的政权问题》，指出："在抗日时期，我们所建立的政权的性质，是民族统一战线的。这种政权，是一切赞成抗日又赞成民主的人民政权，是几个革命阶级联合起来对于汉奸和反动派的民主专政。……根据抗日民主统一战线政权的原则，在人员分配上，应规定为共产党员占三分之一，非党的左派进步分子占三分之一，不左不右的中间派占三分之一。……必须使党外进步分子占三分之一，因为他们联系着广大的小资产阶级的群众。……给中间派以三分之一的位置，目的在于争取中等资产阶级和开明绅士"。上述"三三制"的目的是保证在共产党领导的前提下把根据地政权建设成为真正的包括一切抗日爱国阶层的统一战线政权，防止少数党员包办代替。

1941年1月，陕甘宁边区筹备召开第二届参议会。陕甘宁边区第一届参议会于1939年1月17日至2月4日在延安召开，到会议员146名。毛泽东、洛甫、陈云、王稼祥等出席了开幕式并作了讲演。大会听取了林伯渠的政府工作报告；讨论通过了《陕甘宁边区抗战时期施政纲领》及其他单行法规；选举高岗为议长，张邦英为副议长，林伯渠为边区政府主席，高自立为副主席。全面实施"三三制"的政权建设。中共陕甘宁边区中央局起草了《陕甘宁边区施政纲领》，经党中央和毛泽东研究修改后，于1941年5月1日发布，这就是著名的"五一施政纲领"。这个纲领的基本精神是"团结、抗日、救国"。具体内容包括：边区境内各社会阶级、抗日党派，共同团结抗日；坚持与边区境外之友党友军团结抗日；提高边区武装部队的战斗力和做好优抗工作；实行“三三”制，共产党员同非党人士团结合作；保证人民民主和自由；改进司法制度，厉行廉洁政治；发展工农业生产，实行减租减息，改善劳资关系，实行合理的税收制度；普及国民教育，发展文化事业，保障人民健康；男女平等，保护妇女和儿童；坚持民族平等；保障外侨和外国人的利益；给社会游民以平等的权利；优待敌伪俘虏等等。这个纲领是新民主主义政治、经济、文化的具体化。

2月，陕甘宁边区政府根据党中央实行“三三制”的决定，在边区进行广泛深入的普选教育，动员全区人民不受财产、性别、职业、民族、文化等限制，以普遍、直接、平等和无记名投票方式进行选举。全区80%以上选民参加了投票。同年7月，完成了普选。产生了县以下各级参政会及政府机关。在这次选举中，有一批开明士绅当上了边区参议员，如米脂的士绅李鼎铭、贺连城，绥德的地主士绅安文钦、霍子东等。当选的参议员中还有少数民族人士马生福阿訇（回族）、鲜维俊（回族）、那素滴勒盖（蒙古族）、国际友人申健（日本）、武亭（朝鲜）、阿里阿罕（印尼）、巴素华（印度）等。

1941年11月6日至21日，陕甘宁边区第二届参议会在延安新的参议会大礼堂隆重举行。到会参议员219名（其中18名为候补委员）。大会开幕那天，毛泽东、朱德等中央领导参加会议。晋西北行署主任续范亭，晋冀豫、胶东、鲁西、华中、苏北等敌后抗日根据地派代表参加了会议。国民党驻第十八集团军高级联络参谋陈宏谟、周励武、郭亚生等也出席了会议的开幕典礼。毛泽东在开幕典礼上作了重要讲话：“参议会的目的，只有一个，就是要打倒日本帝国主义，建设新民主主义的中国。……国事是国家的公事，不是一党一派的私事。因此，共产党员只有对党外人士实行民主合作的义务，而无排斥别人、垄断一切的权利。共产党是为民族、为人们谋利益的政党，它本身决无私利可图。它应该受人民的监督，而决不应该违背人民的意旨。”

“三三制”原则提出后，许多干部思想不通，担心会削弱共产党的领导，担心会失去流血牺牲闹革命，打土豪、分田地建立的政权。毛泽东认为有必要做一些说服工作。11月6日，陕甘宁边区第二届参议会开幕，通过施政纲领是这次会议的重要议题。毛泽东在开幕式上有针对性地阐述了陕甘宁边区施政纲领的原则和意义。他说：“中国共产党提出的各项政策，都是为着团结一切抗日的人民，顾及一切抗日的阶级，而特别是顾及农民、城市小资产阶级以及其他中间阶级的。共产党提出的使各界人民都有说话机会、都有事做、都有饭吃的政策，是真正的革命三民主义的政策。……这样的政策我们叫作新民主主义的政策。这是真正适合现在中国国情的政策。”为什么要实行这样的政策？毛泽东说：“中国社会是一个两头小中间大的社会，无产阶级和地主大资产阶级都只占少数，最广大的人民是农民、城市小资产阶级以及其他的中间阶级。任何政党的政策如果不顾到这些阶级的利益，如果这些阶级的人们不得其所，如果这些阶级的人们没有说话的权利，要想把国事弄好是不可能的。”“三三制”的实行，使边区新民主主义的政权建设发展到一个新阶段，成为全国最进步的地方。毛泽东说：“这里一没有贪官污吏，二没有土豪劣绅，三没有赌博，四没有娼妓，五没有小老婆，六没有叫花子，七没有结党营私之徒，八没有萎靡不振之气，九没有人吃摩擦饭，十没有人发国难财。”毛泽东自豪地说：现在全国要办新民主主义，有没有一个样子呢？我讲已经有了，陕甘宁边区就是模范。

110. 精兵简政

陕甘宁边区有人口150万，而部队、机关、学校却有10万人，群众负担过重。在边区第二届参议会上，党外人士李鼎铭先生提出“精兵简政”的议案。这一提案，立即受到党中央和毛泽东的重视，毛泽东把这一提案一字一句地记在笔记本上，还加了一段批语：“这个办法很好，恰恰是改进我们机关主义、官僚主义、形式主义的对症药。”

1941 年 12 月初，党中央向各抗日根据地发出“精兵简政”的指示。1942 年 9 月 7 日，毛泽东为延安《解放日报》写了《一个极其重要的政策》的社论，论述了精兵简政的重大意义。同年 12 月，毛泽东在陕甘宁边区高级干部会上，进一步指出：“这一次精兵简政，必须是严格的、彻底的、普遍的，而不是敷衍的、不痛不痒的、局部的。在这次精兵简政中，必须达到精简、统一、效能、节约和反官僚主义五项目的。”政治局于 1943 年 3 月 20 日通过了《中央关于中央机构调整及精简的决定》，指出：调整和精简的目的，“在于使中央机构更加简便与灵活，使事权更加统一与集中，以达到更能增加中央的领导效能”。1943 年 10 月 1 日，毛泽东在为中共中央起草的《中共中央政治局关于减租生产、拥政爱民及宣传十大政策的指示》中将“精兵简政”列为十大政策的第二项内容，指示各根据地认真贯彻执行。各抗日根据地的精兵简政从 1941 年开始，至 1943 年底基本结束。陕甘宁边区是党中央的所在地，这里率先响应了党的号召，边区政府委员会通过了《陕甘宁边区简政实施纲要》，边区各厅、处、院裁并了 1/4，边区政府直属机关从 35 个减为 22 个。边区政府建立了合署办公制度，各厅、局由 700 来人减为 280 人。边区还减少了 13000 多人的经费、粮食预算。

在晋冀鲁豫边区，八路军总部经过缩编，只留下原有人员的 4%，其余 96% 的人员有的充实到基层，有的送院校学习提高与深造，老弱病残者转到生产战线及地方机关去工作，还抽出一部分干部带枪支弹药支援地方军和民兵。边区政府机关亦精简人员 48%，节省经费 46%。毛泽东赞扬晋冀鲁豫边区是“精兵简政的模范”。晋察冀边区政府精简 50%。晋绥根据地党、政、军、民、学精简后，脱产人员由 57000 人减少为 35000 人。山东根据地自 1942 年至 1943 年共精简了万余人，占原有脱产人员的

27%。精兵简政显示出来的作用：①消费性开支减少，人民负担得以减轻，如陕甘宁边区在精简的第一年群众缴纳的公粮就减轻 20%；②干部深入基层，使基层政权日臻巩固，对敌斗争水平提高；③加强了中共的集中统一的领导；④密切了党、政、军、民之间的关系。

111. 减租减息

中国农村长期存在着十分落后的封建租佃关系，一般地租占到土地产量的 50% 左右。高利贷的重利盘剥更甚。国民党政府曾以法律形式限租，规定租额为土地总产量的 37.5%，但从来没有实行过。

1941 年以前，各抗日根据地已领导农民进行了部分减租减息。1942 年 1 月 28 日，中共中央政治局通过并公布了《关于抗日根据地土地政策的决定》以及 3 个附件；2 月 6 日，又向党内发出《中央关于如何执行土地政策决定的指示》，总结了抗战以来根据地减租减息的经验和问题，详尽地规定了减租减息的各项具体政策。原则是，提高农民抗日与生产积极性；交租交息以联合地主阶级抗日；奖励资本主义生产以联合生产阶级。具体规定：一方面地主、债主必须适当的减租减息，地租实行二五减租，即减租 25%（在游击地区及敌占区点线附近可只减 20%、15% 或 10%）；利息实行分半减息，即年息 1.5%，保证农民有饭吃，对抗战前的借贷关系应以 1 分计息，如付息已超过原本 1 倍者，停利还本，如超过原来 2 倍者，本利俱停。另一方面，地主、债主仍享有土地所有权，农民要向地主、债主缴租缴息，保证地主、债主有一定的利益。这样，调节和缓和了农民和地主的矛盾，调动了农村各阶级、各阶层的抗日积极性。根据中共中央的决定，1943 年前后，各抗日根据地在广泛动员群众的基础上深入普遍的展开减租减息运动。陕甘宁边区是土地革命战争中创立的根据地，在部分地区，土地问题已基本解决。抗战开始，停止了没收地主土地的政策，在不变动已分配土地的原则下，由政府分配给地主和农民同等数量的土地。未分配土地的地区，进行减租减息。至 1945 年，耕地面积增长（较抗战前）79.4%，达到 1520 万余亩，植棉面积较 1932 年增长了 270.6%，牲畜较抗战前增长 200%—300%。

华北的减租减息一般经过了两个阶段：第一阶段是抗战初期，为动员群众抗战，主要是反贪污、摊派，实行合理负担，动员各个爱国阶层，有钱出钱，有力出力，到 1940 年前后，才在一些根据地颁布了土地法令，进行减租减息；第二阶段从 1942 年开始，在抗日民主政府的领导下，动员群众向封建地主进行说理斗争，根据党的政策和各地区不同情况，妥善处理各种复杂的租佃关系。

华中根据地在 1942 年以后，亦根据中心区、边缘区和游击区等不同情况，采取不同的方法进行减租减息。减租减息运动使农村的土地关系和阶级结构发生了巨大变化：大多数雇农、贫农上升为贫农、中农，多数的贫农、中农上升为中农以及新富农，削弱了地主和旧式富农。减租减息是一场非常重要、复杂、政策性很强的反封建斗争，它一面必须反对不发动农民、只靠政府法令的右倾恩赐观点；同时也要反对不顾抗日战争的具体环境，照搬苏区土地革命政策的冒险倾向。

112. 毛泽民烈士

1936 年初，毛泽民任中华工农民主政府国民经济部部长，下辖农牧、工矿、财务等科和一个运输队，主要任务是发展经济、保障供给、支援前线。毛泽民注意发展根据地的工农业生产，在他的倡导下，兴办了一些作坊和合作社、收购店。发动男女老少纺纱、烧木炭、打铁、做木工。开展植树造林，试种水稻，大搞养猪、牛、羊等生产活动。

1936年秋天，国际工人阶级为支援中国革命，筹集了一大笔款子，由法国汇到上海。中央派毛泽民负责取钱。1937年4月，毛泽民和钱之光等4人化装去上海，通过上海地下党，将这笔外汇分批兑换成法币，藏在特制皮箱的夹层里，由几个人装扮成大商人，辗转数千里，将款运到西安。再由八路军驻西安办事处负责人林伯渠和叶剑英等亲自解送、掩护下，使这笔巨款安全运抵延安。

1937年冬天，毛泽民支气管炎日益严重，党中央决定派他到苏联治疗休养。1938年初，他行至新疆，遇新疆与苏联交界处发生鼠疫，交通中断，他便留在迪化（乌鲁木齐）八路军驻新疆办事处暂住。新疆军阀盛世才为了巩固自己的统治地位，打出“亲苏拥共”的旗号，多次要求中国共产党派干部去新疆工作，并特别要求中共派一名财经能手到新疆理财。中共为团结一切力量共同抗日，并保证西北国际交通运输线的安全，从1937年起，陆续派遣100多名干部到新疆工作。党中央鉴于毛泽民已到迪化，遂决定将毛泽民留在新疆理财。毛泽民化名周彬，出任新疆省政府财政厅副厅长、代理厅长职务。

毛泽民上任后，首先整顿财政机构，培训财政干部。1938年4月18日，他向党中央写了《关于新疆财经情况和我的工作情况与计划的报告》，并请求中央给他10个干部。党中央同意了他的工作计划，满足了他的请求。

为了制止通货膨胀，稳定物价，改善各族人民的生活。毛泽民说服盛世才，决定进行币制改革，废除以两为单位的旧银票，改以元为单位的新币，并严格控制新币的发行数量。为了增加黄金储备，充实新币基金，保证新币的稳定和经济建设，毛泽民在迪化成立了金矿局，在伊犁、阿山成立了金矿分局。

毛泽民参照陕甘宁边区政府有关财经方面的规章制度。结合新疆的实际情况，制定了财政、银行、金库等方面切实可行的各种规章制度以及公务人员奖惩条例，堵塞了漏洞，一改过去混乱的局面，使新疆财经工作面貌一新。为了防止以盛世才为首的新疆军阀、官僚、地主们继续横征暴敛、贪污浪费，争取尽快达到财政收支平衡。毛泽民领导财政厅编制了收支总预算，制定了 3 年建设计划和财经制度条例。为控制预算外开支，平衡预算，新疆遂成立了财经委员会，毛泽民为主任。

在整顿财政中，毛泽民还提出税制改革。在农牧业税方面，毛泽民提出要按养羊的多寡来计税。在商业税方面，毛泽民主张对行商和坐商按资金和利润多少都要征税。盛世才等人竭力反对。经过艰苦的努力，毛泽民的办法得以通过，这在一定程度上减轻了劳动人民的负担。

毛泽民为了发展农牧业，规定省银行和各地分行每年都要给贫苦的牧民发放贷款、贷种子、贷耕马等。同时亦大力支持工业、文教、卫生、交通、市政建设等项事业。

为了筹集建设基金，扩大银行资本，使银行在扶助农牧工商业的发展，调剂金融，稳定物价，反对高利贷剥削和改善人民生活等方面，发挥大的作用。毛泽民将新疆省立银行改组为官商合办的商业银行。商业银行于 1939 年 1 月 1 日正式成立，毛泽民任理事会的理事长。

毛泽民坚持财政制度的措施，严重触犯了盛世才等人的利益。1941 年 7 月 30 日，盛世才以毛泽民（周彬）有病，不宜担任繁重工作为名，调任毛泽民为民政厅长。毛泽民的行动亦受到监视。1942 年 8 月，蒋介石派宋美龄等来迪化与盛世才谈判，盛世才撕下“亲苏拥共”的假面具，与蒋介石达成了反共协议。

1942 年 9 月 17 日下午，盛世才派全副武装的军警特务，将陈潭秋、毛泽民的住所包围，接着又将中共驻新疆全部人员逮捕软禁。毛泽民满腔怒火，当众将特务头子、警务处长李英奇痛骂一顿。李打电话向盛世才请示。毛泽民抢过话筒，斥责盛世才，盛世才企图掩盖自己的罪行，毛泽民愤怒地将电话机砸烂。

1943 年 2 月 7 日，盛世才将这些共产党人投入监狱。自 4 月 10 日，开始对毛泽民进行审讯，动用了“抽皮鞭”“坐飞机”“坐老虎凳”等酷刑。

1943 年 9 月 27 日深夜，李英奇等刽子手拿着盛世才“秘密处决”的手令，将毛泽民、陈潭秋、林基路等中共人员从牢房中唤出，先用大棒将他们击昏，然后用绳子勒死，装进麻袋，埋在山坡上。3 天后，又将尸体挖出，拍下照片送给宋美龄。

113. 日本偷袭珍珠港

德、意、日三国条约订立后，日、美矛盾急剧恶化。1940 年 9 月 23 日，日军武力侵占印度支那北部，26 日，美国宣布对日全面禁运废铁及钢铁，这是前所未有的制裁措施。

1940 年 12 月 2 日，美国政府应中国政府要求，同意向中国政府提供 1 亿美元借款：以 5000 万元作为在美购买物资；以 5000 万元作为平准基金借款，稳定法币。10 日，英国政府也宣布给中国 1000 万英镑贷款。29 日，美国总统罗斯福发表“炉边谈话”，宣告中、美、英三国命运有密切关系，美国是民主国家的“兵工厂”，并以大批军需物资援助中国。1941 年 1 月 6 日，罗斯福向美国国会提出，要求给予他充分的生产额外武器及多种军用物资的权利和经费，以便支持那些正在同侵略国进行作战的国家，即所谓《武器租借法案》。这时，美国已经有越来越多的人，日益认识到日本的威胁和绥靖政策的危险。美国驻日大使格鲁说："正在往战争道路上走的是日本，不是我们……那些建议实行绥靖政策的美国人，要是能看看日本要人在最近日本杂志上发表的反映他们的真实欲望和意图的文章，哪怕是略看几篇，这些爱好和平的同胞也会明白，绥靖政策是一条死路。"

3月12日，美国国会批准了罗斯福提出的法案。根据这个法案，美国政府进一步加强了对中国的军事援助。同年8月1日，由美国退役上尉陈纳德率领的美国志愿航空队在中缅边界成立，12月下旬来华作战。在经济上，美国也开始了对日本的制裁。随着日本进驻越南南方和进一步向东南亚的扩张，1941年4月，美、英、荷在新加坡召开军事参谋会议，讨论联合对日作战问题。7月25日，美国宣布冻结全部日本在美国的资产。接着，英国、荷兰也采取了同样措施。8月1日，美国对日本实行汽油禁运。同时，罗斯福与丘吉尔在大西洋上的阿金夏湾举行会谈，关于远东局势是其主题之一。英国要求由美、英、荷等国联合发表一项明确警告声明，约束日本南进。美国表示，如果日本进一步向西南太平洋推进，它将被迫采取对应措施，即使因而引起美、日之间的战争也在所不顾。但罗斯福提议，把警告的调子放低一些，并附带一个与日本谈判的建议。8月14日，美、英两国在召开大西洋会议后，联合发表了《罗斯福丘吉尔联合宣言》（"大西洋宪章"），提出尊重各民族自由意志及解除侵略国武装等八项原则。但，日、美没有放弃继续通过谈判，调整两国关系的企图。1941年1月，日本政府派遣海军大将野村为驻美国大使。3月8日，美国国务卿赫尔与野村开始接触，并由两方人员拟定了《日美谅解案》。关于中国问题，该"谅解案"规定，美国政府将据以向中华民国政府提出和平劝告：①中国独立；②根据日、中间即将成立的协议，日本军自中国领土撤退；③中国领土不被兼并；④无赔偿；⑤恢复门户开放，但其解释与运用，于将来适当时期，由日、美两国协议之；⑥蒋政权与汪政权合并；⑦日本对中国大量的、集体的移民应加以自制。⑧承认"满洲国"。4月16

日，双方正式谈判，赫尔向野村提出四项原则，作为会谈的前提：①对一切国家领土完整和主权的尊重原则；②维护对别国国内问题不加干涉的原则；③维护包括通商方面机会均等在内的平等原则；④除以和平手段变更现状外，不得扰乱太平洋现状的原则。如日本承认此四项原则，即可将上述《日美谅解案》，作为日美谈判的基础。一贯主张对美强硬的日本松冈外相及陆军军部反对《日美谅解案》，坚持利用三国同盟牵制美国，阻止美国参加欧洲战争和干预中日战争。6月21日，美国提出《第二次日美谅解案》，对日本要求保持在中国之部分驻兵权表示反对。由于日本统治集团内部在对美政策上的严重分歧，7月18日，近卫内阁总辞职。近卫首相第三次组阁，丰田代替松冈出任外相。在美国冻结日本资产及进行石油禁运后，日本受到巨大压力，开始对美国让步。8月5日，日本向美国提出《局部解决案》，表明日本在西南太平洋地区，没有进驻法属印度支那的企图，在中日战争结束后，立即由当地撤退；日本保障菲律宾中立；要求美国立即采取措施恢复正常通商关系，并充当日中直接协商的桥梁。日本近卫首相要求与罗斯福进行直接会谈。因日本政府未就在中国驻兵、撤兵、国际贸易机会均等及三国条约等问题作出明确答复和切实保证，美国政府不愿只作中日交涉的桥梁，因而拒绝了日本的要求。

9月4日，日本丰田外相再次向美国大使格鲁提出日美首脑会谈提案：三国条约以日本的解释、运用；正常关系恢复后，根据日中两国协定，早日撤退日本军队；美国的公正经济活动不受限制；恢复日美通商，撤销资产冻结；停止美国对中国的援助及其在远东、南太平洋的军事措施；等等。9月6日，日本御前会议通过《帝国国策实施纲要》，决心一面谈判，一面加紧备战，以10月上旬为期限，完成对美作战的一切准备。如至期仍达不到外交谈判的要求，立即与英、美、荷开战。10月2日，美国发表声明，又一次拒绝首脑会谈。10月16日，日本近卫内阁对美政策及在和战问题上内部意见分歧而倒台。18日东条英机内阁上台。东条英机内阁在加紧对美作战准备的同时，派驻德国大使来栖到美国活动，迷惑美国，争取作战准备时间。20 日，日本政府提出所谓会谈“新”建议，继续要求美国承担原有对日本的义务，而日本在日中议和前，在行动上不受约束。美国拒绝了日本这个建议。11 月 26 日，美国赫尔国务卿向日本大使送来了一份“备忘录”，要求日本政府：①无条件承认赫尔四原则；②从中国及法属印度支那全面撤兵；③不承认南京“国民政府”及“满洲国”；④废除“三国同盟”。1941 年 12 月 7 日，日军突然对太平洋夏威夷瓦胡岛上的珍珠港（美军海军基地）发动大规模军事进攻。日军偷袭珍珠港使美国受到巨大损失。与此同时，准备攻占新加坡的日军，也在马来半岛登陆，对英军发动进攻。12 月 8 日，日本公布了对英、美宣战的天皇诏书，接着，德国也对美国宣战。同日，英美两国宣布对日战争状态。13 日，日军第三十八师团占领九龙半岛，25 日，攻占香港，当地英军全部投降。

太平洋战争的爆发，使第二次世界大战的局势，尤其是东方战局发生了深刻的变化。日、德、意法西斯侵略集团已将全世界几乎所有地区和国家拖入了战争状态，它也宣告了西方帝国主义绥靖政策的彻底破产，把美国从“孤立主义”的迷梦中解脱出来。

毛泽东在抗战初期曾作过这样的设想：“我之包围好似如来佛的手掌，它将化成一座横亘宇宙的五行山，把这几个新式孙悟空——法西斯侵略主义者，最后压倒在山底下，永世也不得翻身。如果我能在外交上建立太平洋反日阵线，把中国作为一个战略单位，又把苏联及可能的国家也各作为一个战略单位，又把日本人民运动也作为一个战略单位，形成一个使法西斯孙悟空无处逃跑的天罗地网，那就是敌人灭亡之时了。……这丝毫也不是笑话，而是战争的必然的趋势。”

114. 打算访问美国

太平洋战争爆发以来，美国驻华官员约翰·戴维斯、约翰·斯图尔特·谢伟思多次建议美国政府派人到中共领导的抗日根据地考察。这些提议最初没有受到美国政府的重视。随着国民党战场的严重失利和共产党领导的敌后游击战争的迅猛发展，美国政府开始考虑同中共军队合作的问题。

1944 年 2、3 月间，罗斯福通知蒋介石，为了搜集日本在华北、东北的情报和研究将来在中国大陆作战的各种可能，准备向延安派出一个军事考察团。蒋介石一直以种种附加条件来进行阻挠和拖延。到 6 月间，豫湘桂大溃退已经开始，美国派副总统华莱士到中国。6 月 21 日，在华莱士与蒋介石首次会谈时，他告诉蒋介石："罗斯福总统认为，共产党和国民党的党员终究都是中国人，他们基本上是朋友，'朋友之间总有商量的余地'"，"如果双方不能够一致，他们可以'找一个朋友'，并且表示他可能充当那个朋友。"美国急于利用本身的影响促成国共谅解，目的是为了好让中共的力量"充分发挥用途"，以挽救国民党的军事危机。同时，美国还希望利用中国共产党的军队和根据地配合美军对日作战。在会谈中，蒋介石不同意改善国共两党的关系，也反对美国与中共采取任何联合行动。蒋介石还要求将史迪威和美国驻华大使高斯调回国。在会谈中，华莱士一再说明罗斯福、马歇尔、史汀生都希望美国军事观察团早日到延安去，蒋介石才被迫允许美军以观察组的名义去延安。

华莱士回到美国后，向罗斯福汇报了中国之行，他提出，蒋介石政府是"一个由地主、军阀和银行家支持的落后无知的政府"，"广大民众普遍不喜欢国民党政府”。但华莱士又认为，现今中国还没有人有足够的力量来取代蒋介石，他提议由魏德迈将军换回史迪威，“影响”蒋介石采取进步政策。他说，美国“除支持蒋介石以外，好像也没有别的办法”。

对美军观察组要来延安的事情，毛泽东非常重视。6 月 28 日，毛泽东致电在重庆的林伯渠、董必武：“美军事人员来延，请你们代表我及朱、周表示欢迎，飞机场即日开始准备，来延日期请先告。”第二天，毛泽东主持中共六届七中全会主席团会议，讨论美军观察组来延安的问题。会议决定：对美方表明，我们现在需要合作抗战；抗战胜利后需要和平建国，民主统一。在交涉中以老实为原则，我们能办到的就说能办到，办不到的就说办不到。会议还决定，由毛泽东、朱德、周恩来、彭德怀、林彪、叶剑英出面接待。7 月 4 日，为庆祝美国独立 168 周年，毛泽东同朱德设宴招待在延安的美国侨民和中外记者团。宴会后，延安各界在王家坪大礼堂举行庆祝晚会。毛泽东出席。同日，毛泽东为准备和安排美军观察组飞机在延安降落的问题，致电林伯渠、董必武，告知飞机在延安机场降落时应注意的事项，包括雨季飞机不能超过的重量，跑道的长度、宽度和降落方向，机场标记等。7 月 22 日，毛泽东为中共中央起草致各战略部区电，要求调查并电告天主教、耶稣教的教徒在抗日根据地及游击区分布的情况，以及他们在抗战中的表现和对中共的态度等，指出：“据云，单是天主教全国有教徒四百万，华北有一百五十万，绥远有二十二万。这是一个大问题，日本人及国民党均在争取教民，必须引起我党注意，争取教民是我党不可疏忽的任务。”

7 月 22 日，美军中缅印战区驻延安观察组（代号“迪克西使团”）第一批成员在组长包瑞德上校的率领下乘美国军用飞机到达延安，周恩来、叶剑英等到机场迎接。第二批人员于 8 月 7 日到达延安。观察组由美军中缅作战司令部（史迪威将军总部）和驻华使馆的军官、专家组成，一行 18 人，组长是史迪威将军的顾问戴维·包瑞德上校，政治顾问是驻华使馆二等秘书雷蒙特·卢登和约翰·谢伟思。毛泽东、朱德、林伯渠等设宴招待。8月15日，《解放日报》发表经毛泽东改写的社论《欢迎美军观察组的战友们》。美军观察组到延安来，要详细了解日军的战斗序列、日本空军的战斗序列、伪军的战斗序列，但最主要的是要了解共产党领导的军队的力量、位置、作战部署、装备状况、训练状况、战斗力，还有共产党在日军内部和日本占领区中的情报工作能力。毛泽东、周恩来、朱德等多次会见观察组。

毛泽东最感兴趣的是与出生和长期工作在中国、并且对中共抱着友好态度的谢伟思的交谈。7月26日，延安为美军观察组第一批人员举行晚宴，毛泽东在与坐在他身边的谢伟思交谈中，提出美国是否可能在延安建立一个领事馆的问题，以防国民党在抗日战争结束后打内战。8月23日，毛泽东在与谢伟思的谈话中说：国共关系的状况是解决中国问题的关键，我们共产党深知内战的惨痛经验；对中国来说，内战将意味着长年累月的破坏和混乱，中国的统一、它对远东的稳定作用以及它的经济发展，统统会推迟下去；中国防止内战的希望在很大程度上有赖于外国的影响，在这些外国中，尤其重要的是美国，国民党在今天的处境下必须看美国的脸色行事，我们现在只是要求美国政策要努力引导国民党改革自己。10月9日，毛泽东与谢伟思谈到国共关系时说，毛泽东认为国民党还不准备妥协，因此眼前没有希望召开拟议中的紧急国民大会和改组政府。毛泽东说："我们愿意等待，我们在耐心方面有过长期锻炼。"这些谈话给谢伟思留下很深的印象。

美军观察组组长戴维·包瑞德上校在延安期间听过毛泽东的讲演。包瑞德在回忆录中写道："他总是神态自如。当他清楚地、有效地提出他们的观点时，他并不咆哮如雷，也没有看天空、敲桌子等不自然的表情。因为我在场，他可能有意回避责骂委员长和国民党。他引用的辛辣幽默的民间谚语，不时引起听众一阵阵大笑。如果有过一个演讲家通过手势吸引他的听众，那么就正是毛泽东。”

美军观察组在延安住了近两年时间，听取了中共领导人和军队负责人的情况介绍，并且多次进行实地考察。他们亲眼看到：共产党的军队生活清苦，工作热心，与“重庆迥然是另一个世界”。观察组写回国内的报告，比较客观地反映了共产党领导的根据地的情况，引起了美国政府的重视。首先，他们要求政府给予中共军事援助，以加强双方在战时的军事合作。戴维·包瑞德在1944年8月14日的报告中写道：“我认为通过少量的弹药、自动武器，大炮和通讯器材援助他们，将会发生直接的效果。如果中共应该得到美国的援助而我们不给，我们也许将失掉更多的东西。”其次，他们建议政府不偏袒地援助国共双方。谢伟思在8月29日的报告中提醒政府，照目前那样援助国民党“只会助长目前国民党不民主的趋势。当援助能帮助国民党延续不稳定的政权时，国民党一直拒绝改革，它甚至会助长有法西斯思想的国民党领导人去发动一场内战。这场内战不仅会给中国及战后世界在这个地区的和平带来灾难，而且，会给我们在这个地区平时的利益带来灾难”。同时，国民党战场的形势愈来愈糟。6月18日，长沙失陷。6月26日，日军占领衡阳飞机场，兵临衡阳城长下。日军的长驱直入，国民党战场的溃退，使美国感到焦虑和愤怒。6月28日，罗斯福十分不安地问道：“我想弄明白的问题是，中国军队在哪里？他们为什么不同日军打仗？看来日军想把中国军队赶到哪里就能把他们赶到哪里。”为了阻止日军的攻势，挽救国民党战场的危机，罗斯福将史迪威提升为上将，并断然向蒋介石施加压力，要求由史迪威指挥包括共产党军队在内的所有中国军队。这就正式提出了抑蒋联共的对华政策。7月6日，罗斯福电告蒋介石，由于国民党军队的溃败，“中国的情况那么危急，如果不立即采取根本的行之有效的挽救办法，我们的共同事业就会遭到严重挫折”。他强调指出，日本的进攻“不但威胁着你的政府，而且威胁着美军在中国的一切建树”。罗斯福强烈要求由史迪威指挥在华的全部中国军队和美国军队，包括共产党军队在内。对罗斯福的建议，蒋介石尽量进行拖延，他一方面强调在史迪威指挥中国军队之前，要有一个准备时期；另一方面又要求罗斯福派代表来华协调史、蒋关系。为了敦促蒋介石认真抗战，罗斯福决定派遣赫尔利将军到中国。8 月 8 日，日军攻陷衡阳，国民党战场危机进一步加深。此时，美国已攻占马里亚纳群岛，可以直接从该岛轰炸日本，中国空军基地的战略价值也随之下降。但罗斯福担心日本利用中国大陆继续战争。8 月 21 日，罗斯福以强硬的口吻敦促蒋介石：“我强烈要求你采取必要的措施，尽早地委以史迪威将军指挥你领导下的中国军队。我要求对此事付诸行动，……进一步拖延就可能为时太晚，从而中国和盟国早已打败日本的计划在军事上不可避免地遭到灾难性的悲剧。”对此，蒋介石依然不予理睬。8 月 28 日，浙江全境陷入敌手。9 月，日军越湖南进攻广西，从北面和东南两侧向桂林紧逼。罗斯福感到“中国情况如此危殆，假若还不立刻实行彻底的迅速见效的补救方法，我们目标将受到不幸挫折”。罗斯福告诉蒋介石，他已经“物色一位有远见和政治能力的私人代表”赫尔利将军前来中国。9 月 6 日，赫尔利到达重庆，8 日与蒋介石进行会谈。蒋介石又提出，史迪威指挥国民党军队，要经过军事委员会接受蒋的命令；指挥共产党军队要由军事委员会核准；美国援华物资由国民党政府控制等。蒋介石又要兵权，又要财权，实际上是拒绝了罗斯福的提议。史迪威对此十分愤慨，他在日记中写道：“我们必须想法把武器交给斗志昂扬的共产党人。”9 月 15 日，史迪威要求将围堵陕甘宁边区的胡宗南部队南调，又遭到蒋介石的拒绝。9 月 18 日，罗斯福在电报中严厉斥责蒋介石，他说：“读过有关中国局势的最新报告以后，我和我的参谋长们深信在最近的将来，你就要面临我一直担忧的灾难。”“现在，你还没有委派史迪威将军指挥全部中国军队的时候，我们已面临要损失华东的一片重要地区，并可能遭到大败的后果。”罗斯福还以停止援助来向蒋介石施加压力。蒋介石仍执意不从，并向罗斯福提出撤换史迪威。蒋介石的软拖硬抗，使罗斯福面临一个新的抉择：是否继续支持蒋介石政府？10月10日，赫尔利在给罗斯福的信中指出，“如果你在这场争议中支持史迪威，你就会失去蒋介石，也就很可能会失掉中国”。这就击中罗斯福的要害——他担心失去蒋介石会导致失去亲美的中国，从而不得不向蒋介石让步，决定召回史迪威，由魏德迈接替中国战区参谋长的职务。10月21日，史迪威回到美国。史、蒋矛盾终于以罗斯福的让步而告结束。赫尔利在飞往中国途中曾在莫斯科作短暂停留。在与苏联外长莫洛托夫的会谈中，美方向苏方解释了他们在华主要任务，并表示为了完成这些任务“美国政府必须支持蒋委员长，使中国达到完全的统一”。莫洛托夫表示：“假若美国帮助中国人统一他们的国家，改进他们军事和经济的情况，并为这种工作选择他们最优秀的人物，苏联方面将至感高兴。”11月美国驻华大使高斯奉命回国。同时，罗斯福任命赫尔利为驻华大使。

1944年11月7日，罗斯福再次当选为美国总统。同日，赫尔利来到延安，向毛泽东、周恩来表示愿意调解国共关系。赫尔利提出五点建议，主张国共合作，成立一个有广泛基础的联合政府和联合军事委员会，美军的军援由联合政府平均分配。中国共产党表示支持赫尔利的建议，与赫尔利达成了关于废止国民党一党专政，成立民主联合政府的五点协议。五点协议是：1. 中国政府、中国国民党、中国共产党共同工作，统一中国一切军事力量，迅速击败日本，重建中国；2. 现在的国民政府应改组为由所有抗日党派和无党派代表的联合国民政府，颁布及实行用以实行军事、政治、文化的新的民主政策，同时军事委员会应改组为由所有抗日军队代表所组成的联合军事委员会；3. 联合国民政府应拥护孙中山在中国建立民有、民享、民治之政府的原则，实行用以促进进步与民主的政策，确立思想、出版、言论、集会、结社自由及向政府请求平反冤狱的权利，实行免除威胁的自由和免除贫困的自由的各项政策；4. 所有抗日军队应遵守与执行联合国民政府及其联合军事委员会的命令，并应为这个政府及其军事委员会所承认，由联合国得来的物资应被公平分配；5. 联合国民政府承认中国国民党、中国共产党及所有抗日党派的合法地位。

1944 年 11 月 10 日，毛泽东应赫尔利的建议，写信给美国总统罗斯福："我很荣幸地接待你的代表赫尔利将军。在三天之内，我们融洽地商讨一切有关团结全中国人民和一切军事力量击败日本与重建中国的大计。为此，我提出一个协定。……这一协定的精神和方向，是我们中国共产党和中国人民八年来在抗日统一战线中所追求的目的之所在。……我现托赫尔利将军以我党我军及中国人民的名义将此协定转达于你。"毛泽东并对罗斯福连任总统发了贺电。罗斯福在回电中表示他期待着在反对日本这个共同敌人的事业中，与中国各派力量通力合作。赫尔利认为他的五点建议是使中共"将他们武装部队的控制权交给国民党政府的唯一文件"。之后，中共中央派周恩来到重庆继续谈判。针对五点建议，11 月 22 日，蒋介石又提出三点建议，要求中共将所有的军队改编为国军，交给国民党指挥，才能承认中共的合法地位。但在蒋介石只字不提国共两党建立联合政府和联合军事委员会这种情况下，赫尔利毫不犹豫地转而支持蒋介石，推翻他自己提出的五点建议，还硬说蒋介石的三点建议有"积极因素"。赫尔利的两面派行为，遭到中共的坚决抵制。

毛泽东在 12 月 12 日给周恩来的指示中说：我们毫无与美方决裂之意，"牺牲联合政府，牺牲民主原则，去几个人到重庆做官，这种廉价出卖人民的勾当，我们决不能干。这种原则立场我党历来如此，希望美国朋友不要硬拉我们如此做，我们所拒绝者仅仅这一点，其他一切都是好商量的"。

12 月 28 日，周恩来代表中国共产党致函赫尔利，拒绝了国民党的条件，并进一步提出：如国民党政府欲向国外表示其与民更始之决心，应先自动实行：①释放包括张学良、杨虎城、廖承志等大批爱国政治犯；②撤退包围边区及抗日根据地的军队；③取消限制人民自由的法令；④停止一切特务活动。谈判无收获，1945 年 2 月 16 日，周恩来返回延安。

毛泽东和周恩来曾有过作为中共领袖访问美国的设想，1945 年 1 月 9 日，美军驻延安观察小组将中共赴美的建议送给了在重庆的驻华美军总司令魏德迈将军。第二天，周恩来又函告魏德迈，嘱他务必不让赫尔利知道此事，因为中共对他持不信任态度。事不凑巧，恰逢魏德迈不在重庆。而魏德迈与赫尔利之间又有代为拆信之约。延安的建议落入赫尔利手中。赫尔利电告罗斯福：国民党是能治理中国的唯一力量，中共势单力薄，不成气候，建议总统不要与中共进行任何对话。2 月 28 日，赫尔利特意回国，尽管此时已有一份由美国驻华使馆全体政治官员联合谴责赫尔利对华政策的电报先期到达华盛顿，可赫尔利仍大言不惭地向总统保证，只要美国坚持不承认中共的政策，到 4 月底，就可迫使中共屈服。于是，4 月初罗斯福作出决定：支持赫尔利的对华政策。4 月 2 日，赫尔利在华盛顿发表公开谈话，指责中共是中国统一的障碍，声明美国政府已支持国民党政府，不支持中共。中共与美国的关系至此恶化。4 月 12 日，罗斯福总统病逝，新任总统杜鲁门便赤裸裸地支持赫尔利的扶蒋反共活动。6 月，谢伟思等 6 名同情中国抗战民主事业的美国进步人士被美国联邦调查局以泄露秘密罪名加以逮捕。

115. 关心刘少奇

1941 年 9 月，在中共中央政治局会议上，与会同志提出刘少奇是白区工作中正确路线的代表。王稼祥在发言中说：“过去中国党毛主席代表了唯物辩证法，在白区刘少奇同志是代表了唯物辩证法。”陈云发言认为，过去十年白区工作中的主观主义，在刘少奇、刘晓同志到白区工作后才开始改变。刘少奇同志批评过去的白区工作路线是错误的，现在检查起来，刘少奇同志是代表了过去十年来的白区工作的正确路线。任弼时在发言时指出：主观主义在认识论上是唯心论，在政治上的具体表现就是“左”或“右”的机会主义；我党的毛主席、刘少奇同志能根据实际情形来工作，所以犯主观主义少些。

1941年9月会议之后，毛泽东在《关于一九三一年九月至一九三五年一月期间中央路线的批判》的文章中说：“我党在国民党区域工作中，不但有刘少奇同志那样的正确的领袖人物，而且有不少类似他的同志。可惜一概被临时中央斥为‘机会主义者’。”毛泽东认为“左”倾教条主义者的“马列主义”的特点是夸夸其谈，随心所欲，无的放矢，不顾实际，这是主观主义的胡说。真马列主义的特点是实事求是，不尚空谈，顾及时间、地点和条件，这是唯物的辩证的革命观。“‘左’倾教条主义者是前者的代表，而刘少奇同志以及还有许多的同志是后者的代表。……刘少奇同志的见解之所以是真理，不但有当时的直接事实为之证明，整个‘左’倾机会主义路线执行时期的全部结果也为之证明了。”

1941年9月26日，中共中央书记处工作会议同意：刘少奇回延安休养，他担任的华中局书记与新四军政治委员的职务由饶漱石代理。

10月3日，毛泽东致电刘少奇并告陈毅：“（一）中央决定你来延安一次，谅已收到电报，并希望你能参加七大。（二）动身时望带一可靠电台。（三）何时可以动身盼告。”

10月11日，毛泽东复电刘少奇：“七大大约还需等半年才开，甚望你能到会，请与陈、姚各同志商，能否在两三个月内帮助他们解决一些问题，两三月后动身来延参加七大，七大后你在延安休养，即在延安指挥华中。……华中我军主要是对敌伪分散作战，你来延安指挥华中，似对华中工作不会有大损失，而你的身体得到休养，则有大益。以上请考虑见告。”

1942年1月13日，中共中央发出电报：“中央决定少奇同志回延安参加七次大会。少奇同志来时，由饶漱石同志代理中原局书记并代理新四军政委，望少奇同志即将工作交代，携带电台，动身回延。何日可起程，望告。”

2月12日，刘少奇把准备动身的计划电告毛泽东。

2月13日，毛泽东致电陈毅、刘少奇：“少奇返延，须带电台，并带一部分得力武装沿途保卫。”山东问题，请到当地调查，此间材料不足。

2月20日，中共中央书记处致电刘少奇及华中局：“（一）除吕振羽、贺绿汀外，其他高级文化人亦望调抽一批带来延安从事学术研究，他们在苏北游击环境无研究学术可能，不如来延成就较大。（二）护卫少奇的手枪班须是强有力的，须有得力干部为骨干，须加挑选与训练。（三）新四军各部及山东部队的电台密码，望少奇督促重新编制，亲自带来。”

3月3日，中共中央书记处致电刘少奇，指出：“目前山东工作处在比前更加艰苦的阶段”，“不仅由于敌人残酷‘扫荡’，地区缩小与分割，主观上亦存在相当严重弱点。”在执行政策、主力部队与地方部队的关系、军队干部与地方干部的关系，以及外地干部与本地干部的关系等方面都存在问题。要求刘少奇路过山东时，帮助慎重解决。

沿途，日军一座座碉堡和一道道封锁沟墙，使路上充满艰险，刘少奇一行只能夜行晓宿。刘少奇和同行者一样，随身带着铲子，遇到封锁沟时，就把又宽又深的封锁沟铲开一个口子让人马通过。有的沟水齐腰深，刘少奇和大家一样涉水前进。当他们从汉奸和大地主庄子附近经过时，从碉堡内发射出土炮和枪弹，不时呼啸着从头顶掠过，刘少奇关照大家：不要怕，夜里的枪弹是打不着人的。

3月13日，毛泽东致电刘少奇：“我们正在调查由华中到华北道路上敌人封锁线的情形、安全保证的程度，俟得复电即行转告。望你等候这一复电。”

3月19日，刘少奇同随行去延安的100多名干部，由八路军第一一五师教导五旅第十三团护送。从苏北阜宁单家港出发，回延安。

3月21日，毛泽东致电刘少奇："兹将彭电转上，你看此种情形有安全之保障否，山东尚无回电，请你直接询问。必须路上有安全保障才能起程。"3月底，刘少奇一行到达日军严密封锁的陇海铁路，同敌人相遇。护送部队与山东迎接刘少奇的部队一起同敌激战，使刘少奇安全地通过了陇海铁路。

4月初，刘少奇越过敌人的封锁线，从山东海陵（今东海）境过陇海铁路，到达中共中央山东分局和八路军第一一五师师部驻地山东省临沭县朱樊村（今东海南辰乡朱范村）。到山东后，多次与中共中央山东分局和八路军第一一五师的主要领导同志朱瑞、陈光、罗荣桓、黎玉等个别谈话，深入干部、群众中调查访问，并查阅、研究山东分局的有关材料，检查、指导山东根据地的工作。

6月1日，毛泽东致电刘少奇："因沿途通过无保障，山东又缺乏统筹之人，故你不宜西进亦不宜南返，以中央全权代表资格长驻一一五师，指挥整个山东及华中党政军全局似较适宜。"

7月9日，毛泽东致电刘少奇："我们很望你来延安并参加七大，只因路上很不安全，故不可冒险，仍以在敌后依靠军队为适宜。……你的行止，以安全为第一，工作为第二，以此标准来决定顿在山东还是仍回军部。"

7月下旬，刘少奇在山东分局停留了近四个月，从朱樊出发，为了减小目标，隐蔽行动，原来准备同刘少奇一起去延安的100多名华中干部，重返新四军军部。刘少奇只带了几个工作人员和警卫班十几个人继续前进。渡过沭河、沂河，经临沂、费县、滕县、峄县，到达枣庄西南小北庄。随后由鲁南铁道游击队护送，在沙沟到临城（今薛城）间的干沙河越过津浦铁路，直奔微山湖。8月初，从微山湖进入湖西地区。8月中旬，离开湖西地区，经鲁西南，前往冀鲁豫边区。8月下旬，刘少奇等渡过卫河，由河南进入河北。在地下工作者精心安排下，刘少奇化装成商人，通过伪军的关系，在白天顺利通过了平汉线。9月上旬，到达一二九师师部河北涉县赤岸村。

9月21日，毛泽东致电刘少奇：“安抵一二九师无限欣慰，望休息短期然后来延，并对华北工作加以考察。关于最近时局情况我有电至总部，可索阅。来延路上安全保障，请商刘、邓作周密布置。”从赤岸村到北方局和八路军总部驻地晋东南辽县（左权县）麻田村，仅70多里路，刘少奇等不到一天就赶到了那里。10月9日，《解放日报》发表刘少奇《论党内斗争》一文，毛泽东写了编者按语：“这是刘少奇同志于一九四一年七月二日在华中局党校的演讲，理论地又实际地解决了关于党内斗争这个重大问题，为每个同志所必读。现当整风学习开展与深入的期间，特为发表，望全党同志注意研读。”

10月17日，毛泽东致电彭德怀：“送大批干部回后方保存甚为必要，后方经济虽困难，但可组织干部团，实行屯田政策及分散到后方部队中担任副职，一部分则可进军事学校或党校。”一直密切关注着刘少奇安全的毛泽东询问刘少奇“现到何处，是否还在总部，过封锁线有困难否，望告”。

10月19日，刘少奇越过白（圭）晋（城）铁路，到达太岳军区司令部驻地山西沁源阎寨村。因遇日军“扫荡”，停留了一个多月。在此期间对太岳区开展对敌斗争和减租减息等各方面工作作了指示。

11月16日，毛泽东致电林枫、周士第、甘泗淇：“少奇同志过路，你们派人接护时须非常小心机密，不要张扬，但要谨慎敏捷。”遵照毛泽东的指示，沿途党组织和部队都做了周密安排。为了适应敌占区的形势，刘少奇和负责这次护送任务的晋西南工委书记研究，决定停止部队护送，由敌占区工作干部靠群众掩护悄悄通过。刘少奇化名许行人，仍装扮成商人，昼伏夜行。

11月下旬，刘少奇等从沁源到达平遥、介休境内。由中共晋西南工委和平遥、介休县委组织交通队护送，穿越敌占区，过同蒲铁路和汾河，去晋西北。12月上旬，到达晋西北兴县。刘少奇在晋西北停留了两个星期后，继续前进。这次不用部队护送了。

12月中、下旬，刘少奇一行22人由晋西北跨过黄河进入陕北米脂、绥德、清涧、延川地区。12月30日，刘少奇经过9个多月的长途跋涉，穿越敌人103道封锁线，行程3000多里，安全回到延安。

1943年1月1日晚上，中共中央办公厅在延安杨家岭新落成的中央大礼堂举行1000余人的干部晚会，进行团拜，庆祝新年，并欢迎刘少奇自华中归来。毛泽东、朱德莅临讲话。刘少奇在会上报告华中和华北敌后各抗日根据地艰苦奋斗坚持抗战的情况。

1月5—6日，刘少奇在中共中央西北局高级干部会议上发表关于领导问题的演讲，阐述领导工作的特殊重要意义，指出领导者不能以限于努力工作就算尽职，还必须善于掌握领导的艺术，并指出什么是领导艺术及党内许多同志在领导工作上的弱点。

3月11日，中共中央书记处工作会议讨论中央机构调整及精简方案，决定修改后提交下次政治局会议讨论。会议决定：王稼祥、陈云因病休息3个月，陈云病假期间，中央组织部日常工作由王鹤寿负责，重要问题请示刘少奇处理。

3月20日，中共中央政治局召开会议，刘少奇在会上提议中央书记处设一个主席，两个书记，书记是主席的助手；书记处是根据政治局所决定方针，处理日常工作的办事机关。会议通过《中共中央关于中央机构调整及精简的决定》，推举毛泽东为中央政治局主席、中央书记处主席，决定中央书记处由毛泽东、刘少奇、任弼时组成。会议还决定：在中央政治局和书记处之下，设立中央宣传委员会，由毛泽东、王稼祥、何凯丰、秦邦宪组成，毛泽东任书记，王稼祥任副书记；设立中央组织委员会，由刘少奇、王稼祥、康生、陈云、张闻天、邓发、杨尚昆、任弼时组成，刘少奇任书记，负责统一管理中央组织部（包括中央党务委员会）、统战部、民运工作委员会、中央研究局和海外工作委员会；刘少奇参加中共中央军委，为军委副主席之一；华北党政军民工作统归王稼祥负责管理，华中党政军民工作统归刘少奇负责管理，陕甘宁、晋西北党政军民工作统归任弼时负责管理，大后方工作归陈云负责管理，敌占区工作归杨尚昆负责管理；毛泽东兼任中央党校校长；刘少奇兼任中央研究局局长。

5月19日，中共中央书记处召开会议。会议决定5月21日召开中共六届七中全会，确定全会的议事日程和参加会议的名单，并决定向全会提议由毛泽东、刘少奇、任弼时、朱德、周恩来组成六届七中全会主席团。

116. 王实味

1942年2月1日，毛泽东在延安中央党校开学典礼大会上作了《整顿党的作风》的报告。2月8日，毛泽东在延安宣传工作会议上做了《反对党八股》的报告。报告指出了整风的内容是反对主观主义以整顿学风、反对宗派主义以整顿党风、反对党八股以整顿文风。整风的方针是“惩前毖后、治病救人”，整风的方法是学习理论，联系实际，总结经验教训，提高思想认识。

延安整风开始后，王实味于1942年2月17日写了一篇《政治家、艺术家》的杂文，发表在文艺刊物《谷雨》上。后来，他又写了一组总题为《野百合花》的杂文，分4个小题目分两次发表在了3月13日和3月23日中共中央机关《解放日报》的副刊上，对他不满的现象提出了批评。王实味从极端民主、绝对平均主义的观点出发，用夸大实事、冷嘲热讽的语言，把某些机关在节假日组织的文娱晚会，说成是“歌啭玉堂春，舞回金莲步的升平气象”与“当前的现实”“不太和谐”，把干部待遇上的某些差别，夸大成“衣分三色，食分五等”；他把在战争环境极端困难情况下偶尔发生的事情，说成“青年学生一天只得到两餐稀粥”“害病的同志喝不到一口面汤”；把个别干部的某些官僚主义，说成“到处乌鸦一般黑”“下对上感觉他们是异类”，在延安生活里缺少“人对人的同情心”；他还把政治家和艺术家对立起来，说艺术家的主要任务是“揭露一切肮脏和黑暗”。王实味的这些思想，在青年知识分子中得到了不少人的同情，引起了思想混乱。

王实味，河南潢川人，原名叔翰，实味是他的笔名。1906 年生，1923 年中学毕业后，在河南留美预备学校读过 1 年书，英文底子较好。1925 年考入北京大学文学院预科。1926 年加入中国共产党，第二年失去关系。后因缴不起学费，未能读到毕业。1930 年开始创作和翻译小说，靠稿费维持生活。1937 年在开封重新入党，同年 10 月奔赴延安，开始在鲁迅艺术学院教书，不久调到马列学院编译室，从事马列著作的翻译工作。1941 年 7 月，马列学院改组成中央研究院。中央研究院是中共培养理论干部的高级研究机关，院长由中共中央宣传部部长张闻天兼任，副院长是范文澜，设中国政治、中国经济、中国历史、中国文化思想、中国文艺、中国教育、中国新闻、国际问题和俄文（翻译马列著作）9 个研究室。王实味在中国文艺研究室。研究人员分特别研究员、研究员和研究生三级，王实味为特别研究员。

1942 年初，张闻天率领一个调查团，到陕甘宁边区和西北农村作为期一年多的调查研究，临行时委托李维汉（时任中共中央宣传部副部长兼中央研究院中国教育研究室和中国新闻研究室的两个主任）代他照管中央研究院的工作。1942 年 3 月 18 日，中央研究院召开全院整风运动大会。李维汉讲了整风学习和检查工作的重要意义，并提出几点意见。王实味对李维汉的意见带头反对。他认为：整风就是要整领导人，要割“大尾巴”，反对指定一部分人为当然委员，主张全体委员由民主选举产生。还写了《我对罗迈（李维汉）同志在整风检查动员大会上发言的批评》《零感两则》等短文，贴在中央研究院为整风创办的墙报《矢与的》头两期上。他提出“绝对民主”，鼓动大家“必须有至大至刚的硬骨头”，要检查自己“是不是对‘大人’有话不敢说?”还提出“我们决不能让邪气更大的人得势”，“我们的眼光不应只看到本院，更应该注意全延安以至全党。”毛泽东提着马灯去看了墙报，什么也没说走了。王震从前方回来，发脾气说：我们在前方打仗流血，王实味这样的人却在后方这样讽刺挖苦我们的领导干部，攻击我们的党。王实味这些错误言论，在中央研究院引起很大的反响，特别是有很多青年研究人员表示同情。《矢与的》墙报本来贴在中央研究院大院门口的一间大平房里，外单位有不少人跑来看。后来贴在布上，挂在延安南门外热闹的新市场，看的人更多，像赶庙会一样。

王实味的这些影响，引起了国民党机关的注意。他们把王实味等人的文章编印成《关于〈野百合花〉及其他》小册子，油印、铅印，四处散发，在小册子前面加上按语说，“中共……歌赞延安县是革命圣地……然而……在陕北，污染、腐化，首长路线，派系交哄，‘歌啭玉堂春，舞回金莲步’……的情形之下，使为了抗日号召跑向陕北的青年大失所望，更使许多老共产党员感到前途没落的悲愁”。有些刊物还出了专号，标题为《从〈野百合花〉中看到延安之黑暗》，以此作为恶毒攻击中国共产党和陕甘宁边区的宣传材料。

为了纠正王实味造成的影响，中央研究院从 5 月 27 日起召开全院的座谈会，主题是“党的民主与纪律”，目的是纠正极端民主化偏向，把整风引向正轨。座谈会到 6 月 11 日结束，一共开了 16 天，其间开了 14 次大会。在康生的指导下，座谈会很快变成了反王实味的斗争会。最后把王实味等五人打成了“反党五人集团”。

1942年9月，李维汉被调离中央宣传部和中央研究院，到陕甘宁边区任秘书长。1942年10月23日，中共中央研究院党委会作出了开除王实味党籍的决定，定王实味为“托派分子”，王实味坚决否认。1942年底，康生下令将王实味逮捕，在关押期间用“逼供信”的办法进行审讯。到1946年再次强行作出王实味是“反革命托派奸细分子”的结论。1947年3月，中央机关人员撤离延安，在转移到山西兴县时，王实味被错误地处决。中共中央1949年进北京后，毛泽东知道王实味被错误地处决了，大为震怒，厉声说：要还我一个王实味来！

1991年2月7日，公安部作出《关于对王实味同志托派问题的复查决定》：在复查中没有查出王实味同志参加托派组织的材料，因此，1946年定为“反革命托派奸细分子”的结论予以纠正，对王实味在战争环境中被错误处决给予平反昭雪。

117. 日寇灭亡

1944年6月塞班岛失陷，东条英机于7月18日宣布辞职。7月22日，小矶国昭大将继任日本首相，采取“死中求和”的方针：进一步谋求同苏联的关系，派遣前首相广田弘毅为特使，去莫斯科谈判，遭到拒绝；对“重庆政府”开展“政治”工作——同意蒋介石返回南京、与汪精卫建立统一政府（不改变“满洲国”现状、日本有对华派兵权），也毫无效果。

日本发动的“1号作战”，从全局看，耗尽了日本最后的一股能运用反扑的兵力，使日本在中国战场进入总退却时期。

中国共产党领导下的解放区战场同时亦展开了局部反攻，1944年，各解放区人民武装，在局部反攻中作战2万余次，打死打伤日伪军26万余人，俘虏日伪军6万余人，争取伪军反正3万人，攻克县城47座，摧毁日伪据点5000余处，收复国土8万余平方公里，解放人口1200余万。1937年9月至1945年8月，中共领导的八路军、新四军和华南抗日纵队，先后作战12.5万次，毙、伤、俘日本侵略军和伪军170多万人。至1945年春，在华北，有晋察冀、冀热辽、晋冀豫、冀鲁豫、晋绥、山东；在华中，有苏北、苏中、淮北、淮南、河南、皖中、苏浙皖、浙东、湘鄂赣、鄂豫皖；在华南，有东江、琼崖；加上陕甘宁，敌后解放区达19个，总面积为96.5万平方公里，人口为9950万。八路军、新四军、华南抗日纵队主力部队达91万人，民兵发展到220万人。

1944年10月，美军在菲律宾登陆，发动利雅特战役，战斗中摧毁日本联合舰队主力，使日本海军丧失了战斗力。1945年1月，美军攻占吕宋岛，控制了菲律宾，切断了日本本土与南方战线联系的纽带。1945年3月17日，美军攻占硫磺岛，5月初控制冲绳，打开了通向日本本土的门户。自1944年11月，从召里亚纳群岛起飞的美国重型轰炸机就开始对日本本土进行轰炸。到1945年初，日本重工业区、军事基地大多变成了一片废墟。

1945年4月，日苏中立条约满期，4月5日苏联发表声明，宣布苏日中立条约期满之后不再延长。

1945年4月17日，日本以铃木贯太郎取代小矶国昭，继任首相。6月8日，日本御前会议决定：凭借本土的225万军队、7000架飞机，在“一亿玉碎”的口号下，强令15岁到60岁的男人、17岁到40岁的妇女参加“国民义勇队”。战争已至最后阶段。

1944年6月6日，英美联军约200万人在法国北部的诺曼底半岛登陆，在欧洲开辟第二战场。在法国人民抵抗运动的配合下，打垮德国在法国的统治。与此同时，苏联红军继续向德军进行追击进攻，8月中旬进入波兰，9月进入罗马尼亚、保加利亚和南斯拉夫，10月渡过多瑙河，进入匈牙利。东欧各国人民武装，在苏军的支持与配合下，从德国法西斯的铁蹄下解放了自己的国家。

根据美国总统罗斯福的倡议，1945年2月4日至11日，苏、美、英三国首脑斯大林、丘吉尔、罗斯福及其外长在苏联克里米亚半岛的雅尔塔举行会议，讨论战后世界问题的处理。会议决定了坚持对德国作战，直至其无条件投降，实现德国之非武装化、非军国主义化，以及苏、美、英、法四国对德国进行分区管辖、赔款和成立联合国安理会等问题。

美国政府认为，日军虽然已受到毁灭性打击，但日本在中国战场和国内还拥有相当数量的陆军；关东军尚是一支比较完好的战略部队。要消灭日本军事力量，尚需大约18个月的时间及付出100万人牺牲的代价。因此，美国急于要苏联出兵，消灭在中国东北的日本军事力量。雅尔塔协定在没有中国参加的情况下，由别国决定有关中国主权的一些重大问题，并且长期对中国政府保密，一直到1945年6月9日新任美国总统杜鲁门才通过外交渠道将雅尔塔协定有关中国方面的内容通知中国外交部长宋子文；6月14日杜鲁门又指令赫尔利将这一内容通知蒋介石，这是违背民族自决原则的。

1945年4月，苏军开始进攻柏林，西线盟军也渡过莱茵河向易北河前进。5月2日，苏军攻占柏林。5月8日德国法西斯政权无条件投降。欧洲战争的战事结束。1945年7月17日至8月2日，苏美英三国首脑斯大林、杜鲁门、丘吉尔（中途由艾德礼接任）在柏林郊外的波茨坦举行会议，其中对日作战是三国首脑重点讨论的问题之一。美国为避免在日本本土进行登陆作战，迫切希望苏联对日参战。苏联表示愿意履行对日作战的承诺，并宣布拒绝日本提出的要苏联进行调停的要求。1945年7月26日，波茨坦会议以中美英三国的名义（因苏联尚未对日宣战）指出，中美英三国在联合国的支持下，决心以绝对优势兵力对日作战，给日本以最后打击，直至其停止抵抗为止（即《波茨坦公告》）。

由于日本当局拒不接受《波茨坦公告》，以种种条件为理由，有意拖延时日，盟国便发动了对日本的最后一战。美国为了抬高本国在打败日本中的地位和作用，以便获得战后同苏联对抗的有利战略地位，于8月6日抢在苏联出兵以前，在日本广岛扔下一颗原子弹。早在1944年12月，美国专事研制原子弹的“曼哈顿工程”负责人格罗夫斯曾设想将日本首都东京作为投掷首枚原子弹的首选目标，后来他又选择了京都。1945年5月11日，为确实首选目标而专门成立的目标委员会将京都和广岛作为首先攻击目标，横滨和小仓作为次选攻击目标。1945年7月16日，美国的原子弹爆炸试验成功后，美国陆军部长史汀生指出京都对日本具有重大的宗教价值，用原子弹轰炸京都将有损于美国的战后地位。史汀生获得马歇尔的支持后，将袭击目标最终确定广岛。当时广岛是日本的第七大城市。8月9日美国在长崎投下第二颗原子弹。广岛与长崎市区变成一片废墟，市民死亡达30万人，受伤者不计其数，给日本普通人民带来了空前的灾难。但日本当局并没有因此停止战争，8月10日，日本大本营通报全军：“不要惧怕这种炸弹，我们有对策。”美国海军上将李海认为：“在广岛和长崎使用这类野蛮武器，就我们打败日本来说，并没有什么重大帮助，日本已经被击败和准备投降了，因为海上封锁和用常规武器进行轰炸都已见效。”连丘吉尔也说：“认为日本的命运的决定于原子弹是错误的。”

从1945年7月开始，苏联正式开始了对日作战准备。到8月初，苏联远东军已拥有第一、第二和后贝加尔湖3个方面军，总计80个师，3个航空集团军（飞机3400多架），4个坦克机械化军（坦克5500辆），6个步兵旅，总兵力达157万余人。8月8日，苏联对日宣战。8月9日零时，苏联百万大军以迅雷不及掩耳之势越过中苏边境，向日本关东军发动强大攻势。同日，日本大本营下令关东军进行反击。

在1945年前，日本关东军尚拥有精锐师团，因中国东北不仅是日本与苏联对抗的前沿阵地，也是增援各个战场的战略基地。随着日本在太平洋战场的失利，关东军精锐部队及15个师团和2个战车师团逐渐他调。到1945年7月，关东军虽拥有24个师团，11个独立旅团，75万人的兵力，但多是未经过严格训练的新兵及年龄偏大的退伍老兵，且装备不足，武器缺乏，战斗力低下。苏军的进攻分4路进行：第一路军从西面（后贝加尔方面）攻入东北中部平原地区，向长春、沈阳推进；第二路军从外蒙向张家口、承德、锦州地区进攻，从南面包围关东军；第三路军从东面（海参崴方面）攻入东北中部平原，向吉林、长春、哈尔滨推进；第四路军从北面（伯力、海兰沧方面）攻入东北，向哈尔滨、齐齐哈尔推进。4路苏军迅速将关东军分割包围。在苏军的四面围攻之下，关东军无还手之力，全线崩溃。苏联的参战，加速了日本投降的进程，缩短了盟国对日本作战的时间。11日，苏联红军攻占鲁北、突泉、洮南、化德、多伦；14日攻占牡丹江等地；19日进占齐齐哈尔、承德和张北；20日占领长春、沈阳、吉林、哈尔滨、佳木斯；22日苏联航降兵占领大连、旅顺；至30日东北日军全部被解除武装。在战斗中，苏军共歼灭日军8万人，俘虏日军近60万人。伪满皇帝爱新觉罗·溥仪亦被俘。苏联自伤3.2万人。

1945年8月14日上午10时50分，日本在防空洞里召开最后一次御前会议。天皇鉴于大势已去，挥泪作出确定投降的决定。当晚11时，日本政府通过瑞士公使馆通知中美英苏4国。15日中午，日本天皇裕仁亲自广播了停战诏书。18日，日本关东军司令部宫山田乙三大将召集各兵团司令会议，下令全军停止抵抗，向苏投降。20日以后，苏军开始接受日本投降，到30日，苏军已占领中国东北全境和朝鲜北部。由于铃木内阁总辞职，8月17日由皇族东久迩稔组成新内阁。9月2日上午9时，日本政府代表重光葵外相、大本营代表梅津美治郎参谋总长在日本东京湾美舰密苏里号上，向中美英苏等盟国代表签署降书，命令日本所有军队向盟国无条件投降。当日，日本天皇发布诏书："命令朕之臣民立即停止敌对行动，放下武器，并诚实履行投降文件之一切条款以及帝国政府及大本营所发之一般命令。”

9月9日，日本中国派遣军总司令冈村宁次在南京向国民党陆军总司令何应钦投降。历时14年的中日战争，以日本帝国主义的彻底失败而告终。日军在中国战场上的死亡人数，据日本方面显然大为缩小的统计数字，总计133万余人；在太平洋和亚洲其他战场，日军被美、英、澳、荷等国击毙和死于伤病者19万多人。战争给日本人民带来的是200万孤儿、183万寡妇、房屋毁坏236万幢。战后，1300万日本人露宿野外。伪汪政权和伪满政权也随之寿终正寝。被日本统治了达50年之久的台湾省也回到了祖国的怀抱。

中国人民历尽艰辛，付出了巨大的代价。在这场战争中，中国人民伤亡达2100万人（其中牺牲近1000万人），财产损失在600亿美元以上。终于赢得了抗日战争的最后胜利。

8月14日，日本最后一次御前会议确定了投降方针后，一些死硬的法西斯战犯自知难逃法网，接连畏罪自杀。15日，日本陆相阿南惟几在官邸剖腹自杀。此后，原参谋总长、华北方面军司令官杉山元元帅，陆军大将田中静壹，陆军大将吉本贞一，原台湾总督安藤利吉大将，原关东军司令官本庄繁大将等人相继自杀身亡。9月11日，远东盟军最高司令部下令逮捕以东条英机为首的39名战犯。东条英机自知恶贯满盈，不会有好下场，在盟军到达之后，向自己胸部开枪，未击中要害，10月7日伤愈后被盟军拘留。

10月2日，盟军下令逮捕59名战犯，6日又下令逮捕首相近卫文麿等9名战犯。近卫是日本法西斯集团的核心人物，是发动全面侵华战争和太平洋战争的决策人，在即将被押上审判台的前夕，于16日晨在荻外庄寓所服毒自杀。

被盟军逮捕的战犯，都关在东京巢鸭监狱内。1946年1月19日，由中国、美国、英国、苏联、澳大利亚、加拿大、法国、荷兰、新西兰、印度、菲律宾 11 国组成的远东军事法庭在东京成立。

1946 年 4 月 29 日，远东军事法庭正式开庭，中美英苏等 11 国向法庭递交了对东条等 28 名甲级战犯的起诉书。在审判期间，日本前外相松冈洋右、前军令部总长永野修身病死，日本法西斯创始人大川周明因发狂诊断为精神病而免于判刑。

1948 年 11 月 4 日，远东军事法庭开庭宣布审判结果：前首相东条英机陆军上将、前首相广田弘毅、前陆军航空总监土肥原贤二陆军大将、前日本中国派遣军总参谋长板垣征四郎陆军大将、前日本缅甸派遣军司令官木村兵太郎陆军大将、前日本上海派遣军司令官松井石根陆军大将、前陆军省军务局长武藤章陆军中将等 7 名战犯处以死刑；前内大臣木户幸一、前首相平沼骐一郎、前藏相贺屋兴宣、前军令部次长岛田繁太郎海军大将、前驻意大利大使白鸟敏夫、前驻德国大使大岛浩陆军中将、前陆相荒木贞夫陆军大将、前伪满洲国总务长官星野直树、前首相小矶国昭陆军大将、前日本中国派遣军总司令官畑俊六陆军大将、前关东军司令官（陆军参谋总长）梅津美治郎陆军大将、前陆相（朝鲜总督）南次郎陆军大将、前计划院总裁铃木贞一陆军中将、前陆军省军务局佐藤贤了陆军中将、法西斯赤诚会头目桥本欣五郎、前海军省次官冈敬纯海军中将等 16 名战犯被判处无期徒刑；前外相东乡茂德被判以 20 年徒刑；前外相重光葵被判以 7 年徒刑。

1948 年 12 月 22 日零时 1 分，东条英机等 7 名战犯在东京巢鸭监狱被绞死。除对甲级战犯进行审判外，盟国还在日本及其他地区对乙、丙级战犯进行审判。据统计，被盟国起诉的日本各类战犯总数为 5423 人，被判刑者 4226 人，其中被处死刑者 941 人。

在日本侵华战犯中，指挥军队参与南京大屠杀的原日军第六师团长谷寿夫中将，于 1946 年被押到中国受审，1947 年 3 月被判处死刑。

118. 周期律

1945年夏，国民参政会参政员褚辅成、黄炎培、冷遹、王云五、左舜生、傅斯年、章伯钧7人自重庆致电延安毛泽东、周恩来，又求见蒋介石，力促恢复国共谈判。3周后，毛泽东等邀请七公去延安。7月1日，除临时因病受阻的王云五先生外，黄炎培等6人飞赴延安。毛泽东、周恩来、朱德、叶剑英、林伯渠、张闻天、邓颖超、杨尚昆等中共领导人赴机场迎接。

当毛泽东和黄炎培握手时说："我们20多年不见啦！"黄愕然，说："我们这是第一次见面呀！"毛泽东笑着说："1920年5月的一天在上海，江苏省教育会欢迎杜威博士，你主持会议，在演说中说中国100个中学毕业生，升学的只有多少多少，失业的倒有多少多少，那一大群听众之中有一个是毛泽东。"黄炎培盛赞毛泽东好记性。黄炎培回到重庆，每次讲延安之行，都津津乐道这个有趣的细节，十分自得地说：想不到在大群听众之中，竟有这样一位盖世的英雄豪杰！

中共各方面负责人陈云、陈毅、刘少奇、彭真、刘伯承、聂荣臻、彭德怀、贺龙、陆定一等都参加了以后的接见和会谈。一批共产党的将领给黄炎培等留下好感，他们与国民党有些报纸宣传的所谓粗犷傲慢、飞扬跋扈完全是两样，他们厚重朴实，沉静中带有文雅。在延安街上，黄炎培看到人们气色红润，精神都很振作。没有游手好闲的人。街上没有标语，只有挂着的黑板上在介绍卫生知识。他们参观了延安大学、延安医科大学、自然科学院等。给他们印象最深的是延安街上的意见箱，每个延安人都可以投书，上书建议直至主席毛泽东。中共领导为他们举行宴会。在宴会上，黄炎培代表诸公答词:“我们来延安的第一个目的，就是想在促成全国团结上而努力；第二个目的是想来看看延安。……就我所看到的，没有一寸土地是荒着的，也没有一个人好像在闲荡。有一位朋友告诉我，政府对于每个老百姓的生命和生活好像都负责的，这句话做到了，在政治上更没有其他问题了。”

7月2日下午，黄炎培一行6人应约到杨家岭访问毛泽东。杨家岭是中共中央机关所在地，离延水稍远，风景很好。在高高矮矮的山坡上有一排排窑洞，就是中共中央负责人的住所。当中有一所规模较宏伟的大会堂，靠山面阳。他们从大会堂的右边走上山坡，绕到后面，便是毛泽东接待客人的会客室。会客室内光线充足，中间一张长桌，四周各式椅子约可容20人。四壁挂着几幅画，当中一幅是沈钧儒的次子沈叔平画的。画中有一把酒壶，上写“茅台”两字，壶边有几只杯子，画上有黄炎培题写的一首七绝：

喧传有客过茅台，酿酒池中洗脚来。是假是真我不管，天寒且饮两三杯。

当黄炎培在此时此地看到这幅画时，感到有一股知遇之心的暖流流遍了他的周身，原来这画是1943年当国民党掀起第三次反共高潮中，叔平为他父亲“画以娱之”。叔平请黄炎培题词，黄忽然想起传说长征中共产党人在茅台酒池里洗脚的事，针对这个谣传，题出了这首七绝以讽喻。想不到，这幅画竟挂在了中共领袖的客厅里！

7月4日下午，毛泽东又邀请黄炎培和冷遹到他家里做客，整整长谈了一个下午。毛泽东问黄炎培来延安几天有什么感想。黄炎培坦率地回答:“我生60多年，耳闻的不说，所亲眼看到的，真所谓‘其兴也勃焉，其亡也忽焉’，一人、一家、一团体、一地方，乃至一国，不少单位都没有跳出这个周期律的支配力。大凡初时聚精会神，没有一事不用心，没有一人不卖力，也许那时艰难困苦，只有从万死中觅取一生，既而环境渐渐好转了，精神也渐渐放下了。有的因为历时长久，自然地惰性发作，由少数演为多数，到风气养成，虽有大力，无法扭转，并且无法补救。也有因为区域一步步扩大了，它的扩大，有的出于自然发展，有的为功业欲所驱使，强求发展，到干部人才渐渐竭蹶，艰于应付的时候，环境倒越加复杂起来了，控制力不免趋于薄弱了。一部历史，'政怠患成'的也有，'人亡政息'的也有，'求荣取辱'的也有。总之没有能跳出这周期律。中共诸君从过去到现在，我略略了解了的，就是希望找出一条新路，来跳出这条周期律的支配。"

毛泽东回答："我们已经找到了新路，我们能跳出这周期律。这条新路，就是民主。只有让人民起来监督政府，政府才不敢松懈，只有人人起来负责，才不会人亡政息。"

听了毛泽东的话，黄炎培写道："这话是对的。只有大政方针决之于公众，个人功业欲才不致发生。只有把每一个地方的事，公之于每一个地方的人，才能使地地得人，人人得事。用民主来打破这个周期律，怕是有效的。"

7月5日，黄炎培等6人飞离延安返回重庆。毛泽东、朱德、周恩来等到机场送行。

回到重庆，黄炎培写成《延安归来》一书，未交当局审查，采取突击发行的办法，初版2万册，几天就被抢购一空。并且，这是第一本拒绝把原稿送交国民党审查机关而自行出版的书，从而点燃起了一场"拒检运动"，迫使国民党中央常委会通过决议，宣布撤销对新闻和图书杂志的审查制度。

119. 重庆谈判

1945年8月14日、20日和23日，蒋介石接连3次向延安发电报，邀请毛泽东到重庆共商“国家大计”。并特派美国驻华大使赫尔利和国民党军委会政治部长张治中飞赴延安促驾。

8月23日，毛泽东主持召开中共中央政治局扩大会议，认为应当力争一个有利于人民的和平建设时期，即使是暂时的和平，也应当积极争取。决定同国民党进行谈判。毛泽东在会议上说，我去重庆的时机由政治局、书记处决定，决定少奇同志代理我的职务，书记处另推陈云、彭真同志为候补书记，以便我和恩来同志出去后，书记处还有5人开会。中央同意了毛泽东的意见。

8月24日，毛泽东复蒋介石8月23日第3次邀请毛泽东赴重庆谈判的来电：“鄙人极愿与先生会见，商讨和平建国大计。俟飞机到，恩来同志立即赴渝晋谒。弟亦准备随即赴渝。”25日，中共中央发表《对目前时局的宣言》，明确提出“和平、民主、建国”三大口号，向国民党提出“奠定今后和平建议的基础”的6条措施。指出，在日本帝国主义投降以后，我全民族面前的重大任务是，巩固国内团结，保证和平，实现民主，以便在此基础上，实现全国的统一，建设独立自由与富强的新中国。

8月26日，毛泽东主持中共中央政治局会议，继续讨论去重庆谈判问题。毛泽东发言说：我去重庆的问题，昨晚政治局七同志与若飞同志商谈，决心答复魏德迈（美军中国战区司令官）的电报，去，这样可以取得全部主动权，要充分估计蒋介石逼我城下之盟的可能，但签字之手在我；必须作一定的让步，我们让步的第一批是广东至河南，第二批是江南，第三批是江北，要在谈判中看看；陇海路以北迄外蒙一定要由我们占优势；东北行政大员由国民党派，我们去干部，一定有文章可做；如果这些还不行，那么城下就不盟，准备坐班房；我们党的历史上除何鸣事件外，还没有随便缴枪的事；如果是软禁，那倒不怕，正是要在那里办点事；苏联、美国都不愿中国内战，国际压力是不利于蒋介石的独裁的；所以重庆是可以去，必须去；领导核心还在延安，党内也不会有什么扰乱，将来还可能有多一些的同志到外面去，延安不要轻易搬家；由于有我们的力量、全国的人心、蒋介石自己的困难、外国的干预4个条件，这次去是可以解决一些问题的。

8月26日，中共中央向党内发出毛泽东起草的《中共中央关于同国民党进行和平谈判的通知》，指出："我党应当努力学会合法斗争的一切方法，加紧国民党区域城市、农村、军队三大工作（均是我之弱点）。在谈判中，国民党必定要求我方大大缩小解放区的土地和解放军的数量，并不许发纸币，我方亦准备给以必要的不伤害人民根本利益的让步。无此让步，不能击破国民党的内战阴谋，不能取得政治上的主动地位，不能取得国际舆论和国内中间派的同情，不能换得我党的合法地位和和平局面。但是让步是有限度的，以不伤害人民根本利益为原则。在我党采取上述步骤后，如果国民党还要发动内战，它就在全国全世界面前输了理，我党就有理由采取自卫战争，击破其进攻。"通知还分别对华北、华东解放区和华中、华南解放区的斗争作了原则指示，告诉全党绝对不要因为谈判而放松对蒋介石的警惕和斗争。

1945年8月28日上午11时许，毛泽东、周恩来、王若飞和赫尔利、国民党政府军事委员会政治部部长张治中一起，从延安飞抵重庆。下午3时37分，毛泽东乘坐的飞机在重庆九龙坡机场降落。到机场迎接的有蒋介石的代表国民党政府军事委员会航空委员会主任周至柔，有国民党政府军事委员会战地党政委员会秘书长邵力子，民盟主席张澜，中国民主同盟领导人沈钧儒、黄炎培、左舜生、章伯钧，三民主义联合会负责人陈铭枢，无党派民主人士郭沫若。毛泽东在机场对中外记者发表书面谈话："本人此次来渝，系应国民政府主席蒋介石先生之邀请，商谈团结建国大计。现在抗日战争已经胜利结束，中国即将进入和平建设时期，当前时机极为重要。目前最迫切者，为保证国内和平，实施民主政治，巩固国内团结。国内政治上军事上所存在的各项迫切问题，应在和平、民主、团结的基础上加以合理解决，以期实现全国之统一，建设独立、自由与富强的新中国。希望中国一切抗日政党及爱国志士团结起来，为实现上述任务而共同奋斗。本人对于蒋介石先生之邀请，表示谢意。"毛泽东与欢迎者一一握手并合影，然后乘车至张治中官邸稍事休息，随即会见郭沫若与夫人于立群及外交部长王世杰，接见记者，赴红岩八路军办事处参加中共南方局欢迎晚会，会见南方局负责人和新华日报社、群众周刊的章汉夫、许涤新、胡绳、戈宝权等人。晚8时，毛泽东在张治中、邵力子的陪同下，与周恩来、王若飞应邀赴蒋介石山洞林园官邸出席欢迎宴会。作陪的有张群（国民党四川省政府主席）、陈诚（国民党政府军政部部长）、吴国桢（国民党中央宣传部部长）、王世杰、周至柔、蒋经国（青年军总政治部主任）、赫尔利、魏德迈。应蒋介石之请，毛泽东当晚下榻林园。

8月29日上午，毛泽东与周恩来、王若飞在林园同张治中商谈谈判的内容和程序。下午，毛泽东同蒋介石第一次直接商谈。蒋介石表示一切问题愿听中共方面的意见。蒋介石并重提中国无内战的说法。毛泽东列举了10年内战和抗日战争中的大量事实指出，说中国无内战是欺骗。最后，蒋介石提出谈判三原则：1. 所有问题整个解决；2. 一切问题之解决，均须不违背政令军令之统一；3. 政府之改组，不得超越现有法统之外。晚上，毛泽东同张治中、王世杰、张群等继续商谈，双方同意先作一般性的交换意见。

8月30日，毛泽东由林园返回桂园。上午分别访晤宋庆龄（保卫中国同盟主席）、赫尔利。当日，三民主义联合会负责人柳亚子、陈铭枢、沈钧儒、黄炎培、左舜生、章伯钧，中国民主革命同盟负责人王昆仑，国民参政会参政员冷遹、傅斯年、王云五等到桂园与毛泽东商谈。

8月30日下午，毛泽东前往中国民主同盟总部（民主之家）特园访问张澜，民盟中央委员、特园主人鲜特生在座。毛泽东向张澜转达朱德对老师的问候，转达吴玉章对老友的问候。张澜对毛泽东的安全担心，他不相信蒋介石有和平的诚意，是假戏。毛泽东说，我们就来一个假戏真做，让全国人民当观众。看出真假，分辨是非，这场戏价值就大了。张澜对毛泽东说，军队和解放区问题是国共谈判的症结。征得毛泽东同意，由张澜给国共双方写了一封公开信，把问题摊开在了全国人民面前，在一定程度上推动了国共谈判。毛泽东当面赞誉张澜是“老成谋国”。

30日晚上，毛泽东出席张治中的宴会，于右任（国民党政府监察院院长）、孙科（国民党政府立法院院长）、邹鲁（国民党中央执行委员会常务委员）、叶楚伧（国民党中央执行委员会常务委员）作陪。饭后，于右任辞去，国民党中央秘书长吴铁城来。

30日，毛泽东致电刘少奇并转告中共中央，下月初准备向国民党提出11条意见：1. 在和平、民主、团结基础上实现全国的统一，建设独立、自由和富强的新中国，彻底实现三民主义；2. 拥护蒋先生，承认蒋先生在全国的领导地位；3. 承认国共两党及抗日党派的平等合法地位，确立长期合作、和平建国方针；4. 承认解放区部队及地方政权在抗日战争中的功绩和合法地位；5. 严惩汉奸，解散伪军；6. 重划受降地区，解放区抗日军队参加受降工作；7. 停止一切武装冲突，各部暂留原地待命；8. 实现政治民主化，军队国家化，党派平等合法；9. 政治民主化的必要办法：由国民党政府召集各党派及无党派人士代表人物的政治会议，各党派参加政府，重选国民大会：由中共推荐陕甘宁边区及热河、察哈尔、河北、山东、山西5省省府主席，绥远、河南、江苏、安徽、湖北、浙江、广东及东北10省副主席，北平、天津、开封（9月3日将11条意见交国民党代表之前，毛泽东将开封市改为青岛市）、上海特别市副市长，推行地方自治，实行普选；10. 军队国家化的必要办法：公平合理地整编全国军队，确定分期实施计划，解放区部队编成16个军48个师，驻地集中于淮河流域及陇海路以北地区，中共及地方军事人员，参加军委会及其各部的工作，设立北平行营及北方政治委员会，任中共人员为主任；11. 党派平等的必需办法，释放政治犯，取消一切不合理禁令，取消特务等。

8月31日上午，毛泽东同周恩来、王若飞赴国民参政会，出席邵力子的邀请。下午在桂园会见中国民主革命同盟领导人王昆仑、许宝驹、屈武、侯外庐、曹孟君、谭惕吾，畅谈3个小时。

9月1日，毛泽东同周恩来、王若飞参加中苏文化协会会长孙科、副会长邵力子为庆祝中苏友好同盟条约而举行的盛大鸡尾酒会。散会后，当毛泽东出门时，聚集在大门口的几千群众鼓掌高呼"欢迎！欢迎！"晚8时，同周恩来、邵力子应张群、王世杰、吴铁城的邀请，在冯玉祥的陪同下，赴吴铁城住宅出席宴会。

9月2日上午10时，毛泽东在桂园约见王世杰。中午，毛泽东同周恩来、王若飞赴特园，出席张澜以中国民主同盟名义举行的宴会。毛泽东说：这是民主之家，我也回到家里来了，今天我们聚会民主之家，今后共同努力，生活在民主之国。在宴会上毛泽东反复强调和为贵。毛泽东同沈钧儒谈健身活动，同黄炎培谈职业教育，同张申府谈五四往事。宴毕，特园主任拿出纪念册，请毛泽东题词留念，毛泽东题写"民主在望"，并说道路尽管曲折，前途甚是光明。

下午，毛泽东会见邹鲁及各方友好人士。晚8时半，毛泽东与周恩来、王若飞去林园赴蒋介石的晚宴。在座的有孙科、吴铁城、张群、王云五、张伯苓（国民参议会参议员）、傅斯年等。宴会后，毛泽东同蒋介石直接商谈中共领导下的军队编组数目和驻地、解放区、政治会议、国民大会代表等问题。

9月3日上午，毛泽东会见王世杰。毛泽东将8月30日拟定的中共

11条意见略加修改后，由周恩来、王若飞面交张群、张治中、邵力子转蒋介石。下午，毛泽东访于右任、戴季陶（国民党政府考试院院长）、白崇禧（国民党政府军事委员会军调部部长）、吴稚晖（国民党中央监察委员）。下午5时，毛泽东会见韩国临时政府官员。下午6时，会见郭沫若、于立群、翦伯赞（《中苏文化》杂志副主编）、邓初民（中国民主同盟中央委员）、冯乃超（中共中央南方局文委委员）、周谷城（复旦大学教授）等，征询他们对时局的意见。晚7时半，毛泽东赴苏联大使彼得洛夫的宴会，会见英美法等国大使和荷比等国使馆官员。

9月4日上午，会见来桂园访问的白崇禧。同日，蒋介石将其自拟的《对中共谈判要点》：1. 中共军队之编组以12个师为最高限度；2. 承认解放区，绝对行不通；3. 拟将原国防最高委员会改组为政治会议，由各派人士参加；4. 原当选之国民大会代表仍然有效，可酌量增加名额。交张群、王世杰、张治中、邵力子，正式指定他们4人为谈判代表，要他们拟其对中共9月3日所提方案的复案。

自9月4日，中共代表周恩来、王若飞在毛泽东领导下，同国民党政府代表张群、张治中、邵力子自本日开始至10月5日为止，共进行了12次谈判。

9月4日，毛泽东同周恩来、王若飞应赫尔利大使邀请共进午餐，美国访华团团长史奈德亦在座。下午5时，应蒋介石邀请，参加在军委会举行的庆祝抗战胜利茶会。会后，毛泽东同蒋介石直接商谈。晚上，出席英国驻华军事代表团团长魏亚特将军的招待会。

9月5日，毛泽东同周恩来赴邹鲁的午宴。在桂园接见《大公报》记者。毛泽东还会见中国妇女联谊会代表和各方友好人士。晚上，出席曾访问延安的6位参议员的宴会。

9月6日，毛泽东同周恩来、王若飞、王炳南赴于右任的午宴，在座的有陈立夫（时任国民党中央社会部长）、叶楚伧等。下午，毛泽东访居正（国民党政府司法院院长）。往中正学校、中央大学访问故旧。到沙坪坝南开中学访柳亚子、张伯苓。晚上，毛泽东与周恩来、王若飞出席宋庆龄的宴会。宴会后访晤苏联大使彼得洛夫。

9月7日，毛泽东同周恩来、王若飞赴覃振（国民党政府司法院副院长，抗战时期曾自愿担任中共湖南省委创办的“塘田战时讲学院”院长）的午宴。下午，毛泽东同周恩来、王若飞往访英国大使薛穆、法国大使贝志高，各谈1个多小时。应邀赴加拿大大使欧德伦茶会，谈2小时。当晚，毛泽东同周恩来、王若飞赴冯玉祥的晚宴。

9月8日，下午4时，毛泽东同周恩来在桂园举行茶会，招待在重庆的各国援华救济团体负责人，宋庆龄出席茶会。毛泽东致辞感谢各方面人士8年来对陕甘宁边区及解放区的援助，并希望继续这种援助。晚上7时半，毛泽东与周恩来、王若飞赴孙科的宴会。

9月9日，毛泽东在红岩村会见郭沫若、于立群等，并与他们共进晚餐。

9月11日晚上，毛泽东在桂园宴请张澜、沈钧儒、黄炎培等，向他们介绍两党谈判情况，并征询他们的意见。

9月12日上午，毛泽东在红岩会见许德珩教授及夫人劳君展。随后，同周恩来应蒋介石之邀去林园共进午餐。餐后同蒋介石直接商谈。

9月13日，毛泽东同周恩来、王若飞首次招待在重庆的外国记者，毛泽东发表谈话：目前双方保证不向外公布会谈情况，但希望会谈成功。中午赴赫尔利的午宴。晚上赴戴季陶的晚宴。

9月14日，毛泽东同周恩来接见日本反战作家鹿地亘和池天幸子，晚上赴白崇禧的宴会。

9月16日下午4时半，毛泽东在红岩八路军驻重庆办事处会见了美国驻华第十四航空队总部的霍华德·海曼、爱德华·贝克、杰克·埃德尔曼3位士兵。他们希望了解中国解放区的情况。毛泽东向他们介绍了解放区的情况，并阐明中共有关国际、国内问题的主张。毛泽东还请他们吃饭，并询问美国的情况。

9月17日，毛泽东应邀赴林园同蒋介石共进午餐，张群、吴国桢、赫尔利在座。餐后，同蒋介石直接商谈，双方争执在军队和政权问题。下午，毛泽东在桂园举行茶会，招待产业界人士。毛泽东说：只有在国家独立、民主、自由之下，民族工商业才有发展前途。

同日，蒋介石写信给阎锡山并附《剿匪手册》两本。自重庆谈判开始至本日，蒋介石命令4个战区的司令长官傅作义、胡宗南、孙连仲、李品仙等，分别率领所部沿铁路沿线向解放区进犯。中共中央、中央军委决心开展交通破击战，打击铁路沿线进犯的国民党军。

同日，毛泽东与周恩来复中共中央17日来电（刘少奇于9月17日为中共中央起草的致毛泽东、周恩来电报，提出：我们全国战略方针必须确定向北推进、向南防御，否则我之主力分散，地区太大，处处陷于被动。刘少奇建议：新四军江南主力立即转移到江北，皖南、皖北新四军第七师也向北撤退，从山东、华中抽调10万至15万人北上），完全同意力争东北的方针。同时指出，东北及热河、察哈尔控制在手，全党团结一致，什么也不怕。并告中共中央，谈判无进展。

9月19日，毛泽东设午宴招待燕京大学校长司徒雷登。

9月20日，毛泽东访陈立夫、叶楚伧、程潜（国民党政府军事委员会副参谋总长兼战地党政委员会主任委员）、贺耀祖（国民党政府重庆市市长）。毛泽东在王炳南的陪同下会见陈立夫时，他先以回忆往事的口气谈起大革命前国共合作的情景，然后批评国民党背叛革命、实行反共"剿共"的错误政策，引狼入室险些招致亡国的祸害。毛泽东谈到，共产党上山打游击是国民党逼出来的，就像孙悟空大闹天宫。毛泽东说："玉皇大帝封他为弼马温，孙悟空不服气，自己鉴定是齐天大圣，可是你们却连弼马温也不给我们做，我们只好扛枪上山了。"陈立夫表示要对这次国共和谈“尽心效力”。毛泽东走访程潜时叙谈了很长时间。毛泽东鼓励程潜说：“你是老资格，国民党政府下届改选，你可以参加副总统的竞选。搞成了，好主持和谈。如果搞不成，你只要湖南。”国民党重庆市长贺贵严（耀祖），故乡是湖南省宁乡县贺石桥，他是同盟会老会员，参加过辛亥革命。毛泽东抵达重庆时，贺市长去机场迎接。他与毛泽东相逢，一见如故，视为知己。贺十分关心毛泽东在重庆的安全，多次严令有关方面加强保安措施。出于同乡及对毛泽东的敬慕，贺特邀毛泽东赴私邸晚宴。宴毕，还安排了一次小型的“湖南同乡会见”，原定只有十数人参加，岂料消息传出，众多的湖南乡亲争先恐后地来赴会，达二三百人之多。除客厅及各旁均坐满来客之外，庭院里也坐着、站着许多人。毛泽东说：“两党共同领导抗战，打败了日本侵略者，今后当继续合作。”贺贵严说：“民同此心，国家有望。”毛泽东又说：“中国革命能取得今天这样的成果，社会各界、百姓及诸君做了努力。”贺贵严笑了笑，接着说：“是的，广东人出钱，湖南人出命。”毛泽东做了一个手势，诙谐地说：“那些浙江人就做官了！”一时间，哄堂大笑。毛泽东离开重庆后，蒋介石把贺贵严召去狠狠训了一顿。说：“湖南人团结非国家之福，乃国家之祸。”

9月20日，毛泽东收到中共中央本日来电。来电说，据西安确息，蒋介石密示所属：“目前与奸党谈判，乃系窥测其要求与目的，以拖延时间，缓和国际视线，俾国军抓紧时机，迅速收复沦陷区中心城市。待国军控制所有战略据点、交通线，将寇军受降后，再以有利之优越军事形势与奸党作具体谈判，彼如不能在军令政令统一原则下屈服，则以土匪清剿之。”同日，毛泽东同周恩来等出席《大公报》负责人在李子坝报社举行的招待会。席间，《大公报》负责人重提共产党不要另起炉灶。毛泽东回答：不是我们要另起炉灶，而是国民党的炉灶里不许我们造饭。毛泽东为《大公报》报社职工题词“为人民服务”。

9月21日，谈判陷入僵局。休会5天。本日，赫尔利找毛泽东谈话，要求中共交出军队，要么破裂。毛泽东回答说：还要讨论。

9月22日，毛泽东会见在重庆的作家和戏剧界人士。

9月23—26日，毛泽东外出访问友好人士。

9月30日，毛泽东在红岩会见青年学生，勉励他们努力学习，努力工作，准备担负更重要的任务。

10月2日，毛泽东约柳亚子到红岩见面。

10月4日，毛泽东致信柳亚子，信中说：前曾奉告二语，前途是光明的，道路是曲折的；吾辈多从曲折（困难）二字着想，庶几反映了现实，免至失望时发生许多苦恼；而困难之克服，绝不是那么容易的事情，此点深望先生引为同调。

10月5日，周恩来、王若飞同张群、张治中、邵力子举行最后一次谈判。谈毕，周恩来提出，毛泽东来此一月有余，拟于下周返回延安。周恩来将他起草的《会谈纪要》提交对方以供讨论。

10月8日，国共两党经过艰苦的谈判，草签了《政府方面与中共会谈纪要》。国民党谈判代表张治中，当晚在国民政府军委会大礼堂举行鸡尾酒会以示庆贺，同时请来重庆厉家班子唱戏招待毛泽东等中共代表。这时，柳亚子来访，周恩来只好请柳亚子改日来见，并让自己的秘书（对外称周恩来副官）李少石用自己的座车将柳亚子送回去。途中，遭到国民党士兵的枪击，李少石被打成重伤，送入市民医院抢救。当办事处工作人员将这一事件告知正在军委会礼堂看戏的周恩来时，他立刻警觉起来，为毛泽东的安全担心。周恩来轻轻对毛泽东说："有点事，我出去一趟。"周恩来出了军委会礼堂后，首先想到的就是张镇。张镇，湖南常德人，1900年生，黄埔军校一期六队学员，追随蒋介石，步步升迁，时任国民党重庆宪兵司令。按照周恩来的要求，张镇和周恩来一起到医院看望了时已去世的李少石；又按照周恩来的要求在戏散后，用宪兵司令的座车亲自护送毛泽东回红岩。

10月9日，毛泽东同周恩来、王若飞应蒋介石夫妇邀请，赴林园共进午餐，宋子文、王世杰、张群、张治中、邵力子等在座。餐后，毛泽东同蒋介石直接商谈。蒋介石仍然提出要中共放弃军队和解放区，毛泽东表示不能同意。

通过谈判，蒋介石与毛泽东几经交手，自感不是毛泽东的对手。蒋曾对他的政治亲信陈布雷说："毛泽东此人不可轻视。他嗜烟如命，手执一缕，绵绵不断。但他知道我不吸烟后，在同我谈话期间竟绝对不抽一支。对他的决心和精神不可小视啊！"蒋介石担心谈判后"放虎归山"，曾想软禁毛泽东。正在举棋不定之际，国民党元老于右任、冯玉祥等人分别打来电话，说："蒋先生邀请毛泽东赴渝共商国是，九州尽知其诚，然现在竟有微词，说先生有软禁毛泽东之意，这种传闻于和谈有碍。为正视听，余等准备通过报界予以辟谣，澄清事实。"蒋介石十分恼火，且又未敢发作，故作镇静地说："明人不做暗事，谣言不攻自破，请二位先生及其他党国要员不必介意道听途说。"迫于各方面的压力，又考虑到全面内战的准备尚未做好，伪装不宜过早撕破，蒋介石只得打消了软禁毛泽东的念头。

经过43天的反复讨论，1945年10月10日签署了《政府与中共代表会谈纪要》，即《双十协定》。

1945年10月11日上午9时半，毛泽东由张治中陪同，乘车到九龙坡机场。陈诚代表蒋介石到机场送行。到机场送行的有重庆各界人士和八路军办事处及《新华日报》工作人员500余人。毛泽东与各界代表话别。登机前，毛泽东向中外记者发表简短谈话：中国问题是可以乐观的，困难是有的，但是可以克服的。然后和张治中、王若飞登机（周恩来留下继续谈判）。飞机9时45分起飞，下午1时30分到延安机场。延安党政军各机关的领导和大批工作人员与学校学生都前往机场迎接，特别是当地的老百姓，听到毛泽东返延的消息，都争先恐后地涌向机场，他们中的许多人甚至从数十里外赶来，从龙钟的老人到幼稚的孩子，有2万多人围住了刚刚停下的飞机，眼睛里都流露着欣喜。

9月15日，中共中央立即作出发展东北根据地的决定，并进一步派出大批干部和主力部队向东北开进。9月17日，刘少奇、朱德、任弼时以《为力争东北、控制热察之战略计划及工作部署》电告在重庆谈判的毛泽东和周恩来，同时亦提出“向北发展、向南防御”（巩固华北、争取东北、坚持华中）的战略方针，得到毛泽东的赞同。

国民党为与中共争夺东北，在重庆谈判期间集中了50万大军，在日伪军的掩护和配合下，沿平绥、同蒲、平汉、津浦等铁路线向平津、张家口和东北急进。国民党陆军总司令何应钦密令各战区重新印发蒋介石1933年编写的《剿匪手本》。9月20日，蒋介石密令各战区司令长官，要求抓紧时机，控制所有的战略据点、交通线。针对这种情况，中共中央于9月底发出指示，要求各解放区彻底破坏铁路、公路，迟滞蒋军的行动，指出这是当前的战略任务。

9月，阎锡山集中13个师的国民党军队，在日伪军的配合下，先后由临汾、浮山、翼城和太原、榆次出发，侵入晋冀鲁豫解放区长治（古称“上党郡”）附近的襄垣、屯留、潞城等地。10月，解放区军民发动反攻，将国民党军13个师全部消灭，进攻的38000名敌人被消灭了35000人，逃掉2000人，散掉1000人。俘虏十九军军史泽波、暂编四十六师师长郭溶、暂编四十九师师长张宏、六十六师师长李佩膺、六十八师师长郭天兴、暂编三十七师师长杨文彩等。战后，中共长治前线司令员陈赓接见了史泽波，向他交代了中共的俘虏政策，并问他：“你认为这次作战失败的原因是什么？”史泽波感慨地说：“抗战8年，贵军在上党地区对日作战，日本投降后，我们来抢地盘是不对的。不过没想到失败的这样快，真是天助你们！”陈赓说：“你讲对了！《水浒传》上说梁山泊的好汉们‘替天行道’，我们也是‘替天行道’。我们的天就是人民。我们依靠人民打败了日本侵略军，也依靠人民打败了你们。历史证明，与人民作对，必然要失败。希望你今后能为反对蒋介石、阎锡山发动内战做些贡献！”陈赓的话打动了史泽波的心，后来他领衔联合上党战役被俘的高级将领发通电，揭露蒋、阎挑动内战的罪行。

9月，胡宗南的2个军经同蒲铁路、正太铁路开抵石家庄。孙连仲的3个军4万多人在第十一战区副司令长官马法五、高树勋率领下自郑州、新乡一带沿平汉路北犯，企图夺取邯郸，北上同胡宗南部会师。10月下旬，新八军高树勋部、四十军马法五部、三十军鲁崇义部侵入磁县、邯郸地区。解放区军民奋起自卫，10月25日，将进攻各部予以包围，同时对进攻各部实行劝告。10月30日，国民党第十一战区副司令长官兼新八军军长高树勋将军深明大义，响应中共号召，率其所属新八军和河北民军一个纵队共1万余人在邯郸南面的马头镇起义。根据毛泽东提名，起义部队改编为民主建国军，毛泽东在电报中指出："马头镇距邯郸很近，邯郸系历史名城，因此可称为邯郸起义。"其余2个军尚不觉悟，自30日晚，解放区军民与其激战一昼夜，俘马法五以下官兵2.3万人。驻绥远西部的五原、临河一带的国民党第十二战区司令长官傅作义在攻占归绥、集宁、丰镇后，于9月初攻占兴和、尚义、武川、陶林、新堂、凉城，大举向察哈尔解放区进攻，迫近边区首府张家口。解放区军民将其击退，并俘虏了大批国民党官兵。同时，陈毅所部也切断了津浦路，阻滞了蒋军。到11月初，华北、华中国民党主力由四路集中平津，经北宁和热河两路进入东北的计划，基本被打破。

120. 毛楚雄之死

早在1927年初夏，毛泽覃从武汉奔赴江西，参加南昌起义。他的妻子周文楠将要生产，回到长沙。1927年9月8日，毛泽覃的儿子毛楚雄出生在长沙市小吴门松桂园小巷。1928 年春天，周文楠被捕入狱，小楚雄就每天由外婆抱到监狱里吃奶。不久，周文楠患了重病，断了奶，外婆就熬些米汤喂养他。为安全起见，毛楚雄改姓周。1930 年，红军攻下长沙，周文楠被营救出狱，后随部队撤回苏区。

1935 年，毛楚雄在松桂园附近一所小学读书时，当外婆告知他的父亲毛泽覃在瑞金牺牲的消息后，他失声痛哭。

1937 年 5 月，毛楚雄的外婆与韶山中共地下党组织取上了联系。同年 11 月底，毛楚雄一家回到韶山。外婆激动地对他说："从今天起，你该姓毛了。"

毛泽东得知楚雄一家的近况，多次给楚雄寄生活费。毛楚雄在韶山起先跟舅舅读古文、学历史，后到毛氏宗祠小学读书，1940 年考入韶山私立第三小学读高小，1941 年毕业。由于毛楚雄学习刻苦，成绩非常优异。尤其是作文，思想敏锐，文字简洁，语言生动。面对日军的侵略，他写的《抗战救国》一文具有强烈的使命感，并把抗战和建国紧密地结合起来谈论，因而名驰全校，连县里的"督学"也赞叹不已。

皖南事变后，韶山和延安失掉联系。14 岁的楚雄被迫辍学，成天在农村参加劳动。由于他整天锻炼，他很能走路，到湘乡县城，来回 100 多里，他常常一双赤脚，当天过去，当天回来。

1944 年，王震率领的三五九旅由陕甘宁南下开辟和扩大南方根据地。临行前，毛泽东嘱托王震到湖南后将毛楚雄带到部队去。

1945 年，南下支队北撤时经过湘潭县。9 月间，毛楚雄随军北上，他们绕过洞庭湖，跨过长江，在湖北黄陂一带打游击。后，他随军来到中共中原区司令部所在地，湖北宣化店。毛楚雄在这里积极参加筹粮和收税工作，并调查了解各乡的经济情况。

1946 年 6 月 26 日，国民党军队大举进攻中原解放区，中共部队分路突围。7 月中旬，毛楚雄随部队到达河南省淅川县，碰上了王震，随三五九旅继续西征，奔赴延安。8 月 7 日，毛楚雄随部队抵达陕西省镇安县。胡宗南正集结重兵，对秦岭实行严密的封锁。为使部队更好地投入战斗，三五九旅决定动员部分人员化装分散前进。王震把毛楚雄委托给原新四军供给部长吴先云带领，他们一行 5 人化装成行商，抄小路奔赴延安。他们离开镇安的泗庙，一天黄昏到达一个叫作文家庙的山村，分别在两户农家住了下来。当地一个保长起了歹心。第二天早饭后，他们出村不远，保长带着保丁和土匪，手执凶器追赶上来，在门家沟将他们围住。保长猜想其中必有中共重要干部，于是刽子手对他们进行盘问、搜查后，首先用斧子砍死毛楚雄，而后又砍死一个中年干部，最后将吴先云和他的爱人等 3 人活埋在石灰窑内。

121. 拿延安换一个新中国

蒋介石发动内战后，为了摆脱战线日益延长而兵力日益不足的被动局面，采取缩小进攻的正面，在东北、晋察冀、晋冀鲁豫战场上改取守势，而抽调兵力加强到山东和陕北两个战场上去的战术，力图先控制这两个地区，再集中兵力解决华北和东北。蒋介石的战略目的是：首先将中共中央和中国人民解放军总部驱逐出西北；在山东战场，则是打通津浦路。然后，西北和山东的国民党军队取夹攻华北之势，使南北两个战场的军队会师张家口、山海关，把东北和华北的解放军分别开来，实行各个击破。

当山东战场的战斗正在激烈地进行的同时，蒋介石严厉要求部属一定要对“匪军老巢”延安实行“犁庭扫穴，切实占领”。1947 年 2 月上旬，蒋介石将围困着陕甘宁边区的西安绥靖公署主任胡宗南召到南京，确定了进攻陕甘宁边区的基本设想。2 月 28 日，蒋介石飞到西安，召集西安军政负责人开会，研究确定进攻延安的具体部署。3月2日，胡宗南部整编第二十九军一部进入陇东庆阳地区，企图吸引中共部队西调，然后集中全力袭取延安。毛泽东指出：集中全力歼灭一个旅。陕甘宁野战集团军一部向进入西华池（现合水）之敌第四十八旅发起攻击，至5日，歼其一部，击毙敌旅长。

1947年3月11日，胡宗南在洛川召开旅以上军官参加的作战会议，传达西安会议的决定，确定在洛川组织前进指挥所，统一指挥西安绥靖公署（由第一战区长官司令部改称）所属各部的进攻行动。西北战场的国民党军队是胡宗南指挥的部队（15个旅），加上西北行辕马步芳、马鸿逵部和晋陕绥边区总部邓宝珊部共34个旅、25万人。

蒋介石的作战序列是：以第一军7个旅为主力，外加迫击炮和火箭部队从运城出发渡过黄河，经韩城集中于宜川附近；第二十九军的十二旅、一二三旅、一三五旅、一六五旅作为配合，以第四十八旅、八十四旅为第二线部队，保护铜川到洛川这条公路补给线，以二十四旅、一四四旅作为总预备队，由关中分区秘密向洛川、富县靠近。

在得到国民党军队即将发动进攻的情报后，毛泽东召开了几次中央会议，对局势作了分析：蒋介石这次进攻，丝毫不是表示国民党统治的强有力，而是显示国民党的军事、政治、经济都已处于极端困难的情况中；为了抽调兵力组织这次进攻，胡宗南在右翼的山西地区只留置4个旅，协同阎锡山进行防御；在后方的陇海铁路以及从西安到兰州的公路上兵力也很空虚，完全是孤注一掷，带着慌乱精神。

毛泽东判断：蒋介石组织这次进攻的军事企图是首先解决西北问题，割断我党右臂，并且驱逐我党中央和人民解放军总部出西北，然后调动兵力进攻华北，达到其各个击破之目的。根据以上分析，毛泽东和中共中央定下了“必须用坚决战斗精神保卫和发展陕甘宁边区和西北解放区”的决心，并据此确定：急调晋绥军区第二纵队王震部（两个旅约万人）自吕梁地区西渡黄河，加入西北人民解放军序列；西北人民解放军必须从长期战争着眼，依靠自身的力量部署一切；在当前，应诱敌深入，必要时主动放弃延安，同胡宗南部主力在延安以北山区周旋，陷敌于十分疲惫、十分缺粮的困境，然后乘机集中兵力逐次加以歼击，以达到钳制并逐步削弱胡部，从战略上配合其他解放区作战，最终夺取西北解放战争胜利的目的；驻延安的党政机关及群众立即紧急疏散。

关于撤离延安，毛泽东对工作人员解释说：蒋介石的阿Q精神十足，占领了延安，他就以为自己胜利了，但实际上只要他一占领延安，他就输掉了一切；首先，全国人民以至全世界就都知道了是蒋介石背信弃义，破坏和平，发动内战，祸国殃民，不得人心，这是主要的一面；不过，蒋委员长也有自己的想法，只要一占领延安，他就可以向全国、全世界宣布“共匪巢穴”共产党总部已被捣毁，现在只留下“股匪”，而他只是在“剿匪”，这样，也就可以挡住外来的干预；不过这只是蒋委员长自己的想法，是他个人的打算，并非公论；此人的特点就在这里，他只顾想他自己的，而别人在想什么，怎么想的，他一概不管；另外须知，延安既然是一个世界名城，也就是一个沉重的包袱；他既然要背这个包袱，那就让他背上吧；而且话还得说回来，你既然可以打到延安来，我也可以打到南京去，来而不往非礼也嘛。

毛泽东预言说：少则一年，多则两年，我们还会回来的，拿一个延安换一个中国。对当地的老乡，毛泽东解释道：譬如有一个人，背个很重的包袱，包袱里尽是金银财宝，碰见了个拦路打劫的强盗，要抢他的财宝；这个人该怎么办呢？如果他舍不得暂时扔下包袱，他的手脚很不灵便，跟强盗对打起来，就会打不赢，要是被强盗打死，金银财宝也就丢了；反过来，如果他把包袱一扔，轻装上阵，那就动作灵活，能使出全身武艺跟强盗对拼，不但能把强盗打退，还可能把强盗打死，最后也就保住了金银财宝；我们暂时放弃延安，就是把包袱让给敌人背上，使自己打起仗来更主动、更灵活，这样就能大量消灭敌人，到了一定的时机，再举行反攻，延安就会重新回到我们的手里。

3月10日，毛泽东派彭德怀到南线视察部队的战备情况，并传达中共中央、中央军委的决策。3月11日，彭德怀视察延安南边的前沿阵地——南泥湾和金盆湾，要求阻击部队争取防守一星期，掩护中央机关从容撤退。

3月11日，美军驻延安观察组撤离后7小时后，国民党飞机开始大规模轰炸延安。

3月12日，朱德、刘少奇等率一部分中央机关人员自枣园北上子长县的王家坪。毛泽东、周恩来搬到延安王家坪解放军总部办公，并在这里听取了彭德怀关于南线情况的汇报，当场研究决定由彭德怀和中共西北局书记习仲勋到前线指挥西北人民解放军作战。

3月16日，中共中央军委下达命令：由陕甘宁和晋绥两解放区的武装组成西北野战兵团，由中共中央军委副主席、中国人民解放军副总司令、中国人民解放军总参谋长彭德怀任司令员兼政委，习仲勋为副政委。下辖第一纵队（辖三五八旅、独立第一旅）、第二纵队（辖三五九旅、独立第四旅）、新编第四旅、教导旅等6个旅，计26000人。

根据毛泽东的提议，中共中央决定由中共中央军委副主席周恩来代理彭德怀的总参谋长职务。由刘少奇、朱德、任弼时率领的中央机关前梯队由延安先转至子长县的瓦窑堡一带。

1947年3月16日，中共中央军委主席毛泽东发布关于边区各部队保卫延安的部署的命令："敌以五师十二旅约八万人进攻延安，经三天猛烈攻击，突破我军第一线阵地，由于我军坚决英勇抵抗，敌伤亡甚大，困难增加，……我边区各兵团有坚决保卫延安任务，必须在三十里铺、松树岭线以南甘泉、南泥湾、金盆湾地区，再抗击十天至两星期（16日至29日），才能取得外线配合，粉碎胡军进攻延安企图。"

毛泽东把刚调到延安的新四旅政委黄振堂、副旅长程悦长、团长袁学凯等找到王家坪住处谈话说:“我们部队数量和装备都比不上敌人，因此，我们采取的办法是先打弱敌，后打强敌，先打分散孤立的敌人，后打集中强大的敌人。好比你面前有三个敌手，一个强手，两个弱手。你先把两个弱手一一打倒，剩下那一个强的，前后失去了照应，他就孤立了，胆怯了，强手就变成了弱手，一打就能倒。把弱的消灭了，强的也变弱了，把分散的打了，集中的又要分散。我们这次打仗，采用蘑菇战术。你们的任务，是作磨心，牵敌人，磨敌人，使他们疲劳饿饭，再寻机会歼灭它。一个月歼灭它几个团，过上一年光景，情况就会好转。”

毛泽东还谈到自己准备留在陕北。他说:“我们在延安住了十几年，都一直是处在和平环境之中，现在一有战争就走，怎么对得起老百姓？所以，我决定和陕北老百姓一起，什么时候打败胡宗南，什么时候再过黄河。我不离开陕北，还有一个理由，现在有几个解放区刚刚夺得主动，如果蒋介石把胡宗南投入别的战场，那里就会增加困难。中央留在这里，蒋介石就会多下些本钱。这样，咱们负担重些，就能把敌人拖住，不让他走，最后还要消灭他。”

延安坚壁清野和有秩序地撤退。周恩来检查坚壁清野工作后，满意地说:“要不是有一条延河，胡宗南连一口水也休想喝上。”

3 月 17 日清晨，西安绥靖公署前进指挥所主任裴昌会指挥两个整编军 15 个旅 14 万人开始向北进攻。国民党飞机 45 架分别从西安、郑州、太原机场起飞，对延安地区进行大轰炸，投下 59 吨炸弹，延安顿时成为一片火海。有一颗重磅炸弹在毛泽东所住的窑洞前面爆炸了，气浪冲进居室，冲倒了桌上的热水瓶，毛泽东仍然在批阅文件，不说什么时候离开延安。

3 月 18 日，延安的党政机关和群众基本上疏散完毕，延安城里也已可听到清晰的枪炮声。毛泽东和周恩来仍在王家坪窑洞里同刚自晋绥赶到延安的王震谈撤离延安后的作战方针问题。枪炮声越来越近了，别人劝毛泽东早些走，他说："走这么早干什么？我还想在这里看看敌人究竟是个什么样子。"他们和王震一直谈到黄昏，要彭德怀告诉阻击部队立即撤出阵地，并和周恩来、彭德怀察看了王家坪的几孔窑洞，叮嘱道："把房子打扫一下，文件不要丢失。"

3 月 18 日黄昏，毛泽东和周恩来等与彭德怀分手，从延安的王家坪住处撤离，依依不舍地告别了居住 10 年的延安。撤离前，毛泽东对警卫排长阎长林交代说："你把房子打扫得干干净净，家具一点也不要破坏。叫胡宗南知道，我们还要回来的。"在几位领导人的住宅门上写上"某某人住此"的字样，毛泽东的门边墙上还贴了一幅新标语："毛主席住地，请勿喧哗。"有一个目睹了延安撤退的德国医生说：延安撤退是任何国家首都的撤退中最有秩序的。

3 月 19 日，解放军的防御部队在经过 7 天保卫战，取得杀伤国民党军 5000 余人的成果后，主动撤离延安。

同日，胡宗南军占领延安。

122. 转战陕北

1947 年 3 月 19 日凌晨，毛泽东与中共中央机关的车队经飞机场、桥儿沟转移到达延川县永坪镇西南的刘家渠。3 月 19 日傍晚出发，深夜转移到清涧县徐家沟。3 月 21 日，毛泽东与中央机关由徐家沟出发，转移到清涧县高家崄。3 月 24 日转移到子长县任家山。3 月 25 日转移到子长县王家坪，与先期到达的朱德、刘少奇、周恩来、任弼时会合。途中，毛泽东作《张冠道中》一首：

朝雾弥琼宇，征马嘶北风。露湿尘难染，霜笼鸦不惊。戎衣犹铁甲，须眉等银冰。踟蹰张冠道，恍若塞上行。

在这里，毛泽东从任弼时那里听到了山西省文水县云周西村妇救会秘书、年仅15岁的女中共候补党员刘胡兰在敌人面前英勇就义的事迹，深受感动，挥笔写下了“生的伟大，死的光荣”8个大字。

3月25日，中央五大书记会合后作出“中央留在陕北”的决定。书记处成员都要求留在陕北前线。周恩来去晋绥后，毛泽东等人继续讨论。毛泽东力排众议，坚持留在陕北，他说：“我不能走，党中央最好也不走。我走了，党中央走了，蒋介石就会把胡宗南投到其他战场。这样，其他战场就要增加压力。留在陕北，拖住胡宗南，别的地方就好打胜仗。”他也不同意在陕北增加部队，他说：“不能再调部队了，陕甘宁边区巴掌大的一块地方，敌我双方现已有几十万军队，群众已经负担不起。再调军队，群众就更负担不起了。”

3月27日，毛泽东连发数电，告知彭德怀、习仲勋“中央决定在陕北不走”；告知贺龙、李井泉“中央率数百人在陕北不动，这里人民、地势均好，甚为安全”。

3月29日，毛泽东、刘少奇、朱德、任弼时与中央机关到达清涧县北面石咀驿附近的枣林沟。29日晚至30日，毛泽东主持召开中共中央会议，讨论中央机关行动问题。中共中央作出决定：毛泽东、周恩来、任弼时率中共中央机关和人民解放军总部留在陕北主持工作。同时组织中央工作委员会，去晋西北统一指挥中直、军直各机关的工作，由刘少奇、朱德担此任务，以刘少奇为书记。

朱德总司令指示把那些年岁大、身体弱、战斗经验少的战士挑出来，随他过黄河；把那些身强力壮、有战斗经验的留在陕北保卫党中央和毛主席。于是，中央警卫团决定留1个手枪连、2个步兵连和1个骑兵连共约

400 人随党中央和毛泽东在陕北活动。在临行前的一个下午，朱德专门召集警卫部队连以上干部开了会，他再三嘱咐大家：“中央和毛主席的安全就交给你们了，这个任务很重大，很艰巨，你们要坚决、勇敢，千万不能出一点差错，要保证绝对安全，否则，是无法补偿的！”

3 月 31 日，毛泽东同任弼时率中共中央机关离开枣林沟，经田庄，转移到子洲县邱家坪。刘少奇、朱德等前往晋绥解放区的临县。4 月 2 日，毛泽东同任弼时率中共中央机关转移到子洲县高家塔，4 月 3 日到子长县涧峪岔，4 月 4 日到子长县石家湾，4 月 5 日到靖边县青阳岔。4 月 10 日，周恩来由山西回到陕北靖边县的青阳岔，同毛泽东、任弼时会合。根据周恩来的汇报，中央再次研究先后转移到山西柳林、临县、兴县地区的中直、军直各机关的去向。决定：军委作战部副部长李涛率一部分来陕北工作；中央工委由刘少奇、朱德、董必武、康生、彭真组成，不久离开晋西北，前往晋察冀边区；以叶剑英、杨尚昆、罗迈、邓颖超组成中央后方工作委员会，继续在晋北领导后方工作，叶剑英为书记，杨尚昆为后方支队司令。

留在陕北的中央机关，按照军事编制，实行轻装，编为 4 个大队。成立了直属队司令部，任弼时任司令员，陆定一任政委。周恩来提议，为了保密，每人应起个代号。毛泽东说：我们一定能得胜，我叫“李得胜”；周恩来说：革命事业务必成功，我叫“胡必成”；任弼时说，我叫什么呢？毛泽东说：你是支队司令，就叫“史林”；定一同志是政委，就叫“郑位”吧。部队代号为“三支队”。

4 月 12 日，毛泽东、周恩来、任弼时率中共中央机关从青阳岔出发，下午到达靖边县王家湾（今属安塞县）。毛泽东为了使彭德怀放开手脚打仗，未把中央的驻地告诉给他。毛泽东率部在这里停留了 56 天。

4 月 15 日，毛泽东致电各战略区，赞扬羊马河伏击战的胜利：“这一胜利给胡宗南进犯军以重大打击，奠定了彻底粉碎胡军的基础。”同日，毛泽东向解放军西北野战兵团发出“关于西北战场的作战方针”，总结了前一段的作战经验，并指出："目前敌之方针是不顾疲劳粮缺，将我军主力赶到黄河以东，然后封锁绥德、米脂，分兵'清剿'。……我之方针是继续过去办法，同敌在现在地区再周旋一时期（一个月左右），目的在使敌达到十分疲劳和十分缺粮之程度，然后寻歼击之。……应向指战员和人民群众说明，我军此种办法是最后战胜敌人必经之路。如不使敌十分疲劳和完全饿饭，是不能最后获胜的。这种办法叫'蘑菇'战术，将敌磨得精疲力竭，然后消灭之。"

6月7日，国民党整编第二十九军军长刘戡带了4个半旅沿延河北上，从延安、安塞县经蟠龙镇、龙安镇向中共中央驻地——靖边县王家湾扑来。此时，开往陇东的西北野战兵团离王家湾有七八百里，中央身边的警卫部队只有300多人，且多是短武器，情势十分危急。毛泽东根据情况判断说：敌人的企图有三个：①要把我们消灭在这里；②要把我们赶过黄河；③要把我们赶到沙漠里去饿死。我们坚决不让敌人消灭，也坚决不过黄河，我们一定要在陕北坚持下去。毛泽东说：现在我们要向西转移，向靖边城内马鸿逵的部队靠拢；胡宗南打算利用马鸿逵的部队配合刘戡合击我们，但马军听不听胡宗南的指挥还很难说；我们避开刘戡，利用马鸿逵的地方主义，走一段沙漠路；胡宗南想让我们向东走，我们偏偏往西行；天下的路多得很，他走他的大川，我走我的沙漠，谁消灭谁，咱们走着瞧！司令部命令做好一切战斗准备，派出去做宣传工作的人也纷纷返回。老百姓知道部队要转移，也忙着坚壁清野。毛泽东特别关照，敌人从东边来，我们要有计划地组织老乡撤退，不能让老乡乱跑，要把我们的行动方向告诉村干部，让他们带着群众转移。有人担心这会暴露行动方向，提议让老乡向其他方向转移。毛泽东严肃地批评了这种意见，指示一定要让老乡跟自己的部队撤退，说，现在军民已凝成一体，就应该对群众负责到底，已经向东走了的群众，要派人追回来。老乡们知道部队要向西，一个个扶老携幼、牵羊拎鸡地向西奔去。

夜幕降临了，且乌云密布，天快要下雨了。毛泽东走出窑洞，看看天空，揭开衣扣，欣喜地说；“这是一场好雨！”随后，安详地坐在小木凳上。当支队副参谋长汪东兴走来，建议早一点动身。毛泽东笑着说：“慌什么，还没有看到敌人呢！我走过雪山，走过草地，就是没有走过沙漠，不要着急，我们总是不会按照敌人的设想行事的，他想把我们赶过黄河，我们却偏偏往西走，路多得很哩，过沙漠也没有什么了不起，等等看，胡宗南的兵到这里再走也不迟！”

汪东兴很体会毛泽东的心情：毛泽东不走，一定是在考虑如何既能更好地掩护群众撤退，又使敌人摸不透我军的虚实。于是，汪东兴说：“主席，你先走吧，我替你留在这里，和敌人打一仗，看看敌人是什么样子。回去向你汇报好了。”毛泽东听汪东兴说完，果然高兴地笑了。他立即站起来说：“好，你要多少部队？”汪东兴说：“给我留下一个排吧。”汪东兴领了命令和敌人周旋去了。毛泽东在院子里走了两遍，看了看居住将近两个月的窑洞，对警卫战士说：“把窑洞打扫干净，再仔细检查一遍。”临出院门，毛泽东站在房东王老汉的窑洞前问：“房东还在吗？”听说村干部已经带他们转移了，他才上马。

1947年6月8日凌晨3时，毛泽东一行冒着细雨离开了安安静静地居住了56天的王家湾，爬上西边的山梁。路很滑，天黑得伸手不见五指，毛泽东下了马，跟着部队慢慢上山。警卫人员要他坐担架，他不肯，战士们怕雨把他激病，就用一床油布给他罩在头上。天明到了靖边县小河村，这里距王家湾40里，部队停下来休息。侦察报告，汪东兴以一个排的兵力堵击在杨圪崂湾制高点，挡住了敌人3个旅的进攻，一连打退了敌人的3次进攻，下午，完成了阻击任务。据侦察，一股国民党军已经窜过王家湾，朝小河村扑来。天黑了，毛泽东的部队继续前进，这时又下起雨来。毛泽东他们顺着山梁往上爬，山下忽然响起一阵零落的枪声，同时，发现左边山沟里一派火光，看不见头，望不到尾，一个火堆接着一个火堆，遍山沟里照得红腾腾的——这是国民党的部队。支队司令员任弼时下了命令：不许打手电，不准抽烟。走了一段路，队伍停了下来，原来是带路的老乡又迷了路。部队无法前进，只好到附近村里另外找向导。警卫部队派出一个排，带着3挺机枪，朝左侧山下，布置警戒。毛泽东站在雨地里，光秃秃的山上连一块可以坐的石头也没有。警卫战士石国瑞把身上背的包袱放在地上让毛泽东坐下，毛泽东说："这会弄脏了呢！"石国瑞忙说："不要紧，脏了还可以洗。"毛泽东说了声"谢谢！"才坐在湿漉漉的包袱上。雨越下越大，顺着脸直流到脖子里，警卫战士出了个主意，几个人紧紧靠在一起，把毛泽东围在当中，这样雨就小多了。人头上面再加个旧大衣，连雨也淋不着了。毛泽东笑着说："真是铜墙铁壁，风雨不透，可是你们要冷呢！"战士们齐说："我们年轻力壮，不怕冷！"毛泽东对大家说："这场雨下得好。再过半个月就该收麦子了。"队伍继续出发了，战士们请毛泽东坐担架，毛泽东说："我早说过不坐的，你们愿意就扛着吧。胡宗南一进攻倒把我的身体锻炼得结实了，这得感谢他呢。"大家都笑了。

6月10日天大亮时，部队进入天赐湾，任弼时说："敌人也出发了，离我们只有二三十里。"毛泽东说："在这里休息吧，做好行军准备，把警戒部队组织好，敌人来了，我们立刻就走；敌人顺沟过去，我们就住下。"说到这里，他向山下望了望，"敌人可能往保安方向走了。"侦察报告："敌人顺沟过去"，"敌人过完了！"毛泽东说："好！我们住下。"刚一住定，汪东兴和他率领的一个排回来了。毛泽东迎出窑洞，握着他的手，亲切地说："我们一个排，挡住敌人3个旅的进攻，说明敌人一点也不可怕，我们很快可以把胡宗南打败的！我已经向各地发了电报，表扬你们，这样英勇善战应该通令嘉奖啊！"毛泽东又说："你很能打仗！再给你个任务，你敢不敢去？"汪东兴笑着说："只要主席下命令，哪里我都敢去！"毛泽东说："你带一个连，尾追着敌人，到延安去一趟，你们叫敌人两天两夜不睡才行哪！你的任务有两个：一是到枣园一带了解一下敌人的情况，看他们都住在哪里，对老百姓怎样。二是再看看那一带的老百姓有回去的没有，他们有什么困难。要设法帮助他们解决。一路上要机动灵活，遇上大股敌人就走，遇上小股敌人就消灭它！”并让汪带一部电台直接和他联系。汪东兴说：“主席，我带一个连太多了吧，你这里怎么办？”毛泽东说：“你放心去吧，不要管我，我自有办法。你回来的时候，我们也许离开这里了，到什么地方还不能肯定，反正是不会离开陕北的。”刘戡带着4个半旅像没头苍蝇似的，始终没有找到中共中央首脑机关的踪迹，垂头丧气地往回走。于是，汪东兴带着队伍就掐住刘戡的尾巴。刘戡想不到这里会钻出一股解放军，慌忙应战，丢盔弃甲地奔向延安。汪东兴深入延安附近，集合了五六个游击队，同敌人展开斗争，还帮助老百姓抢收了800担麦子。消息传来，毛泽东称赞说：“好极了，这个时候收800担麦子，比消灭800个敌人还有用。”

中共中央机关在天赐湾住了5天后，6月16日又迁回秀丽的小河村，在这里停留了45天。小河村的半山坡上，有一家军属的三间窑洞借给毛泽东用。毛泽东住在北间，警卫人员住南间，中间的炕上房东老汉养了很多蚕。支队司令任弼时每到一个驻地都要到处察看，当他走到毛泽东的窑洞时，听到蚕吃桑叶的声音说：“这太吵了，会影响主席办公哩！我们要在这里长住下去，明天换个房子吧。”一夜间，蚕吃桑叶的声音一直不断，房东老汉还来换了两次桑叶。第二天清早，警卫战士阎长林张罗要找房子搬家，毛泽东知道了，说：“你们还是帮老乡收麦子吧，那是要紧的事。这里很好，不需要搬，他喂他的蚕，我办我的公。不管什么时候，都不要给人家添麻烦。”

刚到小河村，毛泽东最关心的是如何尽快实现从战略防御到战略进攻的转折，其中的一环就是刘（伯承）邓（小平）大军何时向中原出动。早在5月4日毛泽东曾电令刘邓军休整，6月10日经冀鲁豫出中原。刘邓接电后提出不同意见：要求从6月9日开始以半个月时间歼灭安阳附近之敌，并争取再打一仗，以减轻野战军将来出击中原的负担，因此要推迟1个月即于6月底或7月初才能渡河南下。6月3日，毛泽东电复刘邓说：同意刘邓全军休整，渡河时间推迟到6月底，主力南进须作长期打算，望做政治上物资上的各种准备工作。

6月20日，毛泽东迫切地电询刘邓："准备情况如何？可否按原定计划出动，盼告，以便令山东与你们配合。"

1947年6月30日夜，刘邓大军7个纵队13万余人，在鲁西南横宽300华里的地段上，乘坐120余只木船，强渡黄河，向大别山进军，揭开了中国人民解放军战略进攻的序幕。听到此消息，中共中央所在地小河村沉浸在一片欢乐之中。7月1日，中共中央机关在小河村召开纪念建党26周年大会，周恩来在会上作报告。同日，新华社发表社论《努力奋斗，迎接胜利》。"努力奋斗"是毛泽东加的，他在修改社论稿时还加了三段话，第三段话是："前进的道路上还会有困难，我们一定要正视这些困难，宁可作长期打算，不要有速胜论。有困难，我们一定要克服，也一定可以克服。同胞们，同志们，勇敢前进，努力奋斗，迎接胜利！"

7月21日至23日，中共中央在小河村召开前委扩大会议。参加会议的有毛泽东、周恩来、任弼时、陆定一、彭德怀、习仲勋、马明方、贾拓夫、张宗逊、王震、贺龙、张经武、陈赓、杨尚昆、胡乔木、王铮等人。会议一开始，毛泽东先介绍了当前的斗争形势：解放战争进行了整整一年，歼灭了国民党正规军及伪军、保安队等共112万人，敌人虽不断补充，总兵力已由全面内战爆发的430万人下降为373万人。而人民解放军的总兵力却由120万人上升到195万多人。

毛泽东说：人民解放军去年作战方针是内线作战——把敌人引到解放区来消灭，已消灭了敌人的大量有生力量，迫使敌人由战略进攻转入战略防御，现在我们只有实行打出去的方针才能取得整个解放战争的胜利。

周恩来分析说，人民解放军的数量已超过解放区的负担能力，今后发展必须求之于新区，要由内线作战转入外线作战。

会议初步确定了党中央后来制定的“三军配合、两翼牵制”，夺取中原的战略部署。三军配合是：以刘伯承、邓小平率领的晋冀鲁豫解放军实施中央突破直趋大别山；陈毅、粟裕等率领的华东野战军为左后军挺进苏鲁豫皖地区；以陈赓、谢富治等率领的晋冀鲁豫解放军太岳兵团为右后军，自晋南强渡黄河，挺进豫西。三路军在江、淮、河、汉之间布成“品”字形阵势，逐鹿中原，机动歼灭国民党军。两翼牵制是：由西北野战军出击由榆林进攻陕北的国民党军北上；以山东解放军在胶东展开攻势，把进攻山东的国民党军引向海边，以便利三路大军的行动。毛泽东在会上说：蒋介石在政治上更加孤立，更加众叛亲离，群众更加不信任他，当然还未绝对孤立，还有一些人迷信他，这是一个过程；对蒋的斗争，计划用5年解决，看过去这一年的成绩是可能的；说5年，用不着讲出来，还是讲准备长期奋斗，5年到10年甚至15年，而不能像蒋介石那样先说几个月消灭我们，又说几个月，现在又说才开始；处处要从全面长期着想，这一点非常重要，要向全党全军解释；敌人的把握在我们不能长期支持这一点上，我们的对策就是主力转入外线作战，内部要精简节约。小河会议还专门讨论了陕甘宁边区的军事、财政、土改等问题。

根据侦察报告，国民党军的快速部队正向小河村猛扑过来。中共中央机关决定转移。7月31日晚，毛泽东让把借老乡的用具一一点清归还，损坏的照价赔偿，并挨门挨户向老乡道别。当晚，任弼时召集干部作了动员，他说，这次行军是艰巨的，敌人企图封锁绥德、米脂，把我们包围在无定河以西。我们要抢先赶过绥德，寻找机会歼灭它。8月1日清晨，支队（将代号“三支队”改为“九支队”）沿着大理河川向东进发，在青阳岔住了一夜，天明继续赶路。行军头两天，和敌人还隔着一两天的路程，可8月2日一到火石山，消息突然变了，敌人竟然不吃不喝一路紧追。为隐蔽目标，支队白天休息，黑夜上路。天又下起雨来，细密的雨水把衣裳都淋透了。天不亮，到了小崖子，毛泽东顾不得换衣服，忙着看电报。下午，继续赶路，转过一个山包，毛泽东忽然跳下马站住了。一眼望去，整个平川就像被水推过的，原来5月间这一带曾被国民党军洗荡过。庄稼稀烂如泥，许多窑洞门窗被拆去烧毁，坛坛罐罐打得粉碎。在这片被践踏过的地头上，毛泽东站了很久。直到大队走远了，他才上马，一路很少说话。

天似乎故意与人作对，人停雨歇，人一上路，雨又下了起来。8月3日晚毛泽东率部由火石山到达横山县肖崖则，8月4日到达子洲县巡检寺。由肖崖则到巡检寺雨一直不停，毛泽东的棉衣都湿透了。黑灯瞎火，一时找不到住处，人们站在雨地里互相招呼着。好容易找到一间房子，毛泽东问：“周副主席他们来了吗？”警卫人员去接，毛泽东一直在雨中徘徊着，等其他首长到齐，都安排了住处，毛泽东才进屋。

行军途中，即便是临时休息，报务人员也马上架电台让毛泽东给各地通报。一到宿营地，不等卸下行李，毛泽东就开始办公：批阅电报、起草指示，甚至端起饭碗，手里也离不开文件。其他首长也是如此，不管炕沿、缸盖、碾盘、石头，随处一坐都是他们的办公点。

8月8日，毛泽东率部离开巡检寺，到达绥德县的李家崖。离绥德城还有30里时，已是三更半夜，人困马乏，正待烧火做饭，忽然来了报告——刘戡的部队也扑向绥德。毛泽东说：“敌人是快速部队，我们也是快速部队，我们要赶过敌人，立刻出发！”当刘戡部队进入绥德时，支队已由绥德向北转移了。

8月10日，毛泽东率部队到达绥德县的黄家沟，13日以急行军方式，渡过无定河转移到绥德县延家岔。

8月14日，支队到达米脂县城郊外井家坪，骑兵侦察报告，刘戡离此60里，已经宿营，毛泽东说：“好，他们休息，我们也休息！”又有情报说，北路钟松部队已经到了米脂县城北的镇川堡，部队未敢久停，继续赶路。由于过度劳累，周恩来流鼻血了。毛泽东听说后，忙让用担架去抬他，经过一再劝说，周恩来才坐了上去。周恩来的鞋子磨破了，他不让大家知道，一上担架破洞露出来了，随队的江青说："副主席，你的鞋底露出袜子来了。"周恩来笑笑说："怪不得走路硌脚呢！"担架走到毛泽东面前，周恩来又要下地行走，毛泽东连忙把他按住。毛泽东笑着对战士们说："养兵千日，用兵一时，你们的担架到底用上了，这叫有备无患。"大家都笑了。8月15日下午，毛泽东同周恩来、任弼时率中共中央机关由井家坪出发，傍晚转移到米脂、佳县交界的陈家岔。

8月16日上午，毛泽东同周恩来、任弼时率中共中央机关由陈家岔出发，夜晚转移到佳县以西30里路的曹家庄。8月17日黎明，毛泽东同周恩来、任弼时率中共中央机关离开曹家庄，中午到达佳县白龙庙村，经过短暂休息后，继续行军。

8月18日，冒雨下山，到了佳芦河上游，准备过河，突然白龙庙方向枪炮齐鸣，这是警卫部队和国民党军接上了火。毛泽东回身望望山头，神态自若地在岸边来回踱步。桥一时搭不起来，汪东兴想先护送毛泽东过河。毛泽东摇摇头说："不，我留在这里！你想办法先把秘书、译电员和文件送过河去吧！"按照毛泽东的吩咐，机要人员伏在未加鞍子的马上，顺着水势泅过河去。身后战斗更加猛烈，架桥进程仍很缓慢。门板太少了，只好再泅过河去借木料。机关人马全会集在河滩上，敌机也冒雨出动了。毛泽东回身对参谋人员说："把电报拿给我看！"随后坐在一块湿漉漉的青石上，聚精会神地看电报。老乡们拉来许多门板和木料，协助部队一一放在绳索上，浮桥终于架起来了。汪东兴跑到桥心，跳了几跳，小桥虽晃悠不止，却还结实，大家安全地渡过了佳芦河。

8月18日天黑，准备回对岸的杨家园宿营，需要重渡佳芦河。这是河的上游，试一试，只有齐腰深，骑马过去，可以不湿衣服。毛泽东骑上大青马，走到河心，听到岸上有人惊呼："快走，山洪下来了！"只见一堵墙似的大水齐头盖脑压来，但老青马却不迈步。毛泽东说："你们快走，洪水冲不走我的。”警卫战士们一齐动手死拉活拖老青马，总算躲过了浪头。上岸回头一看，细流已变成了汪洋。毛泽东说：“快告诉河那边的同志们，等水小了再过吧！”毛泽东一进窑洞，不顾穿着一身湿衣服，忙着看电报。战士们要回对岸去取衣服和毯子，毛泽东说：“不用了，我还有很多东西要看，现在不想睡觉。”6、7、8月这三个月，毛泽东为中央军委起草给各个战场上的电报达200多份，平均每天起草3份。

8月19日中午，支队到达米脂县的梁家岔住下，安置就绪，毛泽东要求部队轻装，他说：“你们也知道我们要在沙家店一带和敌人有个大的战斗。两方主力都集中在这里，打得好，我们就转危为安，暂时不走了；打不好，我就过无定河，再往西走。”

中共中央总部和西北野战军的司令部的电话架通了，毛泽东和彭德怀直接通话，他说：“我是毛泽东！”自国民党侵占延安以后，毛泽东一直使用代号，今天是第一次使用这个伟大的名字。当彭德怀报告了敌三十六师被围的情况后，毛泽东大声说：“好！和全体指战员讲清楚，这是对整个战局有决定意义的一战，要坚决、彻底、干净、全部地消灭敌人，不让一个跑掉！”

8月20日，解放军按照预定计划，除以一部阻击刘戡所部，主力向敌三十六师发起攻击。午后，将一二三旅包围于常高山附近。三十六师被分割包围后，彭德怀发出歼敌动员令：“彻底消灭三十六师，是我西北战场由战略防御转入战略反攻的开始；收复延安解放大西北的开始；为着人民解放事业，继续你们无限英勇精神，立即消灭三十六师，活捉钟松，号召你们本日黄昏以前完成胜利的战斗任务！”全军奋勇向三十六师冲击，当天，敌三十六师师部及所属一六五旅、一二三旅全部被解决，毙伤俘一二三旅旅长刘子奇以下6000余人，钟松换上老百姓的衣服溜掉了。钟松，浙江人，黄埔军校第二期毕业生，原是共产党员，后被捕叛变，为人华而不实，他的师是特别师，是胡宗南的三大主力之一。

毛泽东说：“沙家店一仗，他宣告了我们内线作战从此结束了！也就是说，从现在开始，要把战争打到蒋管区去，转入外线作战。”

21日，西北野战军在佳县前东原村召开旅以上干部会。毛泽东、周恩来、任弼时等中央领导骑马由梁家岔到会，祝贺沙家店胜利。毛泽东在会上说：沙家店这一仗确实打得好，侧水侧敌本是兵家所忌，而彭老总指挥西北野战军在短短的一天里就取得了空前的胜利。

23日，陈赓、谢富治兵团由山西、河南边界南渡黄河，直逼潼关，威胁西安。27日，胡宗南军开始由咸榆公路南撤，西北野战军进行了关庄、岔口追击战，歼敌4000余人。9月中旬，西北野战军主力南下，收复了青化砭、蟠龙镇，直接威胁延安之敌。10月上旬，西北野战军先后收复延长、延川、清涧三座县城。10月11日歼胡宗南七十六师师部、二十四旅旅部及其他部队8000余人，生俘七十六师师长廖昂。同时，于榆林外围歼敌二十二军及宁夏马鸿逵一部。

10月中旬，中共中央军委发出关于西北战场的情况和经验通报：西北我军在彭副总司令指挥之下，我军共计4万余人；本年荒旱，近数月粮食极端困难；7个月作战，未补解放区新兵，补的都是俘虏，即俘即补；没有作过一次超过两星期的正式整训；然而我军战斗意志极坚强，士气极其高涨，7个月内击破了胡宗南的进攻，被我军歼灭及受歼灭性打击之敌达11个旅，加上敌人被拖疲饿瘦，使我转入反攻。

根据毛泽东在小河会议上作出的指示：第二年作战的基本任务是举行全国性的反攻——主力打到外线去，将战争引向国民党区域去；部分任务是，一部分主力和广大地方部队继续在内线作战，收复失地，歼灭敌人。

1947年8月23日下午，毛泽东率中共中央机关离开梁家岔，转移到佳县朱官寨，毛泽东等在朱官寨住了将近一个月。这是他们转战陕北过程中粮食最困难的一段时间。毛泽东、周恩来等也和当地农民一起，只是吃米糠、秕谷和瓜果合在一起再加几把黑豆片片熬成的“钱钱饭”。

9月21日到达佳县张家崖窑，9月23日迁移到佳县神泉堡。9月29日，是农历丁亥年的中秋节，毛泽东欣闻我西北人民解放军收复蟠龙。他高兴地写道：

> 中秋步运河上，闻西北野战军收复蟠龙作。秋风度河上，大野入苍穹。佳令随人至，明月傍云生。故里鸿音绝，妻儿信未通。满宇频翘望，凯歌奏边城。

1947年10月，毛泽东在佳县神泉堡为中国人民解放军总部起草了《中国人民解放军宣言》，提出了“打倒蒋介石，解放全中国”的口号，10月10日予以公布。同日，重新颁布《三大纪律八项注意》的训令。10月17日，毛泽东从佳县神泉堡出发过佳芦河，到佳县县城进行调查研究，次日到达谭家坪，参观峪口马兰纸厂。21日到达白云山脚下的南河底村。第二天是农历重阳节，毛泽东上午到白云山看庙会。10月29日到达佳县城关吕家坪。10月31日回到神泉堡，得知朱德到了石门前线，很不放心，致电刘少奇：请劝朱总回工委，不要亲临最前线。11月14日，毛泽东同周恩来、任弼时率中共中央机关从神泉堡出发到达阎家峁，11月20日到达佳县乌龙铺，11月21日到达米脂县申家崄。

11月22日，毛泽东、周恩来、任弼时、陆定一等中央前委全部抵达米脂县杨家沟，“九支队”改名为“亚洲部”。部队在这里住了4个月。12月25日至28日，中共中央在米脂县杨家沟召集会议，参加会议的除能到会的中央委员和候补中央委员外，还有陕甘宁边区和晋绥边区的负责人。毛泽东作《目前形势和我们的任务》的报告。会议讨论和通过了毛泽东的报告，并决定：“这个报告是整个打倒蒋介石反动统治集团，建立新民主主义中国的时期内，在政治、军事、经济各方面带纲领性的文件。”会议还作出：①中国人民革命战争应该力争不间断地发展到完全胜利，应该不让敌人有缓兵之计（和谈）获得休整时间，然后再来打人民；②组织革命的中央政府的时机目前尚未成熟，须待我军取得更大胜利，然后考虑此项问题，颁布宪法更是将来的问题。

会议召开的第二天，是毛泽东的54岁生日，各地前来开会的中央委员和地方、军队干部对毛泽东说："我们赶上吃你的寿面了。"毛泽东笑说："寿面并不能使人长寿啊！吃不吃无所谓哟。"大伙说："沙家店战役胜利结束了，全国进入反攻阶段，应该庆祝这一胜利，顺便为你祝寿。"毛泽东说："那可不行哟，就是全国解放了，党内也不可搞祝寿活动。"大伙不理解，毛泽东扳着指头说："第一，眼下群众和部队还缺粮吃，我们不能忘掉群众疾苦，破费东西搞祝寿；第二，我们都是共产党的干部，都要带头搞移风易俗。"说完，毛泽东严肃地宣布了两条规定：①不准中央机关为他的生日请客吃饭；②不许以任何形式为他歌功颂德。12月26日，毛泽东听取大家对《目前形势和我们的任务》讲稿的讨论意见之后，又找各地的负责同志谈话，询问地方社情和群众情绪，直到很晚才吃饭，饭菜仍是"钱钱饭"和酸白菜。

晚上，贺龙带的晋绥评剧团在杨家沟演戏，他们带来的剧目是《恶虎村》和《六月雪》。为了让周围各村的农民能看好戏，毛泽东指示将戏台搭在村中心的坪地上，不准在台前为他和其他中央负责同志摆椅子。剧开始时，毛泽东让卫士给他搬来小凳，悄悄地坐在人群后面。演出结束后，毛泽东和周恩来接见了演职人员，并就戏曲推陈出新问题与大家交换意见。此时，金鸡已经报晓。

来杨家沟以后，毛泽东同周恩来、任弼时商量决定："亚洲部"全体工作人员和中央警备团的指战员，每人每天从口粮中节约一两粮食，帮助群众度荒。毛泽东每次吃饭都要问管理员："今天我的一两口粮节省下来了吗?"他还对饲养员说："把大青马的料减上一半，我以后出门可以少骑马。"很快，"亚洲部"全体人员节约了70石黑面和30石小米，分给了杨家沟和邻近各村的贫苦农民。在杨家沟，毛泽东还强调了中农的重要性。他打比方说："贫农好比骨头，中农是肉，一个人只有骨头没有肉，那就不成其为一个人了。"

针对土改工作中出现"左"的问题，毛泽东在米脂县杨家沟发表了一系列指示和电报、通报。

1948 年 3 月，毛泽东准备离开陕北前，下达的最后一道命令是：东渡黄河的中央警卫团全体干部战士，把所携带的干粮袋里的小米全部倒出，过秤后一两不少地交给当地人民政府，留给陕北人民。毛泽东动情地对大家说："我们要离开陕北人民了，陕北人民养育了我们，我们欠他们的太多了，从现在起就想办法去偿还。"

3 月 21 日，毛泽东电告彭德怀：中央机关本日动身东移，约 4 月 15 日可到中央工委所在地；陕甘全局，除陈谢 1 个旅在陕南外，由你们独立担任。同日，毛泽东、周恩来、任弼时率中央领导机关自杨家沟步行动身，21 日晚到达绥德县吉镇。22 日经沙坪东行，抵达佳县螅蜊峪宿营。23 日中午到达吴堡县的川口渡口。

自 1947 年 3 月 18 日，毛泽东与中共中央撤离延安，至 1948 年 3 月 23 日离开陕北东渡黄河。转战陕北 1 年零 5 天，行程 2000 余里，先后途经延安、延川、清涧、子长、绥德、子洲、靖边、安塞、横山、米脂、佳县、吴堡 12 个县境，驻足 38 个村庄。

船行到黄河中间，毛泽东对支队参谋长叶子龙说："以陕北为背景，给我照一张相吧！"船过黄河，毛泽东向黄河对岸眺望，深情地望着陕北的山山水水，缓缓地说：陕北人民对革命做出了很大的贡献，陕北人民为我们做出了巨大的牺牲，我们可怎么报答和感谢他们啊！毛泽东又望着滔滔的黄河之水，说："黄河真是一大天险啊！如果不是黄河，我们在延安就住不了这么长时间，日本军队打过来，我们可能又到什么地方打游击去了。"

毛泽东告别了居住了 13 个年头的革命圣地。

123. 劳动大学

1946年1月7日，毛岸英随苏联派来为毛泽东治病的苏联专家阿洛夫和米尔尼柯大夫经新疆，飞西安，秘密回到延安，回到了祖国和日夜想念的父亲身边。19年不见了，毛泽东记得自己1927年8月离开板仓领导秋收起义时，岸英只有5岁，而今他已经成为大人了。在延安清凉山麓的王家坪，毛泽东遥望着延河对面正在凤凰山上开荒的人群，对毛岸英说："你在苏联长大，国内的生活你还不熟悉。你在苏联大学读书，住的洋学堂。我们中国还有个学堂，这就是农业大学、劳动大学。"

毛岸英理解了父亲的心意，他说："我离开中国这么久，在苏联大多过的是学校生活，中国的农村我不知道，也不会种田，我愿意向农民学习。"毛岸英要到距延安15里的吴家枣园去和劳动模范学种田。他脱去大皮鞋，换上爸爸送给他的旧皮底鞋，背包里捆了一斗小米和几斤菜籽、瓜子。毛泽东把一件打了补丁的棉衣披在岸英身上，语重心长地说：你要和老乡们一同吃，一同住，一同劳动，从开荒一直到收割后再回来；等你劳动大学毕了业，再上"延安大学"。50天后，因胡宗南部署进犯延安，形势紧，村长把毛岸英送到毛泽东身边。毛泽东见毛岸英头上用白羊肚毛巾扎着个英雄结，穿着灰土布汗褂子，两条胳膊又黑又粗，脸上也黑不溜秋的，跟陕北青年一个样。村长赞不绝口地说："岸英是个好后生，他学会了驮粪、刨地、犁地、播种这些庄稼活儿。上山劳动回来，还要给烈军属捎回一捆柴，还利用空余时间组织村里的青年人学政治、学文化。他在劳动大学毕业了。"毛泽东摸了摸儿子的双手，有了茧子，满意地说："这就是你在劳动大学的毕业证书。"从劳动大学回来，毛岸英在中共中央宣传部工作。他订了一个庞大的学习计划，准备系统地学习哲学和历史。他每天坚持读书写笔记，有问题虚心向别人请教。1946 年 11 月，毛岸英随中宣部撤退到瓦窑堡一带。1947 年 3 月，毛岸英随机关回到延安。不久，又告别了父亲，东渡黄河，到山西、河北等地参加土地改革。每到一地，他都给父亲写信，汇报思想。毛泽东也经常回信给他。

1947 年 9 月 12 日，毛泽东给毛岸英写信说，“岸英儿：别后，晋西北一信，平山一信，均已收到。看你的信，你在进步中，甚为喜慰。永寿这孩子有很大进步，他的信写得很好。复他一信，请你译成外国语，连同原文，托便带去。我们在此很好，我的身体比在延安要好得多，主要是脑子休息了。你要看历史小说，明清两朝人写的笔记小说（明以前笔记不必多看），可托周扬同志设法，或能找到一些。我们这里打了胜仗，打得敌人很怕我们。问你好！”

1947 年 10 月 8 日，毛泽东给毛岸英写道：“告诉你，永寿回来了，到了哈尔滨。要进中学学中文，我已同意。这个孩子很久不见，很想看见他。你现在怎么样？工作，还是学习？一个人无论学什么或做什么，只要有热情，有恒心，不要那种无着落的与人民利益不相符合的个人主义的虚荣心，总是会有进步的。你给李讷写信没有？她和我们的距离已很近，时常有信有她画的画寄的，身体好。我和江青都好。我比上次写信时更好些。这里气候已颇凉，要穿棉衣了。”

124. 辽沈战役

国民党在东北全区的总兵力有 4 个兵团共 14 个军、44 个师（旅），加上地方保安团队，约 55 万人，分别收缩在沈阳、长春、锦州 3 个孤立地区：东北行辕副主任、东北“剿总”司令卫立煌率第八和第九兵团共8个军24个师，约30万人，守备沈阳及本溪、抚顺、铁岭、新民地区，作为防御中枢集团，以确保沈阳并支援锦州、长春两地；东北“剿总”副司令兼第一兵团司令郑洞国率两个军共6个师又3个旅，约10万人，守备长春孤城，以牵制解放军主力；东北“剿总”副司令兼锦州指挥所主任、冀热辽边区司令范汉杰率第六兵团共4个军14个师，约15万人，位于义县、锦州至山海关之线，主要兵力守备锦州、锦西，以确保与关内陆上和海上联系，为沈阳、长春两地提供补给基地和控制撤退通道。国民党军采取“集中兵力，重点守备，确保沈阳、锦州、长春，相机打通北宁线”的方针。一旦形势发展不利，再经北宁线从陆上或经营口、葫芦岛从海上撤退。

蒋介石亦曾想作撤退东北，巩固华北，确保华中的战略布局调整，但一直犹豫不决，举棋不定，东北蒋军思想混乱，官兵厌战。

届时，东北人民解放军已发展为12个纵队，又1个炮兵纵队，1个铁道兵纵队，17个独立师，共为53个师70多万人，加上地方军共103万人，经过新式整军运动后，战斗力大大增强。

早在1948年2月，中共中央军委和毛泽东就向东北人民解放军提出封闭蒋军在东北，加以各个歼灭的设想。在随后数月内，又一再强调实行这一方针的必要性和可能性。东北野战军司令员林彪再三提议先打长春，认为打长春的条件有利，南线作战有诸多困难。电报军委，准备集中9个纵队打长春（7个攻城，2个在四平以南打援），3个纵队置锦州、沈阳、四平之间，钳制敌人。林彪说“以上是我们的根本意见，其他意见也曾加以考虑，均认为不甚适宜。”此后，中共中央军委和毛泽东就先打长春还是南下作战等问题，与东北局及东北野战军首长进行了反复磋商，并在4月22日的电报中指示：“不应当强调南下作战之困难，以免你们自己及干部在精神上处于被动地位。”7月22日，又发出电报：“向南作战具有各种有利条件，我军愈向敌人后方前进，愈能使敌人孤悬在我侧后之据点被迫减弱和撤退。这个真理已被整个南线作战所证明，亦被你们的作战所证明。”林彪对南下作战还是未下决心，认为锦州敌众，工事强，提议先打北宁路上锦州、山海关间几个小点，同时提议华北野战军派兵围攻大同把北平傅作义的主力调去西线，以策应东北战场。7月30日中共中央军委、毛泽东的电报指出：“关于你们新的作战计划，我们觉得你们应当首先考虑对锦州、唐山作战，只要有可能，就应攻取锦州、唐山，全部或大部歼灭范汉杰集团”，然后再向承德、张家口打傅作义。并且指出，目前北宁路正好打仗，你们应当迅速出动。9月初，东北野战军首长才明确了南下北宁路作战的决心，并向全军发布了政治动员会，为主力南下作战进行了政治动员、筹划财经军粮、调整后勤机构、组织运输力量、扩军补充兵员等各项准备工作。9月7日，中央军委和毛泽东又提出“置长沈两敌于不顾，专顾锦榆唐一头”的作战方针，并明确指出，必须在“9、10两月或再多一点时间内歼灭锦州至唐山一线之敌，并攻克锦州、榆关、唐山诸点”，再准备在打锦州时歼灭可能由长、沈援锦之敌。

在北宁线锦榆段上，范汉杰集团以6个师守锦州，1个师位于义县，1个师位于高桥，4个师位于锦西、葫芦岛和兴城之线，2个师位于绥中、山海关和秦皇岛之线。东北野战军根据中央军委提出的战役方针和上述敌情，决定以第三、四、七、八、九、十一6个纵队另4个独立师，对付锦州范汉杰集团，分别包围歼灭义县和北宁线锦州至昌黎各个孤立据点之敌，相机攻取锦州、锦西、山海关或承德。同时，以第一、二、十3个纵队（欠1个师）位于沈阳以西地区，以第五、六两个纵队位于沈阳以北地区，共同对付沈阳卫立煌集团，并阻长春敌人突围；以第十二纵队和9个独立师继续围困长春之敌，并阻止其南逃。

9月12日，东北野战军按照预定计划发起了战役行动，第十一纵队在冀热辽骑兵师等部队配合下，自建昌营出发，以突然奔袭的行动攻占了昌黎及其以西地区；热河独立第四、六、八师自热河东部地区出发，突袭包围了兴城、沙后所、绥中之敌，切断了敌锦州、唐山之间的联系。16日，东北野战军第四、九纵队分别由鞍山、台安出发，插入义县、锦州之间，经两天战斗，第四纵队包围了义县之敌。第三纵队和第二纵队第五师从东丰、四平地区车运南下，20日在阜新下车后继续南进，接替第四纵队包围义县的任务。第四、九纵队转而南进，24日，第四纵队攻占砬子山等要点，在兴城东北歼敌一部，切断了兴城和锦西之敌的联系。25日，第八、九两纵队在锦州以北歼敌一部，并攻占了葛文碑、帽儿山等锦州以北及东北敌之重要外围阵地。同时，第七纵队也从四平南下渡过大凌河，迂回到锦州西南地区，会同第四纵队1个师于27日攻占了塔山、高桥、西海口。28日，热河3个独立师攻占绥中。29日，第四纵队攻占兴城。10月1日，第三纵队和第二纵队第五师，在炮兵纵队主力配合下攻克义县，夺下了锦州屏障。至此，辽西走廊除锦州、锦西两孤点外，其余均被解放军攻占，锦州之敌完全陷于重围之中。战役开始前，东北国民党军，长时间为解放军的“练好兵，打长春”所迷惑，及至北宁路打响，才从麻痹中惊醒，觉察到了共军的意图是要关闭国军的大门。战役开始时，蒋介石正忙于解救山东战场的济南，还顾不上东北。范汉杰向上告急求救，蒋介石一面令范汉杰坚决固守，一面令卫立煌和傅作义派兵出援。10月2日，蒋介石飞到沈阳，不顾卫立煌的反对，决定以11个师又3个骑兵旅（内有国民党军5大主力中的新一、六军）组成西进兵团，由第九兵团司令廖耀湘指挥，从新民出彰武、新立屯，企图切断解放军的后方补给线；另以9个师（后增至11个师）组成东进兵团，由第十七兵团司令侯镜如指挥，沿铁路线北犯，企图于10月10日开始攻击塔山，救援锦州之敌。攻克义县后，东北野战军指挥机关获悉，国民党军将以第六十二军和独九十五师，由山海关和天津海运葫芦岛，增援东北。林彪以“准备的是一桌菜，上来了两桌客”为由，于10月2日致电中央军委，考虑放弃北宁路作战，回师打长春。10月3日，中共中央军委和毛泽东电示东北野战军：你们应利用长春之敌尚未出动，沈阳之敌不敢单独援锦的目前紧要时机，集中主力，迅速拿下锦州。“只要打下锦州，你们就有了战役上的主动权，而打下长春，并不能帮助你取得主动，反而将增加你们下一步的困难”。东北野战军据此指示，从长、沈方面抽调两个纵队参加北宁线作战，并为改变兵力重新作了部署。10月4日，中共中央军委和毛泽东又电示：你们决心攻锦州，甚好甚慰。你们决定以四纵和十一纵全部及热河2个独立师对付锦西、葫芦岛方面之敌，以一、二、三、七、八、九共6个纵队攻锦州，以五、六、十、十二共4个纵队对付沈阳援锦之敌，以9个独立师对付长春之敌，这是完全正确的。并说：“这才算把重点放在锦州、锦西方面了，纠正了长时间内平分兵力没有重点的错误，在此以前我们和你们之间的一切不同意见，现在都没有了。望你们的部署，大胆放手的坚持实施。”

10月7日，蒋介石回到北平，告诉傅作义说他要到上海去，因战事紧张，傅作义劝蒋介石不要去，蒋介石说他有私事要办。原来是蒋介石接到宋美龄的信，说蒋经国在上海“打虎”，抓了“扰乱金融”的扬子公司的经理孔令侃。孔令侃是宋霭龄的大儿子、宋美龄的亲外甥，当宋美龄得到此消息后急得要命，立即给在前线指挥作战的蒋介石去信，让蒋介石回来放人。于是蒋介石10月8日从激战的前线飞到上海，发现孔令侃已被宋美龄救回南京，他亦于9日回到南京。10月9日，东北野战军对锦州外围阵地开始攻击。10日，南北两路援敌开始了援锦作战行动。这天，中共中央军委致电东北解放军：“你们的中心注意力必须放在锦州作战方面，求得尽可能迅速地攻克该城。即使一切其他目的都未达到，只要攻克了锦州，你们就有了主动权，就是一个伟大的胜利。”

10月14日11时，解放军对锦州发起总攻，迅速突破城防，割裂敌防御体系。经过31个小时的激战，至15日下午6时，歼敌13万人，活捉敌东北"剿总"副司令范汉杰、第六兵团司令卢浚泉、辽西行署主任贺奎等将官35人。解放军阻援部队为配合主力攻取锦州，同敌展开英勇顽强的战斗，敌东进兵团于10月10日至15日，每天以3~5个师的兵力轮番向塔山阵地猛烈袭击，企图经此增援锦州。解放军依托阵地同敌激战6昼夜，阵地屹立未动，对保障主力全歼锦州守敌起了决定性作用。敌西进兵团亦被阻于新立屯以北地区。攻克锦州和全歼范汉杰集团，使东北战局急转而下。10月15日，蒋介石偕宋美龄由南京飞临沈阳，手令长春守敌即刻突围撤逃。16日，蒋介石得知锦州失守，不敢在沈阳再住，偕宋美龄飞回北平。长春守敌经久困长围，内无粮草，外无援兵，濒临绝境，在解放军军事压力和政治攻势以及锦州失守的影响下，第六十军军长曾泽生于10月17日率部起义。敌东北"剿总"副司令兼第一兵团司令郑洞国和新编第七军军长李鸿被迫于19日率部投诚，守敌10万余人全部放下武器，长春宣告解放。

10月18日，蒋介石匆忙飞到沈阳。他估计解放军伤亡严重，短期内不能再战，并判断解放军可能会入关作战。遂决定临时调任东北"剿总"副司令兼冀热辽边区司令杜聿明赴葫芦岛统一指挥辽西作战；令锦西、葫芦岛之敌东进兵团继续北犯；令新立屯、彰武之敌廖耀湘西进兵团立即南进。企图夹击解放军，重占锦州，打通从陆上撤退的通道。蒋介石同时亦令沈阳之敌第五十二军两个师南下占领营口，控制从海路撤退的通道。

东北野战军首长向中央军委建议，将廖部诱至新立屯、黑山地区予以消灭。中央军委和毛泽东自19日起连续电示："如果在长春事件之后，蒋、卫仍不变更锦葫、沈阳两路向你们寻战的方针，那就是很有利的。在此种情形下，你们采取诱敌深入打大歼灭战的方针，甚为正确"，"因沈敌决心撤退，你们须用全力抓住沈敌，暂时不能打锦、葫在歼灭沈敌以前，锦、葫应由攻击目标改变为钳制目标"，"即不打锦、葫而打廖耀湘"，"以全歼廖兵团为目的。"并对兵力使用、作战方法、断敌逃路和动员工作作了布置，要求抢占营口愈快愈好。遵照中央军委指示，东北野战军以主力第一、二、三、七、八、九6个纵队和炮兵纵队于10月20日、21日自锦州地区分批分路向新立屯、黑山方向前进，以求与第五、六（欠一个师）、十纵队合围廖耀湘兵团；第五纵队于阜新东南地区，第六纵队主力于彰武东北地区，第十纵队和第一纵队1个师于黑山、大虎山地区共同阻击、迟滞敌人前进，以争取时间，待主力赶到后参加合围歼敌；第四、十一纵队继续于塔山地区阻击锦、葫之敌北进；以第十二纵队和5个独立师自长春星夜兼程南下，进之铁岭，通江口地区，钳制沈阳之敌；以独立第二师向营口方向前进，切断海上退路。廖耀湘兵团于10月21日由彰武南下，23日解放军在黑山、大虎山地区接触，廖兵团进攻3天，毫无进展。解放军主力和由彰武南下的一部兵力，于25日接近廖兵团的两翼和侧后。廖怕陷入合围，遂向大洼、营口方向逃跑，途中与北调的解放军独立二师在台安县西北地区相遇。廖以为解放军主力已先到达，惊慌失措，掉头向新民，企图回窜沈阳。解放军发扬英勇顽强的战斗作风，于26日将廖兵团合围在辽河以西、大虎山以东、无梁殿以南、魏家窝棚以北约120平方公里的地域内，并对敌展开围歼战。至28日，全歼被围之敌10万余人，活捉兵团司令廖耀湘和军长李涛、白凤武、郑庭笈等。

辽西会战后，卫立煌见大势已去，便乘飞机逃往葫芦岛。留下残军第五十三军2个师、第二〇七师2个旅、新编第一军1个师，4个守备总队（师）、3个骑兵旅以及地方武装，共14万余人，统由第八兵团司令周福成指挥，企图以坚守沈阳掩护从空路和海路撤退。

东北野战军遵照中央军委指示，快速转兵辽南，令第一、二纵队向沈阳，第七、八纵队向沈南，第九纵队向营口急进；令长春地区南下的各独立师和铁岭附近的第十二纵队分途向沈阳进击，夺取沈阳，攻克营口，断敌空中和海上的退路；令第三、五、六纵队留在辽西地区继续进行清剿；令第四、十一纵队仍在锦西执行阻击任务。11月1日，解放军突入沈阳市区。2 日，全歼守敌 14 万余人，活捉周福成等高级将领多人，沈阳宣告解放。同日，解放营口。因国民党军先解放军占领营口，致使第五十二军军长刘玉章率 1 个军部、1 个师和 3 个团共 1 万余人乘船南逃。毛泽东曾致电批评林彪、罗荣桓和刘亚楼："忽视对营口的控制，致使五十二军部队于 24 日占领营口，是一个不小的失着。"

11 月 9 日和 12 日，锦西、葫芦岛和承德之敌，分别由海上和陆路撤向关里。东北全境至此全部解放。辽沈战役中，共歼灭国民党军 47.2 万人，人民解放军伤亡 67397 人（其中牺牲 14011 人）。

东北人民踊跃参军参战，组建了 80 个新兵补充团，保证了兵员的供应。东北解放区用于直接支援前线的民工达 160 万人，担架 13.7 万副，大车 12.9 万辆，抢修公路 4370 华里，搭架桥梁 383 座，运送到前线的军粮 7000 万斤，为前线提供棉衣 100 万套。各地送到前方的慰问信 30 多万封，肥猪 38.5 万多头。

1948 年 11 月 2 日，中国共产党中央委员会致电林彪、罗荣桓、高岗、陈云、东北人民解放军同志和东北全体同胞："热烈庆祝你们解放沈阳，全歼守敌，并从而完成解放东北全境的伟大胜利。东北是中国工业特别是重工业最大的中心，国民党反动政府在美国帝国主义积极援助下，从一九四五年冬季以来就曾经用极大力量来抢占东北，先后投入兵力及收编伪军胡匪共达一百一十万人。依靠我东北前后方全体军民团结一致，英勇奋斗，并得到我关内各解放区的胜利配合，在三年的奋战中歼灭敌人一百余万，终于解放了东北九省（1945 年日本投降后，国民党曾将东北辽宁、吉林、黑龙江三省改划为辽宁、辽北、安东、吉林、合江、松江、黑龙江、嫩江、兴安九个省——编者注）的全部土地和三千七百万同胞，粉碎了中美反动派奴役东北人民并利用东北以挑拨国际战争的迷梦，奠定了在数年内解放全中国，然后将中国逐步建设为工业国家的巩固基础。中国共产党中央委员会谨向全东北军民表示感谢与敬意，希望你们继续努力，与关内人民和各地人民解放军亲密合作，并肩前进，为完全打倒国民党反动派的统治，驱逐美帝国主义在中国的侵略势力，解放全中国而战。东北解放战争中牺牲的英雄们永垂不朽！”

125. 淮海战役

济南被攻克后，蒋介石受到极大的震慑，他暴跳如雷，竟将收音机摔得粉碎。他对此结局深表失望，说：“该城失陷实出乎意料之外，……过去不惜任何牺牲以坚守强固据点或主要城市的战略，必须改变。”据此，蒋介石曾决心放弃徐州，坚守两淮，以确保南京外围。企图在淮河附近地区挫败解放军主力，来争取第二线战略配置的时间。

但是蒋介石、何应钦又考虑到撤防而守，部署不易，若人民解放军跟踪南下，并乘机渗透于两淮苏皖之地，不但南京直接处于威胁之下，中原屏障尽失，武汉三镇必将陷于暴露动摇之中。于是又认为徐州之地自古为兵家所必争，不可随意放弃。

徐州“剿总”副总司令杜聿明拟订了《对山东共军攻击计划》。他认为，要打开国民党到处挨打被消灭的危局，必须争取主动，先发制人。他提出的作战方针是：在解放军中原、华东两大野战军东西分离之际，集结主力寻求华野之一部一举消灭，进而击破主力，达到收复泰安、济南之目的；以华中国民党主力在豫西方面牵制解放军中野，以利徐州国民党主力向华野解放军主动进攻。10月上旬，蒋介石勉强采纳杜聿明竭力主张的这一作战计划。

辽沈战役开始前几天，杜聿明奉蒋介石的命令，将郑州放弃，缩短战线：西起商丘，东到连云港，机动地集中邱清泉、李弥两个兵团，作北向进攻的主力部队；调孙元良兵团自蒙城、涡阳地区，星夜靠拢徐州；调另一“王牌”部队黄维兵团，自驻马店附近出发，靠拢徐州、蚌埠之间，既策应以徐州作中心攻防战，又企图隔断刘邓大军和陈粟大军的会合；黄百韬兵团则一字横陈于陇海路东段的碾庄至海连一线，企图随时配合邱、李两兵团，机动地向济南进攻。

1948年10月中旬，由于辽沈战役吃紧，蒋介石急忙要杜聿明中止这一计划，和他一齐飞往东北。杜聿明离开徐州后，国民党徐州“剿总”总司令刘峙没有实施杜聿明拟订的这一进攻山东计划。10月22日，国民党何应钦、顾祝同在南京召开军事会议，研究中原地区的作战计划，会上，何应钦根据中原解放军主力向禹县移动的情报，判断中原野战军即将进攻郑州，也可能协同华东野战军向徐州进攻。因此主张：徐州“剿总”放弃陇海线上各大城市，集中主力于徐州外围；同时提出由国民党华中“剿总”总司令白崇禧统一指挥中原地区的国民党军队，黄维兵团进出周家口，依情况策应徐州“剿总”或华中“剿总”作战。

10月23日，在北平的蒋介石根据国防部22日军事会议的报告，决定：①徐州方面应取攻势防御，可放弃郑州、开封、兰考等城市；②华中、徐州两“剿总”由白崇禧统一指挥；③第二军和第十五军可并入黄维兵团，华中“剿总”必要时可放弃南阳，以便黄维兵团进出周家口；④令宋希濂任徐州“剿总”副总司令。24日，南京国防部长何应钦以蒋介石的名义对徐州“剿总”下达了《对当前作战之指导指示》，部署了以徐州为中心的防御态势。即在以徐州为中心的津浦、陇海两条铁路线上，摆了个“十”字阵（一点两线）：在东起连云港，西至商丘，北自临城（薛城）南到蚌埠的范围内，以机动兵团占据铁路线上的重要城镇。10月28日，何应钦在南京国防部召集作战会议，会上提出了“守江必守淮”的主张，准备把徐州兵力撤至蚌埠，守备淮河，屏障南京。具体方案有两个：①徐州“剿总”除以1～2个军坚守徐州据点外，将所有陇海路上的城市放弃，集中一切可以集中的兵力于徐州、蚌埠间的津浦路两侧，作攻势防御，与共军决战；②退守淮河两岸，凭河川防御。会议研究，认为退守淮河，则而后不便于向平汉路或苏北方面机动，且共军打通陇海路后，向东西方向调兵非常灵便。因此，会议采取了第一个方案。1948 年 10 月 31 日，白崇禧突然拒绝统一指挥徐州和华中两个“剿总”，配合李宗仁逼蒋下野。在辽沈前线指挥的蒋介石见大势已去，由北平飞往南京，匆匆拟订了《徐蚌会战计划》，主要方针是：着将徐州“剿总”所属各兵团及绥靖区各部队主力移至淮河南岸蚌埠东西地区，占领阵地，以攻势防御击退对方之攻击，相机转为攻势，予以歼灭。黄百韬、邱清泉、李弥、孙元良 4 个兵团，40 余万人的兵力，西起商丘，东到连云港，摆成一字长蛇阵。是打？是守？是退？国民党统帅机关议论纷纷，但毫无决策。11 月 5 日，顾祝同代表蒋介石到徐州调整部署，但为时已晚。至 11 月 6 日，徐州国民党军基本上一直停在 21 天前的部署状态。

中国人民解放军华东野战军在取得济南战役胜利后，飞速挥师南下，在临沂、邹县、济宁、兖州、曲阜一线集结，进行紧张的整训工作。济南被解放后，徐州国民党军不敢前来救援，解放军的打援集团无用武之地。华东野战军代司令员兼代政委粟裕考虑下一步应在南线作战。9 月 24 日晨，他向中共中央、中央军委并华东局、中原局发出电文：“为更好的改善中原战局，孤立津浦线，并迫使敌人退守（至少要加强）江边及津浦沿线，以减少其机动兵力，以便于我恢复江边工作，为将来渡江创造条件，以及便于尔后华野全军进入陇海路以南作战，能得到交通运输的方便，和争取华中人力、物力对战争的支持，建议即进行淮海战役。”并提出战役分为攻占淮阴、淮安和攻占海州、连云港两个阶段，待淮海战役结束后，全军再转入休整。9 月 25 日下午，刘伯承、陈毅等报中央军委并致粟裕电：“粟 7 时电悉。济南攻克后，我们同意乘胜进行淮海战役。”同日，中央军委和毛泽东回电：“我们认为举行淮海战役，甚为必要。目前不需要大休整，待淮海战役后再进行一次休整。”中央并发展了粟裕他们的设想，指出，第一个作战应以歼灭黄百韬兵团于新安、运河一线为目标；第二个目标歼灭淮阴、淮安、高邮、宝应地区之敌；第三个目标歼灭海州、连云港、灌云地区之敌。要歼灭敌人十几个旅的大量有生力量，以利下一步进行徐州、浦口线上的作战。28 日，中央军委和毛泽东又指出：你们淮海战役第一个作战，并且是最主要的作战，是钳制邱清泉、李弥两兵团，歼灭黄百韬兵团，此战役必比济南战役规模要大，比睢杞战役（豫东战役）规模也可能要大，必须有充分之准备，方能开始行动。

10 月 5 日，华东野战军前委在曲阜孔庙召开以加强纪律性为中心内容的扩大会议。会议由粟裕主持。10 月 9 日，华东野战军在曲阜孔林召开了由各纵队首长参加的作战会议。经过反复研究，制订了淮海战役的作战计划。这个计划规模比原来预计的大多了：以徐州为中心，东起海州、西至商丘、北自临城（薛城）、南达淮河的地区进行一次决定性的战役。上报中央军委和毛泽东。10 月 11 日，华东野战军司令部收到了中央军委发来的毛泽东亲手起草的《关于淮海战役的作战方针》的电报指示。毛泽东把淮海战役分作 3 个阶段来进行，并明确指出，①第一阶段的重心是集中兵力围歼黄百韬兵团，以实现完成中间突破的任务；②为达上述目的，必须要用两个纵队担任歼灭敌人一个师的办法，以 6~7 个纵队分割围歼黄百韬 3 个师。毛泽东还指示，要按 9 月份“攻济打援”的方针进行部署，必须用华野一半以上的兵力，即 8 个纵队来牵制、阻击和歼灭东援之敌一部，对付邱清泉、李弥两兵团，才能达到歼灭黄百韬兵团 3 个军的目的。

10 月 14 日，毛泽东又指示饶漱石、粟裕、谭震林并告中原局：一定要把打援的兵力放在敌之侧翼，从徐州的西北、东北、东南几个方向部署兵力，侧击敌人，借以钳制徐州各路援敌，又造成四面包围攻打徐州的形势，以达到迷惑敌人，迫使徐州守敌不敢贸然出师东援黄百韬兵团，又不能确切判断我军的真实意图之目的；这样，就造成了歼灭黄百韬的有利条件。根据毛泽东的指示，当晚，由粟裕主持，再次召开作战会议。会议一直开到深夜，最后，由粟裕综合大家的意见，作了总结发言。他表示对中央军委、毛泽东关于淮海战役的作战方针和指示完全拥护，坚决贯彻执行。

10月23日于曲阜本部，华东野战军司令部下达了《淮海战役预备命令》：东路，即左翼，为苏北兵团，由兵团司令韦国清指挥二纵、十一纵（属中原野战军）、十二纵3个纵队，由赣榆县向阿湖镇前进，围歼阿湖地区敌二十五军。并首先以主力一部夺取和控制新安镇以东，以切断敌二十五军向新安镇退却，同时以一部首先切断黄百韬兵团向海州、连云港之退路，防敌东窜；中路，为华野（华东野战军）总部，由粟裕、谭震林亲自统率一、四、六、八、九纵，鲁中纵队，炮兵纵队7个纵队，由临沂南下，兵分5路，分头攻占郯城、邳县等地，然后向黄百韬兵团驻地进击，并同集结在宿迁附近的十一纵队、江淮独立旅等部，实施南北对进，突击包围黄百韬兵团；西路，即右翼，为山东兵团，由兵团司令员许世友指挥七、十、十三纵3个纵队，由滕县南下，分别向临城、枣庄、峄城前进，然后直插徐东陇海路大许家车站，以切断黄百韬兵团西逃地区去路；徐州西北一路，为华野三纵、两广纵队、冀鲁豫独立旅，由单县向丰县、砀山前进，以配合中野主力向徐州以西进攻，力求拖住孙元良兵团不能往商丘、砀山东援，并胁迫邱清泉兵团不敢放胆由砀山向徐州东援，以保证东线主力包围歼灭黄百韬兵团之作战的实施。

10月底，淮海战役的一切准备工作基本安排就绪，粟裕代表前委把准备情况于10月31日清晨上报中央军委和毛泽东，并鉴于淮海战役规模巨大，恳切请求当时在中原野战军的陈毅司令员、邓小平政委，亲临前线统一负责指挥淮海战役的建议。

11月1日，中央军委和毛泽东决定以陈毅、邓小平统一指挥华东、中原野战军和华东、中原军区部队。并根据全国战局的发展和华东、中原战场的敌情变化，决定在原定战役计划的基础上扩大淮海战役规模，力求歼敌刘峙集团主力于淮河或长江以北。大体计划是：第一阶段，由粟裕、谭震林指挥华野预定计划力争歼灭黄百韬 10 个师（包括第四十四军）、李弥 1～2 个师、冯治安 4 个师（包括可能起义者在内）；由陈毅、邓小平率中野 4 个纵队直出徐州、蚌埠线，完成对宿县的包围，视机歼灭邱清泉、孙元良、刘汝明等部援军，并指挥华野 2 个纵队攻击砀山，钳制邱清泉兵团；刘伯承、邓子恢、李达率中野 2 个纵队赶到太和与阜阳地区，以拖阻黄维兵团。这样蒋介石可能将徐州及其附近的兵力撤至蚌埠以南，如不撤，则第二阶段歼灭黄维、孙元良二兵团。第三阶段歼灭徐州之敌。为不使敌察觉解放军的主攻方向，中央军委和毛泽东预定战役于 1948 年 11 月 7 日或 8 日由华东、中原两个野战军同时发起。在完成战役准备以后，华野主力进抵临沂、滕县之线待命，中野集结于永城、亳县地区待命。

11 月 3 日，华野前委在曲阜孔庙召开直属单位营以上干部大会，粟裕作战前动员报告。4 日，华野总部给广大指战员发下了入冬棉衣，战士们穿上了新军装。5 日，粟裕、谭震林离开曲阜回到临沂总部。6 日，下达淮海作战命令。华野数十万大军兵分 13 路纵队，由赣榆、临沂、滕县、单县长达 700 华里的战线上，杀向淮海战场。

11 月 6 日晨，刘峙集团开始向徐州，蚌埠线两侧收缩。随后，黄百韬兵团亦开始自新安镇地区西撤，华野第一、六、九纵队和鲁中南纵队以及苏北兵团向新安镇方向急进，歼灭黄百韬兵团；担任割断该兵团与李弥兵团联系的解放军第四、八纵队，攻占邳县和官湖后，先头部队于 11 月 8 日渡过运河；第十一纵队和江淮两个独立旅由皂河向北急进；山东兵团攻占韩庄和万年闸，包围台儿庄，并渡过运河南进。8 日，国民党第三绥靖区副司令官何基沣和张克侠（两人均为中共地下党员）率第五十九军和第七十七军的3个半师2.3万人在贾汪、台儿庄一线举行战场起义。中野第一、三纵队一部于张公店歼敌第一八一师。第四、九纵队和华野第三纵队及两广纵队等，继续东进，向徐州进逼。蒋介石怕黄百韬被围歼，令刘峙调邱清泉（驻徐州以西）、李弥（驻徐州东南地区）、孙元良第十六兵团（该部原守郑州，后从郑州撤出，向徐州西南蚌埠方向开进）3个兵团协力东援。但刘峙怕徐州失守，却令邱兵团坚守黄口，李、孙两兵团向徐州收缩。

鉴于敌人收缩和指挥紊乱等情况，为保证首先歼灭黄百韬兵团和防止徐州之敌南逃，中央军委和毛泽东于11月9日电示：华野迅速部署截断敌退路；着陈毅、邓小平指挥中野4个纵队直出宿县，截断宿蚌路；华野第三纵队和两广纵队从南面向黄口、徐州线攻击，如敌向南总退却时，则集中6个纵队歼灭之。并指出："此时我军愈坚决，愈大胆，就愈能胜利。"遵照这些指示，华野山东兵团渡过不老河，进逼徐州东北之东贺村，占领大许家、曹八集（八义集）车站，歼灭黄百韬兵团先头部队第一〇〇军之第四十四师，封闭了黄兵团的退路，并在徐州东郊之大庙占领阻援阵地；向西围歼黄兵团的华野各纵队歼灭敌运河东岸掩护部队后，迅速渡过运河，乘敌混乱之际，展开猛攻，将黄百韬兵团主力合围于碾庄及其周围的狭小地区内，并在窑湾歼灭了其左翼敌六十三军。黄百韬兵团从新安镇西逃时，六十三军担任本兵团的左侧背掩护，在窑湾渡过运河，再向碾庄方向集结。8日下午，六十三军逃到新安镇西南50余里的埝头集，刚停下来准备做饭时，华东野战军第九纵队第二十七师第七十九团（潍县团）跟踪追到，对六十三军发起攻击。埝头集东面有一道河（沂河）一丈来宽。为保证部队顺利过河，潍县团的二连受命架桥。敌人拼命射击，架桥受阻，同时河水上涨，架桥困难。二连的战士把准备登城用的两部梯子接上，由10个战士站进河水里，用肩膀扛起来，架成一座"人桥"，让攻击部队通过。

经阿湖向徐州东南迂回的华野苏北兵团（司令员韦国清），在大王集歼敌第一〇七军后，向徐州东南陇海路猛插，和山东兵团一起，像一把老虎钳子死死卡住黄百韬团逃向徐州的去路。华野第三纵队和两广纵队同冀鲁豫两个旅，逼近徐州西面和南面。中野主力在攻克郑州后，向徐蚌线出击，第四纵队于夹沟地区截歼北开徐州的孙元良兵团后尾第四十一军之第一二二师等部，随后又于三堡围歼第三绥靖区之第三十七师残部，从南面逼近徐州。中野第三纵队包围了宿县。豫皖苏独立旅等部进占固镇，破路约百公里。

黄百韬兵团被围后，蒋介石一面令其坚守待援，一面令邱清泉、李弥两兵团东援，以解救黄兵团。同时令第九十九军和刚由东北撤回的第三十九军、五十四军组成第六兵团（李延年任司令），将第四绥靖区改为第八兵团（刘汝明任司令），从蚌埠沿津浦路向宿县进攻；令黄维的第十二兵团向蒙城、宿县攻击前进。并调刚从辽沈战场逃回的杜聿明到徐州协助刘峙指挥。

针对战场情况的变化，11 月 13 日，中央军委和毛泽东令邓子恢和李先念率中野第二、六纵队从正面阻止黄维兵团向亳县、涡阳和永城前进。14 日，又电示刘伯承、陈毅、邓小平等同志，目前首要任务是阻止邱、李，歼灭黄百韬，请刘邓陈集中全力，于歼灭宿县之敌后，迅速南进，歼灭刘汝明部。16 日，又致电刘陈邓等和华东局、中原局、华北局等，指出徐州集团是一个大敌，中野、华野必须准备在现地作战 3～5 个月，为统筹一切，决定：“由刘、陈、邓、粟、谭五同志组成一个总前委，可能时开五人会议讨论重要问题，经常由刘、陈、邓三人为常委临机处置一切。小平同志为总前委书记。”遵照中央军委和毛泽东的指示，华野采取“先打弱敌后打强敌，攻其首脑，乱其部署”的战法，以 5 个纵队围歼黄兵团。各纵队充分发挥解放军夜战近战的特长，逼近敌人，插入各村敌人之间，进行逐点逐村夺取，逐个歼灭。至 11 月 16 日晨，歼灭敌第四十

四、一〇〇军和第二十五、六十四军各一部后，于当夜向碾庄发起总攻，战至22日，将敌全歼，第七兵团司令黄百韬自毙身亡。

由徐州东援之敌邱清泉、李弥两兵团的5个军，在飞机、坦克和大炮的配合下，向解放军阻援部队猛烈攻击。但在解放军3个纵队正面阻击和7个纵队的侧击下，敌连攻10天耗费炮弹2万余发，被击毁坦克30余辆，被击毙1万余人，而前进不足20公里，眼看着黄兵团被歼而无可奈何。

同时，中野第三纵队在第九纵队一部的配合下，歼灭敌第一四八师等万余人，占领了宿县，腰斩刘峙集团唯一的交通供应线。第九纵队主力和豫皖苏独立旅将由蚌埠北上的李延年、刘汝明两兵团阻击于任桥、花庄集一线。第一、二、六纵队将黄维援军阻击于安徽省的北淝河和澥河间的赵集地区。以上共歼敌18个师，17.8万人（俘虏96616人，毙伤50594人，投诚7800人，起义23000人）。

在战役第一阶段即将结束时，中央军委和毛泽东曾同意第二阶段华野歼灭邱清泉、李弥两兵团一部，并通知中野打黄维、李延年两兵团。11月19日，刘邓陈从实际出发，建议华野在歼灭黄百韬兵团后，最好在徐州以南、以东休整，监视邱、李两兵团，抽出一部分兵力协同中野歼击黄维、李延年。23日，刘邓陈鉴于歼击黄维之时机甚好，又向军委建议先歼灭黄维兵团。黄维兵团一路从河南省确山出发，经正阳、新蔡到阜阳；一路从河南省驻马店出发，经汝城、项城，临泉到阜阳，日夜兼程东进。11月24日，中央军委和毛泽东采纳了刘陈邓的建议，要中野集中全部兵力和华野派必要兵力参加打黄维。

蒋介石为打通徐蚌联系，令黄维、李延年、刘汝明等兵团与徐州守军南北对进，以挽救危局。11月23日，黄维兵团在飞机和坦克掩护下，向南坪集解放军中野第四纵队阵地猛攻。为分割敌人，解放军主动后撤，以一部诱敌第十八军过浍河，集中5个纵队，以求先歼黄维兵团第十、十四、八十五等军的几个师。国民党第十八军过浍河后，发觉处于不利态势，即向南岸退缩。中野遂乘机全线出击，歼敌一部，至11月25日，将黄维兵团包围于马家楼、双堆集等地区。随后，解放军压缩包围圈，歼灭敌第十八军之第四十九师。27日，敌向东南突围，企图向李延年兵团靠拢，被击退。敌八十五军之第一一〇师在师长廖运周（中共地下党员）率领下举行起义。28日以后，黄维调整部署，采取环形防御，等待南北增援。中野采取坚决持久围歼敌人的战法，攻占一村巩固一村，积极准备总攻。

为配合和保障中野歼灭黄维兵团，中共中央军委和淮海战役总前委指示华野以第七纵队和特纵一部加入围歼黄维兵团的作战；以第二、六、十、十一、十三纵队担任阻击李延年、刘汝明两兵团北援，并相机歼灭其一部；以其余几个纵队位于徐州以南阻敌南进。

11月25日，解放军第十三纵队和江淮两个独立旅攻克灵璧，歼敌第十二军之第二三八师，李、刘两兵团惧怕被歼，于11月26日南逃蚌埠。徐州邱、孙两兵团以7个军南犯，遭解放军顽强阻击，不能越雷池一步。

11月28日，蒋介石决定将徐州兵力撤出，经永城到达蒙城、阜阳地区，然后侧击解放军，以解黄维之围。

同日晚，中央军委和毛泽东电示中野和华野："须估计到徐州之敌有向两淮或向武汉逃跑可能"，应预做准备。

11月30日，徐州"剿总"副总司令杜聿明（剿总司令刘峙已离开徐州）率驻防徐州的部队并裹挟青年学生共约30万人，经萧县、永城南逃。

12月1日，华野以一部占领徐州，以主力11个纵队采取多路多层的尾追、平行追击和迂回拦击相结合的战法。于2日在萧县和永城间的孟集、大回村等地追上和堵住了敌人，随即发起猛攻。

12月3日，杜聿明按照蒋介石空投的旨意，采取三面掩护、二面攻击、逐次前进的战法，改向濉溪口方向前进，企图取捷径解救黄维兵团。

华野乘势向敌压缩，至4日将敌全部合围于陈官集、李石林、青龙集狭小地区内。歼敌第十六兵团，仅孙元良等少数人化装逃脱。李延年兵团以7个师的兵力再次北进，蒋介石亦从武汉地区调兵东援。中国人民解放军淮海战役总前委遵照中共中央军委和毛泽东的指示，决定以华野主力继续围困杜聿明集团，以中野第二纵队等阻击李延年兵团，而集中中野主力及华野4个纵队（内1个纵队为预备队），首先歼灭黄维集团。

12月6日，中野分3个集团向敌发起总攻，激战至13日，歼敌第十四军全部，第八十五军、第十军大部、第十八军一部。第八十五军第二十三师师长黄子华于12月10日率该师师部和所属残部及第二一六师一部、第八十五军部分直属队1万余人在双堆集投降，敌其余残部被压缩在东西不过3公里的狭长地区内。

黄维拒绝解放军敦促其投降的忠告，并按照蒋介石的旨意施放毒气，于12月15日夜，被解放军全歼，黄维、吴绍周正副司令被生擒。

黄维兵团被歼后，杜聿明集团已成孤军。此时北方的平津战役已开始半月，中共中央军委和毛泽东为稳住敌人，不使蒋介石迅速决策海运其平津诸部南下（为将其全歼），于12月14日和16日，电令华野对杜聿明集团“只作防御，不作攻击”，全军进行战场休整，并“向杜、邱、李连续不断的进行政治攻势”。遵照这些指示，总前委布置华野以8个纵队采取纵深配置，边围困边休整。以7个纵队部署于夏邑、永城及濉溪口一线进行战备休整，构成外围第一道封锁线，中野除以豫皖苏5个团位于淝河沿岸向蚌埠警戒、侦察外，主力作为战役总预备队，集中于宿县、蒙城和涡阳地区，构成外围第二道封锁线。

华野在以后20天的休整中，恢复和整顿部队的战斗组织，补充兵员，进行政治教育，开展敌前练兵，加修工事，补充弹药等。同时，发出《敦促杜聿明等投降书》，趁着大风雪，对敌阵地播放《白毛女》《孟姜女》等悲曲，进行强大的政治攻势，争取敌人来降者1.4万人。被围之敌由于连日大雪，气温降低，空投减少，陷入弹尽粮绝之境地，大批士兵冻饿而死。

在北方战场平津之敌被包围，淮海杜聿明仍拒绝投降的情况下，华野集中10个纵队和冀鲁豫军区2个旅，于1949年1月6日16时，对杜聿明集团发起总攻，当晚即攻克敌据点13处，歼敌1万人。

1月7日，李弥兵团惧怕被歼，向西逃入邱清泉兵团防区。解放军乘机发动进攻，克青龙集的村落23处，从而将敌整个防御体系打破。

9日，杜聿明集团在飞机和毒气的掩护下，连续向西出击，企图突出重围。解放军于9日晚向敌全线展开猛攻，激战至10日上午10时，在永城东北陈官集、青龙集地区，将敌全歼。杜聿明被生俘，邱清泉被击毙，仅李弥等少数人潜逃。接着，解放军乘胜追击由蚌埠等地南逃之敌，至1月24日，先后解放蚌埠、合肥等城市和江淮间广大地区，前出长江北岸。

淮海战役自1948年11月6日到1949年1月10日，历时66天，以人民解放军60余万人对国民党军80万人。最后，以人民解放军伤亡13.4万人的代价，歼灭国民党军1个"剿总"前线指挥部、5个兵团部、22个军部、56个师，加上其他部队共计55.5万人（其中俘虏32万人、起义2.85万人、投诚3.5万余人），包括将军五大主力的第五军和第十八军。国民党军队在南线的精锐主力已被消灭。长江中下游以北的广大地区已得到解放。国民党政府的统治中心南京、上海和长江中游的中心城市武汉已处在人民解放军的直接威胁下。整个南线战局已经根本改观。

此役动员民工543万余人，来自苏鲁豫皖冀5省的广大民工云集战场，冒着枪林弹雨，不顾饥渴，不怕风雪，长途跋涉，解放军打到哪里，人民就支援到哪里。建立了完整的支前和后方保障体系，在东起胶东、西上豫西、北自渤海、南达长江的广阔地区，组成了纵横交错的运输网络。建立了100余处大的粮站、兵站、民站，40多处伤员转运站，30多所后方医院，动用了担架26万副、大小车辆88万余辆、船只8500余艘。用落后的运输工具，靠着坚韧不拔的精神把330多吨弹药物资、5.7亿多斤粮食、156万斤油盐、86万斤猪肉等物资及时地送到前方。陈毅说："淮海战役的胜利是人民群众用小车推出来的。"

126. 平津战役

1947年11月下旬，蒋介石撤掉了北平孙连仲的指挥职务，要傅作义统揽华北5省军事指挥大权。傅作义上台以后，把一些地方团体编组起来担任守备，尽一切可能把主力抽出来作战；把他在绥远的主力东调，集结在北平附近；把北平、天津、张家口、保定地区的部队编组为平绥兵团、平汉兵团、津浦兵团，实行"以主力对主力""以集中对集中"的战法。

辽沈战役的胜利，淮海战役的顺利发展，使蒋介石的战略防御体系濒于解体，平津等地诸部已成惊弓之鸟。但由于美国、蒋介石、傅作义各有打算，因而对平津是守是撤，是南撤还是西撤，举棋不定：美国不愿放弃侵华利益，企图以直接援助傅作义，使其固守平津钳制解放军，掩护蒋介石在江南重整军力。美国赶运了7万支卡宾枪，2亿发枪弹，直接交给傅作义。蒋介石企图以委任傅作义为"东南行政长官"的职务诱其南撤，加强江南防御；傅作义害怕南撤被蒋吞并，打算西撤以保存实力，求得东山再起。但，美国、蒋介石、傅作义都判断东北解放军不会很快入关，认为辽沈战役后，东北解放军起码得休整3个月。1948年11月上旬，傅作义飞往南京和蒋介石就平津地区防务问题做了研究。傅作义权衡利弊，倾向"依托美援、保持津沽"，确定了暂守平津，保持海口，扩充实力，以观时变的方针。

蒋介石授傅作义以华北"剿总"总司令军政全权，并允许其直接接受美援和扩充军队，要其将主力集中于平、津、唐三角地带，控制海口，以一部分兵力维持平绥交通，准备视机南撤。傅作义没有完全按照蒋介石的要求办，他把本系军队，部署在北平、张家口之间，置于平绥线上保障西撤的通道；把蒋系军队十三军、八十六军从承德、秦皇岛、山海关收缩到平津地区，置于北宁线上，保障从海上南撤的通道和抵抗东北解放军的攻势。这样，傅部60余万兵力，以北平为中心，东起北宁线的唐山，西达平绥线的张家口，长约500公里的交通沿线摆成一字长蛇阵，把北平、张家口、津沽划为3个防区：张家口防区，以张家口为中心，包括怀柔、宣化、张北、崇礼、万全、柴沟堡、怀安等城镇。设1个兵团（第十一兵团，兵团司令为孙兰峰）、2个军7个师驻守张家口、怀来、宣化、柴沟堡；北平防区：防区以北平为中心，包括外围的怀柔、密云、平谷、昌平、顺义、南口、良乡、涿县、八达岭、门头沟、房山、通县、固安等城镇。设华北“剿匪”总司令部（驻中南海），2个兵团（李文的第四兵团和石觉的第九兵团），共有5个军、14个师和1个骑兵师，其中三十五军（军长郭景云，原建制属张家口的第十一兵团）为机动部队，驻丰台，来往于北平至张家口之间。津塘防区，防区以天津、塘沽为中心，包括唐山、芦台、汉沽、廊坊、杨村、杨柳青、宝坻等城镇。设1个兵团（第十七兵团，兵团司令侯镜如）。同时，傅作义令河北、绥远两省加紧扩军，每县编组1～3个保安团，第一期扩军20万人，第二期扩军30万人。并令加强北平、天津、张家口的城防工事和塘沽港的外围工事，以及平津间的据点工事。另施缓兵之计，派人与中共谈判，以争取时间扩军备战。

中共中央军委和毛泽东根据全国战局的新发展和傅作义的新部署，决定集中东北野战军、华北野战军和地方部队100万人分割包围平津之敌，就地各个歼灭之。毛泽东指出，如让敌人南撤组成长江防线或西退其后方基地绥远，对人民解放军以后作战将会造成很大困难，就地歼敌最为有利，东北、华北解放军100万人，歼灭傅部50万人是有把握的。中共中央军委毛泽东决定：东北野战军提前结束休整，立刻秘密入关，华北解放军突然包围张家口，引敌西援，掩护东北主力入关。1948年10月31日，致电林彪、罗荣桓、刘亚楼并告程子华、黄志勇以及东北局、华北局，指示："东北主力除四纵、十一纵等部即行南下外，其余在沈营线战斗结束后……开始出动"，"协同华北力量歼灭傅作义主力，夺取平津及北宁、平绥、平承、平保各线，完成东北与华北的统一。"随后，连电东北野战军入关。11月18日18时，中央军委和毛泽东致电杨得志、罗瑞卿、耿飚并告杨成武、李井泉、李天焕、程子华、黄志勇："平、津、张、唐，蒋傅两系军队在我徐州作战胜利进展下，有分向西南两方撤退或集中向南方（经海路，亦有某种可能走陆路）撤退的可能。""为着不让蒋傅两系军队从平、津、张、唐逃走，除已令杨李李停止攻击归绥，并将其3个纵队位于绥东地区，坚决阻止傅部向绥远逃跑外，又已令徐向前、周士第停止攻击太原"，以免刺激傅作义逃跑，"杨罗耿所部即在阜平待命，并随时向张家口附近出动，协同杨李李阻止敌人逃跑。"还令聂荣臻、薄一波、滕代远"转令攻击保定之七纵停止攻击，改取包围监视方针"。

为进一步稳住平津之敌和隐蔽解放军的意图，中央军委和毛泽东于11月20日24时电示东北野战军：蒋、傅对我军积极性总是估计不足的，他们尚未料到你们主力马上入关；因此，除部队行动应十分隐蔽外，请新华社及东北各广播电台在今后两星期内，多发沈阳、新民、营口、锦州各地我主力部队庆功祝捷、练兵、开会的消息，以迷惑敌人。遵照中央军委和毛泽东的指示，东北野战军主力取捷径，夜行晓宿，不走山海关，走热河境内，出冀东秘密入关，插入平津线各点之间，完成割断诸敌联系，切断敌海上和南逃之路。华北野战军主力集结在平绥线东部地区，以抓住傅系，吸住蒋系，并借此掩护东北野战军行动。

11月29日，中国人民解放军华北野战军第三兵团发起攻击，30日，攻克怀安、深井堡、柴沟堡、左卫、万全、孔家庄等地。随后，占领张家口外围据点，转而向张家口、宣化间猛插，占领沙岭子，形成对张家口的包围态势。傅作义急令其精锐第三十五军附第一〇四军的 1 个师乘车增援张家口，令驻怀来的 1 个师增援宣化，驻昌平的 1 个师进至怀来。

12 月 2 日，傅作义飞临张家口坐镇，派重兵向沙岭子阵地疯狂反扑。

12 月 4 日，中央军委和毛泽东电令：华北野战军第三兵团继续切断张家口、宣化之敌的联系，在阵地前消耗敌人；华北野战军第二兵团应以最快手段攻占下花园地区一线，割断敌一〇四军与张、宣之敌联系；东北野战军先遣兵团向怀来、南口之线急进，相机各个歼灭该线之敌。

华北野战军第二兵团和东北野战军先遣兵团的行动，以及东北野战军一部在喜峰口、冷口等地出现，使傅作义发现了东北解放军入关。傅作义遂慌忙于 12 月 5 日急令第三十五军迅速向东撤回北平；令怀来、南口等地的一〇四军和第十六军向西接应；令津塘地区的第九十二军、九十四军和六十二军共 8 个师立即开往北平；第十三军放弃顺义、怀柔集中通县附近；第一〇一军放弃涿县、良乡而集中宛平、丰台、门头沟一线。至此，人民解放军在平绥线实施分割包围，达到了调动平津之敌的目的。

12 月 8 日，东撤之敌第三十五军被华北野战军第二兵团包围于新保安。9 日夜，向西接应之敌第十六军主力 5 个团，被东北野战军先遣兵团包围于康庄，10 日拂晓，该敌在向八达岭突围时被全歼。敌第一〇四军两个师极力向西接应，被冀热察军区部队和华北野战军第三纵队顽强阻击，后路又被东北野战军第四纵队切断。10 日下午，该敌向南突围，被东北野战军先遣兵团全歼于横岭城、镇边城地区。至此，在平绥线东段共歼傅部 5 个师共 2.2 万余人。傅部“王牌”第三十五军被包围于新保安，嫡系第十一兵团部及一〇五军所属 7 个师（旅）被包围于张家口，切断了国民党军西撤绥远的通道。

平绥线作战，吸引了傅作义的注意力，为东北人民解放军主力入关分割包围平津之敌创造了条件。12 月 11 日 9 时，中共中央军委和毛泽东电示华北野战军对张家口、新保安之敌“围而不打”，东北野战军对北平、天津、通县之敌“隔而不围”。11月23日，中央军委和毛泽东又电示：“这是一个巨大的战役，不但两区野战军统一指挥，冀中七纵及地方兵团，亦应统一指挥”。1949年1月10日，中共中央军委决定由林彪、罗荣桓、聂荣臻组成中共平津战役总前委。

从12月14日起，东北野战军80万大军迅速、秘密地入关，第五、十一纵队攻占北平附近的海淀、香山、宛平、丰台、石景山、门头沟、万寿山等地，第三纵队进占通县、马驹桥、南苑机场，华北野战军第七纵队进至丰台、黄村一带，从而完成了对北平之敌的包围。东北野战军第十纵队占领青云店、廊坊等地，第六纵队进至香河以西之马头镇、漷县镇一带，第一纵队进至宝坻以南地区，完成了隔断平津两敌的任务。东北野战军第九纵队相继占领唐山、芦台和张贵庄机场等地，第八纵队攻占杨村并相继占领宜兴埠、杨柳青，第七纵队进至塘沽以西新河地区，第二纵队进至北塘地区，第十二纵队进到津塘之间，从而完成了对天津之敌的包围，隔断了津塘两地的联系。至此，傅作义集团被分割包围在北平、天津、塘沽、新保安和张家口5个孤立据点，向西、向南的退路被切断。

在解放军实施战略包围和战役隔断的过程中，傅作义判断解放军将首先打北平。遵照中共中央军委和毛泽东的指示，解放军向南口、怀柔之敌佯攻，从北面威胁北平。在通县以南及平津路进行佯攻，从东而威胁北平，有意迎合傅作义的判断。实际上，解放军的战术是先打两头——张家口和天津。

同时，解放军多次同傅作义的代表谈判，力争以和平方式解放问题。但是傅作义利用谈判掩护扩军和加强防御。据此，中共中央军委和毛泽东决定不给敌人喘息机会，立即以强攻手段首先夺取新保安和张家口，打击傅部嫡系主力，致其死命。为保证张家口作战的速胜，电令东北野战军第四纵队由南口开往张家口，配属华北野战军第三兵团。12月22日，华北野战军第二兵团经过11个小时的激战，全歼傅作义的“王牌”第三十五军军部及所属2个师共1.9万余人，该军军长郭景云自毙身亡。

傅作义遂急令张家口守军于23日上午突围，向绥远撤退，华北野战军第三兵团和东北野战军第四纵队冒雪追击。24日下午，将敌第十一兵团共5.4万余人全部歼灭，仅司令孙兰峰逃走，张家口被解放。

中共中央晋察冀中央局城市工作部领导下的中共北平地下党，共有3000名党员，外围组织成员5000人，在工厂、学校、报社、铁路局、电信局以及国民党党、政、军、警、宪、特等机关，都有中共北平地下党的同志。他们联系数万名革命群众，广泛开展了要求和平解放北平的群众运动，新华门前的游行队伍几乎天天不断。大学教授等知名人士，如康有为的女儿康同璧、前北平市长何思源也都行动起来，奔走呼号（为阻止何思源的活动，国民党特务在他家安置炸药，企图暗杀他全家，后炸药爆炸，家中6口人，1死5伤，他仍不畏惧，带伤继续活动），直接对傅作义施加压力，对国民党军队施加影响。

1948年11月初，中共城市工作部（驻河北省泊镇）部长刘仁，通过其领导下的北平地下党学生工作委员会书记佘涤清，决定派傅作义的长女傅冬菊到傅作义身边工作。傅冬菊抗战期间在西南联大就读，表现进步，参加了中共外围组织民主青年联盟，于1946年毕业后，分配在天津《大公报》工作，中共地下党的一些印刷品，常常由他拿到北平傅总部的印刷厂工作。佘涤清表示，傅冬菊提出入党要求很久了，如果让他回去，以先吸收他入党为好，刘仁当即同意，之后，把傅冬菊调回北平，佘涤清委托学委委员王汉斌发展傅冬菊加入中国共产党。傅冬菊住进中南海，除以父女之情对其父晓以大义外，并将她所接触的情况，包括她父亲的情绪变化，隔一天向中共北平地下党负责人崔月犁汇报一次，再由崔月犁通过地下电台发往中共平津前线司令部。傅作义对女儿的突然出现，有些惊疑：“你是军统还是共产党？”“共产党！”傅冬菊毫不迟疑地回答。“你是毛泽东派来的，还是聂荣臻派来的?”“毛泽东派来的。”傅冬菊深知其父的心理——只有同对方的最高领导人打交道才能算数。

11月中旬，傅作义出于对蒋介石的失望，与他的心腹、办公室主任兼政工处处长王克俊秘商对策，决定由傅冬菊通过中共地下党的电台给中共中央毛泽东发去一封电报，表示愿意与共产党恢复抗战初期那样的合作共事关系，陈述了他所控制的空军、陆军人数和装备，希望能派南汉宸先生来商谈。傅作义说：“我是准备冒3个死来做这件事的。第一，几年来，我不断对部下讲‘戡乱’‘剿共’的话，而今天来了一个180度的大转弯，他们的思想若不通，定会打死我；其次，这件事如做的不周，泄露出去，蒋介石也会以叛变罪处死我；第三，共产党也可以按战犯罪处死我。”

国民党第三十五军被围，傅作义发给中共的电报杳无音信，他想起联络处处长李腾九近来多次向他提起的中共地下党代表李炳泉。李炳泉是李腾九的堂弟，原西南联大学生，中共地下党员，抗战胜利后被派北平工作，先在《益世报》任记者，后经李腾九介绍，进入《平明日报》当采访部主任。李炳泉经常与李腾九在一起分析战争局势，指出蒋介石倒行逆施，不得人心，共产党顺乎民心，必然胜利，动员李腾九劝说傅作义认清形势，不要与人民为敌，否则会落得身败名裂。李腾九在进步思想的感召下，大胆地向傅作义进言，希望抓紧时机与共产党和谈。傅作义命王克俊挑选可靠人员做好出城安排，由《平明日报》社长崔载之与李炳泉出城与解放军方面联系，他们携带一部电台，与报务员、译电员一行4人乘车秘密出城，12月17日，他们在蓟县八里庄见到了解放军方面的代表、平津前线司令部参谋长刘亚楼，希望和平解决平绥线上的战斗。解放军方面则认为，要和平解放，只有放下武器，率部起义。崔载之通过电台与傅作义联系，傅作义认为起义不现实。解放军方面认为傅作义没有诚意，双方没有达成协议。

傅作义与中共的谈判尽管是在绝密情况下进行的，但蒋介石很快有所党察，接连数次派人来拉拢。

第一个来人是曾与傅作义同在晋军供职的好友、军令部长徐永昌，徐极力劝傅分两路南撤：一路自海上由塘沽撤到青岛，一路经河北、山东由陆路撤到青岛。傅作义考虑到他的两支主力正被围，遂以回绝。

蒋介石派来的第二个人是国防部次长郑介民，与傅会商坚守平津，于是傅作义令在东单开辟新的飞机场，令在北平近郊布雷，令平津、平汉铁路管理局赶修环城铁路。傅作义的高级政治顾问刘厚同（刘的女儿刘杭生是中共党的外围组织民主青年联盟盟员）是辛亥革命的耆宿，有军事学识和政治眼光，担任过甘肃军政部长，是傅作义的老师，傅作义对刘历来是言听计从。他从天津赶赴北平，劝说傅作义通电全国，停止内战，不要替蒋介石卖命。刘厚同提出，和议一成，北平免遭战火破坏，军民的生命财产得以保全，这会得人心的。刘厚同劝傅作义，北平是文化古都，自辛丑以来历次战争都远避城区，决不能摧毁于自己之手而遭后人唾骂。傅作义于是停止了修环城铁路（刘厚同在北平 80 多天，有时和傅面谈，有时写信劝导，因过度劳累致使一目失明，人称“和平老人”）。

蒋介石派来的第三个人是其次子蒋纬国，送来蒋介石的亲笔信，言及：因你处境艰险，又主张与共产党合作，借此一劝，特派次子前来面陈。蒋纬国说，只要傅由海陆两路撤至青岛则有美军援助，并委以华东南军政长官之职，并说：“千军易得，一将难求，宜生一人归来，胜似千军万马。”

第四个来人是美军太平洋舰队司令白吉尔，他表示美国海军将大力援助傅军南撤，并一再强调今后将抛开蒋介石而直接援助傅作义。

第五个来人是胡适偕同美国驻华大使司徒雷登，他们重申了白吉尔的一套。傅作义均未应诺。

国民党第三十五军、一〇五军被歼灭，傅作义十分窝火。恰在这时，中共权威人士发表关于时局声明，将傅作义列为 43 名战犯之一。傅作义焦急万分，唉声叹气："这一下我的政治生命算完了！"

12月23日，傅作义致信毛泽东，表示：①今后治华建国之道，应交由贵方任之，以达成共同的政治目的；②为求人民迅即得救，拟即通电全国，停止战斗，促成全面和平统一；③余绝不保持军队，亦无任何政治企图；④在此转折时期，盼勿以缴械方式责余为难，过此阶段之后，军队如何处理，均由先生决定；望能顾及事实，妥善处理，余相信先生之政治主张及政治风度，谅能大有助于全国之安定。

1949年1月1日，毛泽东亲拟电报，代表中央军委致电北平地下党：欢迎傅派代表来谈判，劝傅不要发通电，因通电一发，他在国民党面前就没有合法的地位了，而且还会有危险。电报特别指出，傅氏反共甚久，我方不得不将傅和刘峙、白崇禧、阎锡山等一同列为战犯，这样一宣布，他在国民党中的地位就加强了，傅可就此作文章；和平地解放北平或经过不很激烈的战斗解放北平，傅氏立此一功劳，我们就有理由赦免其战犯罪，并可保全其部属，北平城内全部傅系直属部队均可不缴械，并可允许编为1个军。傅作义接获中共意见后，于1月3日制定了"依城出击，保卫北平，策应天津，待机转入攻势"的防御方针。同时傅作义决定派出"华北剿总"民政处少将处长、他的同乡契友周北峰出城与中共谈判。周北峰，早年留学法国，博学多识，曾任山西大学法学院教授；抗战前，曾在太原创办过左派杂志《中外论坛》；抗战初期，傅作义任第七集团军总司令，八路军的一二〇师正在傅的防区以内，中共中央曾派曾山、程子华到山西会见傅，洽谈合作抗日事宜，傅作义亦特邀周北峰代表他到延安拜见过毛泽东，周自延安返回后，就在傅部任职，凡傅部与中共接触，多由周负责，曾与贺龙、萧克等进行过会谈。

1月6日，周北峰和民主同盟盟员、燕京大学教授张东荪在蓟县与解放军平津前线司令部的林彪、罗荣桓、聂荣臻进行了会谈。周北峰转达傅作义的意见，提出和谈应该包括以平、津、塘、绥为中心的所有地区。林彪指出:“那很好，请你电告傅先生，平津塘绥可以一起谈，我们的意见是所有军队一律解放军化，所有地方一律解放区化；在接受这些条件的前提下，对傅部的起义人员一律不咎既往，张家口、新保安、怀来战役被俘军官一律释放，傅作义的总部及其他高级干部一律予以适当安排。”经过几次会议，双方草签了会谈纪要，待周请示傅作义后，限1月14日午夜前答复。周北峰回到城里，向傅作义报告了会谈情况。傅作义看完纪要，只是唉声叹气，什么也没说。

傅作义采取拖延的办法，因其考虑到：①他感到难以做到所有的军队一律解放军化，因为他目前所掌握的兵力，绝大部分是蒋介石的中央军，李文、石觉两个兵团司令都是实力人物，他们绝不会同意和谈，更谈不上接受改编，弄不好，会引火烧身；②他过去一直与共产党为敌，眼下即便响应和平号召，放下武器，可以得到宽大处理，但这是战时政策，将来成立新政府，如实行新的政策，再追究自己过去的罪责，会不会把他列为战犯或反革命分子加以惩办；③傅作义还抱有一点幻想，如果国际形势有变，美国人支持他，他还可以通过津沽海口取得援助，万一无望，还可以南撤。

傅作义接受绥西抗战的老相识、结拜兄弟马占山的建议，又请驻包头的华北“剿总”副总司令兼晋陕绥边区总司令邓宝珊来北平商议。邓宝珊，辛亥革命时曾参加伊犁起义；西安事变中他奔走于幕后，支持张学良、杨虎城与共产党建立统一战线；抗战期间，他带兵驻守榆林，与陕北边区相处甚好，曾多次去延安，并受到毛泽东的接待，中共的一些要人，都与他保持着较好的个人关系。邓宝珊到北平后，傅作义与他接连几个晚上作竟夜之谈，他们讨论了时局的变化，又十分慎重地研究了和平起义的各种问题。邓宝珊说:“你替蒋介石卖命，与人民为敌，欲毁千年古都于炮火之中，这哪里有一点民族气节。今天的起义不是投降，是走向新生。弭兵息战，于民族、于国家都有功，历史要为你记上一笔。”

1 月 14 日，傅作义派邓宝珊、周北峰再次出城，来到通县五里桥解放军平津前线司令部，林彪、罗荣桓、聂荣臻都在门口迎接。聂荣臻说："周先生，我们前次说得很清楚，14 日午夜是答复的最后期限，现在只剩下几个小时了，我们已经下达了攻击天津的命令，这次谈判就不包括天津了。"

解放军一面严密部署防止平津之敌突围逃跑，一面加紧对傅作义做争取工作，并积极准备攻取塘沽。塘沽背靠渤海，周围河流、盐田很多，解放军不便行动，守敌 5 个师已准备随时逃跑（侯镜如的指挥所已搬上军舰），很难达成全歼。傅作义企图以固守天津牵制解放军，并以此作为谈判的筹码。因此，中共中央军委和毛泽东决定以强攻手段夺取天津，以打破傅作义的幻想。

天津市区狭长，位于永定河、大清河、子牙河、南北运河 4 条大河的汇合处，汇合后的大河称为海河。海河从西北流贯东南，将全市分为两部，四周有护城河。守敌经过长期设防，城周密布碉堡群，遍设多层障碍物，并利用市内坚固建筑组成若干核心阵地，易守难攻。天津被围前，守敌将城周 5 里以内的村庄烧拆一空，使解放军难以接近城垣。解放军攻城前夕，天津警备司令陈长捷曾于 1 月 10 日、11 日两次派人来谈判，均未同意解放军所提的限时缴械条件。1 月 12 日 20 时，中央军委和毛泽东电示林彪、聂荣臻："如该敌不能接受你们所提条件，则你们应于适当时间内攻占天津。"解放军向天津守敌发出最后通牒，未能奏效。遂集中东北野战军第一、二、七、八、九 5 个纵队以及特种兵纵队的炮兵、工兵和坦克兵大部，采取东西对进、拦腰斩断、先南后北、先割后围、各个歼灭的战法发起总攻。经过 29 个小时激战，全歼守敌 1 个警备司令部、2 个军部、10 个师共 13 万人。活捉陈长捷和六十八军军长刘云瀚、六十二军军长林伟俦以及天津市长杜建时。15 日，天津解放。侯镜如率塘沽守军 5 万余人由海上南逃，东北野战军第十二纵队歼其后尾部队 3000 余人，解放了塘沽。

北平傅部在中国人民解放军90万大军的严密包围下，陷于欲战不能、欲逃无路的绝境。遵照中共中央军委和毛泽东关于“积极准备攻城”和“进行和平谈判”的指示，在中共北平地下组织的有力配合下，一面进逼城垣，一面加强政治攻势。1月15日，全歼天津守敌的事实告诉傅作义，顽抗到底只有被歼灭。16日，中国人民解放军平津前线司令员林彪、政治委员罗荣桓，向傅作义发出两种办法任其选择：①自动放下武器，并保证不杀戮革命人民，不破坏文化古迹、公共财产、武器弹药及公文案卷，解放军则保证其生命财产的安全；②离开北平，开入指定地点，按照解放军制度改编为人民军队。并强调指出，如以文化古城和200万人民生命财产为牺牲顽抗到底，解放军将用精确战术实行攻城，破城之日，必将严惩，决不宽恕。

傅作义表示愿意接受解放军的第二种办法，向北平所属部队发出《关于全部守城部队开出城外听候改编的通告》，令其所属部队从1月22日起开到解放军指定的孙河镇、庞各庄、黄村、良乡等地，听候改编。

1月31日，傅部20余万人，全部被和平改编。当日，中国人民解放军开入北平城，古都宣告解放。2月下旬，绥远的傅作义余部接受了中共提出的解决方式，即其军队和政府目前暂时维持现状，待一个时期后，再按中共及人民解放军的制度整编和处理。

平津战役历时64天，消灭了国民党正规军1个兵团部、1个警备司令部、4个军部、24个整师，连同其他国民党部队共26万余人；迫使北平国民党华北“剿总”总司令傅作义及其所属1个“剿总”总部、2个兵团部、8个军部、25个师，连同其他国民党部队共20余万人接受和平条件，出城改编为人民解放军。

127. 进京赶考

1949 年 3 月 5 日至 13 日，中国共产党第七届中央委员会在西柏坡村召开了第二次全体会议。毛泽东作报告。毛泽东在讲到建设事业时说：要求一步一步地学会管理城市，恢复和发展城市中的生产事业，从我们接管城市的第一天起，我们的眼睛就要向着这个城市的生产事业的恢复和发展；为了适应这种需要，要求我们的同志们必须用极大的努力去学习生产技术和管理生产的方法，学习商业工作、银行工作和其他工作。

毛泽东严肃地指出：在胜利面前，要防止党内的骄傲情绪，以功臣自居的情绪，停顿起来不求进步的情绪，贪图享受不愿再过艰苦生活的情绪，要防止资产阶级的捧场。"可能有这样一些共产党人，他们是不曾被拿枪的敌人征服过的，他们在这些敌人面前不愧英雄的称号；但是经不起人们用糖衣裹着的炮弹的攻击，他们在糖弹面前要打败仗。我们必须预防这种情况。夺取全国胜利，这只是万里长征走完了第一步。如果这一步也值得骄傲，那是比较渺小的，更值得骄傲的还在后头。"在这个长篇报告中，毛泽东提出在全国胜利以后，全党在政治、经济、外交方面的基本政策，以及使中国由农业国转为工业国，由新民主主义社会转为社会主义社会的总的任务和主要途径。

1949 年 3 月 13 日，毛泽东在中共七届二中全会结束时作总结讲话。毛泽东总结了党的七大以来中央、地方和军队的工作与经验，讲了党委工作方法 12 条等。毛泽东说：1. 党委书记要善于当"班长"。2. 要把问题摆到桌面上来。3. "互通情报"。4. 不懂得和不了解的东西要问下级，不要轻易表示赞成或反对；有些文件起草出来压下暂时不发，就是因为其中还有些问题没有弄清楚，需要先征求下级的意见；我们切不可强不知以为知，要“不耻下问”，要善于倾听下面干部的意见，先做学生，然后再做先生；先向下面干部请教，然后再下命令；这样办，不会影响自己的威信，而只会增加自己的威信；下面干部的话，有正确的，也有不正确的，听了以后要加以分析；对正确的意见，必须听，并且照它做；中央领导之所以正确，主要是由于综合了各地供给的材料、报告和正确的意见，如果各地不来材料，不提意见，中央就很难正确地发号施令；对下面来的错误意见也要听，根本不听是不对的，不过听了而不照它做，并且要给以批评。5. 学会“弹钢琴”。6. 要“抓紧”，抓而不紧，等于不抓。7. 胸中有“数”，对情况和问题一定要注意到它们的数量方面，要有基本的数量的分析，任何质量都表现为一定的数量，没有数量也就没有质量；我们有许多同志至今不懂得注意事物的数量方面，不懂得注意基本的统计、主要的百分比，不懂得注意决定事物质量的数量界限，一切都是胸中无“数”，结果就不能不犯错误；例如，要进行土地改革，对于地主、富农、中农、贫农各占人口多少，各有多少土地，这些数字就必须了解，才能据以定出正确的政策；对于何谓富农，何谓富裕中农，有多少剥削收入才算富农，否则就算富裕中农，这也必须找出一个数量的界限；在任何群众运动中，群众积极拥护的有多少，反对的有多少，处于中间状态的有多少，这些都必须有个基本的调查，基本的分析，不可无根据地、主观地决定问题。8. “安民告示”，如果没有准备，就不要急于开会。9. “精兵简政”，讲话、演说、写文章和写决议案，都应当简明扼要，会议也不要开得太长。10. 注意团结那些和自己意见不同的同志一道工作，不论在地方上或部队里，都应该注意这一条，对党外人士也是一样；我们都是从五湖四海汇集拢来的，我们不仅要善于团结和自己意见相同的同志，而且要善于团结和自己意见不同的同志一道工作；我们当中还有犯过很大错误的人，不要嫌这些人，要准备和他们一道工作。11. 力戒骄傲，这对领导者是一个原则问题，也是保持团结的一个重要条件；就是没有犯过大错误，而且工作有了很大成绩的人，也不要骄傲；禁止给党的领导者祝寿，禁止用党的领导者的名字作地名、街名和企业的名字，保持艰苦奋斗作风，制止歌功颂德现象。12. 划清两种界限，我们看问题一定不要忘记划清这两种界限：革命和反革命的界限，成绩和缺点的界限；记着这两条界限，事情就好办，否则就会把问题的性质弄混淆了。毛泽东说，我和政治局的同志觉得，要有以上这些方法，才能把党委的工作搞好；除了开好代表大会以外，党的各级委员会把自己的领导工作做好，是极为重要的。

毛泽东说，马克思主义的普遍真理与中国革命的具体实践的统一，这样提法较好，应该这样提，而不应该像王明同志的提法，说“毛泽东思想是马列主义在殖民地半殖民地的应用和发展”，这种提法不妥当；我们不要忙于想宽了，要先把中国的事情办好。

毛泽东说：现在应该在全国、全世界善于宣传马克思、恩格斯、列宁、斯大林的辩证唯物主义、关于党和国家的学说，政治经济学等等；不要把毛泽东同马、恩、列、斯并列起来；根据过去的经验，要学习 12 本干部必读书（《社会发展史》《政治经济学》《共产党宣言》《社会主义从空想到科学的发展》《帝国主义是资本主义的最高阶段》《国家与革命》《共产主义运动中的“左派”幼稚病》《论列宁主义基础》《联共党史》《列宁斯大林论社会主义建设》《列宁斯大林论中国》《思想方法论》）；如果在 3 年之内，有 3 万人读完这 12 本书，有 3000 人读通这 12 本书，那就很好。

关于中国由新民主主义革命转变到社会主义革命的问题，毛泽东说，“毕其功于一役”，我是在流血的革命这一点上说的，流血的革命只有这一次，将来由新民主主义革命转变到社会主义革命那一次就不用流血了，但这只是可能，还要看我们工作的努力；如果国家（主要的就是人民解放军）和我们党腐化下去，无产阶级不能掌握这个国家政权，那还是有问题的；至于说，“政治上、经济上都毕其功于一役”是不能这样说的，王明同志这样说，那就错了。

为防止资产阶级腐朽思想的腐蚀，防止骄傲自满，根据毛泽东的提议，会议通过了几条重要的规定：①不做寿；②不送礼；③少敬酒；④少拍掌；⑤不以人名作地名；⑥不要把中国同志和马、恩、列、斯平列。

大会进行当中，毛泽东与有关同志交谈了解放军渡江问题。

1949 年 3 月 23 日，中共中央机关离开西柏坡，移驻北平。出发前，毛泽东高兴地说：“今天是进京‘赶考’的日子，我们决不当李自成，我们都希望考个好成绩。”

128. 百万雄师过大江

国民党从宜昌到上海 1800 余公里的长江南岸，共部署着 115 个师，计 70 万人，由国民党京沪杭警备总司令汤恩伯指挥的 75 个师，约 45 万人，部署于湖口至上海 800 余公里的地段上；由华中“剿总”司令白崇禧指挥的 40 个师，约 25 万人，部署于宜昌至湖口附近 1000 公里的地段上。另有，江防舰队和第二舰队约 130 余艘舰艇分别位于长江中下游，300 架飞机分置于汉口、南京、上海等地协同陆军防御。国民党政府不断说：南京是“钟山龙盘，石城虎踞”，“共军要过长口，必遭曹操 83 万人马下江南的结局。”国际国内也有一些人，主张以长江为界停火，求得南北分治的和平局面。

人民解放军渡江部队，经过两个月左右的整训，于 1949 年 2、3 月间先后由徐淮地区和阜阳地区南进规定的地区布防、与国民党江防部队隔江对峙。1949 年 3 月中旬，中共渡江总前委南进到合肥附近的瑶岗。根据中央军委指示，结合敌人江防情况，于3月31日制订了“京沪杭战役实施纲要”。决定以第二、第三野战军全部和第四野战军一部共8个兵团、26个军、80个师，共100余万人发起渡江战役。决定：以第三野战军组成中、东两个突击集团。由第三野战军代司令员粟裕、参谋长张震率第三野战军的统帅机构，直接指挥第八、十两个兵团的主力及苏北军区部队，共6个军又3个旅（共35万人）为东集团，在江苏境内的三江营——张黄港间强行渡江，向长兴、宜兴发展（另以第八兵团的第三十四、三十五两个军于战役发起的同时，以积极佯攻手段吸引和钳制浦口、浦镇之敌）；由第三野战军副政治委员谭震林指挥的第三野战军第七、九两个兵团，共7个军（30万人）为中集团，在安徽裕溪口——枞阳镇段渡江，向宜兴、长兴进发。东、中两集团在消灭江防之敌后，东西对进，于太湖西岸的长兴、宜兴地区封闭合围口，歼灭芜湖、南京、镇江之逃敌主力集团。然后东进。

决定：以第二野战军司令员刘伯承、副政治委员张际春、参谋长李达指挥第二野军第三、四、五兵团及地方部队，共9个军（35万人）组成西集团，自安徽枞阳—望江间强行渡江后，向南、东南前出浙赣线，多路向闽北、赣中追击。

决定：以刘伯承指挥第四野战军之先遣兵团（第十二兵团的第四十、四十三两个军及中原军区部队兵20万人）进逼武汉，牵制武汉地区之敌。策应第二、三野战军渡江作战，并相应从武汉—九江段渡江。

4月3日，中央军委批准了这一战役实施纲要。

白崇禧不顾汤恩伯的集团防线的安危，将主力向武汉、九江收缩，将安庆的第四十六军主力也西调九江、武穴，出现了防御间隙，为解放军的西集团渡江创造了有利条件。

1949年4月21日，中共中央革命军事委员会主席毛泽东、中国人民解放军总司令朱德发布了向全国进军的命令。解放军第二、第三野战军百万雄师在强大炮火掩护下于4月20日夜间（农历三月二十三），西起江西省九江市东北的湖口县，东至江苏省江阴县长达500余公里的战线上，万船齐发，横渡长江。全体指战员冒着枪林弹雨，经过激战，一举粉碎国民党苦心经营的长江防线。至22日，国民党吹嘘的“不可超越的长江天险”几乎全线崩溃，30万解放大军已渡过长江。

喜讯传来，毛泽东高兴地说：“只要我军渡过长江，蒋介石的军队就没有办法抵抗我军前进了，你们看吧，很快要打到总统府，打到闻名中外的上海。”随即亲笔写了《新华社长江前线二十二日二时电》的电讯稿：“英勇的人民解放军21日已有大约30万人渡过长江。渡江战争于20日午夜开始，地点在芜湖、安庆之间。国民党反动派经营了3个半月的长江防线，遇着人民解放军好似摧枯拉朽，军无斗志，纷纷溃退。长江风平浪静，我军万船齐放，直取对岸，不到24小时，30万人民解放军即已突破敌阵，占领南岸广大地区，现正向繁昌、铜陵、青阳、荻港、鲁港诸城进击中。人民解放军正以自己的英雄式的战斗，坚决地执行毛主席、朱总司令的命令。”

人民解放军继续前进，23日解放了国民党反动统治中心——南京，蒋介石反动统治到此宣布灭亡。毛泽东午休起床后，坐在院里凉亭的藤椅上看《人民日报》。当他看到占领南京的消息后，马上走进办公室给第二野战军刘伯承、邓小平写了贺电。他余兴未消，提笔一气呵成了《七律·人民解放军占领南京》诗一首：

钟山风雨起苍黄，百万雄师过大江。虎踞龙盘今胜昔，天翻地覆慨而慷。宜将剩勇追穷寇，不可沽名学霸王。天若有情天亦老，人间正道是沧桑。

129. 一道命令

1949年4月25日，中国人民革命军事委员会主席毛泽东、中国人民解放军总司令朱德颁布中国人民解放军布告：

国民党反动派业已拒绝接受和平条件，坚持其反民族反人民的罪恶的战争立场。全国人民希望人民解放军迅速消灭国民党反动派。我们已命令人民解放军奋勇前进，消灭一切敢于抵抗的国民党反动军队，逮捕一切怙恶不悛的战争罪犯，解放全国人民，保卫中国领土主权的独立和完整，实现全国人民所渴望的真正的统一。人民解放军所到之处，深望各界人民予以协助。兹特宣布约法八章，愿与我全体人民共同遵守之。

（一）保护全体人民的生命财产。各界人民，不分阶级、信仰和职业，均望保持秩序，采取和人民解放军合作的态度。人民解放军则采取和各界人民合作的态度。如有反革命分子或其他破坏分子，乘机捣乱、抢劫或破坏者，定予严办。

（二）保护民族工商农牧业。凡属私人经营的工厂、商店、银行、仓库、船舶、码头、农场、牧场等，一律保护，不受侵犯。希望各业员工照常生产，各行商店照常营业。

（三）没收官僚资本。凡属国民党反动政府和大官僚分子所经营的工厂、商店、银行、仓库、船舶、码头、铁路、邮政、电报、电灯、电话、自来水和农场、牧场等，均由人民政府接管。其中，如有民族工商农牧业家私人股份经调查属实者，当承认其所有权。所有在官僚资本企业中供职的人员，在人民政府接管以前，均须照旧供职，并负责保护资财、机器、图表、账册、档案等，听候清点和接管。保护有功者奖，怠工破坏者罚。凡愿继续服务者，在人民政府接管后，准予量才录用，不使流离失所。

（四）保护一切公私学校、医院、文化教育机关、体育场所，和其他一切公益事业。凡在这些机关供职的人员，均望照常供职，人民解放军一律保护，不受侵犯。

（五）除怙恶不悛的战争罪犯和罪大恶极的反革命分子外，凡属国民党中央、省、市、县各级政府的大小官员，“国大”代表，立法、监察委员，参议员，警察人员，区镇乡保甲人员，凡不持枪抵抗、不阴谋破坏者，人民解放军和人民政府一律不加俘虏，不加逮捕，不加侮辱。责成上述人员各安职守，服从人民解放军和人民政府的命令，负责保护各机关资财、档案等，听候接收处理。这些人员中，凡有一技之长而无严重的反动行为或严重的劣迹者，人民政府准予分别录用。如有乘机破坏，偷盗，舞弊，携带公款、公物、档案潜逃，或拒不交代者，则须予以惩办。

（六）为着确保城乡治安、安定社会秩序的目的，一切散兵游勇，均应向当地人民解放军或人民政府投诚报到。凡自动投诚报到，并将所有武器交出者，概不追究。其有抗不报到，或隐藏武器者，即予逮捕查究。窝藏不报者，须受相当的处分。

（七）农村中的封建的土地所有权制度，是不合理的，应当废除。但是废除这种制度，必须是有准备和有步骤的。一般地说，应当先行减租减息，后行分配土地，并且需要人民解放军到达和工作一个相当长的时期之后，方才谈得到认真地解决土地问题。农民群众应当组织起来，协助人民解放军进行各项初步的改革工作。同时，努力耕种，使现有的农业生产水平不致降低，然后逐步加以提高，借以改善农民生活，并供给城市人民以商品粮食。城市的土地房屋，不能和农村土地问题一样处理。

（八）保护外国侨民生命财产的安全。希望一切外国侨民各安生业，保持秩序。一切外国侨民，必须遵守人民解放军和人民政府的法令，不得进行间谍活动，不得有反对中国民族独立事业和人民解放事业的行为，不得包庇中国战争罪犯、反革命分子及其他罪犯。否则，当受人民解放军和人民政府的法律制裁。人民解放军纪律严明，公买公卖，不许妄取民间一针一线。希望我全体人民，一律安居乐业，切勿轻信谣言，自相惊扰。切切此布。

4月26日，毛泽东致函胡乔木：《中国人民解放军布告》应连播两三日，而后凡解放一个大城市例如上海、汉口，应重新对该市重播一次。

人民解放军第二、三野战军分路南进。5月3日解放杭州。5月6日，毛泽东为中共中央军委起草致粟裕、张震（转谭启龙、王建安、古洛）并告陈毅、饶漱石、刘伯承、邓小平电："……在占领奉化时，要告诫部队，不要破坏蒋介石的住宅、祠堂及其他建筑物。在占领绍兴、宁波等处时，要注意保护宁波帮大中小资本家的房屋财产……请刘（伯承）、张（际春）、李（达）注意保护南京的孙中山陵墓，对守陵人员给以照顾。"

国民党凭借美国的海空军力量，在上海集结了装备精良的军队23万人，企图固守这座城市，他们在上海的近代建筑和工业设备，作了外围阵地、主阵地、核心阵地三种防御部署，筑有钢骨水泥碉堡5000座，半永久性掩体1万多处。蒋介石给汤恩伯下了一道命令："死守6个月到1年，挽救局势，反守为攻"，汤恩伯在上海颁布了10项杀令。

5月上旬，陈毅命令人民解放军第三野战军第九、十兵团和第八兵团一部共8个军，冒着绵绵不断的黄梅雨，从太湖西岸东进，日夜疾驰，抵达上海近郊，从两翼钳击吴淞要塞，封锁吴淞口，切断蒋军的退路。5月

25日凌晨，陈毅下令发起总攻。为了使这座城市完好地回到人民手中，陈毅命令部队停止使用一切重武器，要求广大指战员迂回包围，勇猛穿插，快速进攻。

在上海地下党、广大工人群众和各界人民的密切配合下，经过三天三夜的激战，人民解放军于5月27日完全肃清了残敌，上海完整地回到人民手中，不仅水、电未遭破坏，工厂、交通、学校、商店很快恢复正常，就连电话也一直畅通。解放上海市区之夜，人民解放军露宿街头，解放军战士戏曰："想上海，进上海，进了上海得到两条破麻袋。又有铺，又有盖，晚上睡觉真凉快。"外电报道：解放军"纪律严明，态度和蔼"，"为世界陆军第一"。上海人民第一次看到这样纪律严明、秋毫无犯、和蔼可亲的军队，无不肃然起敬，欢呼共产党伟大、解放军伟大。万人空巷，热烈欢迎人民的队伍。

停泊在长江口外准备为国民党撑腰的美国等帝国主义国家的军舰，听到国民党军队被歼灭的消息，扯起他们的旗帜，悄悄向茫茫大海溜去。帝国主义在上海、在中国横行霸道的日子一去不复返了。

130. 开国大典

1949年9月30日下午6时，毛泽东等第一届全国人民政治协商会议第一次全体会议代表乘车前往天安门广场，举行人民英雄纪念碑奠基典礼。周恩来致辞。全体代表脱帽静默，毛泽东宣读碑文：

> 三十年以来，在人民解放战争和人民革命中牺牲的人民英雄们永垂不朽！

三十年以来，在人民解放战争和人民革命中牺牲的人民英雄们永垂不朽！

由此上溯到一千八百四十年，从那时起，为了反对内外敌人，争取民族独立和人民自由幸福，在历次斗争中牺牲的人民英雄们永垂不朽！

宣读完毕，毛泽东率领代表们一一执锨铲土，为人民英雄纪念碑奠基。

1949年10月1日，下午两点，在勤政殿召开中央人民政府委员会第一次会议，委员们宣布就职。宣布中央人民政府于本日成立。

会议结束以后，毛泽东、朱德、刘少奇、周恩来等领导人离开勤政殿，到天安门参加开国大典。

下午3时，毛泽东等登上天安门城楼，林伯渠秘书长就宣布典礼开始。在国歌《义勇军进行曲》的乐曲中，中央人民政府主席、副主席和委员们就位。然后，毛泽东走到麦克风跟前，庄严地向全世界宣布说："中华人民共和国中央人民政府今天成立了！"

在30万人的热烈掌声中，毛泽东神情庄重，按动电钮，天安门广场上冉冉升起了中华人民共和国第一面国旗。同时，54门礼炮（由108门山炮组成，分为两组）齐鸣了28响（代表中国共产党人奋斗28年），如报春惊雷回荡天地间。当这面长460厘米、高338厘米的巨大国旗升上了22米高的旗杆顶端时，毛泽东脱口说："升得好！"他鼻翼微微翕动，胸膛起伏不已，泪水在眼窝里打转，终于变成大颗大颗的泪珠，顺着脸颊滚落。

升旗以后，毛泽东宣读《中华人民共和国中央人民政府公告》：

自蒋介石国民党反动派政府背叛祖国，勾结帝国主义，发动反革命战争以来，全国人民处于水深火热的情况之中。幸赖我人民解放军在全国人民援助之下，为保卫祖国的领土主权，为保卫人民的生命财产，为解除人民的痛苦和争取人民的权利，奋不顾身，英勇作战，得以消灭反动军队，推翻国民政府的反动统治。现在人民解放战争业已取得基本的胜利，全国大多数人民业已获得解放。在此基础之上，由全国各民主党派、各人民团体、人民解放军、各地区、各民族、国外华侨及其他爱国民主分子的代表们所组成的中国人民政治协商会议第一届全体会议业已集会，代表全国人民的意志，制定了中华人民共和国中央人民政府组织法，选举了毛泽东为中央人民政府主席，朱德、刘少奇、宋庆龄、李济深、张澜、高岗为副主席，陈毅、贺龙、李立三、林伯渠、叶剑英、何香凝、林彪、彭德怀、刘伯承、吴玉章、徐向前、彭真、薄一波、聂荣臻、周恩来、董必武、赛福鼎、饶漱石、陈嘉庚、罗荣桓、邓子恢、乌兰夫、徐特立、蔡畅、刘格平、马寅初、陈云、康生、林枫、马叙伦、郭沫若、张云逸、邓小平、高崇民、沈钧儒、沈雁冰、陈叔通、司徒美堂、李锡九、黄炎培、蔡廷锴、习仲勋、彭泽民、张治中、傅作义、李烛尘、李章达、章伯钧、程潜、张奚若、陈铭枢、谭平山、张难先、柳亚子、张东荪、龙云为委员，组成中央人民政府委员会，宣告中华人民共和国的成立，并决定北京为中华人民共和国的首都。中华人民共和国中央人民政府委员会于本日在首都就职，一致决议：宣告中华人民共和国中央人民政府的成立，接受中国人民政治协商会议共同纲领为本政府的施政方针，互选林伯渠为中央人民政府委员会秘书长，任命周恩来为中央人民政府政务院总理兼外交部部长，毛泽东为中央人民政府人民革命军事委员会主席，朱德为人民解放军总司令，沈钧儒为中央人民政府最高人民法院院长，罗荣桓为中央人民政府最高人民检察署检察长，并责成他们从速组成各项政府机关，推行各项政府工作。同时决议：向各国政府宣布，本政府为代表中华人民共和国全国人民的唯一合法政府。凡愿遵守平等、互利及互相尊重领土主权等项原则的任何外国政府，本政府均愿与之建立外交关系。

特此公告。

公告宣读完毕，林伯渠秘书长宣布阅兵开始，阅兵司令员朱德武装整肃，走下天安门城楼，乘敞篷汽车通过金水桥。迎候在桥南的阅兵总指挥聂荣臻致军礼并报告。在《三大纪律八项注意》《保卫胜利果实》等乐曲的连续鸣奏中，朱德总司令由总指挥聂荣臻陪同，检阅了陆、海、空三军。接着，朱德重登天安门城楼，宣读《中国人民解放军总部命令》：

全体战斗员、指挥员、政治工作人员和后勤工作人员同志们：

中华人民共和国的武装部队，今天和全体人民在一起，共同来庆祝中华人民共和国中央人民政府的成立。

我们中华人民共和国的武装部队，在反对美国帝国主义所援助的蒋介石反动政府的革命战争中，已经取得了伟大的胜利。敌人的大部分已经被歼灭，全国的大部分国土已经解放。这是我们全体战斗员、指挥员、政治工作人员和后勤工作人员一致努力英勇奋斗的结果。我向你们表示热烈的庆祝和感谢。

但是现在我们的战斗任务还没有最后完成。残余的敌人还在继续勾引外国侵略者，进行反抗中华人民共和国的反革命活动。我们必须继续努力，实现人民解放战争的最后目的。

我命令中国人民解放军全体指战员、工作员，坚决执行中央人民政府和伟大的人民领袖毛主席的一切命令，迅速肃清国民党反动军队的残余，解放一切尚未解放的国土，同时肃清土匪和其他一切反革命匪徒，镇压他们的一切反抗和捣乱行为。

在人民解放战争中牺牲的人民英雄们永垂不朽！

中国人民大团结万岁！

中华人民共和国万岁！

中央人民政府万岁！

毛主席万岁！

接着，受阅部队从天安门前由东向西行进：火红的“八一”军旗在护旗兵掌护下，伴着《人民解放军进行曲》引导着受阅方队；走在前面的是年轻的人民海军方队，水兵们头戴白色无檐帽，脑后飘动着黑色缎带，身着蓝白相间的海魂服；跟着是强大的步兵师，8000 名指战员携带着缴获的各种武器，组成 12 个方阵；接着开来的是炮兵师，野炮、榴弹炮、战防炮、高射炮，排成“一”字队形横列前进；随着隆隆的马达声，各种坦克车、装甲车通过检阅台，战士们昂立在车上，注目城楼，庄严敬礼；在《骑兵进行曲》的节奏中，来自察哈尔草原的骑兵师，分别组成“红马连”“白马连”，五马并行，以整齐划一的动作跑过天安门前，骑兵们握枪挎刀，英姿赫赫；同时，9 架 P-51 战斗机、两架蚊式战斗机及 6 架运输机、教练机，呼啸着飞临天安门上空，几分钟后，天空中又有 9 架 P-51 战斗机飞过；天上地下浑然一体，形成立体的武装阵容。

阅兵式经过 3 个小时才结束。

傍晚到来时，长安街上华灯齐放，花炮竞响。在热烈的气氛中，欢呼的群众开始了游行。游行队伍以工人为先导，农民跟进，随后是机关干部、青年学生……从长辛店、丰台、通县来的铁路工人，从石景山来的电厂、钢厂工人，大清早就到北京站，下车后就直奔会场。在北平解放前夕，各工厂组织了工人纠察队、护厂队，他们保护工厂的机器设备，抵制反动派的破坏和捣乱。石景山发电厂在解放后，只停了 1 天电。3 个月前，石景山钢厂的炼铁、炼焦、铸造、动力、运输全面恢复了生产。朱德总司令亲临工厂祝贺，鼓励职工们开展革命竞赛，为建设新中国出力。参加游行的数万名职工，高举旗帜、火把，高唱着《团结就是力量》；郊区的翻身农民五更天就摸黑起来，敲锣打鼓，步行四五十里路赶来会场；一支近百人组成的大学生军乐队吹奏着《新民主主义进行曲》，引导着4万名学生汇成的大军向广场中心涌来、学生们抬着1.2丈高的用红纱扎的大五角星和8根火炬造型的红灯，30人横成一排，大纵队行进走过主席台前，用清脆的声音高呼着："中国共产党万岁！""中华人民共和国万岁！""毛主席万岁！"

毛泽东站在天安门城楼上，一只手扶着栏杆，一只手举在空中不停地挥动着。突然，他面对扩音器，吩咐工作人员："把水银灯全打亮！"于是，城楼上下雪亮的水银灯一起打开，把天安门照耀得如同白昼，广场上的群众听到了领袖的声音，潮水般的涌向五座白玉石桥，他们要亲眼看一看开创新中国的一代伟人。"中华人民共和国万岁！""毛主席万岁！"的欢呼声像海潮迭起。毛泽东把身子探出栏杆外，一只手举向空中，时而招呼着群众，时而有力地挥动着向群众致意。当"万岁"高潮再次涌起时，毛泽东终于遏制不住自己的激情，他挥动着右臂高声喊道："同志们万岁！""人民万岁！"人民群众和领袖的欢呼声，在天安门广场上空回荡着，经久不息。

56岁的毛泽东在天安门城楼上，已经站了好几个小时了。尽管已经很累了，但他一直站在那里，一步也没有离开主席台。有些领导人关心他，经过多次动员，他才进了休息室。他刚坐下点燃一支烟，和程潜说了几句话，没有来得及喝口水，周恩来就走了进来。周恩来对毛泽东说："你预料得很对，你必须在天安门上连续站几个小时。你刚刚离开了主席台，游行的群众看不见你了，他们都停下来不前进了。"

毛泽东高兴地说："好吧，疲劳也得去啊。"说完，他将香烟熄灭，向程潜抱歉地笑了笑，又回到主席台上。游行的队伍看见了毛主席，一边欢呼着，一边又继续前进了。游行的队伍通过天安门之后，在广场上站着的群众，像潮水一样涌到天安门下的金水桥前，都渴望仔细看看毛主席、其他党和国家领导人。毛泽东和其他领导人，走下主席台的台阶，沿着城楼上的通道先走到城楼的东头，又从东头走到西头。微笑着向城楼下的人们招手。已是晚上 9 点多了，天安门城楼下依然是高举红灯和红旗的人群。

10 月 2 日，上海、南京、沈阳、武汉、天津、保定、石家庄、唐山、哈尔滨、锦州、吉林、长春、西安、杭州、旅顺、大连、兰州、西宁、长沙、福州近 40 个大中城市举行空前的盛大集会和游行，庆祝中华人民共和国成立。